ALTE ABENTEUERLICHE REISEBERICHTE

Wattenfahrt nach Neuwerk

Johann Georg Kohl

Reisen durch das weite Land

Nordwestdeutsche Skizzen 1864

Herausgegeben
von
Geert Demarest

Mit 27 Abbildungen und Karten

EDITION ERDMANN

Die Abbildungen auf den inneren Umschlagseiten zeigen die Weserbrücke zu Minden und die Porta Westfalica sowie einen Ausschnitt aus der Karte »Deutsches Reich, Bl. 1.« aus Stielers Hand-Atlas, 1907.

Herausgeber und Verlag danken der Gemeinde Sögel, dem Kommunalarchiv der Stadt Minden, dem Stadtarchiv Delmenhorst, der Universitätsbibliothek Köln und der Württ. Landesbibliothek Stuttgart für die Bereitstellung von Bildvorlagen.

CIP-Titelaufnahme der Deutschen Bibliothek
Kohl, Johann Georg:
Reisen durch das weite Land: nordwestdeutsche Skizzen 1864/
Johann Georg Kohl. Hrsg. von Geert Demarest. –
Stuttgart ; Wien : Ed. Erdmann in K. Thienemanns Verl., 1990
(Alte abenteuerliche Reiseberichte)
ISBN 3-522-61520-4

Umschlag- und Einbandgestaltung besorgten
Hilda und Manfred Salemke in Karlsruhe.
Gesetzt in der Garamond, zehn Punkt
Printed in the German Democratic Republic.
Verlagsnummer 6152
5 4 3 2 1

Inhalt

Verschwundene Landschaften

Unsere heutige Gesellschaft ist sehr mobil. Gute Verkehrsverbindungen führen in alle Welt, und mit dem eigenen Wagen erreicht man mühelos die entlegensten Orte. Diese Bequemlichkeit ist aber neueren Datums. Vor 125 Jahren, als der Bremer Reiseschriftsteller Johann Georg Kohl seine NORDWESTDEUTSCHEN SKIZZEN veröffentlichte, kamen die meisten Menschen im Laufe ihres Lebens niemals über den engsten Umkreis ihres Geburtsortes hinaus. Der ländliche Traditionalismus und die tiefverwurzelte Bodenständigkeit ließen bei der Landbevölkerung kein Fernweh aufkommen. Das im Zuge der Industrialisierung entstandene Proletariat hatte sich zwar von diesen traditionellen Bindungen gelöst und war vom flachen Land in die Städte gezogen. Nun aber hatte es andere Sorgen als das Schmieden von Reiseplänen – wichtiger war, daß die Familie täglich genug zu essen bekam. Das selbstbewußte Bürgertum aber war schon eher geneigt, über den Zaun des eigenen Lebenskreises zu schauen. In einer Zeit, in der man von der Kutsche in die Eisenbahn umstieg, war das Reisen auch längst nicht mehr so beschwerlich wie noch vor einigen Jahrzehnten. Gerade diese Gesellschaftsschicht interessierte sich auch für die Reisebeschreibungen von anderen, ließen sie doch das Gefühl zu, unmittelbar an diesen Erlebnissen beteiligt zu sein.

Die Ziele der in Büchern und Aufsätzen geschilderten Reisen waren recht unterschiedlicher Natur: von dem wüsten Norden Kanadas über die wichtigsten Staaten Europas bis zur unmittelbaren Umgebung. Im letztgenannten Fall allerdings mußte der Schriftsteller sich Sehenswürdigkeiten aussuchen, die nicht bereits genügend bekannt waren, sondern abseits von den großen Heerstraßen und den Eisenbahnlinien lagen und somit noch eine Besonderheit darstellten. Das tat auch Kohl bei seinen »Fahrten zu Wasser und zu Lande in den unteren Gegenden der Weser, Elbe und Ems«. Gerade das macht heute den Reiz des Buches aus, denn vieles von dem, was Kohl beschrieb, ist inzwischen verschwunden, so daß seine Schilderung das einzige verbleibende Zeugnis ist. Manche der Sehenswürdigkeiten gibt es zwar heutzutage noch, aber die Umgebung hat sich in mehr als einem Jahrhundert derartig verändert, daß man sie kaum wiederzuerkennen vermag. Vieles ist schließlich Nostalgie. Wer sich den heutigen Zustand mancher der geschilderten Gegenden und Orte ansieht, muß unwillkürlich mit Wehmut an die »gute alte Zeit« zurückdenken. Denn meistens haben sie sich nicht zum »Guten« verändert. Und die von Kohl geschilderten Sitten und Bräuche, die er bei seinen Ausflügen bemerkte, sind inzwischen schon längst ausgestorben.

Wer weiß zum Beispiel heute noch, daß es Mitte des letzten Jahrhunderts durchaus üblich war, daß Landleute aus den Heidegegenden Nordwestdeutschlands im Frühling nach Holland zogen, um sich als Knechte bei den reichen »Mynheers« zu verdingen? Diese sogenannten »Hollandsgänger« waren unabkömmlich bei der dortigen Ernte (Kap. XXV).

Bei einem Besuch der Umgebung von Bremen in unseren Tagen kann man sich kaum die von Kohl geschilderten Zustände vor gut hundert Jahren vorstellen: Sowohl im Blockland (IV) wie im Sankt Jürgener Land (V) fand damals der gesamte Verkehr noch auf dem Wasser statt. Die Bewohner lebten auf ihren Deichen, völlig abgeschieden von der benachbarten Großstadt Bremen. Bei Eisgang waren sie wochenlang von der Außenwelt abgeschnitten, und bei Tauwetter brach nicht nur das Eis, sondern manchmal auch der Deich, samt den darauf stehenden Häusern. Hier hatten sich uralte Gewohnheiten erhalten, über die sich der Besucher Kohl wunderte:

»Sie schlafen hier... noch immer in einer Art von Alkoven, die sie ›Kojen‹ nennen. Es sind Schränke, mit Schubtüren versehen und mit Gebirgen von Entenfederkissen angefüllt. Da kriechen die Leute abends hinein und lassen sich darin backen wie Pflaumen im Backofen. Dieses ist ihr Hauptluxus. Auch im Sommer schlafen sie unter ihren Federgebirgen. Da diese Betten selten oder gar nicht gelüftet werden... kann ich mir nichts anderes denken, als daß es sehr ungesund sein muß, 25 Jahre in einem solchen Loch zu schwitzen, zu atmen und mit krummen Beinen zu liegen... Es muß auf den Gesundheitszustand der ganzen Nation und die Kraft der Rasse einen sehr schlechten Einfluß ausüben.«

Der in Norddeutschland weitverbreitete Holzschuh dagegen gab Anlaß zu einer positiveren Betrachtung Kohls (XII):

»Wie die plumpe Derbheit dieser Leute, so liegt auch die Geradheit ihres Wesens in ihrer Fußbekleidung ausgedrückt. Sie sind keine Schleicher und Hehler. Sie neigen nicht zum Meuchelmord und Räuberhandwerk wie die auf Sandalen oder Socken wandelnden Welschen, Spanier und Griechen. Ihr Holzschuh hat etwas Ehrliches. Man hört ihn schon von weitem. Er verleugnet sich nicht.«

Auch das Schwarzbrot und den westfälischen Pumpernickel verteidigte Kohl uneingeschränkt (XIX):

»Überall dort, wo Schwarzbrot die Hauptnahrung des Volkes ist, ist der Menschenschlag auffallend tüchtig und befindet sich bei seinem Schwarzbrot gesünder und kraftvoller als die Leute in den Weizenbrotländern. Die Gerichte, die man mit Hilfe des Roggenmehls und Schwarzbrotes bereitet, sind alle derb und nahrhaft. In den Weizenländern dagegen greifen Pasteten- und Kuchenbäckerei tief und gewiß vielfach verderblich in die Küche und das Nahrungswesen des Volkes ein.«

Auf Norderney fand Kohl noch saubere Dünen vor, in denen er ungestört einen ganzen Tag meditieren konnte (XXVI). Die detaillierte Schilderung der Methoden des Schellfischfangs beweist seine scharfe Beobachtungsgabe. Und obwohl bereits damals die Fischer die Hektik der »modernen Zeit« beklagten, mutet das ganze Gemälde doch recht pittoresk und archaisch an – zumindest für den modernen Leser (XXVII).

Als gebürtiger Bremer hatte Kohl eine besondere Affinität zum Meer. In einigen Skizzen beschäftigte er sich eingehend mit der Schiffahrt von und nach Bremen und Hamburg und besonders mit den Sicherheitsvorkehrungen auf den Flüssen (XXVIII). Auch die Abschnitte über das Schloß Ritzebüttel (XVI) und die Insel Neuwerk (XVII) befassen sich mit dem Problem der sicheren Seefahrt. Die Entstehungsgeschichte dieser beiden Hamburger »Außenstellen« dürfte schon längst in Vergessenheit geraten sein.

Obwohl Hamburg selbst nur am Rande behandelt wird, bemerkte Kohl hinsichtlich der Versorgung der Stadt aus dem Umland (XIII):

»Wenn ein recht frischer Wind auf der Elbe und dem Köhlbrand weht, gewährt es ein recht anmutiges Schauspiel, dieser täglichen Marktversorgung der Stadt zuzuschauen. Es ist für Hamburg, das fast wie Venedig eine Lagunenstadt ist, ein großer Vorzug, daß es sein tägliches Brot auf dem kühlen und staublosen Element des Wassers empfängt. In manchen unserer Binnenstädte vergeht einem schon manchmal der Appetit, wenn man die empfindlichen Eßwaren auf Schieb- und Hundekarren durch Schmutz, Sand und Staub der Landstraßen zu Markt gebracht sieht.«

Wer heute Altenwerder, Finkenwerder oder das Alte

Land bei Hamburg besucht, kann sich kaum vorstellen, daß dort Mitte des vorigen Jahrhunderts noch Bauernoligarchen wie kleine Könige herrschten (XIII, XIV). Auch die eigenständigen, aus den Niederlanden stammenden Sitten der Bewohner des Alten Landes, der sogenannten »Olander«, gehören inzwischen der Vergangenheit an.

Das von Kohl vorhergesagte, drohende Aussterben der Heidschnucken ist nicht eingetroffen (XI). Die gründliche wissenschaftliche Untersuchung der Bohlenwege, der von Kohl den Römern zugeschriebenen »Pontes Longi«, in der »Tinner Dose« wurde Mitte dieses Jahrhunderts mit modernen archäologischen Methoden nachgeholt (XXIII).

Das Aussehen des Hümmlings (XXII), des Bourtanger Moores (XXIV) und des Steinhuder Meeres (II) hat sich vollständig geändert. So beklagte (bereits 1966) Dr. Hübner in seinem Buch REHBURG, GESCHICHTE EINER KLEINEN STADT, daß die von Kohl beschriebenen schwimmenden Wiesen am Westufer des Steinhuder Meeres durch Flurbereinigung und Entwässerungsmaßnahmen fast völlig verschwunden waren: »J. G. Kohl widmet diesen schwimmenden Wiesen ein ganzes Kapitel. Es soll hier auszugsweise wiedergegeben werden, damit man später noch ungefähr ahnt, wie es am Ufer des Steinhuder Meeres ausgesehen hat. *Von dem Buch Kohls gibt es nur noch ganz wenige Exemplare. Es wird eines Tages genauso verschwunden sein, wie die erwähnte Landschaft*« (S. 145). Gleiches gilt auch für die eigentümlichen Verhältnisse auf dem Teufelsmoor bei Bremen (VI).

Im Zeitvergleich zeigt sich aber auch Beständiges – zumindest im Bereich der großen gesellschaftlichen Probleme: Schon damals beklagte Kohl die Wasserverschmutzung im Blockland durch die Stadt Bremen (IV). Er wies auf die Luftverschmutzung durch die Torfverbrennung hin (VI) und plädierte für einen sinnvollen

Waldschutz (VII). Er verurteilte die Reiherjagden der Reichen, allerdings aus anderen Überlegungen als die Tierschützer heutzutage (VIII). Und auch das »Gastarbeiterproblem« war Kohl nicht fremd. Allerdings waren es damals »Gastarbeiter« aus Thüringen, denen die niedersächsischen Bauern mit Vorurteilen begegneten (XXII). Auch die Hektik der »modernen Zeit«, in der man sich nach den Abfahrtzeiten der Eisenbahn zu richten hat, fehlt nicht bei der Aufzählung der neueren damaligen Errungenschaften (XXVII).

*

Johann Georg Kohl wurde am 28. April 1808 als Sohn eines Kaufmannes in Bremen geboren. Der Beruf des Vaters, der weltoffene Charakter seiner Vaterstadt sowie die Nähe zum Meer lenkten seine jugendliche Phantasie in die Ferne. Außerdem war der Hafen von Bremen für die Zehntausende von deutschen Auswanderern, die ihr Land wegen der sozialen Not infolge der Industrialisierung verließen, das Tor zur Neuen Welt. Ein Onkel, Johann Kohl, hatte im 18. Jahrhundert als Superkargo portugiesischer Schiffe Ostindien gründlich kennengelernt. Seine Seekartensammlung sowie seine Reisejournale machten Eindruck auf den jungen Johann Georg, der, dadurch angeregt, auch den Erzählungen anderer Bremer Kapitäne über ihre Fahrten lauschte. In seinem autobiographischen Werk AUS MEINEN HÜTTEN. ODER GESTÄNDNISSE UND TRÄUME EINES DEUTSCHEN SCHRIFTSTELLERS schrieb er 1850 im Rückblick: »Wenn ich jetzt an alles das, was mir schon von Jugend auf durch den Kopf ging, zurückdenke, so scheint es mir, als hätte ich nie andere Gedanken als Reisegedanken, nie andere Pläne als Reisepläne, nie andere Phantasien als Reisephantasien gehabt und gehegt.«

Nach dem Besuch des Gymnasiums in Bremen studierte Kohl von 1827 an Rechtswissenschaften in Göttingen, Heidelberg und München. 1830 verstarb sein Vater plötzlich, das väterliche Geschäft mußte aufgegeben werden. Da die Familie nicht begütert war, mußte Kohl seine Studien abbrechen und eine Hauslehrerstelle in Kurland annehmen. Diese ließ ihm aber ausreichend Zeit, sich ausgiebigen geographischen Studien zu widmen. So sammelte er während seines fünfjährigen Aufenthaltes in Kurland reichhaltiges Material über die Ethnographie der Letten, das allerdings bei einem späteren Transport verlorenging. Während dieser Zeit entstand auch die bedeutsame theoretische Schrift DER VERKEHR UND DIE ANSIEDLUNGEN DER MENSCHEN IN IHRER ABHÄNGIGKEIT VON DER GESTALTUNG DER ERDOBERFLÄCHE (1841 erschienen). Hier stellte Kohl die These auf, daß der Verkehr der Menschen, ihr Handel, ihre Eroberungszüge und Städtegründungen von der Beschaffenheit der Erdoberfläche, besonders von dem Gegensatz zwischen Land und Wasser geprägt wurden.

Diese These gehörte von nun an zu den Konstanten in Kohls Werk. Nach seiner Abreise aus Kurland arbeitete er diesen Grundgedanken weiter aus. Er begann mit der Beschreibung aller Stromgebiete Rußlands, von der Wolga bis zur Indigirka in Sibirien. Dabei versuchte er den Nachweis zu erbringen, daß und inwieweit die allmähliche Ausdehnung des russischen Staatsgebietes sowie die räumliche Bewegung der Bewohner durch die Ströme des Landes bedingt waren. Für die Materialsammlung zu diesem schier unerschöpflichen Thema arbeitete Kohl in den Bibliotheken von Petersburg, Moskau, Charkow, Poltawa usw. Als er die Vorarbeiten abgeschlossen hatte, versuchte er die Petersburger Akademie für den Druck des Werkes zu gewinnen. Da ihm dabei kein Erfolg beschieden war, gab Kohl diese Pläne vorerst auf und setzte seine Reisen fort.

Im Sommer 1838 gelangte er nach Odessa, durch Bessarabien, in die Krim und kehrte im Winter 1838 durch Polen nach Deutschland zurück, wo er sich in Dresden niederließ. In dem Zeitraum zwischen 1839 und 1842 veröffentlichte er seine REISEN IN SÜDRUSSLAND, PETERSBURG IN BILDERN UND SKIZZEN, REISEN IM INNERN VON RUSSLAND UND POLEN sowie SCHILDERUNG DER RUSSISCHEN OSTSEEPROVINZEN. Diese Schriften fanden soviel Beifall, daß er beschloß, sich ganz der Reisebeschreibung zu widmen. Von Dresden aus bereiste er fast alle Länder Europas. In rascher Reihenfolge erschienen in den Jahren 1843 bis 1847 HUNDERT TAGE AUF REISEN IN DEN ÖSTERREICHISCHEN STAATEN (1842), REISE IN STEIERMARK UND DEM BAIRISCHEN HOCHLANDE (1842), REISEN IN UNGARN (1842), REISEN IN ENGLAND UND WALES (1844), REISEN IN SCHOTTLAND (1844), REISEN IN IRLAND (1844), LAND UND LEUTE DER BRITISCHEN INSELN (1844), ENGLISCHE SKIZZEN (1845), REISEN IN DÄNEMARK UND DEN HERZOGTÜMERN SCHLESWIG UND HOLSTEIN (1846). Kohl verstand es, in diesen Werken den Ton populärer Unterhaltung mit wissenschaftlicher Beobachtung und Darstellung zu verknüpfen. Er wird daher auch als der eigentliche Begründer der modernen deutschen Reisebeschreibung betrachtet.

Neben dieser Schnellarbeit, dieser gefälligen und belehrenden Unterhaltungsliteratur, versuchte Kohl sein altes Lieblingsthema wiederaufzunehmen. Wie am Beispiel der russischen Ströme wollte er nun den Einfluß der Flüsse Deutschlands und Frankreichs auf die Menschen behandeln. Aber erneut scheiterte er bei der Suche nach einem Verleger. Er ließ daher soviel von seinen geographisch-historischen Beobachtungen in seine Unterhaltungswerke einfließen, wie es für das allgemeine Verständnis vertretbar war. DER RHEIN (1851) und DIE DONAU VON IHREM URSPRUNG BIS PESTH (1853) zeigen dies deutlich, zum Teil auch die REISEN IN DEN NIEDERLANDEN (1850), die REISEN NACH ISTRIEN, DALMATIEN UND MONTENEGRO (1851) und die REISEN IM SÜDÖSTLICHEN DEUTSCHLAND (1852). Daneben erschienen als Arbeiten leichteren Genres die ALPENREISEN (1849–51), die NATURANSICHTEN AUS DEN ALPEN (1851) und die SKIZZEN AUS NATUR- UND VÖLKERLEBEN (1851).

Im Jahre 1852 trug man ihm den neu einzurichtenden Lehrstuhl für Geographie in Graz an, den Kohl auch annehmen wollte. Aus Mangel an Geld und Zuhörern zerschlug sich dieses Vorhaben jedoch. Da Kohl außerdem seinen Wunsch, ein größeres, rein geographisch-historisches Werk in Europa zu veröffentlichen, aufgeben mußte, wandte er sich der Geschichte und Geographie Amerikas zu. Im Herbst 1854 begab er sich in die Vereinigten Staaten und ließ sich in Washington nieder. Die meiste Zeit seines vierjährigen Amerikaaufenthaltes bereiste er das Land und verwertete seine Eindrücke schriftstellerisch. So entstanden die REISEN IN CANADA UND DURCH DIE STAATEN VON NEUYORK UND PENNSYLVANIEN (1856) sowie die REISEN IM NORDWESTEN DER VEREINIGTEN STAATEN (1858).

Durch seine Vorträge und Veröffentlichungen stieg sein Ansehen bei den wissenschaftlichen Gesellschaften der Vereinigten Staaten. Er gewann schnell den Ruf einer Autorität auf dem Gebiet der Geographie Amerikas und erhielt schließlich von dem Coast Survey Office, dem Büro für Küstenvermessungen, den Auftrag, eine Geschichte der pazifischen Küste der USA zu schreiben. Diese Arbeit kam gut voran, und voller Energie plante Kohl schon Größeres: eine vollständige Geschichte der amerikanischen Küsten, illustriert mit Kopien historischer Karten. Der amerikanische Kongreß bewilligte sogar einen Betrag von 6000 Dollar für die Kopierung der von Kohl gesammelten Karten, die mit seinen Erläuterungen versehen in einer Abteilung des State Department deponiert werden sollten. Diese Kopien wurden auch angefertigt, aber die Handelskrise im Jahre 1857 verhinderte ihre Veröffentlichung. Auch das begonnene Küstenwerk wurde eingestellt. Obwohl somit keine Aussicht auf Veröffentlichung mehr bestand, beendete Kohl das Werk, für das er den Titel »The Seacoast of the United States. Their History and Hydrography« vorgesehen hatte. Es ist auch später nie erschienen. Auf Anregung des Coast Survey Office schrieb er auch die GESCHICHTE DES GOLFSTROMS UND SEINER ERFORSCHUNG VON DEN ÄLTESTEN ZEITEN BIS AUF DEN GROSSEN AMERIKANISCHEN BÜRGERKRIEG, die erst 1868 in Bremen erschien.

1858 kehrte Kohl nach Bremen zurück. Vorerst verarbeitete er die weiteren Ergebnisse seiner amerikanischen Studien: KITSCHI-GAMI ODER ERZÄHLUNGEN VOM OBERN SEE. EIN BEITRAG ZUR CHARAKTERISTIK DER AMERIKANISCHEN INDIANER (1859, englische Ausgabe 1860); DIE BEIDEN ÄLTESTEN GENERALKARTEN VON AMERIKA, AUSGEFÜHRT IN DEN JAHREN 1527 UND 1529 AUF BEFEHL KARL'S V. (1860); sowie die GESCHICHTE DER ENTDECKUNG AMERIKAS VON COLUMBUS BIS FRANKLIN (1861). 1869 erschien die HISTORY OF THE DISCOVERY OF THE EAST COAST OF NORTH AMERICA, die Kohl im Auftrag der Historischen Gesellschaft von Maine verfaßt hatte.

Seine GESCHICHTE DER ENTDECKUNGSREISEN UND SCHIFFAHRTEN ZUR MAGELLANSTRASSE (1877) trug ihm in der Neuen Welt den Ruf ein, der einzige ebenbürtige Nachfolger Alexander von Humboldts zu sein.

Auch in Deutschland reiste Kohl wieder, aber mit zunehmendem Alter wurden die Kreise immer enger. Die NORDWESTDEUTSCHEN SKIZZEN (1864) und die DEUTSCHEN VOLKSBILDER UND NATURANSICHTEN AUS DEM HARZ (1866) waren die letzten Ergebnisse seiner Wanderstudien. Danach folgten Bücher über seine engere Heimat Bremen sowie Abhandlungen, in denen er den lang gehegten Wunsch nach einer wissenschaftlichen geographischen Arbeit wiederaufnahm. Als herausragendes Werk ist DIE GEOGRAPHISCHE LAGE DER HAUPTSTÄDTE EUROPAS (1874) zu erwähnen.

In Bremen machte sich Kohl besonders um das geistige Leben verdient. Im Herbst 1863 wurde ihm das Amt des dortigen Stadtbibliothekars übertragen. Unter seiner Leitung wurde in der Stadtbibliothek die Katalogisierung übersichtlicher gestaltet, die Benutzerfreundlichkeit wesentlich erhöht und der Bestand spürbar vergrößert. Die übrigen Bibliotheken der Stadt vereinigte er mit der Stadtbibliothek zu einem Bibliothekverein. Trotz der geringen Dotierung setzte er sich uneingeschränkt für diese Aufgabe ein. Nebenher fand er noch immer die Zeit für zahllose Aufsätze in den bedeutendsten wissenschaftlichen, belletristischen und politischen Zeitschriften.

Kohl blieb zeitlebens unverheiratet. Nach seiner Rückkehr nach Bremen lebte er zuerst mit seiner Mutter und einem Bruder zusammen, später mit einigen jüngeren Verwandten. Eine seiner Schwestern, Ida, begleitete ihn nach Frankreich und England. Gemeinsam mit ihr schrieb er die ENGLISCHEN SKIZZEN. Mit PARIS

UND DIE FRANZOSEN (1845) trat sie als selbständige Schriftstellerin in Erscheinung. Die letzten Jahre seines Lebens litt Kohl an einem schmerzhaften Rückenmarksleiden. Am 28. Oktober 1878 verstarb er in Bremen.

Seine schriftstellerischen Leistungen und seine Verdienste um die Erdkunde fanden hohe Anerkennung. Er erhielt u. a. die Ehrendoktorwürde der Universitäten Königsberg und Brunswick (Maine). Bei seinen Schilderungen neigt er allerdings oft zu Weitschweifigkeit. Der Eingeweihte vermißt zudem hin und wieder die Gründlichkeit der Forschung. Besonders der historische Teil seiner Schriften muß mit Vorsicht aufgenommen werden, da das Quellenstudium nicht immer mit der nötigen Kritik vorgenommen wurde.

*

Obwohl Johann Georg Kohl das Manuskript der NORDWESTDEUTSCHEN SKIZZEN im November 1863 abschloß, in einer politisch äußerst unruhigen Zeit sowohl in Europa als in Amerika, bemerkt der Leser davon kaum etwas oder gar nichts in dem Buch. In den Vereinigten Staaten tobte seit 1861 der Sezessionskrieg, in Europa brodelte es allenthalben. Das Risorgimento führte durch Krieg und Revolution zur Einigung Italiens. 1861 wurde Viktor Emanuel II. König von Italien. Unter Kaiser Napoleon III. hatte Frankreich 1856 gemeinsam mit England den Krimkrieg gegen Rußland gewonnen und 1859 zusammen mit dem Königreich Sardinien gegen Österreich gesiegt. Durch diese beiden Siege errang Frankreich gegen Rußland und Österreich die europäische Vormachtstellung. Das führte unweigerlich zum Konflikt mit dem aufstrebenden Preußen und schließlich zum deutsch-französischen Krieg von 1870–71. Bis dahin hatte Napoleon III. aber wiederholt an Ansehen verloren. So stürzte er sich 1861 in das Abenteuer der Errichtung eines von ihm abhängigen Kaiserreiches Mexiko, das 1867 zusammenbrach. Die außenpolitischen Rückschläge Rußlands sowie seine wirtschaftliche Rückständigkeit und innenpolitischen Spannungen waren ein deutliches Zeichen für den Niedergang der russischen Vormachtstellung. Als 1863 aber erneut ein Aufstand in dem von Rußland beherrschten, sogenannten Kongreß-Polen ausbrach, schloß das Zarenreich mit Preußen einen Vertrag zur gegenseitigen Unterstützung, so daß russische Truppen unter demonstrativem Wohlwollen Preußens den Aufstand niederschlagen konnten. Preußens Verhältnis zu Rußland hatte sich besonders seit dem Krimkrieg, an dem es sich nicht beteiligte, ständig verbessert.

In Preußen schien 1861 mit der Thronbesteigung von Wilhelm I. eine »neue Ära« anzubrechen. Es entwickelte sich aber alsbald ein Verfassungskonflikt zwischen der Exekutive und dem Parlament. 1862 wurde Otto von Bismarck zum preußischen Ministerpräsidenten berufen, der den Anspruch der Krone gegen das mehrheitlich liberale Parlament durchsetzen sollte. Obwohl innenpolitisch als »Konfliktminister« scheinbar völlig isoliert, gelang Bismarck eine Reihe eindrucksvoller außenpolitischer Erfolge. In der Auseinandersetzung mit Österreich wegen der Lösung der deutschen Frage konnte Preußen die Führung übernehmen und Österreich an seine Seite zwingen. Im Konflikt um Schleswig-Holstein kämpften Preußen und Österreich 1864 gemeinsam gegen Dänemark. Nach dem Sieg über die Dänen trieb Preußen den Konflikt mit Österreich aber bis zum Krieg. 1866 siegten die Preußen bei Königgrätz und entschieden damit die Frage der Vorherrschaft in Deutschland zu ihren Gunsten. Der Weg zur kleindeutschen Lösung der nationalen Frage unter der Führung Preußens zeichnete sich bereits ab.

Seine Wanderungen in Nordwestdeutschland führten Kohl durch Westfalen, das Fürstentum Schaumburg-Lippe (Hauptstadt Bückeburg), das Königreich Hannover, das Großherzogtum Oldenburg sowie durch die Umgebung der Hansestädte Bremen und Hamburg. Einige Skizzen stammen von den deutschen Nordseeinseln, insbesondere von Norderney. Zur Zeit der Veröffentlichung dieser Reiseberichte sah die staatsrechtliche Situation noch anders aus als einige Jahre später. Das mächtige Königreich Hannover, das sich mit den Österreichern verbündet hatte, wurde 1866 preußische Provinz. Westfalen war bereits seit 1815 eine Provinz Preußens. Oldenburg, Schaumburg-Lippe sowie Bremen und Hamburg entschieden sich zugunsten Preußens und behielten ihre Selbständigkeit, auch nach der Gründung des Deutschen Reiches.

Das Großherzogtum Oldenburg war 1854 dem Deutschen Zollverein beigetreten, Bremen und Hamburg schlossen sich erst 1888 an. Die Abwanderung der Korkschneiderei aus Bremen zum nahegelegenen Delmenhorst im Oldenburgischen führt Kohl auf die Vorteile des Zollvereins zurück (Kap. IX). Über die operettenhaften Streitigkeiten (»Frosch- und Mäusekrieg«) zwischen dem großen Königreich Hannover und dem kleinen Fürstentum Schaumburg-Lippe wegen der Besitzverhältnisse am Steinhuder Meer amüsiert sich Kohl (Kap. II). Hin und wieder schlägt Kohl auch gemäßigte patriotische Töne an, besonders wenn er den Kampf der alten Germanen gegen die römischen Invasoren erwähnt. Die französische Besatzung unter Napoleon ist noch in frischer Erinnerung, und verständlicherweise machen die Franzosen in den Schilderungen keine gute Figur. Aber abgesehen davon ist Kohl ein völlig apolitischer Autor.

Die Originalfassung enthielt, dem Zeitgeschmack entsprechend, zahlreiche Schnörkel und Redundanzen, die in der vorliegenden, überarbeiteten Ausgabe entfielen. Damit ist die Lektüre für den modernen Leser flüssiger geworden. Gleichzeitig wurde die jetzt gültige Schreibweise eingeführt, wurden die heutigen Rechtschreibregeln berücksichtigt, allerdings gewisse Eigenheiten der Ausdrucksform belassen.

Dr. Geert Demarest

Vorrede

Von den vier Zipfeln des großen deutschen Länderparallelogramms dringen der südöstliche und der südwestliche in die Alpen ein, während sich der nordöstliche an dem baltischen Binnenbecken verläuft. Nur mit seiner nordwestlichen Ecke taucht es in den Ozean, und durch sie stehen wir mit dem großen Weltverkehr in Verbindung.

Seit dem mächtigen Aufschwung unserer großen Seeplätze Hamburg und Bremen und der transatlantischen Auswanderung sind jährlich Hunderttausende von Deutschen dieser sonst nicht selten etwas vernachlässigten Partie unseres Vaterlandes zugeströmt. Auch die stets stärker besuchten Seebäder von Helgoland, Cuxhaven, Norderney und andere locken jährlich immer mehr Menschen aus dem Inneren zu unseren Küsten, Heiden und Marschen herbei. Seitdem das deutsche Eisenbahnnetz bei Glückstadt an der Elbe, bei Bremerhaven an der Weser und bei Emden an der Ems das Salzwasser erreicht hat, sind diese Niederungen in eine noch intimere Verbindung mit dem Ganzen getreten. Ganz Deutschland ist infolgedessen auf die merkwürdigen Zustände und Verhältnisse der Natur und Bevölkerung in diesen Strichen immer aufmerksamer geworden, und ich glaube daher, daß die Schilderungen und Beiträge zur Kenntnis dieser Länder, die ich hier darzubieten wage, einigen nicht unwillkommen sein werden.

Sie entstanden während einer Reihe von Ausflügen, die ich in den letzten Jahren in den bezeichneten Gegenden ausführte, um mich mit ihnen bekannt zu machen. Der Mittelpunkt meiner Streifzüge war die Hansestadt Bremen, von wo aus ich die Weser hinauf- und hinabging, mich ostwärts zur Elbe und westwärts zur Ems zum Meer wendete.

Hieraus ergibt sich die Anordnung, die ich meinen Skizzen gegeben habe. Sie sollen keine vollständige topographische und systematisch geordnete Schilderung der Länder, mit denen sie sich beschäftigen, sein. Vielmehr sind es nur einzelne verstreute Gemälde, die den ins Auge gefaßten Gegenstand möglichst treu und in einem runden Bild zu schildern trachten. Jede einzelne Skizze kann daher als eine kleine Abhandlung für sich aufgefaßt werden.

Nichtsdestoweniger versuchte ich jedoch, alle diese kleinen Schilderungen miteinander in Verbindung zu setzen und aus ihrem Mosaik wieder ein Ganzes zu gestalten, damit dem Leser ein Gesamtbild des nordwestlichen Deutschlands hervorgehen möchte. Ich wählte nämlich für meine Schilderungen vorzugsweise solche Gegenstände, die als Repräsentanten oder Typen einer ganzen Gattung betrachtet werden können. Und so sollte denn jede Skizze eine weitere Perspektive eröffnen und Einblicke in die Eigentümlichkeiten unseres Landes geben.

Die großen, allgemein zugänglichen Marktplätze der Städte habe ich aus meinen Mitteilungen ausgeschlossen. Jeder kommt schnell dahin und sieht dort mit dem Beistand vieler zu Gebote stehender Hilfsmittel leicht, was dort wahrzunehmen ist. Ich habe mehr die Partien des Landes aufgesucht, zu denen die großen Heerstraßen nicht führen, die der fremde Besucher nicht so bald aufsucht, mit denen er sich zu beschäftigen auch keine Zeit hat, die er zur Erweiterung seines Blickes aber gern von anderen geschildert sieht, um zu erfahren, wie es im Innern des Landes, das er nur auf den großen Stationen berührt, aussieht. Sollten die hier dargebotenen Bruchstücke beim deutschen Publikum eine freundliche Aufnahme finden, so würde dieses meinen Eifer, sie in Zukunft durch andere noch zu vervollständigen, nicht wenig vermehren.

Bremen, im November 1863

Johann Georg Kohl

I. Die Porta Westfalica

Aus der großen Erhebungsmasse Mitteldeutschlands tritt gegen Nordwesten ein äußerster Hochlandsvorsprung hervor, der sich weit in die norddeutsche Ebene gegen das Emsland erstreckt. Nach Süden und Norden hin hat dieser Vorsprung hohe Ränder, mit denen er gegen das Tiefland ziemlich schroff und scharf abfällt. Im Norden ist es ein Gebirgswall, der von den Geographen mit dem Namen »Weserkette« bezeichnet wird. Im Süden wird die Grenze durch eine Bergkette gebildet, die man den »Teutoburger Wald« nennt. Dieser zieht sich in ziemlich paralleler Richtung mit der Weserkette in einem Abstand von fünf bis acht Meilen hin.

Im Angesicht der Weserkette nach Norden erstreckt sich die Ebene der unteren Weser und Ems bis ans Meer. Im Süden des Teutoburger Waldes ist ebenfalls eine weite Fläche, das westfälische Tiefland, das einen Abschnitt der großen norddeutschen Niederung bildet und in dessen Mitte die Stadt Münster liegt und das daher auch wohl die »Münstersche Bucht« genannt wird. Die Weserkette und der Teutoburger Wald erheben sich in ihren Hauptspitzen bis zu einer Höhe von etwa 1000 bis 1200 Fuß, nehmen nach Westen hin an Höhe ab, lösen sich allmählich in niedrige Hügelketten auf und gehen schließlich in die großen Moore und Heidegegenden des Emsgebietes über.

Das große Längental, das beide Ketten zwischen sich fassen, ist nicht höher über dem Meeresspiegel erhoben als die Münstersche Bucht und auch nicht viel höher als das angrenzende norddeutsche Flachland. Erst im östlichen Ende dieses Tales erheben sich höhere Bergzüge, Plateaus und Hügellandschaften, die den besagten Talgrund jenseits Detmold abschließen.

Wenn der Ozean 300 bis 400 Fuß über sein jetziges Niveau hinausstiege, würde die Uferbegrenzung des Kontinents ungefähr folgendermaßen aussehen:

Zuerst würde das Meer im Norden, die ganze deutsche Ebene überflutend, bis an den nördlichen Fuß des Wesergebirges branden. Alsdann würde es die ganze Münstersche Bucht ausfüllen und ebenso in das niedrige Längental zwischen Weserkette und Teutoburger Wald eindringen und einen Meerbusen bis in die Gegend von Detmold hinauf formieren. Die beiden über 400 Fuß hohen Bergzüge der Weserkette und des Teutoburger Waldes aber würden sich von dem mitteldeutschen Gebirgsland aus als zwei lange und schmale parallele Halbinseln ins Meer erstrecken. Es ist mehr als wahrscheinlich, daß es eine Zeit gegeben hat, in der diese Gegend das soeben gezeichnete Bild wirklich darbot, nämlich die Epoche des sogenannten Diluviums.

Wir entdecken die Spuren des Diluvialmeeres überall auf den norddeutschen Ebenen, in der Bucht bei Münster sowie in dem großen Längental zwischen Wesergebirge und Teutoburger Wald. Der Gestalt dieses Tales gemäß muß das Meer hier einen länglichen, tief eindringenden Busen oder Arm, eine große Lagune mit einem engen Eingang bei Osnabrück gebildet haben.

In diesem so entstandenen Meerbusen sammelten sich die Gewässer aus den umliegenden Bergen. Diese Gewässer müssen sich schon sehr frühzeitig in einer großen Hauptarterie – der Weser – gesammelt, zu dem oberen Weser-System ausgebildet und ihre Mündung in einem der Punkte der innersten Partie des Meerbusens gehabt haben.

Da das Meer nicht plötzlich, sondern in mehr oder weniger langen Perioden aus dem bezeichneten Busen abzog, mag jene alte Mündungsgegend der Weser zu verschiedenen Zeiten an verschiedenen Punkten gewesen sein. Die Weser folgte, indem sie ihr Bett ausgrub, dem zurückweichenden Meer immer weiter westwärts.

Einige glauben, daß sie dem Meer in dieser Richtung sogar noch dann gefolgt sei, als es schon längst bis zu den jetzigen Ufern zurückgewichen war, und daß auf diese Weise einmal die Weser ihren Ausgang ins Meer durch die Ems gefunden habe. Dieser Annahme scheinen, so lange wir uns die Porta Westfalica und die anderen jetzt existierenden tiefen Querschnitte des Wesergebirges noch als geschlossen denken, keine großen Schwierigkeiten entgegenzustehen.

Es fragt sich nun, wie das große Abzugsloch, die Porta Westfalica, das diese Verhältnisse änderte, sich ausgebildet und jenen Wasserablauf dadurch geändert haben mag. Die Porta Westfalica ist allerdings nicht die einzige Lücke in den bezeichneten Gebirgen. Vielmehr sind jetzt sowohl die Weserkette als auch der Teutoburger Wald noch von einigen anderen tiefen Querschnitten durchbrochen. Einige dieser Einschnitte sind nicht tief eingesenkt und zerlegen nur die obersten Kämme der Gebirge. Andere aber gehen tief bis auf den Talboden herab und gestatten so den Wasserablauf aus dem Tal in die Ebenen jenseits.

Hauptsächlich hat wohl das Meer zur Bildung dieser Bergtore und besonders der Porta Westfalica beigetragen. Innerhalb der Porta Westfalica finden sich jene erratischen Granitblöcke, die überall auf der norddeutschen Ebene ausgestreut sind, in besonders großer Menge.

Bekanntlich wurden diese Blöcke von den Granitgebirgen Skandinaviens durch die Gletscher losgerissen und dann auf Eisbergen und Eisschollen über das norddeutsche Meer hinausgeflößt, wo sie nach der Zerschmelzung des Eises zu Boden sanken. Da diese Granitblöcke besonders häufig südwärts von der Porta liegen, wird es durch diesen Umstand allein außer Zweifel gesetzt, daß das Diluvialmeer eine Zeitlang durch die Porta hereingeströmt sein muß. Dieselbe bedeutende Zerstreuung und Anhäufung von Granitblöcken haben vor den übrigen Einschnitten des Wesergebirges stattgefunden. Man findet sie vor jedem Querschnitt wie Pfefferkörner vor den Löchern einer Pfefferbüchse.

Als das Diluvialmeer sich endlich zurückzog, mag es die Porta als einen schon ziemlich tiefen Einschnitt zurückgelassen haben, dessen Sohle indessen noch so bedeutend über dem Niveau der Weser und ihres Talgrundes erhoben war, daß diese noch lange Zeiträume hindurch ihrer alten Richtung nach Nordwesten und nach der Ems treu bleiben mußte.

Als die Scharte sich infolge der Erosionskräfte so tief gesenkt hatte, daß aus dem etwas höheren Binnental Wasser in die Ebene hinausfließen konnte, war dies nicht gleich die Weser selbst. Es waren vermutlich erst nur kleine Bäche, die den Durchgang durch die Pforte fanden. Diese Bäche gruben sich immer tiefer ein, verlängerten auch ihr Bett rückwärts und erreichten so endlich rückwärtsschreitend das Bett der Weser, die sie dann anzapften und allmählich in ihr eigenes Bett und in die Porta hinüberlockten.

Ehe dies aber geschah, mußten jene durch die Porta fließenden Bäche schon längst einen Weg zum Meer gebahnt und gemeinsam mit anderen Nebengewässern einen größeren Fluß gebildet haben, der in oder hinter der Porta entsprang. Der Kanal der jetzigen Unterweser mochte also schon längst existieren, noch ehe die Obere Weser mit ihm verknüpft war.

Erst als jene Bäche die Weserrinne anzapften, geschah dann die merkwürdige Veränderung. Die Weser verließ ihr altes, unteres Bett zur Ems hin, schwenkte aus ihrem westlichen Lauf unter einem scharfen Winkel in eine nördliche Richtung und floß durch die Porta ins Niederland, wo sie in das schon existierende untere Flußbett einfiel und es zu dem breiteren Strom ausarbeitete, den sie jetzt darstellt.

Es war die größte Revolution in der ganzen Bildungsgeschichte der Weser. Die Emslande sanken durch diese Wandlung zu großer Unbedeutendheit herab, und zwei starke Stromstücke, die untere und die obere Weser, wurden dadurch zu einem Ganzen verbunden.

Wahrscheinlich war die Pforte anfänglich, als die Weser ihre Arbeit innerhalb des Tores begann, noch bedeutend enger und rauher als jetzt. Vielleicht strömte der Fluß in einer wilden Schlucht mit reißender Stromschnelle durch Felsentrümmer und Steinblöcke. Allmählich wurden diese zertrümmert und fortgeschwemmt und die Schlucht selbst dabei zugleich wieder mehr erweitert.

Die Weser hat dieses Erweiterungswerk noch bis in die jüngsten Zeiten fortgesetzt. Für gewöhnlich strömt sie freilich in einem Bett, das im Verhältnis zu den Proportionen des großen Tores nur schmal und eng erscheint. Bei Hochwasser im Frühling aber tritt sie noch jetzt über beide Ufer und erfüllt die ganze Kluft bis an den Fuß der Torpfeiler.

Auch der Mensch hat bis auf unsere Tage auf nicht unwirksame Weise an der Erweiterung der Schlucht gearbeitet. Schon seit sehr alten Zeiten hat man die Abhänge der Pforte mit zahlreichen Steinbrüchen durchbohrt, die im Laufe der Jahrhunderte eine Menge Material weggeschafft haben. Ebenso alt sind die Straßen durch die Pforte, die manchen Block gesprengt haben mögen.

Auf diese Weise stellt sich heutzutage innerhalb des Tores eine Weitung dar, die auf der Talsohle wohl sechsmal so breit wie das gewöhnliche Weserbett ist. Sie bildet eine vollkommen flache und ebene Schwelle, auf der sich zu beiden Seiten des Stromes die schönsten und freundlichsten Wiesen und Ackerfelder ohne Geröll und ohne eine Spur von Felsen ausdehnen. Die völlige Ebenheit des

Grundes mag wohl das Produkt einer späteren Arbeit der Weser sein, die alle Unebenheiten bei ihrem häufigen Austreten mit Schlamm überzog.

Gerade im Zentrum der Pforte, nämlich mitten im Bett der Weser, findet sich unter dem Wasserspiegel eine nackte Felsenplatte. Es sind die letzten Reste der hier niedergeworfenen Riesenmauern. Die Weser fließt hier etwas schneller und mit geringerer Tiefe über die kahlen Köpfe der Steine hinweg. Vor und hinter dieser Schwelle, wo die Gewässer vielleicht besonders heftig arbeiten, sinkt ihr Bett auf eine Tiefe von 20 und mehr Fuß herab. Die Stelle ist den Schiffern wohlbekannt, und sie haben dort einige Vorsicht an den Tag zu legen.

Welche Rolle die Porta vor Christi Geburt unter den alten Germanen gespielt haben mag, wissen wir nicht. Tacitus, indem er den Marsch der römischen Legion unter Germanicus vom Meer und der Ems her – im Jahre 16 nach Christi Geburt – beschreibt, gibt zu verstehen, die Deutschen hätten das dortige Gebirge nach ihrem Herkules »den Herkuleswald« genannt.

Wer dieser Herkules der Deutschen gewesen sei, untersucht Tacitus nicht weiter. Vermutlich aber ist niemand anders darunter zu verstehen als der alte deutsche Gott Wodan. Wahrscheinlich hatten die Deutschen schon damals auf dem Gipfel des höchsten Berges neben der Porta eine heilige Stätte für Wodan. Sowohl den ganzen schroffen Bergwall als auch den großen Bergdurchbruch selbst mochten die Deutschen als ein Werk ihres Wodans betrachten.

Daß hierbei die Römer an ihren Herkules dachten, ist sehr natürlich. Denn diesem Umgestalter der Schöpfung schrieben sie ja das große Tor am Eingang des Mittelmeeres, die Straße von Gibraltar, und überhaupt so viele andere Titanenarbeiten der Naturgewalten zu.

Bei jenem Zug des Germanicus tritt auch die militärische und historische Bedeutung der Porta zum erstenmal deutlich hervor. Denn jedenfalls lag das berühmte Schlachtfeld Idistavisus, auf dem im Jahre 16 die Römer unter Germanicus und die Deutschen unter Hermann kämpften, in der Nähe der Porta.

Wie die Meere branden auch die Heere der Völker an den Rändern der Gebirge und fallen dort in blutigen Katarakten übereinander. Eine Bergöffnung wie die Porta im Angesicht einer großen Ebene und mit einem schiffbaren Strom in ihrem Tor muß stets in hohem Grade zu Befestigungen und Verschanzungen aufgefordert haben. Eine Erdmauer wie die Weserkette mit ihren Waldungen war besonders geeignet, den Rücken einer Armee zu dekken oder ihr zum Versteck und zur Verteidigungsbasis zu dienen, um in einer gesicherten Stellung den Feind erwarten zu können. Auch die alten Germanen mochten daher hier schon seit ältesten Zeiten wie die Winde und Fluten aufeinandergestoßen sein, und das Feld Idistavisus bei der Wodanspforte mag einen uralten Rauf- und Kampfplatz für sie dargestellt haben.

Bekanntlich herrscht unter den Gelehrten eine große Meinungsverschiedenheit darüber, wo nun dieses berühmte Feld genau gelegen habe. Jedenfalls ist es gewiß, daß die blutigen Kämpfe der Römer und Deutschen bei und nach der Schlacht von Idistavisus sich um die Porta wie um ihren Angelpunkt drehten und daß wir sie daher als Portaschlachten bezeichnen können.

Nach diesen Portaschlachten des Jahres 16, die für das nördliche Deutschland Befreiungskriege waren, sind die Römer nie wieder bis zu den Wesergegenden und bis in die Elb- und Weserströmungen vorgedrungen.

Welche Rolle die Porta während der sieben- oder achthundert Jahre nach Germanicus und Arminius gespielt haben mag, wissen wir nicht. Aber vermutlich fluteten in dieser aufgeregten Zeit, in der alles in Deutschland in

Bewegung war, durch die Pforte zahllose Scharen der Thüringer oder Cherusker, der ihnen folgenden Katten oder Hessen und der Sachsen und Franken, die sich gegenseitig in der Beherrschung des Wesergebietes ablösten, und es mag hier mancher in unseren Annalen nicht beschriebene Zusammenstoß stattgefunden haben.

Wahrscheinlich wurde schon in dieser Periode im Angesicht der Pforte die Stadt Minden gestiftet. Jedenfalls erblicken wir die Pforte zur Zeit Karls des Großen, wo wieder das erste Licht auf diese Gegenden fällt, als einen bedeutsamen Mittel- und Knotenpunkt der Völkerbewegungen und kriegerischen Begebenheiten.

Karl der Große traf in dieser Gegend auf einen Sachsenstamm, der sich selbst die »Engern« nannte. Diese Engern wohnten beiderseits der mittleren Weser, sowohl im Norden als auch im Süden der Flußenge der Porta, die sozusagen den Mittelpunkt ihres Gebietes und Lebens bildete. Denn die Fürsten der Engern hatten ihre Residenzen und Schlösser teils nördlich der Pforte in Minden, teils auf den Felsen innerhalb der Porta selbst, teils in dem alten Ort Enger, der im Süden der Porta liegt.

Zur Zeit Karls des Großen gebot über die Engern der heroische Herzog Wittekind oder Wedekind. Wie die Schlachten Hermanns gegen die Römer, so fallen auch alle Schlachten Wittekinds gegen die Franken in einen Kreis rings um die Porta und das Wesergebirge herum und wurden zum Teil innerhalb der Porta selbst ausgekämpft.

Vom Helden und Feldherrn Wittekind, den die Volkssage zu einem großen König erhebt, kann man sagen, daß er wie eine mächtige Eiche die Wurzeln seiner Macht an das Bergtor geheftet habe. Vielleicht war das Städtchen Enger im Süden der Porta seine Hauptresidenz. Doch behaupten die Chronikenschreiber der Stadt Minden, daß er auch in dieser alten Stadt im Norden der Pforte eine Burg gehabt habe. Aber auch innerhalb der Porta selbst, und zwar an beiden Bergpfeilern des Tores, werden Wittekind von der Tradition Schlösser und Burgen zugeschrieben.

Darüber hinaus hat die Volkssage, die sich noch jetzt mit dem großen Helden Wittekind, mit dem die alte, wilde Unabhängigkeit des Sachsenstammes ein Ende nahm, so gern beschäftigt, fast jeden Fleck, jeden Gipfel, jede Quelle der Porta durch irgendeine Überlieferung geweiht und geschmückt. Auch sonst wird das Andenken jenes Heroen der Niedersachsen noch vielfach vom Volk gepflegt. So feiern sie z. B. in Enger noch alljährlich seinen Todestag an jedem 6. Januar. An diesem Tag halten die Bürger und Schulen des Orts sowie die Bauern der Umgebung einen Umzug, und die Schulkinder bekommen dabei ein Gebäck zum Naschen, das sie »Timpen« nennen. Und von diesem Gebäck, das den Kindern und dem hungrigen Volk wohl besonders bedeutsam erschien, hat der Wittekindstag den populären Namen »das Timpenfest« erhalten.

Auch haben in neuester Zeit die Engerer eifrig um den Besitz der irdischen Überreste Wittekinds prozessiert, die ihnen von Rechts wegen zukommen. Wittekind nämlich, so erzählt wieder das Volk, nachdem er ein eifriger Christ geworden war und als er zuletzt sein wirkliches Ende ganz nahe fühlte, gab seinen Willen kund, daß er von allen Kirchen, die ringsherum in seinem Sachsenland im Bau begriffen seien, in derjenigen ruhen und begraben sein wolle, die zuerst fertig würde. Da zimmerten und mauerten nun die Leute in Minden und in Herford und in Enger und in den anderen Weserorten um die Wette, um dieser Ehre teilhaft zu werden.

Den Kirchenbau in Enger leitete ein schlauer Mohr. Der kam auf den Gedanken, daß ein Turm für eine Kirche etwas Unwesentliches sei und daß er der Bedingung Genüge getan habe, wenn er auch nur eine Kirche ohne Turm fertigbrächte. Während die anderen Baumeister daher noch an ihren zierlichen Kirchentürmen herumdrechselten und meißelten, hatten die Engerer mit ihrem Mohren das ganze Gotteshaus schon vollendet, und Wittekind gab ihnen die Palme und dekretierte ihnen seine Gebeine.

Wittekind wurde nach seinem Tod zwar in Enger begraben, aber im Laufe der Jahre gingen seine Gebeine an die Stadt Herford verloren, wo sie lange Zeit in der Hauptkirche aufbewahrt wurden. Erst im Jahre 1822 wurden sie wieder den Engerern, die darum einen Prozeß anstrengten, zugesprochen und ruhen nun wieder in der turmlosen Kirche dieser uralten Sachsenstadt.

Der große Gegner Wittekinds, Kaiser Karl, der mehrmals durch die Porta aus- und einzog und ihre Bedeutung hinreichend erwogen haben mag, stiftete im Angesicht der Pforte in Minden einen seiner berühmtesten Bischofssitze. Er selbst soll zu Zeiten in der Stadt residiert haben. Die von Karl begünstigte Stadt Minden gedieh und wurde infolge ihrer Position an der Schwelle der Porta bedeutend. Sie wurde der Mittelpunkt eines bischöflichen Fürstentums, das am Ende so ziemlich den Hauptkern des alten Enger-Landes umfaßte und sich wie dieser rund um die Porta herum wie um seinen Mittelpunkt ansetzte.

Da die Weser beim Austritt aus den Gebirgslanden durch die Porta einen höheren Grad von Schiffbarkeit, mehr Tiefe, mehr Breite und Ruhe erlangt, so entwickelte sich infolgedessen in dieser Pfortenstadt ganz naturgemäß sehr bald eine lebhafte Schiffahrt. Da die Landwege aus der nördlichen Ebene notgedrungen diesen Punkt aufsuchten, um hier das Gebirge zu passieren und aus demselben Grund die Handelswege aus dem Süden ebenfalls zu dieser Stelle zusammenliefen, um durch die Pforte in die nördliche Ebene zu führen, wurde Minden bald eine stark bevölkerte und berühmte Handelsstadt.

Sie trat im 13. Jahrhundert in den Hanseatischen Bund,

Die Weserbrücke zu Minden mit Durchblick zur Porta Westfalica
(Gemälde von A. Wenderoth & J. Gray, 1842)

verschaffte sich mehrere Privilegien und war nach Bremen der bedeutendste Ort an der unteren Weserhälfte. Die Gilde der Mindener Schiffer herrschte sozusagen auf der ganzen Weser von der Porta bis Bremen. Sie erhoben auf dieser Flußstrecke Abgaben, hatten aber auch die Verpflichtung, den Fluß in schiffbarem Zustand zu erhalten. Auch beanspruchten die Mindener eine freie Schiffahrt auf der ganzen Weser bis in die Unterlande bei Bremen. Sie durften bei Bremen vorbei sogar das allerunterste Weserstück frei auf- und abwärts beschiffen.

Selbst in neuerer Zeit noch sind zuweilen Seeschiffe in Minden gebaut und von dort direkt mit Ladungen für überseeische Länder zur Wesermündung abgefahren. Die Mindener rivalisierten also in gewissem Grad mit den Bremern. Von den Zöllen auf der Weser waren sie frei. Sie selber dagegen übten gegen alle die Porta aus- und einfahrenden Schiffe ein sehr strenges Stapelrecht aus und stauten hier den Lauf des fremden Handelsverkehrs ähnlich wie die Porta den Lauf der Gewässer.

Es wäre sehr natürlich gewesen, wenn auch Minden von seiner Entstehung oder Position an einer Gebirgspforte wie mehrere andere deutsche Städte, wie z. B. Pforzheim oder die Ortschaften Pforten und Pforenz, einen Namen erhalten hätte, der eine Anspielung auf seine Lage enthielte und wenn es z. B. etwa »Westfälisch Pforzheim« oder ähnlich genannt worden wäre. Indessen glaube ich fast, daß in dem Namen, den die Stadt trägt, in der Tat mehr Anspielung dieser Art liegt, als man gewöhnlich darin sucht. Man hat den Namen Minden sehr verschiedentlich und auf eine, wie es mir scheint, zuweilen sehr weithergeholte und gezwungene Weise abgeleitet. Mir scheint die Verwandtschaft des Worts mit unserem deutschen Münden oder Mund viel näherliegend und natürlicher als alle sonstigen Erklärungen. Die Stadt liegt da, wo die Weser aus dem Gebirgsland in die Ebene einmündet, und vor einem großen Bergsmund. Diese Ableitung unterstützt noch der Umstand, daß der Name des Ortes in alten Urkunden zuweilen auch als »Munde« oder »Munda« geschrieben wird.

Wie die Handels- und Verkehrswege der Umgebung von jeher den Durchgang in der Porta gesucht haben, das verdiente wohl eine eigene Beleuchtung. Daß die Römer und nach ihnen Karl der Große, wenn sie auch keine eigentliche, bleibende Kunststraße durch die Porta verlegten, hier doch schon Wege angelegt haben, unterliegt wohl keinem Zweifel. Denn solche Feldzüge, wie beide in dieser Richtung ins nordwestliche Deutschland unternahmen, lassen sich ohne mannigfaltigen Wege- und Brükkenbau gar nicht ausführen.

Ein großer Handelsweg für den Provinzialverkehr ist seit dem ersten Anfang der deutschen Handelsbewegung hier durchgegangen. Es passierte hier ein bedeutender Waren- und Güterzug über Minden durch die Porta und dann durch das Teutoburgerwaldtor bei Bielefeld von der Weser zum Rhein. Am Anfang dieses Jahrhunderts baute Napoleon, der nächste große Eroberer und Wegebauer nach Drusus, Germanicus und Karl dem Großen, auf dieser Linie die erste kunstgerechte steinerne Chaussee.

Und zu unserer Zeit brachen die Eisenbahnen dort durch. Sie ziehen, vom Norden kommend, am Fuß des Gebirges vorbei. Bei Minden wenden sie um und biegen in die Porta ein. Erst nachdem sie die Pforte passiert haben, im Innern des mittleren Wesertales, spalten sie sich wieder.

Die Porta faßt jetzt innerhalb Büchsenschußbreite nicht weniger als vier oder fünf große Verkehrsbahnen sozusagen in einem Bündel oder Knoten zusammen. Zuerst die breite Schiffbahn der Weser, dann eine Chaussee auf dem linken und eine zweite auf dem rechten Flußufer, und ferner die Eisenbahn zum Rhein und die Eisenbahn zur Ems, die indessen beide hier auf demselben Geleise liegen und sich erst außerhalb des Tores trennen.

Das Zusammentreffen so vieler Wege in demselben Punkt und die dadurch gebotene Gelegenheit haben in neueren Zeiten zu verschiedenen Unternehmungen innerhalb des Tores geführt. So haben z. B. einige Spekulanten dort eine großartige Dampfgetreidemühle errichtet und sie zwischen der Weser und der Eisenbahn so angelegt, daß man auf der einen Seite des Gebäudes das Getreide auf den Weserschiffen einnehmen und auf der anderen Seite das fertige Mehl auf die Wagen der Eisenbahn ausschütten kann. Offenbar sind Niederlassungen dieser Art nur aus dem Zwang hervorgegangen, den die Berge hier den beiden Wegen, die sie zusammenführten, antaten.

Aus denselben Verhältnissen gingen denn auch andere industrielle Unternehmungen und Arbeiten hervor, die den Namen der Porta noch berühmter gemacht haben. Ich meine ihre schon seit den ältesten Zeiten existierenden Steinbrüche, die ein so schwer zu transportierendes Produkt erzeugen und in der Regel nur vorteilhaft in der Nähe von Flüssen, die eine billige Verfrachtung gestatten, eröffnet werden können. In der Porta hatte die Natur die beste Gelegenheit dazu gegeben. Sie hatte dort die alten harten Knochen der Erde bloßgelegt und schon selber die Steinbrüche gewissermaßen für die Menschen geöffnet.

Vor dem Gebirgsdamm der Porta zeigt sich zunächst eine Ablagerung von Portlandkalk, die hier durch den Weserdurchbruch so zugänglich geworden ist, daß man ihr leicht beikommen konnte. Es ist daraus eine nicht unbedeutende Portlandzementfabrik erwachsen, die gleich am Eingang der Porta liegt.

Hinter dem Portlandkalk hebt sich eine starke Bank blauen Kalksteins empor. Sie ist von mehreren Steinbrüchen durchlöchert, in denen sehr wertvolle Kalksteine verschiedener Qualitäten gewonnen werden.

Während der Portlandkalk ziemlich weit zurückbleibt und am Rande des Gebirges bloß kleine, niedrige Hügel bildet, zieht sich diese blaue Kalksteinschicht ganz bis auf den Gipfel des Gebirgswalls hinauf und überdeckt alle übrigen Schichten. Sie bildet den scharfen Rücken des Gebirges und fällt nach Süden zuweilen mit schroffen Absätzen hinab, die in steilen, kahlen Felsenwänden in die Höhe stehen und wie lange Galerien längs des Bergkamms hinlaufen. Da, wo sie auf dem unter ihr liegenden Mergel absetzt, ziehen sich die hübschesten Stege und Fußpfade des Gebirges hin. Alle anderen Schichten, die noch unter dem blauen Kalk liegen, haben zwar auch ihre Brüche und steilsten Abhänge nach Süden. Doch sind diese mehr abgerundet als der Kalkstein und daher mit dichtem Wald bestanden. Freie Aussicht hat man mithin nur oben längs jener Kalksteingalerien.

Auf der linken Seite der Weser liegt eine mächtige Ader von Eisenstein, und zwar in sogenannter Dolith- oder Regensteinform. Man hat ihn schon seit langem ausgebeutet, und mitten in der Porta auf den schönen Weserwiesen raucht ein Hochofenfeuer, ein weitläufiges Etablissement zum Schmelzen dieser Metalle.

Man fängt erst jetzt an, alle in der Porta dargebotenen Gelegenheiten und Schätze zu entdecken, zu würdigen und zu benutzen. So hat man erst ganz kürzlich begonnen, die großen Massen Eisensteingerölls, die vor der Pforte aufgehäuft sind, zu beachten und auszubeuten. Die Diluvialfluten haben hier, und zwar auf der inneren oder Südseite der Pforte, eine ungeheure Masse von Kiesschutt und anderem Steingeröll bei ihrem Durchgang durch das Tor deponiert. In diesem Geröll, das mit Ton vermischt ist, bilden Niereneisensteine einen Hauptbestandteil.

Das Fossil, das den Ruhm der Porta am weitesten getragen hat, findet sich jedoch weder in diesem Geröll an der inneren noch in dem Zement an der äußeren Schwelle des Tores, sondern vielmehr in einer mächtigen Bank, die aus Sandstein gebildet in den mittleren Partien der Bergmassen eingekeilt ist. Diese Sandsteinablagerung ist schon seit den ältesten Zeiten von vielen Steinbrüchen durchlöchert worden. Man kann ganze Strecken durch lange Galerien und Höhlen wandern, die im Laufe der Zeiten unter dem Meißel und Hammer der Steinbrecher entstanden sind. Es sind zum Teil sehr alte, jetzt verlassene und schon wieder vernarbte und mit Gras und Sträuchern bewachsene Wunden des Berges, zum Teil aber große Klüfte, die noch jetzt von Leben und mühselig arbeitenden Menschen wimmeln und in denen ein Block nach dem anderen gelöst, abgekeilt, gestaltet und die Abhänge polternd zur Weser hinabgerollt wird.

Einige dieser Steinbrüche gewähren einen malerischen Anblick. Da sind hier und da Klüfte so hoch und weit ausgearbeitet wie Dome. Zwischen ihnen sind zuweilen gigantische Mauern, als wären sie von Titanen gebaut, stehengeblieben. Zuweilen, wo man den Stein besonders gut fand, hat man weit in den Berg hineingebrochen, während er unten stehenblieb. So haben sich hohe Terrassen gebildet, deren Plateaus von Arbeitern wie Festungswerke von Soldaten besetzt sind. Man glaubt in die Mitte von Trümmern und Ruinen großer Gebäude zu treten.

Über der Sandsteinschicht liegt eine Bank schwarzen, schiefrigen Mergels, die den Steinbrechern viel Not und Kummer macht. Weil sie ihn nicht gebrauchen können, nennen sie ihn »das wilde Gestein«. Um den Sandstein freizulegen, muß dieses wilde Gestein überall auf sehr mühselige Weise weggeschafft werden. Es bröckelt bei jedem neuen Bruch massenweise herunter und bildet im Laufe der Zeiten in den Steinbrüchen große Trümmermoränen. Sie haben für dieses Steingekrümel den Namen »Kummer« und für den Prozeß des Wegschaffens davon den technischen Ausdruck »Abkummerung« erfunden. Um diese Abkummerung überflüssig zu machen, besonders da, wo die obere Schicht zu mächtig ist, haben sie angefangen, den Sandstein bergmännisch zu gewinnen. Bei dieser Weise arbeitet man denn tief in den Berg hinein und läßt hier und da große Pfeiler des Sandsteins stehen, die die Kappe des wilden Gesteins oder des Kummers tragen.

Am Fluß sind ständig breite Uferstrecken mit Quadersteinen aller Größen bedeckt, die von da aus auf Schiffen in die unteren Flußgebiete verfrachtet werden. Der »Porta-Sandstein« – unter diesem Namen ist das treffliche Baumaterial weit und breit berühmt – hat eine hellbräunliche Farbe und ein ziemlich grobes Korn. Hier und da erscheinen in der Masse dichtere und dunkler gefärbte Strichelchen, Bänder, Streifen und Knoten, die zuweilen wie eingefügte und versteinerte Würmer, Muscheln oder Baumästchen aussehen. Es sind Stellen, wo der Sand des Steins mit Eisenteilen geschwängert und dadurch härter wurde. An diesen eigentümlichen Streifen ist ein Stück Porta-Sandstein selbst dem Laien sofort erkennbar.

Die Masse des Porta-Sandsteins ist, wenn sie aus dem Gebirge hervorgehoben wird, etwas weich und locker, verhärtet und festigt sich aber in hohem Maße an der Luft. Sie ist daher ein sehr beliebter Baustein, paßt jedoch ihrer Grobheit wegen besonders nur zu großen soliden Bauten, zu Kirchen, Gemäuern, zu Festungswerken und auch zu Wasser-, Hafen- und Brückenbauten und dient weniger der zierlichen Architektur oder gar der Skulptur.

Weil das Wesertal stromaufwärts hinreichend mit Felsen und Steinen versorgt ist, hat sich der Porta-Sandstein hauptsächlich in der weiten felsenlosen Ebene im Norden der Porta verbreitet. Dort hat er seit Jahrhunderten fast an jedem großartigen Gebäude bauen helfen.

Dies wäre etwa das, was ich über die historische Bedeutung des großen Naturwerks an der Grenze Westfalens und über seine Einwirkungen auf menschliche Dinge und besonders auf die Angelegenheiten Niedersachsens zusammenbringen konnte. Da die Porta in Europa und besonders in Deutschland so einzigartig ist, hat sie auch als einzige unserer Bergtore einen lateinischen Namen bekommen. Nur die römische Sprache schien unseren Geographen geeignet, der Welt den Ruhm dieses Tores zu verkünden. Der lateinische Name ist jedoch erst in neuester Zeit, wo man angefangen hat, die Natur in ihren Werken mehr zu bewundern, so recht in Schwung gekommen. Jetzt ist er allen Leuten derart geläufig geworden, daß er fast alle einheimischen Namen verdrängt hat und man sich vergebens bemüht, beim Volk eine populäre deutsche Bezeichnung aufzuspüren.

II. Das Steinhuder Meer bei Rehburg

Das Steinhuder Meer ist entschieden der größte und bekannteste unter allen kleinen Seen, die auf der Oberfläche der Heidestriche des nordwestlichen Deutschlands zwischen Rhein und Elbe verstreut sind. Er hat etwa sechs Stunden im Umkreis und bildet im Ganzen die Figur eines ziemlich regelmäßigen Ovals, das von Westen nach Osten fast doppelt so lang ist wie von Norden nach Süden. Er ist nicht von großer Tiefe. Seine tiefsten Stellen sinken nur bis auf 20 Fuß unter die Wasseroberfläche hinab, und als durchschnittliche Tiefe mag man etwa 10 Fuß annehmen.

Er hat jetzt sehr wenig oberflächlichen Zufluß. Der größte Bach, der in ihn ausmündet und der von den Rehburger Bergen herabkommt, ist kaum anderthalb Stunden lang. Nur von der kleinen, nordöstlichen Abdachung dieser Berge empfängt er das wenige dort abfließende Regen- und Quellwasser.

Es ist aber wahrscheinlich, daß er einstmals einen viel größeren Fluß in sich aufnahm, nämlich die Leine, die jetzt in einigem Abstand an ihm vorüberschleicht. Auch mag er unterirdische Quellen und vielleicht sogar noch heutzutage einen versteckten Zusammenhang mit der Leine haben. Ein kleines, unschiffbares Gewässer, der sogenannte »Meerbach«, fließt aus ihm nach Norden ab und mündet in die Weser bei Nienburg aus. Der See liegt also zwischen der Leine im Osten und der Weser im Westen sehr vereinsamt und isoliert, außer jeglicher bedeutungsvoller Verbindung.

Seine nächsten Ufer sind im ganzen ebenso flach und niedrig wie sein ganzes Becken. Im Osten greift er in ein großes Moor hinein, das auf unseren Karten den Namen

»das Tote Moor« trägt, an Ort und Stelle selbst aber gewöhnlich unter verschiedenen Benennungen bekannt ist, die von den Dörfern stammen, denen die Moorstriche gehören. Im Westen ist er von Wiesen, Sümpfen und zum Teil bewaldeten Brüchen umgeben, die hart am See selbst sich fast überall zu völlig unbegehbaren, schwankenden und auf dem Wasser schwimmenden Moos- und Grasstrichen verlaufen. Nur in der Mitte seiner Länge sowohl im Norden als auch im Süden sind die Ufer etwas höher, trockner, bewohnbarer und des Anbaus fähig.

Im Norden bespült er eine kleine Dünenkette, die hier ein etwa 25 Fuß hohes sandiges Vorgebirge bildet, das unter dem Namen die »Schwarzen Berge« bekannt ist. Der Ort, Mardorf genannt, der jetzt seine Äcker und Besitzungen auf diesen Dünen hat, liegt aber nicht hart am See, vielmehr etwa eine Viertelstunde von seinem Ufer entfernt. Im Süden kommt ein hoch über dem Wasser erhabener und fruchtbarer Lehmstrich ganz nahe an den See heran und bildet feste Ufer. Hier liegt denn hart am Wasserrand der Ort Steinhude, das einzige Dorf, das sich in dem Wasserspiegel beschaut. Es ist begreiflich, daß dieser von ihm seinen Namen erhielt.

Man möchte den See dem Gesagten nach fast ein totes Meer nennen. Doch verdient er diesen Namen insofern wieder nicht, als ihn das Tierreich nicht meidet. Er ist vielmehr sowohl fischreich als auch von vielen Gattungen von Vögeln belebt. Seine Barchsen (Brassen) sind äußerst schmackhaft und seine Aale wegen ihrer Größe weithin berühmt. Scharen von Möwen tummeln sich beständig in den Lüften über seinen Wellen, so wie ihn die wilden Enten, Gänse und Schwäne auf ihren Wanderungen besuchen.

Natürliche Inseln hat das Steinhuder Meer nicht. Dagegen ist in seiner Mitte auf Anordnung des berühmten Prinzen Wilhelm von Bückeburg eine künstliche erwachsen, die aus Baumstämmen, Schutt und Sand aufgeführt wurde und nun das kleine Fort Wilhelmstein auf ihrem Rücken trägt. Diese kleine Insel mit ihrer militärischen Ansiedlung, die einst in ihrer Kriegsschule Feldherren wie Scharnhorst erzog, bildet gleichsam das Auge des Sees. Man sieht sie von allen Seiten her, und ihre Gebäude, Bäume und Gärtchen bringen Leben und Abwechslung in den sonst einförmigen Spiegel des Wassers.

Wie die Dörfer und ihre freundlichen Ackerfluren ziehen sich, und zwar in noch weiterem Kreis, die Städte und die großen Heerstraßen von dem öden Wasserbecken zurück. Neustadt, Wunstorf, Hagenburg, Rehburg liegen rund um den See und seine Moraste in einem Abstand von ein bis zwei Stunden, und ebenso schwingen sich die Chausseen und Eisenbahnen um den ganzen Moor- und Waldstrich schon von Nienburg in einem weiten Halbkreis herum, dessen Mitte der See mit seinem Hügelkranz einnimmt.

Dort nach Norden, nach Nienburg hin, setzt sich die wenig bewohnte Heide-, Moor- und Waldgegend am weitesten, etwa fünf Stunden weit, fort. Nach Süden und Westen hin ist die Wüstenei schmaler und hört bald in den lieblichen Höhen und Tälern des Rehburger Bades auf.

Auf das Klima dieser Berge, denen er nach Norden und Osten hin zu Füßen liegt, soll der See mit seinen Wasserdünsten einen sehr wohltätigen und mildernden Einfluß ausüben. Er soll den kalten Nord- und Ostwinden ihre Schärfe nehmen, und ihm vornehmlich soll die Luft dieser Berge und ihres berühmten Kurortes diejenigen wohltätigen Eigenschaften verdanken, die den Brustkranken den Aufenthalt dort so angenehm und heilsam machen. Ohne die feuchten Nebel des Steinhuder Meeres, das man schon einige Male abzuzapfen und auszutrocknen gedroht hat, würde es in den Rehburger Bergen, so versichert man, weder die frischen Kräuter, die dort die Ziegen zu Milch und

Molken verarbeiten, noch eine Molkenkur, noch ein Bad Rehburg mehr geben.

Ohne den See würden auch die Landschaft umher und die Aussicht von jenen Bergen ihre vornehmste Zierde einbüßen. Denn so reizlos er an und für sich selber ist, so dient er doch durch den Gegensatz den Bergen zum Schmuck. Gern schweift das Auge von den Höhen über den glatten, blanken Spiegel und erfreut sich des Anblicks seines Farbenwechsels, seiner Wellen und Nebelspiele. Ja, die Phantasie schöpft sogar Unterhaltung aus dem mysteriösen Dunkel seiner in der Ferne aufdämmernden Moraste und Wälder.

Die politische Herrschaft über das »Meer« und sein Umland teilen sich jetzt zwei Staaten, von denen jeder etwa die Hälfte des Uferumfangs besitzt. Hannover die nördliche und Schaumburg-Lippe die südliche Hälfte. Auch das kleine Gebirgshufeisen haben sie unter sich zu gleichen Teilen geteilt. Doch beansprucht die südliche Macht Schaumburg-Lippe, auf gewisse alte Verhältnisse und Verträge gestützt, die ganze Herrschaft über den See selbst, »soweit das Wasser reicht«. Seine Untertanen, die Steinhuder, sind auch seit alten Zeiten bis auf den heutigen Tag im ausschließlichen Besitz der Fischereien und der Schiffahrt auf dem Meer, auf dem die Hannoveraner nicht ein einziges Schiffchen oder Boot unterhalten. Ebenso haben die Bückeburger allein den See militärisch besetzt, durch die Kanonen und die kleine Mannschaft jenes vorher genannten Forts Wilhelmstein.

Die Hannoveraner aber haben schon mehrmals gegen diese Zustände protestiert. Sie ziehen von dem Kirchturm der Stadt Neustadt im Osten des Sees bis zum Kirchturm des Dorfes Winzlar im Westen eine Linie, die den See in zwei ungefähr gleiche Teile halbiert, und nehmen das Wasser im Norden dieser Linie und seine Fischereien, Gelegenheiten und Berechtigungen für sich in Anspruch. Sie haben in den letzten Jahren versucht, sich durch eine militärische und heimlich bei Nacht ausgeführte Demonstration mit Gewalt in Besitz dieser Linie zu setzen. Die Bükkeburger haben aber darauf mit einem ebenso feierlichen, gewaltsamen und bei hellem Tag ausgeführten Gegenprotest geantwortet.

Dieser Streit um den See zwischen seinen nördlichen und südlichen Anwohnern scheint schon uralt zu sein. Fast zu allen Zeiten gab es im Süden andere Mächte und Bewohner verschiedenen Stammes. Im Mittelalter ging von den Wesergebirgen her der »Gau Buki« (Bückeburg) und die darauf gebaute sehr alte Grafschaft Schaumburg bis zum Südufer des Sees heran, während das Nordufer zu der Grafschaft Welipe, dann zum Fürstentum Kalenberg und zu den Lüneburgischen Landen gehörte. Ja, schon zur Zeit von Christi Geburt scheinen zwei alte germanische Stämme, die von den Römern sogenannten Angrivarier und die Cherusker, hier am See ihre Grenzen und ihre Grenzstreitigkeiten gehabt zu haben. Noch heutigen Tages existiert ein auffallender Kontrast zwischen dem Menschenschlag im Süden des Sees, »den Bückeburgern«, und dem im Norden, »den Kalenbergern«.

Aus diesen allgemeinen Bemerkungen über das Steinhuder Meer geht nun zwar hervor, daß es nicht zu den sogenannten »romantischen« oder »pittoresken« Seen gerechnet werden kann. Einem Dichter oder Maler scheint es nur eine geringe Ausbeute zu verheißen. Die meisten Besucher des kleinen Rehburger Bergparadieses begnügen sich daher auch damit, den Wasserspiegel und seine wechselnden Farben- und Nebelspiele aus der Ferne zu beobachten.

Aber es ist wunderbar, wie alle Naturgegenstände, selbst die auf den ersten Blick reizlosen, an Interesse gewinnen, wenn man sie einer näheren und eingehenderen Betrachtung würdigt. Ich bereue nicht, eine kleine

Fußreise rings um das Steinhuder Meer ausgeführt zu haben. Eines schönen Septembermorgens brach ich von den anmutigen Höhen des Rehburger Bades aus zu dieser kleinen Reise auf. Ich folgte dem Lauf des Wassers, das von jenen Höhen herabfließt, und kam zunächst zu den Partien am Westende des Sees, wo tief in der Niederung und hart an den Grenzen des sandigen Gebirgsfußes und des breiten Wiesensumpfes das Dörfchen Winzlar liegt. Ehemals stand diese kleine Ortschaft höher am Berg. Der Dreißigjährige Krieg soll die Behausungen des alten Dorfes zerstört und die flüchtigen Bewohner zu der neuen Ansiedlung in der Niederung gezwungen haben. Sie haben nun auf der einen Seite am Fuße des Berges ihre Felder und Ackerfluren und auf der anderen Seite zum See hin ihre weitgestreckten Viehtriften, Wiesen und Brüche.

Diese sind zuerst noch mit Bäumen und Gebüschen besetzt, zwischen denen das Vieh in einem nie austrocknenden Morast watet. Weiter zum See hin werden die Bäume und Büsche seltener, und am Ende löst sich alles in einem freien, mit dem See verschmelzenden und mit dem Wasserspiegel in demselben Niveau liegenden Wiesenteppich auf.

Anfänglich bieten die kahlen Wiesen noch einen guten Graswuchs und einen festen Untergrund. Weiter seewärts werden sie immer schilfiger, moosiger und schwankender. Zuweilen läuft man über kleine Strecken eines schwammartigen Moosfilzes, der indes wieder mit gut begrasten Strichen vermischt ist. Immer deutlicher gewahrt man, daß der Boden unter den Füßen zu schwanken und zu zittern beginnt, und am Ende wandelt man nur noch auf einem dünnen Grasteppich, der Wasser unter sich hat und auf dem See selber schwimmt. Einige hundert Schritt vom Wasserrand entfernt wird dieser schwimmende Filz so dünn, daß er unter den vorsichtigen Tritten des Wanderers Wellen schlägt wie ein im Wind wallendes Tuch. Ein Hund, der mich begleitete und bis ans Wasser lief, verschwand zuweilen zur Hälfte hinter diesen Bodenwellen.

In derselben Weise, wie ich es hier zum ersten Mal bei Winzlar sah, gestalten sich alle westlichen Ufer des Sees von Steinhude bis zum gegenüberliegenden Mardorf auf einer Strecke von fast drei Stunden. Überall ist hier das Land sozusagen über den See gewachsen und schwimmt auf ihm wie ein an der Küste befestigtes Floß.

»Fledderwiesen« oder »Quäfboden« sind die landesüblichen Namen für diese eigentümliche Bodenbeschaffenheit. Der erste Name ist von dem plattdeutschen Wort »Fledde« abgeleitet, das so ziemlich in ganz Niedersachsen für sehr niedriges, wässriges Wiesenland in Gebrauch ist. Der zweite Name hängt wahrscheinlich mit dem plattdeutschen Wort »quabbeln« zusammen, was schlottern, beben oder zittern bedeutet. »Fledderwiese« kann demnach mit »schwimmende Wiese« und »Quäfboden« mit »bebendes Erdreich« übersetzt werden. Der »Quäfboden«, der sich unter den Fledderwiesen befindet, ist ein sehr feiner, dünner und fetter Schlamm, das Residuum aller in dem Wasser verfaulenden pflanzlichen und tierischen Substanzen. Der See »fleddert« oder spült ihn unter die Wiesen hinunter.

Um diesen fruchtbaren Schlamm nutzbar zu machen, haben die hiesigen Seeleute ein eigentümliches Verfahren erfunden. Sie graben runde Löcher in den Teppich der schwimmenden Wiesen, fahren mit langen Stäben, an denen Querhölzer befestigt sind, in diese Löcher hinein, rühren darin ein wenig herum und auf und ab wie mit dem Quirl in einem Butterfaß, holen dann den Schlamm, der sich auf den Querbrettern festsetzt, nach oben und düngen damit ihre Wiesen. Sie nennen diese Operation das »Buttern« des Bodens, und auch jene Löcher nennen sie »Butterlöcher«. Zuweilen ziehen sie dabei aus diesen Butterlöchern die schönsten Aale hervor, die sich gern in den Quäf verkriechen.

Die ganze Oberfläche der Fledderwiesen ist mit solchen Butterlöchern gespickt, die mit der Zeit wieder ein wenig verwachsen und daher das Wandern für den Fremden gefährlich machen. Schon mancher arme Jägersmann hat bei den Jagden, die zuweilen an den Ufern des Sees angestellt werden, sein Leben in einem solchen Butterloch eingebüßt. Die Eingeborenen, wenn sie beim »Buttern« oder bei der Heuernte beschäftigt sind, binden Bretter unter die Füße, um der Gefahr des Durchbrechens vorzubeugen.

Sie buttern gewöhnlich im Herbst und im Frühling. Je trockner der Sommer ist, desto mehr Quäf ernten sie. Auch ist die Ergiebigkeit dieser Ernte je nach der Richtung des herrschenden Windes verschieden. Bei Südwestwind, der von der Gegend der Fledderwiesen seewärts hinausbläst, wird sie vermindert. Die Fledderwiesen werden dabei dünner. Die Nord- und Ostwinde dagegen, die über die ganze Länge des Sees streichen, treiben eine größere Menge Schlamms unter die Wiesen, und die Butterlöcher sind dann wesentlich ergiebiger.

Ist der Wind aber ungestüm, werden dann auch die Wiesen selbst beschädigt und ihr schwimmender Teppich zerrissen. Fast bei jedem Sturm werden mehr oder weniger große Stücke von ihnen abgelöst und in den See hinausgetrieben oder nach einer anderen Ufergegend hingeführt.

Ebenso merkwürdig wie die Fledderwiesen und die Butterlöcherwirtschaft für den Nationalökonomen sind die in der Gegend bei Winzlar noch sichtbaren Überreste eines uralten Menschenwerks und die sich daran knüpfenden Traditionen für den Historiker.

Wie einst das Steinhuder Meer durch die frühere Einmündung des Leineflusses in viel großartigerer Verbindung mit unseren deutschen Wasserstraßen stand, als es jetzt der Fall ist, so war es auch an den politischen Strömungen und Stürmen unserer Geschichte ehemals auf eine weit ruhmvollere Weise beteiligt als durch jenen modernen Frosch- und Mäusekrieg zwischen Hannover und Bückeburg. Denn es scheint von den meisten Historikern zugegeben, daß der von Tacitus erwähnte sumpfige See, an dessen Ufern die alten Germanen des Arminius im Jahre 16 nach Christi Geburt nach der hitzigen Schlacht bei Idistavisus den Legionen des Germanicus ein zweites blutiges Treffen lieferten, eben nichts anderes als unser Steinhuder Meer gewesen sei.

Mag nun jene große Schlacht bei Idistavisus südlich oder nördlich der Porta Westfalica geschlagen sein, so ist es doch ausgemacht, daß die große Bruchgegend, in der sich unsere Vorfahren nach jener Schlacht abermals festsetzten, von Tacitus als nordwärts von dem Schlachtfeld liegend bezeichnet wird und daß wir in dieser Richtung eben keinen anderen großen See finden, der den zurückweichenden Germanen zum Bollwerk gegen die Reiterei und das schwere Fußvolk der Römer hätte dienen können, als das Steinhuder Meer mit seinen Brüchen, Wäldern, Fledderwiesen und seinem »Toten Moor«.

Die Deutschen waren in solchen Bodenbeschaffenheiten, an denen ihr Land Überfluß hatte, aufgewachsen und heimisch. Als sie bei Idistavisus zurückweichen mußten, war nichts natürlicher als eine Festsetzung in einem Distrikt dieser Art. Die Bewohner der norddeutschen Ebene mögen die Brüche und Moraste ihres ebenen Vaterlandes seit ältesten Zeiten als ihre natürlichen Burgen und Zufluchtsstätten betrachtet haben. Wahrscheinlich hatten sie diese auch schon in ihren Kriegen untereinander zu demselben Zweck benutzt und hatten sie dann auch noch mit aufgeführten Verschanzungen und Wällen gegen ihre Widersacher befestigt. Es ist wohl kaum denkbar, daß die

Deutschen bei ihrem Rückzug von Idistavisus Zeit hatten, einen großen Verteidigungswall am Rand ihrer Sümpfe aufzuführen. Wahrscheinlich bestand hier schon längst ein Grenzwall zwischen den beiden benachbarten Nationen, den Angrivariern im Norden und den Cheruskern im Süden, ein Werk der Vorzeit, das bei dieser Gelegenheit von beiden gegen die Römer benutzt wurde.

Der Römer Tacitus behauptet zwar, daß Germanicus sowohl bei Idistavisus als auch bei dem angrivarischen Wall und dem Steinhuder Meer den Arminius besiegt habe. Jedenfalls sind es wohl solche Siege gewesen, wie sich der Sieger deren nicht mehrere wünscht. Sie waren schwierig, blutig und mit großen Verlusten für die Römer verbunden.

Von dem Kampfplatz bei Idistavisus wichen zwar die Deutschen ein wenig, bis zu den Steinhuder Sümpfen, zurück. Nach dem Kampf bei diesen Sümpfen aber, wo sich Germanicus ebenfalls rühmte, das Schlachtfeld behauptet zu haben, erwähnt der römische Geschichtsschreiber keinen abermaligen Rückzug der »Barbaren«. Vielmehr sagt er, daß, da der Sommer nun zu Ende ging, Germanicus sich selbst zur Heimkehr angeschickt und auch bald darauf seine Armee wieder westwärts zum Rhein zurückgeführt habe.

Wäre der Sieg sehr entschieden gewesen, würde dem Germanicus das Ende des Sommers wohl nicht sobald eingefallen sein und seine Römer auch das Heimweh nach dem Rhein nicht so schnell gepackt haben. Wir würden wohl etwas von Friedensverhandlungen hören und von deutschen Gesandtschaften zur Unterwerfung sowie vermutlich auch von Winterquartieren und von Anlegung von Befestigungen zur Behauptung der besiegten Völker und Länder. Und auf alle Fälle würden die Römer, wenn ihr großer Feldzug unter Germanicus so vollständig gelungen wäre, wie er und seine italienischen Geschichtsschreiber es uns glauben machen wollen, diesen im folgenden Jahr wohl wiederholt haben.

Es ist eine ausgemachte Sache, daß die Römer, nachdem Germanicus sie mit großen Schwierigkeiten und schweren Verlusten zum Rhein und nach Gallien zurückgebracht hatte, nicht wieder in diesen Gegenden erschienen sind. Nach den Schlachten von Idistavisus und am Steinhuder Meer drang kein römisches Heer wieder in die norddeutsche Ebene ein. Sie waren, obwohl die Römer mit Mühe die Walstatt behaupteten, die schließlichen Befreiungs- und Rettungskämpfe des nordwestlichen Deutschlands. Und besonders müssen wir dieser merkwürdigen Gegend am Steinhuder Meer den Ruhm indizieren, daß sich in ihren Brüchen und Sümpfen die letzten Kraftäußerungen und Schläge des starken Arms der Römer brachen und erlahmten.

Die Zeit hat zwar den größten Teil jenes Walles, an dem sich solche denkwürdigen Ereignisse zutrugen, wieder zerstört. Einige Partien mögen im Sumpf wieder versunken oder sonst durch Regen und Wind verwischt oder vom Vieh zertreten, andere bei hundert Gelegenheiten durch Grabscheit und Ackerpflug abgetragen und eingeebnet worden sein. An mehreren Stellen aber haben sich noch deutlich erkennbare Überreste davon erhalten. Und so denn auch bei besagtem Dörfchen Winzlar, gleich hinter seinen Ackerfluren zum See hinunter. Es zieht sich dort am Rande des Bruchs ein mehrere Fuß hoher Erddamm hin, der durch seine Beschaffenheit, durch die Gleichartigkeit seiner Breite und Böschung sowie auch dadurch, daß er durchweg aus Sand besteht, während zu beiden Seiten und unter ihm sich Morasterde befindet, deutlich genug zu erkennen gibt, daß er von Menschenhänden aufgeführt wurde. Die Bauern nennen ihn jetzt den »Rehdamm«, einige behaupten, es solle eigentlich »Römerdamm« heißen.

So wie im Feld der Wall der Angrivarier noch nicht gänzlich vernichtet ist, so scheint auch im Gedächtnis des Volkes noch nicht alle Tradition über die mit ihm verknüpften Ereignisse erloschen zu sein. Vielmehr fand ich in Winzlar Leute genug, die für die Sache einen offenen Sinn hatten, die mich gern zur Besichtigung ihres Rehdammes geleiteten und die mir unterwegs so mancherlei erzählten, was ich zum Teil wenigstens wohl als eine mehr oder weniger entstellte Reminiszenz aus alter Zeit, als eine alte, dem Gedächtnis des Volkes eingeprägte, obwohl stark verwischte Runenschrift glaubte betrachten zu dürfen.

Es gibt zwar jetzt in jedem Winkel so viele kenntnisreiche Schulmeister und Pfarrer und daneben auch so viele Halbgelehrte, die ihre Kenntnis aus den Büchern schöpfen und den anderen daraus dozieren, daß man daher oft das, was später durch diese Lehrer aus den Büchern unter das Volk zurückgekommen ist, nicht mehr von dem zu unterscheiden weiß, was ursprünglich aus erster Quelle abgeleitet und bis zu den Urväterzeiten hinaufgehende Überlieferung sein mag. Dem Altertumsforscher geht es da oft wie dem Geologen, der auch bei der Untersuchung von Depositen und Niederschlägen in manchen Fällen nicht zu entscheiden vermag, ob er sie als Resultat uralter oder ganz moderner Begebenheiten betrachten soll. Wahrscheinlich hat man diejenigen Erzählungen, die am allerunbestimmtesten lauten und die am wenigsten mit solchen Namen, wie sie bei Tacitus und in unseren Geschichtsbüchern vorkommen, vermischt sind, sogar vielleicht einige historische Unrichtigkeiten vorbringen, für die ältesten und echtesten zu halten. Für eine Überlieferung dieser Art möchte ich nun die Geschichte der zwei feindlichen Brüder halten, mit der die Leute von Winzlar sich herumtragen und die ohne weitere Beziehung sonst nichts besagt, als »daß hier in der Gegend einmal zwei Brüder existiert hätten, die sich gegenseitig befeindeten und bekämpften«. Mir fielen dabei Arminius, der deutsche Patriot, und sein Bruder Flavius, der romanisierte Abtrünnige, ein, die sich bekanntlich beide in den Schlachten mit Germanicus einander gegenüberstanden. Solche Dinge wie Bruderfeindschaft pflegen dem Volk besonders zu imponieren, und es bewahrt die Erinnerung an dergleichen oft zäher als an anderes. Die Winzlarer Erzählung setzt freilich, was in bezug auf Arminius und Flavius historisch unrichtig ist, hinzu, daß die beiden feindlichen Brüder in einem und demselben Grab bei Winzlar begraben liegen. Doch so etwas dürfte später hinzugedichtet worden sein.

Die guten Leute am Steinhuder Meer erzählten mir auch von großen und starken Menschenknochen, die man in den Bruchwiesen bei Winzlar gefunden habe, sowie auch von vielen Aschenkrügen, die sie in der Nähe des Rehdammes zuweilen ausgrüben. Es sei kein Wunder, meinten sie, denn die römische Kavallerie müßte hier ja in hellen Haufen in den Sümpfen, in den Fledderwiesen und Butterlöchern versunken sein. Es ist wohl möglich, daß diese noch wenig durchforschten Sümpfe, die fast nur von dem Vieh, das darin herumtrabt, aufgewühlt werden, noch viele interessante Reliquien auf ihrem Grund bergen.

Von Winzlar und seinen alten Kampfplätzen setzte ich meine Wanderung nordwärts um den See herum fort und strebte zunächst der Stadt Rehburg zu, die nach Nordwesten eine Stunde vom Wasser entfernt liegt. Der Weg dahin führt längs des Fußes des kleinen Gebirges und seiner schönen Waldungen.

Wie Winzlar lag ehemals auch die Stadt Rehburg höher am Bergabhang. Sie nahm das Plateau eines kleinen Höhenvorsprungs ein, der sich ostwärts zum See erstreckt. Wie die Winzlarer behaupten auch die Rehburger, daß der Dreißigjährige Krieg ihre Vorväter von der schönen Anhöhe vertrieben und ihre uralte Ansiedlung dort zerstört habe. Sie flüchteten sich vor den Soldaten aus ihrem Bergparadies in die morastige und weniger zugängliche Niederung am See, in deren Mitte heutzutage ihr Städtchen liegt. Oben aber, auf dem jetzt mit Gestrüpp bewachsenen Bergplateau, von dem man eine weite, schöne Aussicht über das Steinhuder Meer genießt, soll man noch die Spuren der alten Stadtmauern und der Straßenlinien erkennen.

Die Lokalität, in welche die Rehburger jetzt herabgekommen sind, ist in hohem Grade reizlos. Bis zum See hin dehnt sich der »Meerbruch« aus, ein wüstes, unsicheres Terrain, auf dem kaum ein Schaf gefahrlos wandert und auf dem noch viel weniger Häuser oder andere menschliche Anlagen ausgeführt werden konnten.

Das Steinhuder Meer hat an dieser Stelle seinen Abfluß. Es ist ein ziemlich starker Bach, der den Namen »Meerbach« führt. Er schlängelt sich anfänglich in einem Bett langsam durch jene Brüche zwischen Stadt und See. Bei Rehburg teilt er sich plötzlich in eine Menge kleiner Arme, die schnell weiterlaufen. Vermutlich gaben diese Teilung und der damit zugleich eintretende raschere Lauf, durch den die Anlage von Mühlen ermöglicht wurde, die Veranlassung zur Fixierung der Stadt an diesem Punkt. Die Flußarme bilden ihre Verteidigungsgräben. Unterhalb Rehburgs hat der Meerbach noch einen sieben Stunden langen Lauf durch lauter Wälder und Sümpfe, bis er bei Nienburg in die Weser fließt.

Merkwürdig ist es, daß der See ein verhältnismäßig starkes Wasser von sich gibt, wo er an der Oberfläche doch so wenig empfängt. Auch die unterirdischen Quellen, die ihn etwa speisen, können nicht sehr bedeutend sein, da das ganze Höhenbecken umher, aus dem diese Quellen unter der Erde herabkommen könnten, so eng beschränkt ist. Aus dem geringen Umfang dieses Zuflußbeckens erklärt es sich auch, daß die Wasserhöhe des Sees im Laufe der Jahreszeiten so wenig Wechsel erleidet. Das Steinhuder Meer ist zur Zeit der Schneeschmelze nicht merklich höher und zur Zeit der Sommerdürre äußerst wenig niedriger als gewöhnlich.

Die armen Rehburger, die keinen Wein bauen und in ihren Brüchen auch keine Brunnen graben können, besitzen kein anderes Getränk als das trübe, moorige, im Sommer larvenreiche Wasser dieses toten Meeres, das sie in ihren Häusern allerlei sehr unvollkommene Purifikationsprozesse durchmachen lassen. Gewöhnlich müssen sie es erst kochen, um das Lebendige darin zu töten, dabei tüchtig abschäumen, dann erkalten lassen und zuletzt so genießen.

Die Stadt Rehburg ist überhaupt einer der trostlosesten Orte, die man sehen kann, und man wundert sich fast, daß es außerhalb Polens noch so etwas gibt. Von Gärten und freundlichen Baumpflanzungen ist hier keine Rede. Desto breiter machen sich längs der Häuser die Haufen von Viehdünger. Jeder Bürger ist ein großer Bruchwiesenbesitzer und Viehzüchter. Und das eben genannte, von allen Landwirten so sehr geschätzte Produkt der Herden, das man aber trotz seines agronomischen Wertes in anderen Orten lieber hinter dem Haus zu verstecken pflegt, breiten sie in diesem Städtchen so recht offenherzig im Angesicht der Häuser und längs der Straße aus.

Jeder Bürger hat vor seiner Wohnung zwei große Bastionen von Dünger, als wäre das seine Hauptware. Zwischen ihnen führt der unsaubere Weg zur Haustür, und zwischen den zahllosen Mistgruben der Stadt zieht sich die Hauptstraße des Ortes. Im Winter werden diese Anhäufungen so hoch, daß man die Fenster der Wohnungen nicht mehr öffnen kann. Sie mögen daher zwar recht haben, wenn sie behaupten, es sitze sich warm dahinter. Aber andere möchten doch wohl etwas frische Luft vorziehen.

Ein strenger Amtmann hat hier einmal durchgreifen und die Stadt von dieser pestilenzialischen Einrichtung befreien wollen. Aber er war nicht Herkules genug, um einen Augiasstall zu reinigen. Die Sache wird sich wohl mit allen Vorurteilen der Leute, auf die sie sich stützt, noch lange so weiterschleppen.

Es war eben Sabbat, als ich mir die unlieblichen Zustände von Rehburg betrachtete, und um meine Illusion, ich sei in Polen, vollständig zu machen, war die Hauptstraße des Ortes von Juden belebt, die im schönsten Sabbatstaat mit ihren Frauen und Töchtern zwischen jenen Odeurbüchsen auf- und abprunkten.

Von Rehburg führte mich mein Weg weiter um die großen Rehburger Meerbrüche herum, zwischen Morasten und über Heiderücken zu dem Ort Mardorf oder »Meerdorf«, der offenbar ebenso wie der Meerbach und die Meerbrüche seinen Namen vom See ableitet. Man erkennt aus dieser vielfachen Verwendung des Wortes »Meer«, daß diese Benennung für den See recht tief in der Gedanken- und Redeweise des Volkes wurzelt und daß die Leute den Namen »See« nicht gewollt haben. Daß aber mit jenem Namen keineswegs etwa auf die besondere Größe, auf das Meerartige des Beckens von Steinhude angespielt werden sollte, geht daraus hervor, daß in Niederdeutschland auch andere, viel kleinere Seen den hohen Titel »Meer« erhielten. Es scheint in diesen Gegenden der gewöhnliche Ausdruck für »See« zu sein. Ja, es gibt in Oldenburg und Ostfriesland sogar »Meere«, die nicht größer als ein Mühlenteich sind.

In der Nähe von Mardorf sind die Ufer des Sees streckenweise hoch und schroff wie bei dem gerade gegenüberliegenden Steinhude. Die Wellen bespülen und benagen hier jenes sandige Vorgebirge, das man die »Schwarzen Berge« nennt. Die Mardorfer behaupten, daß ehemals beide hohe Ufer, das bei Mardorf und das bei Steinhude, durch festes Land miteinander verbunden gewesen seien und daß man trocknen Fußes habe hinübergehen können. Der See hat nach ihrer Meinung diese Verbindung durchbrochen und weggespült, indem er sich mehr und mehr nach Osten ausdehnte. Die Zeit, seit welcher dieses Verhältnis aufgehört hat, bestimmen sie nicht näher. Es mag eine uralte Tradition sein, die sich vielleicht auf die Beobachtung gründet, daß das Steinhuder Meer noch jetzt nach Osten sich zu erweitern scheint.

Mardorf lag ehemals auf einer Anhöhe ganz hart am See. Man zeigt dort auf einem erhabenen Uferstrich noch jetzt die Spuren von den früheren Gärten und Häusern. Es ist wie Rehburg und Winzlar von den Höhen in die Niederung hinuntergestiegen und liegt nun eine halbe Stunde von der alten Stelle in der Bruchgegend. Es ist ein volkreiches Dorf, die größte und fast die einzige Niederlassung der Hannoveraner dicht am Seeufer. Es liegt in der Mitte der langen nördlichen Seeküste, während Steinhude, der vornehmste Seeort der Bückeburger, in der Mitte der südlichen Küste gelegen ist.

Die Bewohner beider Orte sind daher in bezug auf die Benutzung des Sees große Rivalen. Der ganze Streit der Mächte Hannover und Bückeburg um das Steinhuder Meer dreht sich daher eigentlich nur um die Interessen und die Nebenbuhlerschaft der beiden feindseligen Dörfer. Die Steinhuder haben dabei bisher das Primat gehabt. Sie allein haben eine Art natürlichen Hafens am Meer und sind mithin auch ausschließlich im Besitz einer kleinen Bootsflotte. Nur sie verstehen sich auf die Beschiffung des Sees und seine Fischereien. Die Mardorfer haben kein Schiff, und bauten sie eins, so würden es die Steinhuder offen oder heimlich in den Grund bohren. Will daher ein Mardorfer oder sonst ein Seeanwohner übers Wasser setzen oder auf dem See etwas beschaffen, z. B. Heu tranportieren, so muß er sich deswegen an die Steinhuder wenden und sich von ihnen die nötigen Fahrzeuge für Geld und gute Worte verschaffen.

Die Steinhuder und mit ihnen ihre bückeburgischen Fürsten berufen sich auf alte Verträge, nach denen ihnen die Herrschaft auf dem ganzen See, »soweit das Wasser reicht«, zustehen soll. Wahrscheinlich sind es Verträge, die nur ein altes, seit langem bestehendes und aus der Natur hervorgegangenes Verhältnis bestätigten. Seit uralten Zeiten werden die Steinhuder der geographischen Position ihres Ortes gemäß als die natürlichen Hafenleute des Sees die Herrschaft auf demselben ausgeübt haben. Sie fangen die schönen Aale und Barchsen bis hart an das hannoversche Ufer, wozu die Hannoveraner nicht einmal die nötigen Vorrichtungen, auch keinerlei Netze haben. Bricht einmal, wie es von Zeit zu Zeit geschieht, der Streit zwischen beiden Parteien offen aus, pfänden die Mardorfer den Steinhudern ihre Fischnetze und Reusen, wenn sie deren habhaft werden können, und umgekehrt pfänden die Steinhuder ihren Rivalen die Kühe, indem sie behaupten, das Wasser sei bückeburgisch, und niemand dürfe es ohne ihre Erlaubnis in keiner Weise – auch das Vieh nicht zum Saufen – benutzen. Aus diesen Ursachen haben sich daher auch die Bückeburger einem vor einiger Zeit diskutierten Plan zur Abgrabung und Austrocknung des Sees widersetzt. Sie fürchten, daß sie das gewonnene Land mit den Hannoveranern teilen müssen, während sie, solange es Wasser bleibt, allein zu der Oberherrschaft berechtigt zu sein glauben.

Vor einigen Jahren, als der letzte, alte Fürst von Bückeburg, nachdem er 53 Jahre regiert hatte, verstarb, kam es bei diesen Steinhude-Mardorfer Verwicklungen zu sehr ernsten und bedrohlichen Demonstrationen zwischen den beiden Seemächten. Es schien, als zöge ein dunkles Kriegsgewitter über das Meer heran.

Hannover, das die Hälfte des Sees beanspruchte, wollte

sich in den formellen Besitz desselben setzen und ließ Truppen marschieren. Eine Kompanie Pioniere und Ingenieure schifften in der Nacht auf den See hinaus, steckten ihre Grenzpfähle da ein, wo sie glaubten, daß sie hingehörten, und nahmen dabei, um die Besitzergreifung effektiv und rechtskräftig zu machen, alle Zeremonien und Akte vor, die das Römische Recht bei solchen Gelegenheiten für unumgänglich erklärt. Sie fischten am Ufer, sie schnitten Schilf, schossen auch einen Wasservogel, feuerten ein paarmal in die Luft, schifften trompetend dicht bei der bückeburgischen Festung Wilhelmstein vorüber, wo alles von ganz anderen Dingen träumte, und befestigten endlich zur Besiegelung des Ganzen an einem der äußersten Grenzpfähle ihr »G. R.« (Georgius Rex). Frühmorgens, nachdem sie alles fertiggebracht hatten, zogen sie sich ans Land zurück.

Die kecken Bückeburger aber hatten am anderen Tag kaum bemerkt, mit welcher Bescherung die Nachbarn über Nacht ihren See versehen hatten, so rückten sie ihrerseits ins Feld. Sie schifften sich mit ihren Steinhudern ein, griffen die hannoverschen Grenzpfähle an, rissen sie aus, brachen das »G. R.« wieder ab und brachten das Ganze wieder in Statum quo ante. Dabei bliesen sie ebenfalls mit Trompeten, schossen mit Flinten und fuhren den Hannoveranern zum Tort mit Triumphgeschrei dicht an dem Mardorfer Ufer vorüber.

Kurzum, es waren lauter Demonstrationen, wie sie einem blutigen Krieg vorherzugehen pflegen. Der Friede zwischen beiden Seemächten schien damals auf schwachen Füßen zu stehen. Warum Hannover die Sache nicht weiter verfolgte, warum es das halbgezogene Schwert wieder in die Scheide fallen ließ, weiß ich nicht. Vielleicht geboten höhere Mächte Ruhe. Die Sache wurde den Kanonieren aus der Hand genommen und kam an den Bundestag nach Frankfurt, wohin beide Parteien bestellt wurden und wo man nun schon seit mehreren Jahren sich die Zeit nimmt, um das Pro und Contra zu erwägen.

Die Bückeburger haben aber einstweilen die Genugtuung, in diesem Frosch- und Mäusekrieg, der mit den alten Römerschlachten am See zur Verteidigung Deutschlands in recht traurigem Kontrast steht, zum letzten Mal geblasen zu haben. Ihre Soldaten und Kanonen auf Fort Wilhelmstein haben ihren Posten wie zuvor inne. Die hannoverschen Grenzpfähle sind nicht wieder aufgerichtet, und die Steinhuder fischen und schiffen auf dem ganzen See, wie sie es nach ihrer Behauptung seit des Arminius Zeiten getan haben.

Indem ich danach meine Rundreise um den See fortsetzte, wanderte ich zunächst wieder dicht zu dem Rand des Gewässers, um auch hier noch einmal die merkwürdige Beschaffenheit seiner Ufer und seine »Fledderwiesen« zu besichtigen.

Sie finden sich dort wie bei Winzlar. Man taumelt wie dort auf ihrem Wellen schlagenden Teppich herum. Sie sind hier wie dort mit zahllosen »Butterlöchern« gespickt, und an ihren wallenden Rändern stapften jetzt eben auf breiten Fußhölzern ein paar Grasmäher. Diese Leute zeigten mir hier genau, welche Verfahrensweisen sie anwenden, um jener zuweilen vom Sturm abgerissenen und wegsegelnden Fledderwiesen wieder habhaft zu werden. Allerdings haben sie auch dabei wieder die Steinhuder Schiffer vonnöten, weil sie das Privilegium der Schiffahrt auf dem ganzen See besitzen. Ist das abgerissene Stück nur klein und handlich, packen sie es mit einer Egge, deren eiserne Zähne in das Erdreich eingeschlagen werden und die durch Stricke mit dem vorgespannten Ruderschiff verbunden ist.

Werden aber größere Stücke gelöst, dann bräuchte man einen Schleppdampfer, den aber das Steinhuder Meer noch nicht besitzt. In solchen Fällen sehen sie sich ge-

Das Anpflöcken schwimmenden Moores

zwungen, die Masse vorher zu zerstückeln. Sie landen mit ihren Schiffen bei den schwimmenden Inseln, belegen sie mit Brettern und zerschneiden sie mitten auf dem See in kleinere Quadrate. Auch diese sind oft noch schwerfällig genug und können mit bloßen Rudern nicht bewegt werden. Das Schiff wird daher in einiger Entfernung zwischen Pfählen auf dem See festgelegt und das Inselstück mit Strick und Egge mit einer Schiffswinde von drei Pferdekraft herangezogen. Und wird so oft wiederholt, bis man am Ufer ist. Da unterdessen zuweilen zwischen die anderen Stücke ein widriger Wind fährt und sie von der Stelle treibt, kann man sich denken, daß es unter Umständen eine ziemlich langwierige Jagd werden kann.

Wenn sie die »Fledder« oder die »Dobben« – so nennen sie ein abgerissenes Stück Land – in der angedeuteten Weise ziemlich nahe zum Ufer herangezogen haben, rudern sie mit dem Schiff aus der Enge hervor, stellen sich mit ihm hinter der Insel auf und schieben diese nun vollends an Land. Dort werden sie schließlich durch hölzerne

Pflöcke und Querstangen mit dem übrigen Quäfboden wieder verbunden.

Es gibt in der stürmischen Jahreszeit immer viele kleine, irrende Fledder oder Dobben auf dem See, die zu requirieren der Eigentümer nicht der Mühe wert hält, die aber oft von einem anderen Uferbewohner, dem sie zutreiben, sehr willkommen geheißen werden. Bei Mardorf zeigte mir jemand eine schöne große Fledderwiese, die ihm jetzt gehörte und die aus einem Mosaik solcher verirrter Dobben zusammengesetzt war. Winde und Seeströmungen waren ihm besonders günstig gewesen.

Eine Eigentümlichkeit der Steinhuder Fledderwiesen ist noch die, daß sie im Winter unter Wasser sinken. Der ganze Uferrand des Steinhuder Meeres, soweit die schwimmenden Fledderwiesen gehen, klappt im Winter um und verschwindet unter dem See. Im Sommer aber taucht sein Rücken wieder frisch und grün und schwimmend aus dem Wasser hervor. Vielleicht mögen sich dann Gase zwischen den Schilfen entwickeln und dadurch die ganze Masse leichter machen.

Von Mardorf zog sich meine Wanderung nun allmählich zum »Toten Moor« im Osten des Sees. Dieses Moor wird von den Rehburger und Mardorfer Brüchen durch einen Sand- und Dünenstrich getrennt, dessen Spitze das Seevorgebirge der »Schwarzen Berge« bildet. Mitten in dieser Sandgegend am Rande des Toten Moores liegt ein anderer kleiner See, der »Bannsee« genannt, der gewissermaßen als ein Anhängsel des Steinhuder Meeres, in das er ausmündet, betrachtet werden kann.

Es ist eine sehr merkwürdige, sehr einsame und völlig unkultivierte Lokalität. Schon der Name Bannsee klingt für den Charakter der Gegend bezeichnend. Er liegt mitten in einem aus Sand, Torf und Heide gebildeten Bassin und hat etwa eine Stunde im Umkreis. Große Scharen von wilden Enten und Gänsen erhoben sich von dem Wasserspiegel, als wir uns näherten. Auch viele Möwen bewohnen dieses Seechen.

In den Dünen auf der Südseite des Bannsees bieten sich dem aufmerksamen Naturfreund die eigentümlichsten und in ihrer Art gefälligsten Naturszenen dar. Es wachsen da auf dem hellen Sand die schönsten Wachholdersträucher. Ich hätte nie gedacht, daß dieser meist so elende Strauch zu solcher Höhe und Größe und zu so eleganter Form gedeihen konnte, wie ich ihn hier sah.

Nicht wenig unterhielten mich auch bei meiner Wanderung durch diesen Dünenstrich die einsam im Gehölz versteckten Bienenkolonien, auf die ich dann und wann stieß. Die Leute bringen hier wie überall in den Heiden des Lüneburgischen ihre Bienenkörbe in die Wildnis hinaus, so recht mitten in die unbewohnteste Gegend, wo noch die meiste Heide gedeiht, deren Blüten ein reichliches Honigfutter enthalten. Sie erwählen dazu gern einen kleinen freien Platz im Wald zwischen hohen Bäumen. Da stellen sie 50 oder 100 Körbe oder mehr in geordneten Reihen nebeneinander, und die Bienen weiden fleißig die umliegenden Heidestriche ab.

Es gewährt ein nicht geringes Interesse, dem Treiben in einer solchen sich selbst überlassenen Bienenkolonie zuzuschauen. Es ist eine zahlreiche Herde ganz ohne Hirten und Schäferhund, und die kleinen Tierchen erscheinen in ihrer Wirtschaft viel gewitzigter als die großen Rinder oder Schafe, die trotz aller Zähmung nie der Aufsicht und des Beistandes der Menschen entbehren können. Sogar nicht einmal eine Bewachung der Bienenstadt und ihrer wertvollen Magazine ist vonnöten. Denn die Bienen verteidigen auch ihre Werke selbst. Fremden Dieben, die einen Versuch zur Beraubung machen sollten, würde das Unternehmen übel bekommen. Ihren Bienenvater und Eigentümer aber, den sie kennen, lassen sie unmolestiert.

Die hiesigen Kolonien gehören nur zum Teil den Bewohnern der benachbarten Dörfer. Da sie nämlich überflüssige Honigweiden besitzen, übernehmen sie auch noch die Fütterung anderer Bienen aus entfernten Gegenden. Sogar aus dem preußischen Westfalen schicken sie in der Zeit der Heideblüte ihre Bienen zum Steinhuder Meer und zu anderen Heidestrichen zwischen hier und Nienburg, Vechte und Suhlingen. Pro Saison und pro Korb zahlen sie gern zwei Groschen Weidegeld oder, wie sie es nennen, »Fluchtgeld«.

Die Blütezeit der Heide ist nur kurz. Sie beschränkt sich auf die Monate August und September, oder noch genauer auf die fünf Wochen zwischen dem 10. August und dem 14. September. So groß die Heidestriche zwischen Holland und Jütland auch sein mögen, dennoch herrscht in manchen Jahren großer Mangel an Bienenfutter. Es gibt zuweilen ganz ausgezeichnete Honigjahre, aber dann auch wieder ganz miserable. Die Differenzen in Ergiebigkeit und Güte des Produkts entsprechen denen bei den guten und schlechten Weinjahren. Und dabei ist noch bemerkenswert, daß die Fülle des Honigs durchaus nicht immer von der Fülle der Heideblüten abhängt. Zuweilen steht die ganze Heide in Blüte, und doch gibt es nur wenig Honig. Zuweilen sind der Blüten wenige, aber jedes Becherchen ist voll mit Seim und Saft.

Die »Schwarzen Berge«, das Vorgebirge, mit dem diese Dünengegend am Steinhuder Meer endet, fallen mit einem ziemlich schroffen Ufer gegen das Wasser ab. Von ihrem Gipfel hat man wieder einen interessanten Überblick über das ganze Meer. Nord- und ostwärts stoßen sie gegen das weithin unbewohnte Tote Moor, in dem das östliche Ende des Sees steckt. Hier ist die Uferbeschaffenheit eine ganz andere. Hier gibt es keine Fledderwiesen. Das Land und das Gras wachsen dort nicht über den See hinweg. Vielmehr dringt dieser umgekehrt in das moorige Erdreich immer tiefer ein.

Winde aus Westen sind die vorherrschenden Luftströmungen. Diese jagen die Wellen des Steinhuder Meeres heftig in das Moor hinein. Kleine und große Torfstücke werden ständig von ihnen herausgerissen, treiben eine Zeitlang am Ufer herum, bis sie zertrümmert und auf dem Boden des Wassers ausgebreitet sind. Im Winter geht dieses Ausfressen des Torfmoores durch den See besonders rasch vorwärts, da dann die Eisschollen dabei nachhelfen. Auch die ovale Form des Seebeckens, die in der Richtung des Hauptwindes von Westen nach Osten länger ist als von Norden nach Süden, weist auf ein Ausbrechen des Sees nach Osten hin.

Das Innere des Toten Moores ist eine zwei Stunden lange und breite Wüstenei. Die umliegenden Ortschaften haben seinen Besitz unter sich geteilt. Sie haben hier und da zwischen den Morasten Wiesenstriche, die sie von ihren Rindern beweiden lassen.

Das Hauptprodukt, der Torf, ist in neuerer Zeit durch das Anwachsen der Bevölkerung in der Residenzstadt Hannover und durch die Verbesserung der dahinführenden Wege viel wert geworden. Die Küchen und Öfen jener Stadt werden hauptsächlich aus diesem Moor beheizt. Ganze Karawanen von Torfwagen rollen ständig dahin, und die Moorbesitzer werden reich dabei.

Sehr merkwürdig sind die kleinen Dünen aus hellem Sand, die hier und da mitten im Moor auftauchen. Noch merkwürdiger sind die äußerst tiefen Bodenlöcher, die darin verstreut sind. Einige von diesen Löchern sind mehr oder weniger versteckt und mit der Oberfläche verwachsen, und in solchen sind zuweilen achtlose Fuhrleute mit Pferd und Wagen versunken und umgekommen. Andere sind mit dunkelbraunem Wasser vollgelaufen und bilden kleine Seen von einigen hundert Schritten im Umfang. Sie sind zuweilen viel tiefer als das Steinhuder Meer, und das Volk gibt sie für »unergründlich« aus.

Als charakteristisch für diese wüste Gegend im Osten und Norden des Steinhuder Meeres mag ich schließlich noch den Umstand hervorheben, daß die aus dem Osten Deutschlands zuweilen westwärts hereinbrechenden Wölfe besagten Strich selbst noch in neuester Zeit wild genug gefunden haben, um vorübergehend darin ihre Standquartiere zu nehmen. Es fanden im Norden des Steinhuder Meeres noch in diesem Jahrhundert mehrere Wolfsjagden statt.

Vom Toten Moor her um den See südwärts herumbiegend, kommt man wieder in bewohnte Gegenden. Das Land erhebt sich aus den Morasten und trägt Äcker und Häuser auf seinem erhabenen Rücken, zuerst das Dörfchen Heidorn und bald darauf den Hauptort des Meeres, Steinhude.

Außer den Fischen, die die Steinhuder aus ihrem See holen und weit und breit versenden, verdankt die Umgebung ihnen noch zwei andere, sehr schätzenswerte Erzeugnisse, die aber mit ihrem See und ihrem Schiffermetier wenig zu tun haben.

Sie haben erstens ganz vortreffliche Leinwandwebereien. Ihre Drillicherzeugnisse sind ausgezeichnet, sowohl was die Stärke und Dauerhaftigkeit als auch den Geschmack der eingewebten Dessins und Zeichnungen betrifft.

Die Steinhuder Drillichwebereien sind ein ganz einheimischer und seit alten Zeiten bestehender Industriezweig. Ein anderer, völlig fremdartiger ist aber unter sie aus dem Land, wo der Kakao wächst, verpflanzt. Der berühmte Prinz Wilhelm von Bückeburg, der um die Mitte des vorigen Jahrhunderts Feldmarschall des Königs von Portugal war, hat nach seiner Rückkehr nach Deutschland die Schokoladefabrikation an den Ufern des Sumpfsees einheimisch gemacht. Er versetzte ein paar in dieser Kunst erfahrene Portugiesen dahin. Diese, die gute Verbindungen im Kakaoland hatten, brachten die Sache in Gang. Nachher haben sie deutsche Nachfolger gehabt, die die Verbindungen, Fabrikgeheimnisse und Kunstgriffe ihrer Lehrer erbten und das Geschäft bis auf den heutigen Tag fortsetzten. Und so genießt denn die »echte Steinhuder Schokolade« noch jetzt einen ausgezeichneten Ruf und wird in alle Welt versandt.

III. Ein Besuch im Dom zu Verden

Wo immer Karl der Große als erstes christliches Gotteshaus eine kleine hölzerne Kapelle zimmern ließ, da stehen jetzt als schönere, aus diesen Keimen hervorgegangene Bäume die großen Dome unseres nordwestlichen Deutschlands.

Eine dieser vom großen Frankenkaiser ins Leben gerufenen Stiftungen, den Dom von Verden, pflegen noch heutzutage alle Reisenden zu gewahren, die mit der nordwestdeutschen Weserbahn aus dem Landesinnern der Hafenstadt Bremen zuströmen oder die von dort und aus den transozeanischen Ländern kommend sich längs dieser Bahn ins übrige Europa verteilen. Hunderte von Menschen aus allen Weltgegenden fahren täglich an diesem alten, ehrwürdigen Gotteshaus vorüber, halten zwei Minuten an, werfen einen Blick auf das hohe Dach, das einen Büchsenschuß weit vom Bahnhof die niedrigen Häuser des Städtchens überragt, erfahren kaum etwas mehr, als daß es eine alte Kirche sei, hören vielleicht den Namen Karls des Großen dabei aussprechen, und gleiten mit ihren pfeifenden Lokomotiven wieder weiter, um baldmöglichst aus diesem nördlichen und scheinbar reizlosen Heideland südwärts hinauszukommen.

Ganz unbegründet scheint diese Haltung auf den ersten Blick nicht zu sein. Denn wie die Heiden stellt sich auch der Dom von Verden von weitem dem Beschauer sehr wenig lockend und ansprechend dar. Er präsentiert sich nicht wie ein lachender griechischer Tempel mit offenen Hallen, mit graziösen Portiken und mit eleganten und einladenden Propyläen. Er besitzt auch nicht, wie viele andere gotische Dome, einen schlanken Turm von durchbrochener Arbeit, keine zierlichen Dachbögen

Der Dom zu Verden im 19. Jahrhundert

oder geschmückten Strebepfeiler. Er hat ein mächtiges, einförmiges Dach wie eine Kapuze gegen Schnee und Regen übergezogen und scheint einem plumpen Heidschnuckenschäfer vergleichbar, der mit seiner Zipfelmütze und seinem Schäfermantel über Kopf und Schultern mitten in der flachen Heidelandschaft dasteht. Ist das Wetter, wie es auf der Station Verden nicht selten geschieht, ein wenig neblig, möchte man diesen Tempel nur für einen großen Heuhaufen oder für einen Kohlenmeiler halten.

Doch auf wie angenehme Weise lösen sich solche Vorstellungen und Illusionen für den auf, der sich endlich einmal dazu entschließt, dem Eisenbahndrang in die Ferne zu widerstehen, das Anziehende in der Nähe zu suchen und der Erinnerung an Karl den Großen und der Beschauung der Werke seiner Nachfolger an diesem Erdfleck einige Augenblicke zu widmen!

Hat er sich durch die winkligen Gassen des Städtchens Verden und durch die engen Kreuzgänge des Doms hindurchgefunden und tritt er in den Tempel selbst ein, sieht er sich plötzlich in einen Hain verschleierter Riesenbäume versetzt, mit Säulen und Bögen, mit hohen Gewölben und imposanten Hallen von überraschend schöner Wirkung. Es ist, als hätte man ihn durch unterirdische Gänge eines Felsenberges in ein Zauberschloß geführt.

Bei den wenigen, die ihn kennen, gilt jetzt der Dom von Verden als eins der schönsten Gotteshäuser zwischen Rhein und Elbe. Er zeichnet sich besonders durch das aus, was er von außen mit seinem »Heuhaufen-Dach« am wenigsten verspricht, durch eine einfache Anmut und durch eine gewisse, scheinbar den griechischen Tempeln entliehene Eleganz.

Er besteht im wesentlichen aus einem Hauptschiff, das fast den ganzen Raum des Gebäudes einnimmt. Die Seitenschiffe sind schmal und unbedeutend. Das Gewölbe ist nicht so spitz und turmartig, wie man es in vielen nordischen Bauwerken sieht. Es nähert sich in seiner Abrundung ein wenig den Formen der südlichen Baustile.

Die Säulen, die es tragen, sind von sehr schlanken Proportionen, rundlich, glatt und ohne viel Zierat und bunte Skulpturen. Sie stehen da wie die schlichten Schäfte hoher Königsbuchen. Der einzige Schmuck, den sie haben, ist ein in den Säulenstamm eingelegter und tief eingemeißelter Blätterkranz, der sich oben bei jeder Säule in der Höhe rankt, wo das Gewölbe sich zu entfalten beginnt.

Die anziehendste Partie der Kirche ist wohl der Chor, in dessen Mitte der Altar steht. Er wölbt sich hoch über diesen hinauf, getragen von ebensolchen rundlichen, königsbuchenartigen und mit einem einfachen Kranz verzierten Säulen, wie es die im Schiff sind. Nur stehen diese Träger des Chors in länglichem Halbkreis dichter beisammen. Die Bögen, in denen oben ihre Köpfe untereinander und mit dem Gewölbe verschmelzen, sind eine äußerst gefällige Arbeit. Sie sind hoch hinaufgezogen und erinnern ein wenig an die Figuren und Bogenlinien des arabischen Stils. Der Einblick aus verschiedenen Standorten der Kirche in den Reichtum dieser den Chor bildenden Gruppe untereinander verschlungener Säulen und Bögen ist bezaubernd.

Der Halbkreis von Nischen und Kapellen, der früher diese Säulenhalle umgab, ist jetzt verschwunden. Alle Kapellen sind ausgeräumt, und ein einfacher leerer Säulengang ist an ihre Stelle getreten.

Bei der Restaurierung der Kirche, die im Jahre 1829 begonnen und 1832 vollendet wurde, hat man alles, Säulen, Wände, Bögen, das ganze Innere des Doms mit einer hellen, durchgehend weißen Farbe bekleidet. Inmitten dieser Farbeneinfalt heben sich die wenigen noch gebliebenen bunten Kunstwerke der Vorzeit desto pikanter hervor. Besonders das metallene, vergoldete Tabernakel- oder Sakramentshäuschen, das den Altar ziert und in seinen dünnen, lustig zusammengesetzten Säulchen, Stäbchen, zahllosen Nischen, Spitzen und Giebelchen mit einem auf dem Amboß geschmiedeten Tressen- und Spitzenwerk verglichen werden könnte.

Am unteren Rand ist dieses Sakramentshäuschen, dessen Urheber man nicht kennt, mit den Statuen der Apostel, der Mutter Maria, des Bischofs Konrad, des Haupterbauers des jetzigen Gebäudes, dessen Modell er der Mutter Maria kniend darreicht, und mit zahlreichen anderen Bildsäulchen und Skulpturen geschmückt. An der einen Seite des Ganzen steht in Basrelief die Figur Karls des Großen, des Begründers des Doms um das Jahr 800, an der anderen Seite die des Herzogs von Cambridge, unter dessen Auspizien das Gebäude 1832 restauriert wurde.

Außer jenem in neuerer Zeit angefertigten Portrait enthält das jetzige Gebäude keine Reminiszenz an Karl den Großen mehr. Von dem, was er hier um das Jahr 800 bauen ließ, steckt wohl kein Splitter mehr in den heutigen

Mauern. Sein erster Dom bestand vermutlich ganz aus Holz und war schon 933 so verfallen, daß damals ein neuer gebaut werden mußte. Auch dieser zweite Dom soll noch in der Hauptsache aus Holz gewesen und erst um die Mitte des 12. Jahrhunderts in ein steinernes Gebäude verwandelt worden sein. Nur von dieser dritten Domkirche sind noch einige Reste in dem jetzigen Gebäude vorhanden, teils in den Fundamenten, teils in den sehr altertümlichen Steinverzierungen des Kreuzganges.

Diesen dritten Verdener Dom haben die Bremer im Jahre 1281, als sie das mit ihnen verfeindete Verden eroberten, niedergebrannt und ruiniert. Erst aus dieser Ruine stieg alsdann im Laufe eines Jahrhunderts der jetzige oder vierte Dom hervor, der alle früheren an Größe und Pracht übertraf. Im Jahre 1290 legte Bischof Konrad von Verden den ersten Stein, aber erst im Jahre 1390 war das Haus vollendet. Aber auch die damals gebaute Kirche war noch bedeutend kleiner als die jetzige. Von 1478 bis 1490 erhielt der Dom durch Hinzufügung der westlichen Hälfte diejenige Größe, die er heutzutage besitzt. Bei der im Jahre 1832 vollendeten Restaurierung kam die rechte Harmonie in das Ganze. Von den zahlreichen Monumenten, Seitenaltären, Epitaphen und Grüften, mit denen der Verdener Dom überladen war und die zum Teil der Festigkeit des Baues sehr schadeten, hat man nur diejenigen erhalten, die einen einigermaßen bedeutenden künstlerischen oder historischen Wert besaßen.

Für die kleine Stadt Verden erscheint der prächtige Dom um vieles zu groß, fast wie eine Riesenrüstung für einen Zwerg. Aber freilich ist er auch mehr ein Landestempel als eine Stadtkirche. Die ganze ländliche Bevölkerung aus einem großen Sprengel ist bei ihm eingepfarrt, und die Bauern kommen sonntags drei bis vier Stunden weit aus den Heide- und Marschdörfern der Weser zum Domgottesdienst heran. Sie haben das Hauptstück der

Kirche, alle Sitze im großen und mittleren Schiff, inne. Die Städter dagegen besitzen nur die Seitenflügel und Emporkirchen. Diese sind zwar für das Überschauen der Kirche und die Anhörung der Predigt die besten Sitze. Nichtsdestoweniger scheint es mir, daß die guten Landleute sich einbilden, sie seien, da sie so mittendrin sitzen, die Hauptpersonen im Dom. Sie haben auch eine Sage, wonach nicht eigentlich die fürstlichen Bischöfe von Verden, sondern sie, die Bauern, den großen Dom gebaut hätten. Ein armer frommer Heideschäfer, so erzählen sie, hätte einmal einen großen Schatz gefunden, den er dem lieben Gott und der Kirche gewidmet und mit dem er den Dom bis an das Dach aufgebaut habe. Und daher sei sie auch eine rechte Bauernkirche geworden.

Im Grunde genommen hat diese Sage in der Hauptsache recht. Denn ohne Zweifel war es ja eben der arme Schafe weidende und ackerbauende Landmann, der das Wesentlichste bei dem ganzen Dombau tun mußte. Er gab nicht nur seine Arme, sondern in letzter Instanz auch das Geld dazu her. Dieses fand er ja wie den Schatz aus der Sage in seinem Grund und Boden, in seinen Äckern und Wiesen und verwandte es freiwillig oder gezwungen für den Kirchenbau. Ohne die armen Schäfer der Lüneburger Heide und ohne die Bauern in den benachbarten Wesermarschen, von denen die Kirchenhirten Verdens ihre Haupteinkünfte bezogen, wäre der Dom sicher nicht zustande gekommen.

IV. Das Blockland bei Bremen

Bekanntlich ist der flache Sand- und Heiderücken des nordwestlichen Deutschlands mit einer Reihe niedriger und wäßriger Wiesen- und Ackerländer eingefaßt. Diese grüne Einfassung erstreckt sich auf beiden Ufern der Elbe, der Weser, der Ems und längs der langen Küste der Nordsee, wo sie im Norden auf der einen Seite bei der Jütischen Halbinsel endet und auf der anderen Seite mit den weiten Marschen von Holland verschmilzt.

Durch dieses ganz merkwürdige und buntgestaltete Gebiet hat sich das Viehzucht und Schiffahrt gleich eifrig betreibende Volk der Friesen in vielen Kolonien verbreitet und hat durch seine Kunst und Geschicklichkeit im Kanal- und Deichbau diese Marschen, die die sächsischen Heidebewohner nicht zu behandeln verstanden, nutz- und bewohnbar gemacht.

Einer der obskursten und verstecktesten dieser kleinen friesischen Marsch- und Sumpfkantone ist »das Blockland« bei Bremen. Es war ein wundervoll lieblicher Junimorgen, als ich zu den Toren der alten Hansestadt Bremen hinauswanderte, um besagtes Land zu besuchen. Ich hatte für diese Reise einen Eingeborenen, der mit seinem Vornamen »Orndt« (Arndt) hieß, engagiert. Dieser Mann erwartete mich mit seinem Schiffchen – denn anders als zu Schiff kann man den sumpfigen und kanalreichen, aber straßenlosen Gau nicht besichtigen – bei einem einsamen Wirtshaus, das an der ersten Schleuse des ins Blockland führenden Hauptkanals liegt. Er hatte mir in seinem Schiff einen bequemen Heusitz bereitet, und kaum waren wir reisefertig an Bord und glitten auf dem langgestreckten Kanal zwischen den fetten Kräutern und Blumen der Wiesen auf beiden Seiten des Wassers dahin, kam es mir alsbald vor, als befände ich mich in einem ganz fremdartigen Land.

Das Geräusch der Stadt hatte längst ganz aufgehört. Gepflasterte Wege gab es rechts und links nicht mehr, und so sah und hörte man auch keine Pferde und Wagen. Aller Transport um uns herum geschah auf dem glatten, stillen Gewässer. Uns begegneten eine Menge kleiner Schiffchen aus dem Blockland, die Fische und Geflügel zu Markt brachten, und andere aus den Heide- und Moorgegenden des Königreichs Hannover, die Torf und andere Produkte zur Stadt führten. Zahllose zierliche Libellen umtanzten uns. Lebhafte, hellpfeifende Kibitze, Meerschwalben und andere Sumpf- und Wasservögel, die nur so weit flattern, wie ihr Wiesen- und Sumpfland geht, die nur bis an die Tore der genannten Stadt schweifen und deren Geschrei man selbst dort noch nie vernommen hat, wiegten sich auf ihren leichten Schwingen in geschäftiger Menge. Es ist wunderbar, wie die verschiedenen Naturabschnitte oft selbst in den bewohntesten Gegenden in so scharfen Kontrasten nebeneinander liegen.

Eine Strecke fuhren wir noch längs des schönen fetten Wiesenstrichs, den die Bürger von Bremen in alten Zeiten einmal von der huldvollen Gräfin Emma von Lesum, einer Herrscherin des Blocklandes, zum Geschenk erhalten haben sollen und den sie daher »Bürgerviehweide« nennen. Die ganze Weide war mit mannigfaltigen Blumen und den zahlreichen Rindern der Stadt bedeckt. Das Gras geht ihnen bis ans Knie und die Butterblumen bis ans Maul. Das einzige, was sie plagt, ist der Überfluß an strotzender Milch. Die Milchmädchen mit blanken Eimern am buntgeschmückten »Joch«, auf dem die Anfangsbuchstaben ihrer Namen mit Messingnägeln gestickt sind, stellen sich täglich zu rechter Zeit ein, um sie von dieser willkommenen Last zu befreien. Es ist eine höchst zufriedene Gemeinde ohne Notleidende und Pauperismus. Wenn doch die Menschen ihren eigenen Leuten einen so vollkommenen Staat wie ihrem Vieh bereiten könnten!

Dies alles genießend, kamen wir immer weiter ins Blockland. Denn dieses verläuft von der etwas hohen, auf Sanddünen gelegenen Stadt immer mehr und mehr ins Tiefe und verliert sich am Ende in einem Sumpf oder in einer den größten Teil des Jahres überschwemmten Wiesen- und Schilfniederung.

Die Gefilde, aus denen diese Niederungen zusammengesetzt sind, haben alle ein etwas verschiedenes Niveau. Der eine Strich liegt ein oder ein paar Fuß niedriger oder höher als der andere. Wo die Absätze von dem einen zum anderen sind, gibt es daher in den Kanälen Schleusen, die sie hierzulande »Siele« nennen. Aus den Flügeltoren dieser Siele entlädt sich das überflüssige Wasser des höheren Gebiets. Zugleich aber auch schützen sie das höhere Land vor Überschwemmungen, wenn in dem unteren durch die Seeflut oder andere Ursachen das Wasser übermäßig steigen sollte. Die Sieltore schließen sich dann vor dem Andrang des Wassers von selbst.

Je nach der Größe und Bauart gibt es eine Menge Arten von Sielen. Die Sieltüren sind gewöhnlich geschlossen, entweder weil auf der einen oder anderen Seite das Wasser zu niedrig oder weil es zu hoch ist und nicht ein- oder ausfließen soll. Man hat daher bei jedem Siel, um die Schiffe über die Scheidewand von einer Landbefestigung in die andere hinüberzuziehen, einen sogenannten »Overtog« (Überzug) angebracht.

Auch die Overtoge sind in diesen Gegenden von sehr verschiedener Art. Zuweilen sind die Rutschbahnen auf beiden Seiten mit Rollen versehen, auf denen man das Schiffchen hinaufzieht, um auf der anderen Seite wieder ins Wasser hinabzurutschen. Zuweilen ist der Overtog bloß aus festem Lehm zusammengeschlagen, auf dem das nasse Schiff sich selbst die glatte Rutschbahn bereitet. Bei

Sielhaus im Blockland

manchen Sielen findet man ein Pferd angestellt, das den Aufzug verrichtet. Die braven Tiere kennen ihren Dienst so gut wie Maschinen, kommen aus dem Stall, wenn das Schiff in Sicht ist, traben mit ihm zwanzig Schritt weit fort, und wenn sie es im Wasser sehen, ziehen sie sich geduldig wieder in den Stall zurück. Die Töchter der Schleusenwärter haben nichts dabei zu tun, als die Kette aus- und einzuholen, dem »Braunen« einmal auf die Lenden zu klopfen und ihm mit freundlichem Kommando die Heimkehr anzuempfehlen.

Bei einem dieser Landestore glitten wir auf diese Weise in den Fluß Wümme, wo wir den eigentlichen Anfang des Blocklandes, und zwar des Oberblocklandes, erreicht hatten. Denn so klein dieses Ländchen auch ist, so teilt es sich doch noch wieder in ein Ober- und Niederland.

Die Wümme ist ein Nebenfluß der Weser, der sich ziemlich weit aus dem Herzogtum Bremen heranzieht und sich aus den Heiden und Mooren dieser Gegend entwickelt. Sie führt daher ein kaffeebraunes Wasser mit sich, das übrigens sehr durchsichtig und dabei zuweilen sehr tief ist. Die Flut steigt von der Weser her mehrere Meilen hoch in die Wümme hinauf und bringt Weserwasser mit sich, das trübe und weißlich aussieht. Die Leute unterscheiden daher hier immer zwischen weißem und braunem Wasser. Das weiße Wasser ist ihnen willkommener. Denn wo es hingelangt, da düngt es das Land. Das braune Wasser dagegen ist hart, beizt wie Lohe und hat nichts Fruchtbares. Daher haben auch die Ufer, soweit die Flut geht, sehr fette und schöne Grasländereien.

Die Wümme schlängelt sich hier in unzähligen Windungen zwischen dem Gebiet der Stadt Bremen und dem Königreich Hannover. Im Süden liegt das Blockland, im Norden ein ziemlich ähnliches Land, das sie hier nach dem Hauptort das »Sankt Jürgener Land« nennen und das ebenfalls ständigen Überschwemmungen ausgesetzt ist. Ich wandte meine Aufmerksamkeit ausschließlich der Südseite zu, auf der die Wümme durchgehend von einem großen, hohen und starken Winterdeich begleitet wird. Die Nordseite oder das Sankt Jürgener Land hat nur einen schwächlichen, niedrigen Sommerdeich. So ein Sommerdeich schützt nur gegen die gewöhnlichen Fluten, wie sie im trocknen Sommer eintreten. Ein Winterdeich aber dient auch gegen die viel mächtigeren Sturmfluten des Winters. In einem Land, in dem man es noch nicht zu einem kostspieligen Winterdeich hat bringen können, müssen die Einwohner sich daher für ihre Wohnungen künstliche Hügel aufwerfen, sogenannte »Warfen«. Sowie ein Land aber Winterdeiche bekam, zog sich dann die ganze Bevölkerung allmählich zu diesem hohen Damm heran, der als Retter vor den Fluten erschien, und die Warfen wurden allmählich verlassen.

Das ganze Leben eines solchen eingedeichten Landes findet daher auf dem Deich statt. Stunden weit erstreckt sich der Deich, überall mit Häusern, Bäumen und Gärtchen besetzt. Nach außen gegen das Wasser hin bietet der

Siedlung auf dem Deich im Blockland

Deich immer dieselbe einförmig gestaltete Böschung oder Front. Aber nach innen zeigen sich manche Unregelmäßigkeiten. Da, wo ein Haus stehen soll, dehnt er sich zu einem breiten Plateau aus, das für ein ganzes Bauerngehöft mit allem Zubehör hinreichenden Platz gewährt. Es sind gleichsam in den Faden des Deiches eingeknotete Hügel.

Da ein äußerst angenehmer Ostwind über den Fluß hinstrich, spannten wir ein Segel und fuhren an diesem zusammenhängenden Dorf vorbei. Mitunter schnitten wir auf Seitenarmen mitten durch Schilfinseln. Diese Schilfinseln der Wümme und der anderen Nebenflüsse der Weser sind ein Lieblingsaufenthalt vieler Wasservögel und besonders der Enten, der zahmen sowohl als der wilden. Die Zucht der zahmen Enten und die Jagd der wilden Enten bilden daher einen der Nahrungszweige aller dieser Wasserländer und eine Hauptliebhaberei ihrer Bewohner, besonders auch der Blockländer. Da ihr Land diesen Vögeln so günstig ist und sozusagen einen einzigen großen Ententeich darstellt, betreiben sie diese Liebhaberei im großen. Mancher Bauer überwintert bei sich wohl bis zu 100 Mutterenten und dazu 10 bis 15 Enteriche. Jede Mutter bringt 20 bis 25 Kleine aus, so daß ein einziger Bauernhof im Frühling wohl 1000 bis 2000 Enten aufs Wasser läßt.

Die Staatsökonomen und Landwirtschafter dieser Gegenden sind aber doch der Meinung, daß die ganze Entenzucht und Entenjagd mehr zum Schaden als zum Vorteil des Landes reichen. Die Leute haben eine eingefleischte Liebhaberei für diese Nahrungszweige, die mehr pläsierliche als schwere Arbeiten herbeiführen, versäumen darüber manches wichtigere Geschäft und lassen nötige Reformen außer acht. Könnte man ihre Sümpfe auch in reiche Äcker verwandeln, so würden sie es doch höchst bedauern, daß sie ihrer Entenliebhaberei entsagen müßten. Sie grollen jener kalkulierenden Klasse von Menschen, die überall in der Welt das Volkstümliche, das Herkömmliche, die Liebhabereien und das Poetische verfolgen, wie in den Alpen die Gemsjäger und Murmeltierfänger, so hier im Blockland die Entenzüchter und die Fischer. Denn natürlich bildet auch der Fischfang einen der beliebten Nebenerwerbszweige der Blockländer. Da man in allen Richtungen im Land schwimmen kann, da die Gräser und Schilfe am Ufer überall eine Fülle von mannigfaltigen Insekten und anderen, den Fischen willkommenen Nahrungsstoffen erzeugen, ist es für diese hier ein wahres Paradies. Die Aale, die bekanntlich im Meer laichen und deren Junge dann in Menge unsere großen Flüsse hinaufziehen, schlüpfen in alle Tore des Landes – die Siele – hinein und verbreiten sich durch das ganze Netz von Gräben, Kanälen und Fleeten. Auch die Schleie sind hier so recht zu Hause. Man findet sie wie die Aale von der schönsten Größe, und dann fallen die räuberischen Hechte darüber her, mästen sich von ihnen und von den jungen Enten, die sie bezwingen können, und werden dabei zuweilen 20, ja 30 Pfund schwer.

Eine recht ergiebige Fischerei gibt es in den kleinen Seen, die bei Deichbrüchen auf der inneren Seite des Deiches zurückblieben. Bei solchen Deichbrüchen stürzt sich das Wasser mit so großer Gewalt in das Land hinein, daß es oft Löcher von 50 und mehr Fuß Tiefe und mehr oder weniger bedeutendem Umfang aushöhlt. Diese Löcher bleiben, selbst nachdem die Flut sich verlaufen hat, voll Wasser. Die so entstandenen kleinen Binnenseen werden die Sammelplätze der Fische, wahre Fischmagazine. Die Bauern halten auf ihnen kleine Boote und sonstige Fischgeräte und haben dann daraus zuweilen mehr Revenuen, als wenn es Festland geblieben wäre. Wenn die dem Land geschlagene Wunde mehr und mehr vernarbt, wachsen hohe Bäume an den Ufern dieser Binnenseen, und manche von ihnen gewähren einen allerliebsten Anblick. Da im Laufe der Jahrhunderte fast allenthalben der Deich einmal durchbrochen wurde, ist das Blockland auf der Binnenseite seines Deiches mit einer ganzen Reihe solcher Seen garniert.

Bekanntlich sind in den marschigen Niederungen überall in der Welt die nächsten Ufergegenden der Flüsse etwas erhabener und trockner als diejenigen, die weiter abwärts liegen. Selbst ohne Deich wird daher in allen Flußgebieten die erste Ansiedlung an den hohen Rändern der Flüsse begonnen haben. Als der künstliche Deich hinzukam, wurde der ganze Anbau des Landes in noch höherem Grad an diesen Streifen gefesselt. Auf dem hohen Deich wohnen sie. Da haben sie ihre Scheunen, um die Vorräte aufs Trockne zu bringen. Dahin führen sie zu Schiff das feuchte Gras aus den Sümpfen und sonnen es zu Heu an den Abhängen des Deiches. Da gibt es auch die schönsten kleinen Wiesen- und Weideplätze, und auch nur da lassen sich Gemüsegärten und Kartoffelfelder zubereiten. Nur in der Umgebung des Deiches können Bäume wachsen, die im Innern ertränkt werden würden.

Der Scheitel des Deiches ist auch die Hauptverbindungsstraße des Landes. Die Fußpfade und Reitwege führen darüber hin. Ihn mit Wagen zu befahren, ist aus begreiflichen Gründen nicht gestattet. Doch zieht sich an der Binnenseite des Deiches an seinem Fuß ein Fahrweg hin, der wenigstens in der trocknen Jahreszeit benutzt werden kann. Gewöhnlich liegt er aber in Schlamm und Wasser begraben. Mit Pferden und Pferdegeschirr halten sich diese Sumpfleute daher auch nicht viel auf. Nur wenige Bauern besitzen ein paar Pferde und Wagen, für die sie oft das ganze Jahr hindurch nichts zu tun haben. Von Schiffen aller Art ist dagegen jedes Haus umgeben.

Da der Deich sich wie der Fluß ständig hin und her schlängelte und bei jeder Wendung die umliegende Landschaft eine andere Gruppierung zeigte, war es für mich eine höchst unterhaltende und abwechslungsreiche Reise. Gehöft reihte sich an Gehöft, jedes von hohen und schönen Bäumen beschattet. Da die Häuser mitten auf dem Deichweg ohne Umzäunung und ohne Torweg liegen und da ihre weiten Haustüren meistens recht gastlich geöffnet waren, wurde ich fast überall von selbst in die Wohnungen hineingeführt. Meine Reise ging sozusagen direkt durch die Häuser. Für einen wißbegierigen Reisenden gibt es keine bequemere und befriedigendere Manier, Land und Leute kennenzulernen. Ich überraschte die Bewohner so in allen möglichen Situationen und bei allen ihren kleinen häuslichen Verrichtungen.

Die Häuser waren noch nach uralter primitiver niederdeutscher Weise gebaut, einige waren nahe an 300 Jahre alt. Alle natürlich einstöckig, sehr lang und sehr breit, mit einem einzigen großen inneren Dielenraum, der sowohl als Tenne als auch als Gesellschaftssaal benutzt wird. Zu beiden Seiten wird in langen offenen Galerien das Vieh angebunden. An dem einen Ende befinden sich ein paar freundliche Stuben für die Menschen, darunter das heizbare Haupt- und Wohnzimmer. Das Ganze unter einem mächtigen, schwerfälligen, meist altersgrauen und bemoosten Strohdach vergraben.

Vor der Haupttür waren die meisten Häuser mit einem in den Torbalken eingekerbten Bibelspruch verziert. Die Wände ihrer Wohnhäuser waren zum Teil aus Backsteinen gebaut, die geräumigen Scheunen und die anderen Nebengebäude aber aus Weidengeflecht, das in äußerst primitiver Weise statt des Kalkes mit Kuhmist bestrichen und dicht gemacht war.

Wie sie ihre Scheunenwände mit Mist bewerfen, so haben sie ihre Tennen und Tanzböden nach Art der Schiffdecks geteert. Der ganze Raum ist mit Lehm ausgeschlagen und wird dann jeden Sommer mit Teer überstrichen, was nach der Eintrocknung den Lehm steinhart machen soll. Nur an dem Ende, das nicht vor dem Eingang zur Wohnstube liegt, ist die Tenne mit kleinen Flußsteinen oder Kieseln gepflastert. Nach holländischer Manier legen sie diese in den Boden gestampften Kiesel zu allerlei Figuren zusammen. Im Zentrum verschlingen sich die Figuren zu einem Stern, der die sogenannte »Feuerkuhle« oder Feuergrube umfaßt. Diese Feuerkuhle vertritt die Stelle der Küche und auch eines Hausofens. In ihr brennt den ganzen Tag ein gastliches Feuer, und darüber hängt vom Gebälk der stets dampfende, stets irgend etwas garkochende große Haus- und Familienkessel herab. Das Gebälk, an dem der Kessel mit dicken Ketten befestigt ist, ist ein massives plumpgeschnitztes und verziertes Gerüst, auf dem das Brennholz zum Trocknen niedergelegt wird. Da das ganze Gerüst ziemlich niedrig ist, kann die Hausfrau von da aus das Feuer stets unterhalten. Diese gute Hausfrau ist den ganzen Tag um die Feuerkuhle beschäftigt. Es ist ihr eigentlicher Hausplatz. Da schält sie die

Kartoffeln, da bereitet sie alle Morgen-, Mittag- und Abendmahlzeiten. Von da aus kann sie das ganze Haus, das in allen seinen Teilen und Zugängen offen vor ihr liegt, übersehen.

Die Hausräume im Innern bieten den Anblick einer Kuriositäten- und Industrieausstellung dar. Denn alle Dinge, die zu einer blockländischen Bauernwirtschaft gehören, sind hier offen vor Augen gestellt und ausgekramt. Es gibt keine besondere Geschirrkammer. Alle Pferde- und Rindergeschirre, die Halftern, Ketten, Sättel usw. hängen an den Gebälken des überall offenen Stalls herum. Ebenso sieht man die Fischnetze, Ruderstangen und sonstigen Schiffsgeräte an den ihnen angewiesenen Plätzen auf der Tenne angebracht. Die Sensen, Harken und Ackergeräte liegen auf dem ebenfalls offenen Raum über dem Stall. Da sie außer der Milchkammer keinerlei Vorratskammern haben, schweben auch die Vorräte, wenigstens die Fleischvorräte, die Speckseiten, Schinken und Würste, überall dazwischen herum. Sie umbaumeln die Feuerkuhle, die ihnen Rauch spendet und in deren Kessel sie alle nach und nach stückweise hinabzutröpfeln bestimmt sind. Da es auch keine Küche gibt, paradieren ebenfalls alle Teller, Schüsseln und Küchengeräte an den langen Wänden.

Diese Dinge nehmen, wie das Essen und Trinken im Leben selbst, den Hauptplatz im Haus ein. Sie sind an der auffälligsten Wand, der Frontwand der Feuerstelle, symmetrisch verteilt und bilden den stattlichsten Schmuck des Hausraums. Es sind darunter viele Pracht- und Erbstücke, z. B. alte Messingschüsseln von getriebener Arbeit, so groß wie Taufbecken, mit der Jahreszahl ihrer Anfertigung versehen. Sie werden nur selten, bei Hochzeiten oder Kindtaufen, von ihren Wandnägeln herabgenommen.

In ihrer Mitte figuriert gewöhnlich ein großes blankgeputztes Instrument aus Messing, ein Bettwärmer. Der Bettwärmer scheint überhaupt in ganz Deutschland bei den Bauern eine große Rolle zu spielen. Hier im Blockland fand ich ihn in allen Haushaltungen und von riesiger Größe. Sie schlafen hier wie überall in Niedersachsen noch immer in einer Art von Alkoven, die sie »Kojen« nennen. Es sind Schränke mit Schubtüren versehen und mit Gebirgen von Entenfederkissen angefüllt. Da kriechen die Leute abends hinein und lassen sich darin backen wie Pflaumen im Backofen. Dieses ist ihr Hauptluxus. Auch im Sommer schlafen sie unter ihren Federgebirgen.

Da diese Betten selten oder gar nicht gelüftet werden – die Schiebetüren der Koje werden während des Tages sorgfältig zugeschoben und verschlossen – kann ich mir nichts anderes denken, als daß es sehr ungesund sein muß, 25 Jahre in einem solchen Loch zu schwitzen, zu atmen und mit krummen Beinen zu liegen, wie es doch ein Blockländer und fast jeder Niederdeutsche am Ende seiner siebzigjährigen Laufbahn getan haben. Es muß auf den Gesundheitszustand der ganzen Nation und die Kraft der Rasse einen sehr schlechten Einfluß ausüben.

Die meisten anderen Völker schlafen viel vernünftiger, viel geräumiger und luftiger als wir Deutschen. Es wäre wohl nicht übel, wenn in Deutschland einmal ein aufgeklärter Kopf sich die Reformierung unserer Schlafstellen zur Aufgabe stellte und mit den Waffen der Wissenschaft, des Patriotismus und der Satire diesen faulen Fleck angriffe. Er könnte ein Wohltäter der Nation werden.

Neben der genannten Feuerkuhle im Mittelpunkt der Haushalle ist auch der Platz für die Gäste. Denn sowie sie eintreten, wird ihnen ein von Stroh geflochtener Stuhl ans Feuer gesetzt. Da können sie sich wärmen und haben auch gleich, wenn sie hungrig sind, den Grützetopf vor dem Mund. Dieses ist sehr bequem.

Doch keine Rosen ohne Dornen. Die Blockländer haben bis auf den heutigen Tag noch keine Schornsteinfegerzunft unter sich, weil sie die Erfindung des Schornsteins selbst noch nicht gemacht haben. Der qualmende Rauch von den Feuerkuhlen schlägt daher oben gegen den Boden der Tenne, schleicht sich als ein leises, zartes Gewölk träge dahin und findet endlich seinen Ausweg aus dem großen Haupttor des Hauses oder aus den beiden Seitentüren. Das meiste bleibt als Ruß im Hause selbst hängen, überzieht die Gebälke mit einer teilweise ganz blanken Farbe wie Ebenholz, reift unterwegs die Schinken und Mettwürste, die überall in der Nähe des Herdes herumhängen, schwärzt die uralten Postillen, die Bibel und die sonstigen Erbbücher, die auf dem Bord liegen und die man zuletzt von einem Haufen Steinkohlen kaum mehr unterscheiden kann, und durchdringt auch die Strohhalme des Daches derart, daß es aussieht, als sei das Haus mit lauter langen gebrauchten Tabakspfeifenausräumern gedeckt. Diese Schwärzung ausgenommen, schadet übrigens der Rauch der Reinlichkeit im Innern der Zimmer, die ich überall recht ordentlich und nett fand, gar nicht. Die Luft soll der Rauch, der Meinung der Leute nach, sogar gesund erhalten und viele Gase und Krankheitsstoffe verzehren.

Die guten Leute selbst sind hier noch ebenso primitiv wie ihre Wohnungen, unverdorben und gastfreundlich. »Stadtlüe« (Leute aus der Stadt) kommen sehr selten oder fast gar nicht in ihr Sumpfland, höchstens einmal ein Liebhaber der Entenjagd oder des Fischfangs. Eine große Heerstraße durchschneidet ihr Land nirgends. Es gibt daher bei ihnen auch noch keine ungeduldige Verbesserungslust, keine Gewinnsucht und kein solches industrieöses Gesindel, wie es sich längs der großen Landstraßen hinzieht und in den gemeinen Wirtshäusern, die es ebenfalls im Blockland nicht gibt, einzunisten pflegt. Die Leute, die ich am Wege fand, erwiesen sich recht anschließend, mitteilsam und begleiteten mich ganze Strecken bis zu einem ihrer Nachbarn, den ich zu besuchen wünschte. Die alten Männer, die ich zuweilen antraf, meistens in der Nähe ihrer Häuser mit dem Reparieren ihrer Netze oder mit dem Kalfatern und Teeren ihrer Schiffe beschäftigt, hießen mich ebenfalls sehr freundlich neben sich niedersitzen und waren dann während der Arbeit recht gesprächig über die Übel und Leiden ihrer sumpfigen Zustände und über die Hoffnungen und Aussichten auf Verbesserung.

Ehemals vor dreihundert Jahren, so sprechen sie, hat ihr Land eine goldene Zeit gehabt. Da sollen alle Bauern hier wohlhabend und die Bevölkerung viel stärker gewesen sein. Der Dreißigjährige Krieg hat diese Blüte des Blocklandes gebrochen, einen großen Teil der Bevölkerung ins Elend gestürzt und viele Bauernstellen wüste gelegt. In neuester Zeit haben ihnen viele zusammentreffende Umstände geschadet, zum Teil die Zunahme der Bevölkerung und der Fabrikindustrie in der nahen Stadt Bremen, zum Teil der wachsende Anbau der Moore und Heidestriche in dem benachbarten Königreich Hannover. Verschiedene Anstalten der besagten Stadt trüben und verderben die Gewässer des Landes jährlich mehr und mehr und infolgedessen auch die Fischereien und die Entenzucht. Der stärkere Anbau der Torfmoraste im Hannoverschen und ihre steigende Entwässerung hat auch mehr Wasser in die Wümme geführt und das Niveau derselben höher gelegt. Die erniedrigt sich daher jetzt immer seltener und für kürzere Perioden so tief, daß die Siele des Blocklandes sich öffnen und den Überfluß entlassen können. Auch die Eisenbahn, die jüngst längs der Weser von Bremen nach Bremerhaven gebaut wurde, soll mit ihren Viadukten dem Land noch einige Abzugskanäle verengt und seine Versumpfung befördert haben. Daß einige benachbarte Wiesengegenden, z. B. die erwähnte

»Bürgerviehweide«, Dampfmaschinen erhalten haben und mit diesen ihre Gebiete in die Kanäle des Blocklandes entwässern, mag die Wassernot bei ihnen noch größer gemacht haben.

In alten Zeiten, so heißt es, war ihr ganzes Land mit solchen Windmühlen besetzt, wie man sie in Holland zur Entwässerung der Niederungen gebraucht. Der Dreißigjährige Krieg soll aber auch diese Werke zerstört haben. Was man seitdem Ähnliches einzurichten versucht hat, ist immer zu schwach gewesen. Einige kräftige Dampfpumpen könnten jetzt allein helfen. Da, wie man sagt, der Unterboden sehr günstig gestaltet ist – es folgt nämlich eine Schicht von schwerer Kleie auf einer Schicht Sand, und diese liegt auf einer Unterlage von Moorgrund, der mit den Stämmen eines versunkenen Urwaldes angefüllt ist –, würden bei einer solchen Entwässerung die schönsten Wiesen und Marschfluren hervortauchen. Jeder, trotz seines weitläufigen Grundbesitzes jetzt arme Blockländer, würde sich zu einem reichen Marschbauern emporarbeiten können.

Je niedriger die Wümme und ihr Hauptfluß, die Weser, fallen, desto besser für die Blockländer. Dann kriegen sie, wonach sie sich das ganze Jahr sehnen: Dann öffnen sich die Flügel ihrer Siele und lassen das Wasser ab. Zuweilen sind die Sommer so naß, daß das ganze Jahr hindurch keine solche Entwässerung stattfindet und das gesamte Land knietief unter Wasser bleibt. Zuweilen haben sie eine kurze trockne Saison von 14 Tagen. Solche ganz trocknen Sommer sind eine Wohltat für das Land. Dann blühen alle Weiden und Wiesen. Dann verbessert sich das Gras überall. Dann kommen viel schöne und nützliche Kräuter auf, die wieder verschwinden, wenn nasse Jahre kommen, in denen allerlei Unkräuter und die Schilfe überhandnehmen.

Unter solchen Gesprächen kam ich immer weiter

durchs Blockland, und es blieben am Ende wenige Hütten übrig, die ich nicht betreten hätte. Auf diese Weise gelangte ich dann zuletzt bis ans Ende des Blocklandes, bis zu seinem äußersten Dorf, das Wasserhorst heißt. Die uralte kleine dickmaurige Kirche dieses Dorfes und sein Kirchhof, das Pastoren- und Schulhaus dazu, liegen in einer sehr freundlichen und malerischen Gruppe auf dem breiten Scheitel einer ehemaligen Sanddüne. Auch das Dorf selbst hat sich an diese Düne, die das Ende des Sumpfstrichs bezeichnet, angelehnt. Die ganze wäßrige Niederung des Blocklandes gegen Westen hin ist von einem solchen Kranz von Dünendörfern umgeben.

So niedrig solche von den Meereswogen und Winden einst aufgehäuften Sandberge auch sind, so merkwürdig ist doch die Rolle, die sie in der Geschichte der Marschen spielen. Auf ihnen hat man gewiß die Anfänge des Lebens und der Kultur aller dieser Gegenden zu suchen. Auf ihnen liegen die ältesten Kirchen, auch der Dom von Bremen liegt auf einer solchen Düne mitten in der Niederung, und die ganze Stadt Bremen wurzelt sozusagen ebenso wie das Dorf Wasserhorst an einer Düne.

Von den Dünen aus mochten die umliegenden Wiesen zuerst ein wenig benutzt werden. Merkwürdiger aber ist es noch, daß diese Benutzung, die völlige Eroberung und Bewältigung der Marsch- oder Sumpfgegenden nicht von den alten Dünenbewohnern selbst durchgeführt wurde. Dazu mußte vielmehr ein fremdes Volk mit besonderen Künsten und Gewohnheiten ins Land kommen, nämlich die Friesen. Und so kommt es denn, daß noch jetzt die Sanddünen von den Nachkommen eines anderen Geschlechts als die Marschen und Niederungen bewohnt sind, jene von denen der Niedersachsen, diese von denen der Friesen.

Eine der vornehmsten Lieblingsbeschäftigungen der Blockländer bildet, wie ich sagte, neben der Zucht der zahmen Enten die Jagd auf die wilden. Sie haben eigentümliche Methoden und Vorrichtungen zu dieser Jagd, und da ich diese kennenlernen wollte, bestieg ich mit meinen Blockländer Freunden ein sogenanntes »Schiedelschiff«, um das, was der Blockländer eine »Ambäkelshütte« nennt, zu besuchen.

Es mündet bei jedem Haus aus der Niederung heraus ein breiter Kanal, der die vornehmste Verbindungsstraße des Gehöfts mit der übrigen Welt darstellt und der dann durch viele Seitengräben zu allen Teilen des Besitztums hinführt. Bei dem Haupthaus am Fuße des Deiches endet ein solcher Kanal in einem kleinen Hafen, in dem die Schiffe, von denen jeder hiesige Bauer ein halbes Dutzend von verschiedener Größe und Form besitzt, zusammenliegen. Da ist auch auf einem kleinen etwas erhöhten Wiesenfleck unter hohen Laubbäumen die Schiffswerft des Gehöfts, auf der andere Fahrzeuge im Bau begriffen sind oder geflickt und geteert werden.

Sie haben drei Hauptformen von Schiffen. Die größten heißen »Moorschiffe«. Es sind ihre Erntewagen. Mit ihnen fahren sie ins Moorland zu ihren Kornäckern, um den Dünger dahin zu bringen und das Getreide herzuholen. Die Leute in den benachbarten hannoverschen Mooren haben nämlich Mangel an Vieh und Dünger und für den, welchen die Marschleute ihnen liefern, verpachten sie ihnen kleine Sand- und Heidestriche zur Kornaussaat. Ebenso fahren die Blockländer mit jenen Moorschiffen ins Feld, um das Heu aufs Trockne zu bringen. Dann kommen die sogenannten »Wümmeschiffe«. Diese sind etwas kleiner und leichter gebaut. Es sind die Handelsschiffe der Blockländer. Auf ihnen transportieren sie ihre Waren, Fische, Vögel, Torf usw. zum Markt und zur Stadt. Und zuletzt die besagten »Schiedelschiffe«, die kleinen Jagdkähne, die sie sonst auch zu Schnell- und Spazierfahrten ins Feld benutzen, und von denen wir nun eins zu dem angedeuteten Zweck bestiegen. Wir verloren uns bald aus dem Hauptkanal in verschiedene kleine Seitengräben, um die etwas versteckte Jagd- oder »Ambäkelshütte« zu finden.

Einige von diesen Gräben waren schon »geputzt« und boten eine schöne, freie Fahrstraße dar. Andere aber waren noch »dicht« und derart mit Reet und Schilf verwachsen, daß unser niedriges Schiffchen zuweilen völlig darin verschwand. Doch fand unser Schiffsführer die richtige tiefe Straße immer heraus, was uns keine leichte Aufgabe schien, da auch die Wiesen zu den Seiten mit hohem Wasser bedeckt waren.

Die Kühe standen auf diesen Wiesen bis über die Knie im Wasser und naschten ihr Futter, die hervorragenden Grashalme, über dem Wasserspiegel weg. Doch auch sie kennen die tiefen Gräben und hüten sich vor ihnen. Wenn aber einmal eine hineinfällt, so ist nicht viel dabei. Denn die hiesigen Kühe sind eine Art Amphibien und sehr geschickte Schwimmer. Die Leute geben sich daher auch gar nicht die Mühe, wenn sie ihr Vieh über einen Fluß schaffen wollen, es an Bord einer Fähre oder eines Schiffes zu bringen. Sie treiben es vielmehr geradezu ins Wasser und lassen es, mit einem Boot hinterhersegelnd, durchschwimmen. Auch kommen die Rinder zuweilen, wenn auf ihren entfernten Weideplätzen das Futter zu mangeln anfängt, vom Hunger getrieben von selbst zu ihren Stallungen herangeschwommen.

Für die Nacht und zum Ausruhen in der Tageshitze bereiten sie ihrem Vieh sogenannte »Schelfe«, das sind etwas erhöhte kleine Bodenstellen mitten in den Gewässern. Es wird dazu von dem nächsten Dünenstrich Sand herangeschifft und daraus ein rundes, ein paar Fuß hohes Plateau oder eine kleine Insel gebildet. Zu diesen kleinen Inseln retten sich die Tiere und erholen sich von ihren Weidestrapazen im Sumpf. Auch schiffen da die Melker hin, um sie zu melken. Diese viel benutzten und zertretenen Schelfe versinken am Ende auch wieder im Sumpf und müssen dann und wann erneuert und wieder aufgehäuft werden.

In sehr nassen Jahren, wo das Wasser gar nicht verschwinden will und das arme Vieh anfängt, Hunger und Not zu leiden, errichten sie auf den Schelfen Futtertische. Diese bauen sie aus Weidengeflechten, die sie auf in den Boden eingeschlagenen Stäben befestigen. Das nasse Gras, das sie für ihr Vieh aus entlegenen Sumpfstellen herbeiholen, trocknet auf diesen durchlöcherten Tischen ein wenig aus und wird dadurch den Tieren etwas mundgerechter.

Überall sahen wir die Leute damit beschäftigt, die Wassergräben und Fleete zu putzen. Sie bedienten sich einer großen, für den Zweck konstruierten Sense, die sie in die tiefen Gräben hinuntertauchten und mit der sie die Schilfe und Unkräuter unter dem Wasser abmähten und ans Land schafften. Es ist eine mühselige Arbeit, die aber jeden Sommer durchgeführt werden muß, weil sonst alle Fleete und Kanäle allmählich »zulanden« und das ganze Land verwachsen würde. Die Arbeit muß bis zur trocknen Jahreszeit, wo man auf einen niedrigen Stand der umliegenden Flüsse Aussicht hat, beendigt sein. Denn ließe man das Reet und Schilf in den Fleeten, würde der Wasserablauf dadurch gehemmt werden. Nur ein geputzter Kanal kann das bißchen Gefälle, das es im Lande gibt, zum Wasserabführen benutzen.

Endlich kamen wir zu unserer »Ambäkelshütte«. Es war ein längliches gewölbtes Geflecht mit einer großen Toröffnung auf der einen Seite, in die unser Schiff einfahren und unter dem Gesträuch versteckt sich festlegen konnte. Die andere Seite der Hütte war mit Weidengeflechten zugemacht, jedoch so, daß einige Öffnungen es gestatteten, die Flinte durchzustecken, und auch Ausblicke erlaubten auf die langen Wasserstraßen, die sich vor diesem Ende erstreckten. Denn begreiflicherweise legt man einen solchen Jagdstand um einen Knotenpunkt von Fleeten oder Kanälen an, von dem aus man in verschiedenen Richtungen freies Wasser vor sich hat.

Um die wilden Enten zu diesem Punkt heranzuziehen, bedienen sie sich zahmer Lockenten. Sie nehmen dazu diejenigen, die eine solche graumelierte Farbe haben, wie sie der Federpelz der wilden Enten selbst besitzt. Weiße, schwarze oder scheckige Enten sind dazu nicht tauglich. Soll die Jagd vor sich gehen, werden mehrere Lockenten in einiger Entfernung von der Jagdhütte mitten auf dem Wasser vor Anker gelegt. Das heißt, sie werden mit einem Fuß an eine Schnur gebunden, deren anderes Ende an einem schweren Stein im Wasser steckt.

Die Lockente kann sich in einem ziemlich großen Kreis um diesen Stein herum bewegen. Sobald sie sich am Stein fest fühlt, fängt sie an zu schreien und zu lärmen und schnattert die ganze Zeit laut fort. Doch ist es kein furchterregendes Angstgeschrei, sondern ein zwar lebhaftes, jedoch resigniertes Selbstgespräch, das ganz geeignet ist, die Aufmerksamkeit der anderen anzuziehen. Die wilden Enten kommen heran, umfliegen den schreienden Einsiedler, den sie seiner grauen Farbe wegen für einen ihrer Kameraden halten, lassen sich neben ihm nieder, begrüßen ihn und fallen so den verräterischen Schüssen aus der »Ambäkelshütte« zum Opfer. Der ungewöhnliche Name dieser Hütte ist von dem Wort »Bäck« abgeleitet, mit dem die Blockländer den Stein und die Schnur zur Befestigung der Lockente bezeichnen.

Die Enten, die zahmen wie die wilden, sind der Gras- und Heuproduktion des Landes mehrfach schädlich. Sie haben mehrere Lieblingsgräser, von denen sie nur die Blüten und Gesäme fressen und die sie mit großem Geschick Halm für Halm bei der Wurzel knicken, um zu den Ähren und Körnern zu gelangen. Sie machen auf diese Weise den Rest der Halme für das Vieh ungenießbar. Auch haben sie ihre bestimmten Pfade durch die Wiesen, auf denen sie scharenweise einherwatscheln und das Gras zertreten. Wir sahen unterwegs überall von den Ufern der Fleete solche Entenpfade ausgehen und sich vielfach wie Maulwurfsgänge auf den Wiesen verzweigen.

Leider liefen jetzt die Stunden meines Reisetages zu Ende, und ich mußte an die Rückfahrt denken. Ich wünschte diese in einer anderen Richtung auszuführen, und meine Freunde rieten mir, den Weg der sogenannten »Kleinen Wümme« einzuschlagen. Dieses Gewässer zieht sich so richtig in der Hauptdiagonale der ganzen Blockländer Niederung hin. Es schlängelt sich vom Anfang bis zum Ende durch lauter Schilf und Reet. Bei seiner Mündung in die große Wümme ist die niedrigste Gegend des ganzen Landes.

Die Blockländer sind der Meinung, daß die ganze Besiedlung ihrer Heimat an der kleinen Wümme angefangen habe. Dort sollen die ältesten friesischen Kolonisten gewohnt haben, bis schließlich der Deich längs der großen Wümme gebaut wurde. Da wurde dann die kleine Wümme verlassen. Auch fielen ihre Ufer immer tiefer in den Sumpf hinab. Man findet noch jetzt die Spuren einer alten Straße entlang der kleinen Wümme, ein Werk aus früheren Zeiten, das aber jetzt den größten Teil des Jahres im Wasser steckt und nur in ganz trocknen Monaten benutzt werden kann. Auch von den ehemaligen Bauplätzen oder Häuserhügeln, den sogenannten Warfen, kann man noch einige mitten im Schilf erkennen. Sie sind aber jetzt meistens öde oder dienen nur noch dem Vieh hier und da als Sandinseln. Nur auf einem halben Dutzend Warfen haben sich noch Häuser und Grundbesitze gehalten. Es sind lauter große, weitläufige Gehöfte und schöne Bauernhäuser, deren Bewohner die Schilfgebiete und Wiesen besitzen. Sie wissen selbst oft nicht, wo in dem wilden, wegelosen und nicht eingezäunten Land die Grenzen ihrer Berechtigungen sind.

Im Winter wird das ganze Wasserland mit einer blanken und ebenen Eisbahn überzogen. Dann sind die Leute von der kleinen Wümme und überhaupt alle Blockländer mit der ganzen Welt in so inniger Verbindung wie selbst im Sommer nicht. Dann liegt alles auf dem Eis und auf den Schlittschuhen. Sie sind durch die Bank so geschickte Eisläufer wie die Holländer. Dann sind die Wege überall kurz und direkt. Dann machen sie Visiten auf dem Eis, und die einsamen Gehöfte, zu denen im Sommer niemand den Weg finden kann, werden von Gästen besucht. Dann bringen sie ihre Waren wie im Flug auf den Markt und eilen mit großen Schiebschlitten die Kanäle hinunter. Auch zur Kirche fahren sie, Männer und Weiber und Kinder, auf Schlittschuhen und ebenso zu den Hochzeiten und sonstigen Festen.

Zuweilen aber dauert es im Herbst oft sehr lange, bis sich eine solche Eisbahn herstellt. Es friert, es taut, die Decke bricht wieder, es treiben Schollen umher. Dann kann man wohl wochenlang weder auf dem Nassen schiffen noch auf dem Trocknen gehen, noch auf dem Eis gleiten, und die Leute befinden sich so mitunter in einer ganz argen Isolierung von der übrigen Welt. Sie können sich unter solchen Umständen weder mit frischer Zufuhr versehen noch ihre eigenen Produkte verwerten und stecken mit ihren Lebenden und Toten in ihren alten Rauchstuben. Ich sage auch »mit ihren Toten«. Denn stirbt in solcher Zeit einer bei ihnen, gibt es kein Mittel, ihn zu dem weit entfernten Kirchhof zu schaffen. Der Sarg mit dem Leichnam muß dann auf den Raum über dem Viehstall gebracht werden, wo er oft drei, vier Wochen lang liegt, bis sich einmal eine Bahn zum Kirchhof bildet.

So schön und glatt, wie ich es oben schilderte, pflegt die

Eisbahn meistens nur zu Anfang des Winters zu sein. Je älter sie wird, je länger und stärker es friert, desto mehr wird sie durch auffallenden Schnee und andere Umstände verdorben. Auch die Spalten und Risse, die sich in dem alten Eis bei heftigem Frost bilden und die hier oft sehr breit werden, zerstören die Bahn und machen die Reise gefährlich. Noch viel schlimmer aber geht es hier oft im Frühling beim Losbrechen des Eises zu. Wenn der Winter sehr hart war und die Eisdecke besonders dick wurde und wenn dann der Eisbruch bei heftigen Frühlingsstürmen eintritt, zugleich vielleicht auch noch Deichbrüche die Höhe des Wasserandranges vermehren, so geraten jene in der Ebene verstreuten Gehöfte in die größte Gefahr. Die Warfen, auf denen sie liegen, sind natürlich nur auf gewöhnlich zu erwartende Wasserstände berechnet. Sie ragen nur ein wenig über die häufig eintretenden Fluten empor. In ganz außergewöhnlichen Fällen muß das gute Glück oder der liebe Gott helfen. Von Zeit zu Zeit machen diese Marschleute daher im März oder April so ängstliche Tage durch wie die armen Bewohner der Lawinentäler in den Alpen in ungewöhnlichen Schneejahren.

Die Sonne meines Reisetages erlosch allmählich blutrot in dem Schilf und in den Dünsten der Sümpfe. Da wir indes die hellen Julinächte hatten, wurde es den ganzen Abend hindurch nicht finster, und wir konnten bis Mitternacht hier alles wahrnehmen, was sich auf den Seiten der breiten, stillen Wasserstraße ereignete und bewegte. Wir schifften so bis über Mitternacht hinaus in einer vollkommenen Einsamkeit. Denn außer den Kindern der Natur begegnete uns nichts Lebendiges, kein Mensch, auch kein Schiffchen. Auch in den Vorstädten der Stadt Bremen, wo mein guter Blockländer Schiffer Orndt mich landete, waren schon alle Lichter erloschen. Ich schlich ganz unbemerkt durch die dämmrigen und stillen Straßen der Stadt nach Hause zurück.

V. Das schwimmende Land von Waakhausen

Schwimmende Inseln im Nordwesten Deutschlands erwähnt zuerst Plinius. Er nennt es »ein neues Wunder aus den Wäldern Germaniens«. Er sagt, daß mehrfach kleine, mit Bäumen bewachsene Inseln der römischen Flotte, als sie an den Küsten Nordwestdeutschlands entlangsegelte, aus den Mündungen der Elbe und Weser entgegengeschwommen seien. Wahrscheinlich sind es solche Moorlandstücke gewesen, wie sie noch heutzutage zuweilen von den Wasserfluten in den Nebenflüssen der Weser und Elbe losgerissen und zum Schwimmen und Forttreiben gebracht werden.

Im kleinen kommt diese Erscheinung überall in torfreichen und morastigen Gegenden vor. So auch in dem an Wäldern, Torfmorasten und Wasserfluten so reichen nordwestlichen Deutschland. Nirgends aber ist das ganze Phänomen komplizierter und mehr mit dem Ackerbau und der ganzen Existenz der Bewohner verwachsen als in der Feldmark des hannoverschen Dorfes Waakhausen im sogenannten Sankt Jürgener Land an den Ufern des Flusses Hamme, der aus den Mooren des Herzogtums Bremen zur unteren Weser fließt.

Ich hatte schon manches über das schwimmende Wunder von Waakhausen gehört und gelesen, ohne daß ich mir über die Ursache, den Umfang und die näheren Umstände desselben ganz klar werden konnte. Ich beschloß daher, an Ort und Stelle selber nachzusehen. So zog ich denn eines schönes Tages, den Fluß Hamme herabkommend, mit Hilfe eines Landeskindes mein kleines, roh gestaltetes »Schiedelschiff«, eine Art von Kanu – es ist das einzige Vehikel, dessen man sich zur Bereisung dieser morastigen Landschaften bedienen kann –, über eine Stelle des Deiches hinüber, der das Sankt Jürgener Land umgibt.

Als wir diese nicht sehr mühsame Operation bewerkstelligt und unser Schiffchen im gegenseitigen Wasser wieder flottgemacht hatten, lag eine weitausgedehnte, fast ununterbrochene Wiese von circa 40000 Morgen Grasland vor uns. Das war das Sankt Jürgener Land, das ein großes, ganz flaches Dreieck zwischen den Flüssen Hamme und Wümme bildet und von einem Labyrinth von Wasserarmen, künstlichen Gräben und Kanälen oder Fleeten und kleinen natürlichen Tümpeln und Seen durchfurcht ist. Gleich die Entstehungsweise dieser Tümpel und Seen steht mit dem schwimmenden Erdreich von Waakhausen in Verbindung und erklärt es wenigstens zum Teil. Im Winter nämlich, wenn das ganze Land überschwemmt ist und bei starker Kälte mit einer dicken Eiskruste bedeckt wird, verbindet sich stellenweise diese Kruste mit dem unterliegenden Boden und dem Schilf und gefriert mit ihm zu einer Masse zusammen. Wenn nun im Frühling der Eismantel sich löst und zersprengt, bleiben zuweilen große Stücke gefrorenen Landes an den Schollen hängen und werden mit ihnen fortgeführt. Die Landeskinder nennen diese so losgerissenen Landstücke »Dobben«. Solche Dobben haben oft einen ganz beträchtlichen Umfang und eine Dicke von drei bis fünf Fuß. Zuweilen werden auf diese Weise ganze Tagewerke (ein Tagewerk zu zwei Morgen) auf einmal versetzt. Die Eisscholle bleibt mit ihrer schweren Last an irgendeiner kleinen Erhöhung hängen und deponiert sie dort, indem sie schmilzt. Da aber, wo sie diese Dobbe losriß, entsteht ein Loch, das sich mit Wasser füllt und das die Leute daher eine »blanke Stelle« zu nennen pflegen. Wenn in einer Gegend das Eis sich häufig solche Dobben herausholte, vergrößert sich der kleine Wassertümpel zu einem See von größerem Umfang. Der größte See des Sankt Jürgener

Landes, der auf diese Weise entstanden ist, heißt »die Blänken«. Er steht unter diesem Namen auf unseren Landkarten und hat auf ihnen wohl anderthalb Stunden im Umfang. Unser Weg führte uns mitten durch diesen »See« hindurch. Er bot jetzt im Hochsommer, wo überall hohes Schilf aus dem Wasser emporragte, den Anblick einer grünen Wiese dar. Nur im Winter, wo das Schilf abstirbt, ist er in seinem ganzen Umfang »blank«.

Ein anderes Winterphänomen dieser Gegenden sind die sogenannten »Spannjen«. Spannjen – wahrscheinlich von »spannen« abzuleiten – nennen die Landeskinder die Risse, die zuweilen bei heftigem Frost und starker Anspannung des Eises in der Eiskruste entstehen und oft sehr sonderbare Effekte zuwege bringen. Diese Risse gehen hier mit einem heftigen Knallen und Krachen los und durchsetzen die Eisdecke zuweilen mit Blitzesschnelle zwei bis drei Wegesstunden weit. Ähnliches geschieht freilich auch anderswo, wo sich breite Eisdecken bilden. Das Eigentümliche, das dieses Phänomen hier darbietet, kommt aber durch die sumpfige Beschaffenheit des Landes zustande. Da in sehr kalten Wintern nicht nur das Wasser bis auf den Boden gefriert, sondern auch dieser erstarrt und sich mit dem Eis zu einer Masse verbindet, teilt sich der in dem Eis beginnende Riß auch dem Boden selber mit. Auch dieser wird zerklüftet und tut sich wie das Eis auf, und beides, Eisschollen und Erdreich, werden dabei zuweilen fünf bis sechs Fuß und mehr zu beiden Seiten des Risses in die Höhe getrieben und aufgehäuft. Die Rille, die sich in der Tiefe alsbald mit Wasser füllt, wird mitunter so breit, daß man darin wie in einem natürlichen Kanal zwischen Eis und Schlammdeichen schiffen kann. Wenn eine solche Spannje unterwegs auf einen anderen Gegenstand, z. B. auf ein im Eis eingefrorenes Schiff, trifft, vermag sie auch dieses entzweizureißen. Sie geht auch vom Eis auf das daraus hervorragende Festland über, zerreißt Erdhaufen oder Inseln, die ihr im Wege liegen, und setzt sich mitten durch die hohen Deiche des Landes. Ja, sie fährt sogar wie ein Blitz in die auf diesen Deichen und Inseln stehenden Häuser, wühlt unter ihnen den Boden auf, zerspaltet die Mauern und zerreißt die Balken.

In dieser schönen Sommerzeit hatte ich jetzt nicht die Gelegenheit, eigene Beobachtungen über diese Spannjen und jene Eisdobben zu machen. Ich konnte nur den Erzählungen meiner Begleiter darüber lauschen. Unsere nassen Wege standen jetzt im schönsten Schmuck des Frühlings. Überall schifften wir durch zahlreiche Plantagen der weißen Wasserlilien, die eben jetzt in der herrlichsten Blüte standen und mit ihrem schneeweißen großen Kelchbecher alle Tümpel und kleinen stillen Wasserverstecke schmückten. Die Hiesigen haben sonderbarerweise für jede der Hauptteile dieser Pflanze einen eigentümlichen und verschiedenen Namen. Auch für alle anderen hübschen Pflanzen, die in üppiger Fülle zu den Seiten unserer Schiffahrt standen, hatten meine Leute ihre eigenen Namen. Alle diese und andere Blumen und Gräser, aus denen der Grasteppich dieses Landes komponiert war, standen jetzt wie das ganze Land in fußtiefem Wasser. Aber die Sankt Jürgener verstehen sich auf die Kunst, diese Kräuter dicht über der Oberfläche des Wassers abzumähen. Überall fanden wir die Leute, knietief im Wasser stehend, mit dieser nicht leichten Operation beschäftigt. Das Abgeschnittene bleibt dabei eine Zeitlang auf dem Wasser schwimmen. Hatten sie einen Strich gemäht, harkten sie das Gras in einen freien Kanal, brachten es in einen großen, auf dem Wasser schwimmenden Haufen zusammen und schoben dann diesen Haufen mit einem Brett, das an einem langen Stiel befestigt war, über den Kanal bis zu der Stelle, wo ihr Heuschiff lag, das mit dieser so dem Wasser entzogenen Grasernte beladen wurde. Diese wird dann stundenweit zu einem Deich oder sonst einer etwas höheren Landesstelle gefahren, um da an der Sonne Heu daraus zu machen. Die Kanäle, Gräben und Fleeten, die die Kommunikationswege des Landes sind, müssen alle Jahre, damit sie sich nicht verstopfen und »zulanden«, fleißig geputzt werden. Dagegen gibt es andere unregelmäßige Gewässer im Lande, z. B. ehemalige Flußbetten oder Flußarme, die man in dieser Beziehung vernachlässigt. Bei diesen Gewässern zeigt sich dann wieder eine Erscheinung, die mit dem Phänomen des »schwimmenden Landes« zusammenhängt. Die Oberfläche solcher stehenden und stockenden Gewässer überzieht sich nämlich bald mit einer Decke von Wasserpflanzen. Wenn diese verwachsen, kommt Erdreich hinzu, auf dem sich dann wieder andere Pflanzen einnisten. Im Laufe der Jahre bildet sich so eine dichte und dicke Decke von verfilztem, schlammigem Wurzelwerk, das zuletzt imstande ist, allerlei sehr schöne und nützliche Kräuter zu erzeugen und zu tragen. Auch diese schwimmenden Kräuterdecken nennen sie hier »Dobben«. Da diese Dobben ständig mit dem Wasser steigen und die auf ihnen keimenden Gräser also nie wie das auf festem Boden wurzelnde Gras im Wasser ertränkt werden, haben sie besonders schönes Viehfutter. Die Gräser stehen auf ihnen vorzugsweise dicht und üppig. Überall sowohl im Sankt Jürgener Land als auch in dem ganzen Tal der Hamme erkannte ich die gewundenen Streifen ehemaliger Flußarme an höheren Stauden und Blumen und dem frischeren Grün, womit sie gegen die übrigen, festen, ertränkten und grauer aussehenden Wiesen abstachen. Wenn wir in diese überwachsenen Arme hineinfuhren, sank der Rand des schwimmenden Blumenteppichs unter dem Kiel unseres Schiffes ins Wasser. Wenn wir mit unseren Rudern hineinstießen, konnten wir das Ganze in schaukelnde Bewegung setzen und am Ende mit einiger

Mühe durchstoßen und so auf das Wasser darunter gelangen, das oft noch fünf oder sechs Fuß tief war. In der Mitte der heißen Jahreszeit trocknen zuweilen wie die ganze Landesbewässerung so auch diese Flußarme aus, und dann liegt das Blumenbeet auf dem Grund und kann abgemäht werden. Oder das Wasser nimmt unter ihm doch so weit ab, daß die Mäher darüber schreiten können, ohne beim Durchbrechen mehr als ein Naßwerden des Fußes befürchten zu müssen. Manche Dobben sind auch schon von Haus aus so dick und dicht, daß sie einen Arbeiter wohl tragen.

Schließlich kam die Hauptstadt des Sankt Jürgener Landes, die kleine Insel, auf der die Kirche dieser Wasserleute liegt, in Sicht. Es war nur ein sehr kleines, aber ganz eigentümliches Stückchen Land, das über der allgemeinen Überschwemmung und über dem Grasmeer hoch hervorragte und auf dem neben der Kirche noch für die Wohnung des Predigers und die seines Küsters Platz war. Ich habe selten eine absonderlichere kleine Siedlung besucht. Für einen Maler wäre sie ein sehr dankbares Thema gewesen. Ob das hohe Land, auf dem sie lag, eine künstliche oder eine natürliche Anhäufung, eine Warf oder der Rest einer Düne sein mag, weiß ich nicht, glaube aber das letztere. Vermutlich war es ein bißchen von dem Sand, das nach der Sage des Volkes in uralten Zeiten einst ein Hüne in dem Land verstreute. Dieser gute Riese, ein niedersächsischer Herkules, ging einst mit einem großen Sack voll Sand, einem der kostbarsten und begehrtesten Artikel in allen diesen Wassermorasten, in der Gegend spazieren. Er ging rings um das Sankt Jürgener Land herum und warf überall etwas hin, und von jeder Handvoll entstand eine Düne. Endlich wurde er, ich weiß nicht warum, des Dinges überdrüssig, kehrte seinen Sack um und warf den ganzen Rest im Osten des Landes auf einen Haufen. Dieses bildete das kleine, ein paar hundert Fuß hohe Sandgebirge, das jetzt »der Weiher Berg« heißt und in der angezeigten Himmelsgegend die Grenze des Landes darstellt. In das niedrige Wasserland des Heiligen Georg (Sankt Jürgen) kam davon kaum eine Prise, wenn nicht etwa wie gesagt die niedrige Bodenanschwellung, auf der die schon im 13. Jahrhundert gebaute Kirche dieses Heiligen liegt, eine solche Prise ist.

Auch jetzt noch, in der Höhe der Sommerhitze, war dieser sonderbare kleine Ort ringsum von unter Wasser stehendem Grasland umgeben und nur mit dem Schiff zu erreichen. Die Kirchleute und die Schulkinder kommen selbst jetzt noch aus mehreren Orten herangerudert. Im Herbst und Winter ist die kleine kirchliche Siedlung ringsum von einem tiefen See umgeben. Dann kommen die Frommen und Lernbegierigen auf Schlittschuhen und Schlitten an. Aber zuweilen, wenn die Stürme brausen und der Eisgang wütet, ist das Kirchlein völlig unzugänglich und der Pastor von seiner Herde gänzlich abgeschnitten. Da trifft es sich wohl, daß drei Wochen hintereinander kein Gottedienst gehalten werden kann aus Mangel an Besuchern. Dann läutet das Glöcklein vergebens in die Wasseröde hinaus. Die Frommen hören es. Aber sie vermögen nicht durchzudringen. Der Küster steht auf der Wacht, späht in die Wüste hinaus und berichtet dem Pastor, ob er Schiffe entdeckt. Zuweilen haben sie schon den Karfreitag selbst mit Stillschweigen überhüpfen müssen. Man erzählte mir solche Dinge sonst wohl von Island und Grönland, und ich dachte nicht, daß ich sie im eigenen Vaterland so nahe hatte.

Der Rand dieser sonderbaren Sankt Jürgensinsel, auf dem wir nun aus dem Schiff stiegen, ist steil ausgearbeitet und mit einem rohen Palisadenwerk aus unbehauenen Eichenästen befestigt. Diese Äste sind unten am Fuße der Insel in den Boden gerammt. Mit ihren oberen krummen Enden, die in alle Richtungen auseinandergehen, ragen sie über die Oberfläche der Insel hervor, so daß man sich, mittendrin stehend, von einem sehr wunderlichen Zaunwerk umgeben sieht. Mit ähnlichen Befestigungen, Pfahlwerken oder Weidengeflechten, wie sie eben jeder zustande bringen kann, umgibt sich hier jedes Haus, um sich gegen die Angriffe des Wassers und des Eises zu schützen. Dazu werden dann auch noch einige große Steinblöcke von den benachbarten Heiden herbeigeschafft, um das Pfahlwerk damit zu beschweren und zu befestigen. Außerdem wurzelten auf dem Rand unserer Insel ringsum mächtige und sehr malerische Eichen, unter deren Schatten das Kirchlein, das Küster- und Pastorenhaus ruhten. Daneben auch die zahlreichen bemoosten Monumente des Friedhofs der Gemeinde. Nichtsdestoweniger ist schon oft das Eis durch die Befestigungen, Eichen und Gräben dahin gestürmt und hat die Häuser selbst und die Insel beschädigt. Einige der alten Eichen trugen in ihren dürren Ästen und hohlen Stämmen die Spuren von solchen Erschütterungen zur Schau. Nur das alte kleine dickmaurige Kirchlein hatte aller dieser Unbill getrotzt und lag noch so da, wie man es in katholischen Zeiten, als hier ein großer und berühmter Wallfahrtsort war, gebaut hatte. Die alte Glocke des Kirchturms hatte auf ihrem Rand noch »Mönchsschrift«. So nennen die jetzigen Protestanten hier die Schriftzüge aus den katholischen Jahrhunderten.

Sanft, still, geräuschlos und dabei doch stetig und ohne Schaukeln glitt unsere kleine Barke von der Wallfahrtsinsel noch durch manches kuriose Wasserdorf in dem Labyrinth der Wasserwege dieses wunderlichen Landes, bis wir unser Ziel, die hohen Bäume von Waakhausen, in Sicht bekamen. Es ist selbst für einen Kundigen nicht ganz leicht, sich in diesem Labyrinth zurechtzufinden. Wegweiser oder Meilenzeiger gibt es natürlich nicht. Da man immer niedrig zwischen Gräsern und Blumen steckt,

Die alte Kirche von Sankt Jürgen

kann man auch nicht weit blicken. Ein Wasserweg sieht aus wie der andere. Und da die Schiffe keine Spuren hinterlassen, kann man auch nicht gewahren, ob der Weg, auf dem man sich eben befindet, eine vielbefahrene Hauptstraße ist oder nicht. Manche Kanäle sind gar keine Fahrstraßen oder Fleeten, sondern bloß Grenzgräben zwischen zwei Dorfschaften oder Grundbesitzen. Und doch sind diese Gräben oft ebenso breit, tief und bequem wie die Fleeten. Zuweilen war ein Kanal ehemals eine freie Fahrstraße, wurde aber später aus irgendeinem Grund als solche aufgegeben und führt nun in die Irre, in Sumpf und verwachsenes Land hinaus. Irrtümlicherweise bogen wir in einen solchen Kanal ein, der anfänglich ganz breit und schiffahrtsmäßig aussah und auch direkt auf die Bäume von Waakhausen hinführte. Nach einer Stunde Fahrt aber wurde er schmäler, verwachsener und führte uns in dichtes Geschilf. Zuletzt strandete unser Schiffchen auf dem hohen Land der überschwemmten Wiesen. Wir schoben, zogen und stießen es hinüber, kamen noch einmal in ein Stückchen schiffbaren Kanals, das aber auch nicht weiterführte. Nun saßen wir gefangen wie Enten auf einem Teich. Rings um uns war ein Chaos von Wasser und Land, in dem man weder schiffen noch wandeln konnte. Der Boden, wenn wir ihn berührten, bebte. Wir steckten schon mitten in dem verführerischen, zerrissenen und durchlöcherten »schwimmenden Land von Waakhausen«. Glücklicherweise fanden wir ein Stück von einem Balkengerüst, das ich weiß nicht wozu gedient haben mochte, in der Nähe unseres Kanals. Dieses bestieg unser Schiffer, um das Terrain zu erkunden, und er entdeckte in nicht großer Ferne eine Art Landzunge, die auch bis nach Waakhausen hinzuführen schien. Mit Mühe und Not, indem wir unser Schiff teils über halbüberschwemmte Erdhaufen schoben, teils durch tiefere Wasserlöcher ruderten, erreichten wir unsere Landzunge, wanderten zu Fuß weiter und kamen dann endlich in dem merkwürdigen Ort Waakhausen an.

Es ist ein Chaukendorf, wie Plinius sie beschreibt, in dem »die Häuser auf ihren künstlichen Sandhügeln den Anblick von Schiffen unter Segel gewähren, während sie bei niedrigem Wasser gestrandeten Fahrzeugen gleichen«. Jedes Haus des Dorfes ist sozusagen eine kleine Insel für sich, und jede dieser kleinen Inseln hat sich mit Pfahlwerken und Weidengeflechten gegen den Eisgang verschanzt. Der ganze Untergrund, auf dem das Dorf, seine Häuser, seine Wiesen, seine Äcker ruhen, ist eine 15 bis 30 Fuß dicke Schicht von Torfmoor, die ihrerseits wieder in der Tiefe auf festem Sand liegt. Diese Torfmoorschicht, auf der alles steht und wandelt, gewährt begreiflicherweise eine sehr unsolide und zitterhafte Basis. Überall, wo man geht und steht, bebt der Boden ein wenig unter den Füßen.

Um nun die Häuser ganz fest zu begründen, wäre natürlich das beste, entweder sie auf Grundpfählen zu bauen, die tief bis in den festen Sandgrund reichen, oder auch den dicken Moorgrund ganz abzutragen, das Loch mit Sand wiederaufzufüllen und auf dem Gipfel dieses Hügels dann zu bauen. Man begreift aber leicht, daß beides für Waakhausen eine viel zu kostspielige Operation sein würde, besonders da ihre einstöckigen Häuser sehr breit, sehr lang und geräumig sind. An Pfähle können natürlich nur Leute wie die reichen Venetianer denken. Aber auch der Sand ist hier eine große Rarität. Jede Ladung muß in Schiffen von entlegenen Dünen herangeschafft werden. Es wäre eine wahre Verschwendung, ein 30 Fuß tiefes Loch von der Größe eines niedersächsischen Bauernhauses damit aufzufüllen. Zuweilen verfahren sie indessen wohl so, daß sie da, wo die Mauern des Hauses stehen sollen, einen tiefen Graben durch die ganze Moorschicht hin aushöhlen, diesen Graben voll Sand schlemmen und darauf dann die Mauern bauen. Gewöhnlich aber wird nur ein einige Fuß dicker Sandhügel, eine Warf, über das Moor ausgebreitet und darauf die Häuser errichtet. Dieses gibt anfänglich für eine neue Anlage einen ziemlich unsicheren Untergrund. Das Torfmoor ist der Zusammenpressung fähig. Der Sandhügel sinkt im Laufe der Jahre mitsamt dem Haus ein. Zuweilen sinkt er auf der einen Seite mehr ein als auf der anderen. Das Haus kommt daher mit der Zeit schief zu stehen und wird zuletzt so schief und tief, daß die Leute es nicht mehr aushalten können und sich zum »Aufschrauben« entschließen.

Zu der Operation des »Aufschraubens« der Häuser sind die Dorfzimmerleute in diesen Wasserländern durchweg eingerichtet. Sie haben hölzerne, etwa vier Fuß lange Schrauben. Von diesen setzen sie ein oder zwei Dutzend unter das Haus und schrauben es mit allem, was es enthält, in die Höhe. Indem sie immer wieder Sand oder Grus oder das, was sie sonst zum Ausfüllen des Zwischenraums zur Hand haben, nachschieben, können sie das Haus fünf bis sechs Fuß oder so hoch, wie sie wollen, bringen. Aber natürlich strapaziert dieses die alten Gebäude sehr. Es gibt dabei vieles im Innern und im Mauerwerk zu flicken und auszubessern. Sie sitzen daher in ihren schiefen und versinkenden Häusern so lange wie nur irgend möglich, bis sie sich zum »Schrauben« entschließen. Mancher Arme hat auch nicht das Vermögen zum Schrauben und muß dann notgezwungen in seiner verschobenen Wohnung aushalten.

Solange das Haus und die Warf noch neu sind, muß wohl alle zehn Jahre einmal geschraubt werden. Mit der Zeit wird der Boden fester, das Torfmoor unten kompakter zusammengepreßt, die Warf dicker und solider, und alles setzt sich dann ins Gleichgewicht. Die Leute freuen sich daher, wenn sie auf recht alten Warfen wohnen.

Die Torfmoorschicht, auf der das Dorf Waakhausen liegt, besteht aus verschiedenen Schichten von sehr abweichender Schwere und Qualität. Oben kommt zuerst eine Schicht, in der die Pflanzenteile, die das Moor bilden, noch unvollkommen zersetzt oder verfault sind. Sie hat eine hellbraune oder graue Farbe, und die Leute nennen sie »das weiße Moor«. Sie ist federleicht und schwimmt wie Korkholz auf dem Wasser. Weiter unten wird das Moor brauner und zuletzt ganz schwarz und schwer. Wenn nun im Frühling bei der Schneeschmelze die Hamme, der Fluß, in dessen Niederungen Waakhausen liegt, anschwillt und alle Kanäle und Gräben sich mit Wasser füllen, wird vermutlich die ganze Gegend mit allem, was auf dem anschwellenden Moor liegt, ein wenig in die Höhe gehoben. Am meisten aber fühlen sich die leichten Schichten, das weiße Moor, gehoben, und sie kommen, indem das Wasser zwischen ihnen und den braunen oder schwarzen Schichten eindringt und sie auseinanderreißt, am ehesten zum Schwimmen. Sehr viel hilft dabei auch der Frost, der nicht nur das obenstehende Wasser, sondern auch die oberen Moorschichten zu einer dadurch noch leichter werdenden Masse gefrieren läßt.

Man kann sich denken, daß die Dicke der zum Schwimmen gebrachten Erdschicht je nach Umständen sehr verschieden ist. Häufig ist die schwimmende Schicht so dünn, daß, wenn man mit einem Wagen darüberfährt, der Boden sich unter den Pferden tief senkt, hinter dem Wagen aber wieder nach oben kommt. Ja, zuweilen ist der Teppich der schwimmenden Wiesen so dünn, daß die jungen Füllen, indem sie darüberlaufen, das Ganze in Schwankung versetzen und der Boden hinter ihren flüchtigen Hufen Wellen schlägt wie ein ausgespanntes Tuch. Die im Ort selbst aufgewachsenen Tiere wissen aber sehr gut zu beurteilen, wie weit sie sich hinauswagen dürfen, und sie vermeiden die Stellen, wo die Wiese so schwach wird, daß sie sie nicht mehr tragen kann.

In alten Zeiten ist wahrscheinlich ein stundenlanger Strich Landes in vollem Zusammenhang längs der ganzen Hamme-Niederung zum Schwimmen gekommen. Seitdem sich aber der Mensch auf dieser Scholle niedergelassen hat, seitdem er tiefe Kanäle und Gräben gezogen, Häuser gebaut und das Land auf mannigfache Weise zerstückelt hat, ist dieses nicht mehr der Fall. Das Land hebt sich jetzt nur noch stückweise. Überall, wo das große Torffloß mit schweren Dingen belastet ist, kann das Wasser das Gewicht nicht mehr tragen, reißt die leichten Partien von den schweren los und treibt nur die leichteren in die Höhe. Die mit Sand und Häusern beschwerten Warfen bleiben liegen.

Da die Leute die Höhe ihrer Warfen leider nicht nach ihren Erfahrungen über die höchstmögliche Flut einrichten, sondern sie vielmehr nach der dem Menschen eigenen geizigen und trägen Natur fast immer nur knapp so hoch machen, als es zur Überwindung eines gewöhnlichen Wasserstandes hinreicht, werden daher bei jeder einigermaßen bedeutenden Wasserhöhe ihre Häuser und Warfen überschwemmt.

Ebenso bleiben auch alle anderen stark beschwerten Länderparzellen im Wasser stecken. So die Fahrwege, die, um sie gangbar zu machen, im Laufe der Jahre mit viel Sand bedeckt wurden und die das Wasser nicht mehr zum Schwimmen bringen kann. Soweit die Chausseegräben gehen, lösen sich diese Wege von den Äckern zu den Seiten los. Die Sandchaussee bleibt unter dem Wasser liegen, und die Felder zu beiden Seiten steigen in die Höhe.

Man kann sich denken, wie bunt die Verschiebungen sind, die hierdurch bewirkt werden. Liegen Stege oder Brücken über den Gräben, so bleibt beim Hochwasser das eine Ende derselben in der Tiefe stecken, während das andere sich hoch emporhebt und auf den schwimmenden Acker wie auf einen Berg hinaufführt. Hat man die Pfähle der Brücke sehr tief in die unteren, stets ruhigen Sandschichten eingerammt, bleibt die Brücke fest, und das steigende Land schiebt sich an den Pfeilern in die Höhe.

Behandeln die Waakhausener ein Stück Land immerfort als Wiese oder Weide, verändert es sein Gewicht nicht mehr und kommt jedes Jahr zum Treiben. Bebauen und beackern sie es aber, wird es allmählich durch den jährlich aufgeführten Mist und den Sand, den sie auch gern unter ihre torfige Ackerkrume mischen, immer schwerer und verliert am Ende die Fähigkeit zum Schwimmen. Es sinkt, bleibt im Wasser stecken und wird dadurch unfähig, weiter als Ackerland wenigstens zum Wintergetreide benutzt zu werden.

Man ersieht hieraus, daß »das schwimmende Land« für die Waakhausener eine große Wohltat ist. Ein Acker, der nicht mehr treibt, ist für sie verloren. Sie können ihn nur noch als Sommerwiese benutzen. Nur auf dem schwimmenden Land können sie Korn säen, nur auf dem schwimmenden Land haben sie ihre Gärten. Das schwimmende Land erzeugt wie die Dobben in den alten Flußarmen die besten Kräuter und Wiesen. Am liebsten erhielten sie ihre ganze Feldmark mitsamt dem Dorf und mit allem, was darauf steht, wie ein mächtiges Floß ständig am Schwimmen. Das Dorf und seine Bewohner eilen daher auch sozusagen immer dem schwimmenden Land nach. In früheren Zeiten lagen sie dem Fluß Hamme weit näher als jetzt. Weil dort aber durch Bewohnung und Bebauung in der angegebenen Weise das Land Stück für Stück schwerer geworden ist und sich nicht mehr über das Wasserniveau erheben wollte, haben sie sich stets weiter vom Fluß zurückgezogen. Dort sind die Wüstenei und der Sumpf immer größer geworden. Sie zeigten mir noch einige ein wenig erhöhte Bodenstellen, auf denen früher Häuser standen und jetzt nur noch Disteln wuchsen.

Die Waakhausener begreifen gar nicht, wie andere Menschen ohne schwimmendes Land existieren können. Ihr schwimmendes Land wird immer, selbst in regenloser Zeit, von unten her herrlich bewässert. Es ist auch vor zuviel Regen gesichert, da dieser leicht abläuft. Auch bei Überschwemmung können die schwimmenden Stücke nicht durch Verschlammung verdorben werden, da sie immer, selbst über der höchsten Flut, die Oberhand behalten. Ein Stück Wiesenland, das vorher, solange es fest war, vielleicht bloß wildes Gras, Schilf, Binsen und Reet erzeugte, verbessert alsbald, wenn es zum Treiben kommt, ganz von selbst seine Pflanzendecke mit feineren und gesünderen Gräsern.

Für gewöhnlich und im ganzen hat es bei der bloßen Erhebung des Landes sein Bewenden. Die gelösten Äcker steigen im Winter ruhig und allmählich in die Höhe und sinken am Ende des Frühlings wieder zurück. Kleine Veränderungen des Erdreichs kommen zwar jeden Winter vor, wie man dieses bei einer so großen Zerstückelung des Rasenteppichs natürlich finden wird. Ständig werden kleine Stücke Land vom Wasser nicht nur gehoben, sondern auch von der talwärts gehenden Strömung fortgeführt und weit von ihrem Heimatort wieder deponiert. Meistens sind es solche Dobbenstücke, wie ich sie oben beschrieb, die mit dem Eis zusammengefroren sind und von den Schollen weggeführt werden. Wenn sich aber im Frühling, wie es zuweilen geschieht, ein heftiger Westwind aufmacht, dann werden der Aufruhr und die Unordnung unter den zerstückelten Landparzellen von Waakhausen größer. Dann setzt sich der Luftstrom hinter die Bäume, die auf den zum Teil noch gefrorenen und durch tiefe Gräben voneinander geschiedenen Erdschollen stehen, bringt Bewegung in sie hinein und läßt sie aufeinanderstoßen. Zuweilen nimmt dann der Wind ein größeres Stück Land mit fort und treibt es, die Bäume wie Segel blähend, weit ins Wasser hinaus. Diese Erscheinung beschrieb Plinius, als er über die großen Eichen auf den schwimmenden Inseln der Weser, die mit ihren Zweigen wie rudernde Riesen ausgesehen hätten, sprach.

Gewöhnlich aber bleibt es auch dann nur bei kleinen Verschiebungen und Verwirrungen, die indessen störend genug sind. So zeigten uns unsere Leute ein Stück bewaldeten Landes, das wohl einen halben Morgen groß und mit einem dichten Gehölz von Tannen, Birken, Erlen und Eichen besetzt war, und das der Wind vor einigen Jahren aus seiner Stelle getrieben hatte. Er war ganz in den breiten Kanal, der es von der Besitzung des Nachbarn trennte, hineingefahren und hatte diesen geschlossen. Da die Kanäle die Landstraßen der Gegend sind, sollte in diesem Fall die Verstopfung wieder beseitigt werden. Dem Eigentümer des weggetriebenen Waldes drohte der Verlust eines schönen breiten Streifen Landes, den man weggraben wollte. Um diesem Verlust zu entgehen, entschloß sich der Besitzer lieber zu einem anderen Verfahren. Er griff zu den Schrauben, mit denen sie hier ihre Häuser aus dem Sumpf zu bringen gewohnt sind. Es wurden auf beiden Seiten der zusammengedrängten Felder Balkengerüste befestigt, eine Anzahl von Schrauben längs der ganzen Linie gesetzt und diese dann von den Zimmerleuten und helfenden Nachbarn gleichzeitig angespannt. Zugleich hatte man auch auf der anderen Seite der Insel an die Bäume Seile gebunden, die man von der benachbarten festen Hauswarf aus ebenfalls anzog. Und so wurde die ganze Insel wieder in ihre frühere Lage gebracht. Ähnliche sonderbare Operationen sind in Waakhausen im Laufe der Jahrhunderte schon oft vorgekommen, und die Leute sind darauf eingeübt.

Den großen Bäumen, die zuweilen auf dem schwimmenden Erdreich stehen, geht es häufig nicht anders als den Häusern. Sie geraten wie diese in allerlei schiefe Stellungen. Bei den Erdrissen, die da entstehen, wo sich das feste vom treibenden Erdreich löst, fallen sie oft ganz um oder werden auch ins Wasser hinausgeworfen. Da sie meist in einer solchen lockeren Krume wurzeln, treibt sie der Wind zuweilen wie die Halme eines Ährenfeldes haufenweise übereinander. Nur sind diese Bäume auch schon darauf eingestellt. Im Sommer, wenn der Boden sich setzt und ihre Wurzeln unten wieder ins Gleichgewicht bringt, stehen sie gesund und frisch wieder auf und richten sich in Reih und Glied wie zuvor.

Das sind denn so einige von den bunten Ereignissen und sonderbaren Zuständen, zu denen das Phänomen des schwimmenden Landes bei dem genannten Dorf Veranlassung gibt. Es gibt noch andere, von denen es aber zu weitläufig sein würde hier zu sprechen.

VI. Das Teufelsmoor im Herzogtum Bremen

In keiner Partie Deutschlands ist der Torf so eingebürgert wie in den Gegenden zwischen Holland und Elbe. Dort ist ein Überfluß von langsam fließenden oder stockenden Gewässern. Dort sind Torfmoore in allen Flußtälern bis zur Küste des Meeres hin entstanden. Dort ist der Torf eine so wichtige Lebensfrage wie die Steinkohle in England. Er ist das allgemeine Brennmaterial. Schon die Römer bemerkten dieses und verzeichneten es in ihren Schriften, wie die Germanen der Elb-, Ems- und Weserlande bei brennbarer Erde sowohl ihren großen Körper und ihre tapfere Seele wärmten als auch ihre Suppe kochten. In unseren Tagen sitzt sogar hinter den Lokomotiven der niedersächsischen Eisenbahnen das Torffeuer. Sie bauen dort in manchen Strichen sogar die Häuser aus Torf. Sie haben es gelernt, Torfpapier, Torftapeten und Torfpergament und sogar weiße Lichter aus dieser schwarzen Masse herzustellen. Ein Fremder, der in diese Gegenden kommt, riecht den überall benutzten, überall auf den Markt gebrachten, überall gebrannten Torf in jedem Haus, schmeckt ihn bei jeder Speise, und es gibt leider Zeiten in diesem Lande, wo wochenlang die Atmosphäre mit Torfnebel – dem sogenannten Höhenrauch – erfüllt ist. Ein Landeskind, das einmal aus diesem landesüblichen Torfnebel herauskommt und in andere, hellere Länder reist, fühlt sich daher zuweilen auch wohl, wenn es hier und da ausnahmsweise wieder Torf riecht und schmeckt und die gewohnten alten schwarzen Torfbrokken sieht. Es wundert sich, ein solches Stückchen Nordwestdeutschland auch anderswo zu finden. Nichtsdestoweniger aber versäumen es die Landeskinder, soweit sie auch wandern und so sehr auch ihr Alltagsleben sich um den Torf und die Torfmoore dreht, doch zuweilen diese eigentümlichen Striche, die freilich nicht sehr angenehm zu bereisen sind, selber in Augenschein zu nehmen. Daher glaube ich, daß ich etwas nicht ganz Überflüssiges unternehme, wenn ich hier versuche, einen Ausflug zu einem solchen Torfstrich, und zwar zu dem sich im Herzogtum Bremen befindlichen Teufelsmoor, zu schildern.

Das Teufelsmoor ist oder war einer der größten Torfmoordistrikte im nordwestlichen Deutschland. Schon der Umstand, daß das Volk diesen Morast dem bösen Geist widmete, scheint auf die ihm eigene Unbeliebtheit und seinen wüsten Charakter hinzudeuten. Die Geographen bezeichnen damit einen mehrere Quadratmeilen großen Moorstrich, der ungefähr in der Mitte des Herzogtums Bremen liegt und ehemals eine zusammenhängende Wildnis gebildet haben mag, jetzt aber durch die eingedrungene Kultur und die ihm nun eingeflochtenen Dorfschaften und Ackerfluren in eine Menge einzelner Moorstriche zerlegt ist, deren jede ihren besonderen Namen trägt. Im Lande selbst wird der Name »Teufelsmoor« kaum mehr in dem weiten Sinne, in dem er auf den Landkarten erscheint, gebraucht. Der Name Teufelsmoor ist jetzt im Lande selbst nur noch einem Dorf, das so heißt und das ungefähr in der Mitte der ganzen Moorgegend liegt, eigen geblieben.

Am Eingang zum Teufelsmoor, im Tal der Hamme, eines Flusses, der in die Weser mündet, liegt ein kleiner Sandrücken, der sogenannte Weiherberg. Es ist die höchste Anhöhe weit und breit, und sie ist im Herzogtum Bremen so bekannt wie der Blocksberg in ganz Norddeutschland.

Die Abhänge und sanftgewölbten Rücken dieses kleinen Sandgebirges sind in das Gewand eines schönen reichen Kornfeldes gehüllt. Den unangebauten Gipfel aber krönt ein kleiner Föhrenhain, in dessen Mitte sich eine

Pyramide aus Granitsteinen, ein Monument für den größten Wohltäter des Teufelsmoores, erhebt. Sie ist dem Andenken des wohlbekannten Herrn Findorff gewidmet, der im vorigen Jahrhundert mit Erfolg die sumpfige Wildnis bekämpfte, in dem öden Bezirk die lieblichsten Oasen voll wohlhabender Dörfer und lachender Feldmarken schuf und diesen Augiasstall, wenn auch nicht völlig, doch in verschiedenen Richtungen ordnete und ausputzte.

Von diesem hochgelegenen Monument aus, das ich einst an einem schönen hellen Juliabend bestieg, konnte ich die ganze interessante Gegend, die ich am folgenden Morgen näher in Augenschein nehmen wollte, weithin überschauen.

Im ganzen genommen läßt sich die Niederung, in der das Teufelsmoor aufgewachsen ist, als eine mehrere Meilen lange und ein paar Stunden breite Kluft zwischen zwei Heide- oder Geestrücken bezeichnen. Der Weiherberg, der wie eine Art Riegel vor dem Eingang des mit der Moorsuppe gefüllten Kessels liegt, trug vielleicht selbst dazu bei, in dieser Mulde die trägen Gewässer aufzustauen und die Torfbildung zu veranlassen. Jahrhundertelang schlugen sich aus dem stockenden Wasser die Binsen, Reetgräser, Lebermoose und andere saure Sumpfpflanzen nieder, vermoderten und verwesten unvollkommen, häuften sich aufeinander, schwängerten sich mit allerlei Harzen und pflanzlichen Auslaugungen und verstopften so das ganze lange Tal mit einer 10 bis 20 Fuß hohen schlammigen, schmierigen schwarzen Torfmoorschicht, einem »Hochmoor«. Die Flüsse haben sich nachher durch diesen dickflüssigen Brei wieder Wege und Kanäle gebahnt. Dadurch sind bereits bis auf den Untergrund ausgespülte Rillen entstanden, die jetzt mit Gräsern und Schilfen bewachsen sind und die die Leute im Gegensatz zu dem braunen Hochmoor »das grüne Land« nennen. Diese grünen wäßrigen Rillen, in deren Mitte die Kanäle und Flußarme fließen, sind an dem Hauptgewässer des Teufelsmoores, der Hamme, eine Stunde breit. Ich konnte sie von meinem Standpunkt aus wie frischgefärbte tiefeingelegte Bänder weithin verfolgen. Zu beiden Seiten dieses grünen Landes erhebt sich das Hochmoor mit kahlem dunklem Scheitel und vom Grabscheit des Menschen vielfach benagt und zerklüftet. Seine braunen melancholischen Flächen erstreckten sich vor meinem Auge weithin und verloren sich nach Bremervörde und den Elbgegenden zu im Nebel des Horizonts.

Am nächsten Morgen machte ich mich in Begleitung eines der Wege kundigen Eingeborenen in dieses Labyrinth von grünen, gelben, schwarzen Landparzellen und blinkenden Wasserstreifen auf, um mir die Sache mehr aus der Nähe anzuschauen. Eine Zeitlang begleitete uns noch der von der Weiher Düne aus im Land weitverbreitete Sand trocknen Fußes und Weges. Bald aber kamen wir in das wäßrige »Grünland« und waren dann genötigt, uns nach einem Schiff umzusehen.

Wie in Nordamerika alle Ansiedlung mit einer Eisenbahn, so fängt hier in diesen Mooren aller Anbau, jedes Dorf mit einem Kanal an. Ein Kanal muß vor allen Dingen zuerst von dem Hauptfluß aus in den Busen des Moores hineingeschnitten werden. Er gewährt den Zusammenhang mit der übrigen Welt. Auf ihm wird es möglich, den von beiden Seiten abgeschnittenen Torf zu versenden und zu verwerten und dadurch den Ansiedlern eine Existenz zu schaffen. Anfänglich ist die ganze Ansiedlung nichts als sozusagen ein Torfbergwerk, zu dem der Kanal den Hauptschacht abgibt. Je mehr dieses Bergwerk sich vorwärts und zu den Seiten in die Masse einfrißt und den Torf bis auf den Unterboden abarbeitet, desto mehr Wiesen und Ackerfelder werden geschaffen, und desto reicher und blühender wird die Kolonie.

Wir erreichten einen solchen Kanalarm, an dessen Ufern schon viele Ansiedler saßen, überredeten einen derselben, seinen anderthalb Zoll dicken Buchweizenkuchen, der schon in der Pfanne für ihn zum Morgenimbiß schmorte, im Stich zu lassen und sofort mit uns, »da wir große Eile hätten«, ins Schiff zu springen, um uns zu dem auf der anderen Seite des »Grünlandes« liegenden Ort »Teufelsmoor« zu fahren. Wir glitten eine Stunde lang aus einem Kanal in den anderen, durch verschiedene Flußarme, lauter stille, kaffeebraune Gewässer ohne Sand und Grand, auf trübem Moorgrund fließend, und bekamen so endlich das besagte, am Rande des Hochmoores liegende Dorf in Sicht. Dasselbe bot uns eine gar anmutige Front dar, schöne weitläufige Gehöfte und von Wohlstand schimmernde Bauernhäuser, unter dem Schatten eines Eichenhaines und mit künstlich geschaffenen Wiesengründen, die zu den Grünlandsümpfen hinabfielen und mit Geflügel und Vieh bedeckt schienen. Es waren die Besitztümer einiger der ältesten und daher reichsten Ansiedler des Ortes. Da das Land zuerst bei dem Beginn solcher Moorkolonien billig zu sein und als Lockspeise freigebig verschenkt zu werden pflegt, schnitten sich die ersten Ansiedler aus dem wüsten Hochmoor die Morgen bei Hunderten heraus. Sie waren trotzdem nicht gleich reich, aber ihre Nachkommen wurden es, indem man allmählich alles zugänglicher machte, mehr anbaute und besser verwertete. Die großen Grundbesitzer konnten zuletzt mit ihren Knechten nicht alle Arbeit, die sich für sie einfand, mehr leisten. Sie siedelten daher auf ihren weitläufigen Ländereien Hintersassen oder sogenannte »Achtermeier« an, die ihnen dafür 12 Tage im Jahr arbeiten mußten. Und jene anfangs so dürftigen Kolonisten saßen daher am Ende wie vornehme Lehnsherren auf ihren Gehöften. Aber die Dinge, nachdem sie einmal in Gang gekommen waren, schritten am Ende so schnell fort, daß

Torfstechen im Teufelsmoor

heutzutage auch schon jene »Achtermeier« wieder reich und unabhängig geworden sind. Ja, sie sind nun sogar schon eher eine Last als eine Hilfe für ihre bäurischen Lehnsherren. Die Verhältnisse haben sich so verändert, daß, was vor 50 Jahren sehr vorteilhaft erschien, jetzt höchst onerös geworden ist. Damals z. B. bekamen die Achtermeier die Erlaubnis, eine Anzahl Kühe auf ihrer Lehnsherren Weide zu treiben und dafür einen Taler pro Kuh zu entrichten. Jetzt aber sind Weide und Viehzuchtprodukte so wertvoll geworden, daß dieser stipulierte Taler pro Kopf um das Zehnfache hinter dem, was man heutzutage dafür fordern würde, zurückbleibt und natürlich den Grundherrn drückt.

Wir besahen uns einige dieser schönen reichen Gehöfte, die aus dem dunklen Moor wie üppige Blumen hervorgewuchert sind, und setzten dann unsere Reise durch das sogenannte »Niederende« und »Oberende« fort. Das sind die Benennungen der beiden Hauptabteilungen der weitläufigen Kolonie »Teufelsmoor«. Sie geben den Predigern dieser Gegend, wenn sie auf den Kanzeln den Ort zu erwähnen haben, die Gelegenheit, den unschönen Namen ganz zu umgehen. Die christlichen Pastoren nehmen jenes Wort nicht in den Mund und bezeichnen ihre Leute nur als »die vom Niederende« und »die vom Oberende«. Die Regierung und ihre Behörden genieren sich aber nicht und benutzen in ihren offiziellen Erlassen den hergebrachten Namen.

Hinter dem »Oberende« kamen wir auf einen Abschnitt des noch fast völlig unkultivierten und wilden Hochmoores hinaus. Es war das sogenannte Wallhöfermoor, dessen wüstes Plateau sich drei Stunden weit vor uns ausdehnte. Obgleich wir uns mitten in der schönsten Jahreszeit befanden, in der alles, was nicht Moor war, ringsherum grünte und blühte, war auf diesem Moorplateau alles tot und öde wie im tiefsten Winter. Vögel gab es da nicht, weil kein Gebüsch und keine Gelegenheit zum Nesterbau vorhanden sind. Keine Lerche jubelte in den Lüften. Kein Fisch bewegte sich in den im Morast gebahnten Gewässern. Selbst Fuchs und Hase können in diesem Sumpf nicht wohnen und leben. Obgleich die Sonne lieblich strahlte, wanderten wir auf tiefen glitschigen Morastwegen wie im trüben November. Die Oberfläche war überall mit verschiedenen Sorten schmieriger und schwammiger Moose bewachsen. Wir konnten uns einbilden, es wäre ein riesiger verfaulter auf der Erde hingestreckter Baumstamm, auf dessen abgestorbener Rinde wir wie kleine Käfer krochen. Obgleich man im Grunde genommen in einer Niederung steckt, hat man doch den Eindruck, als befände man sich auf einer hocherhabenen Anhöhe. Solche Öde sah man sonst nur an den Enden und Gipfeln der Erde, auf dem Rücken der Hochgebirge und dicht unter dem Wolkenschleier der Gletscher. Auch mag der weite Blick, der sich über die unbegrenzte Fläche eröffnet, dazu beitragen, diese Illusion zu unterstützen.

Sie wird dadurch noch vollkommener, daß die Leute den Rücken dieses Hochmoores mit einer Anzahl von Hütten bedeckt haben, die an die Sennhütten der Schweizer Alpenhöhen erinnern.

Wie in der Schweiz die Hirten auf die Alm, so ziehen hier im Frühling die Torfarbeiter aufs Moor, um ihren Torf zu ernten. Aus Strauchwerk und Torferde bauen sie sich temporäre Behausungen, die die primitivsten menschlichen Wohnungen sind, die man sehen kann, und die in der Dürftigkeit ihrer Ausstattung noch tief unter den Sennhütten stehen. Diese Hütten, diese Sommerpaläste des Hochmoores, sehen aus wie alte vermooste Strohdächer, die man vom Haus abhob und auf den Boden stellte. Die Leute beziehen sie schon ganz früh im Frühling, Ende April oder Anfang Mai, wenn ihre Torfarbeiten beginnen. Es sind die ärmeren Bewohner entlegener Dörfer, die wenig Grundbesitz haben und von den großen Bodeneigentümern kleine Abschnitte des Moores pachten und diese dann für sich ausbeuten. Da im Moor nichts Eßbares lebt und wächst, ja nicht einmal ein trinkbares Wasser träufelt, müssen sie sich ihre Lebensmittel mitbringen, und diese sind bei so schwerer Arbeit karg genug. Ihre Frauen gießen nämlich zu Hause die im Laufe der Woche gewonnene Buttermilch in ein Faß, backen Schwarzbrot dazu und verproviantieren damit ihre Männer auf dem Moor. Die Buttermilch, wie man sich denken kann, macht dabei allerlei Prozesse durch, gärt, sprengt zuweilen wie Champagner die Gefäße und muß doch zum Frühstück und Abendessen getrunken werden und auch zu Mittag statt der Suppe gelten.

Jeden Samstag gehen die Leute heim, teils um den Sonntag im Dorf zu feiern, teils um sich von neuem mit saurem Milchchampagner und mit frischem Schwarzbrot zu versorgen. Diese Hüttenwirtschaft in den Hochmooren scheint so freudlos und unpoetisch wie der Anblick des Hochmoores selbst. Von Volksfesten oder irgendeiner Art von Naturfeier habe ich bei dem Treiben und Leben in den Hütten nichts gehört. Die Beschäftigung der Leute ist so schwer, so eintönig und so wenig poetisch wie die Sklavenarbeit der Neger beim Diamantenwaschen in Brasilien. Den ganzen Tag bewegen sie sich schleichend und mühselig im kalten schwarzen Sumpf. Dabei stehen sie mit nackten Beinen in tief ausgehöhlten Gräben, in denen sie die schmutzigen Erdschollen lösen, um sie 10 oder 12 Fuß hoch auf die Oberfläche hinaufzuschwingen. Oben fangen dann ihre Helfershelfer die übelriechenden Moderlaibe mit Gabeln auf, packen sie auf Schiebkarren, um sie zu einem geebneten Platz zu transportieren, auf dem sie weiterverarbeitet und geformt werden sollen. Die Räder der Karre sind dabei, um das Einsinken zu vermeiden, mit dichtem Strohgeflecht umwunden, zuweilen auch die Füße der Arbeiter. Auf dem Lagerplatz wird der ganze Brei gleichmäßig ausgearbeitet, und hier beginnt dann das »Petten«.

Der Torf, wenigstens die beste Sorte, der sogenannte Backtorf, muß wie das Brot geknetet werden. Stundenlang stampfen und tanzen die Arbeiter mit bloßen Füßen in dem Teig herum, um ihm größere Kompaktheit und gleichmäßigere Dichtheit zu geben. Es ist der schwerste Teil ihrer schwierigen Arbeit. Zuweilen trifft es sich, daß noch im Mai starke Nachtfröste eintreten und der ganze Brei sich mit einer dünnen Eiskruste bedeckt. Diese haben sie dann nicht selten am anderen Morgen bei der Fortsetzung ihres »Pettens« mit den bloßen Füßen zu durchbrechen. Dabei kommt es oft genug zu Verletzungen, und sicher noch öfter treten Gicht, Rheumatismus und andere Fußleiden auf. Man hat sich bisher vergeblich bemüht, diese Arbeit durch Maschinenkraft oder durch Tiere verrichten zu lassen. Nur der Mensch kann sie gut zustande bringen. Selbst lederne Überzüge oder Stiefel, die den meisten ohnedies zu kostspielig sein würden, sollen dem Zweck des Knetens hinderlich sein. Es gehört durchaus der nackte gelenkige menschliche Fuß mit seinen fünf Zehen dazu.

Nach dem »Petten« wird die ganze bearbeitete Masse auf dem Lagerplatz ausgebreitet wie ein großer Kuchen von der Dicke, die die Torfstücke haben sollen. Mit breiten Holzschuhen springen sie hinauf, treten den Brei nieder und machen ihn auch noch mit Brettern und Schaufeln glatt und eben. Bevor sie das Ganze in solche Stücke, wie sie gewünscht werden, von der Form und Größe unserer Ziegelsteine, zerlegen, warten sie wieder einige Zeit, damit die Masse etwas mehr Konsistenz gewinnt. Diese Zwischenzeit muß je nach der Witterung abgemessen werden. Ist der Stoff noch zu weich, würde nach der Zerlegung alles wieder ineinanderfließen. Wollte man aber mit dem Zuschneiden zu lange warten, würde die Materie anfangen, sich zu spalten oder von langen Rissen durchsetzt werden.

Das Zerlegen geschieht in zwei Schritten. Zuerst werden die Längslinien durchgeschnitten. Und zwar in einem Abstand von neun bis zehn Zoll, so lang wie jedes einzelne Torfstück werden soll. Auf diese Weise wird der ganze Kuchen in sogenannte »Bänke« zerteilt. Hierdurch ist der Kuchen schon vor dem Reißen geschützt. Nach einer abermaligen Pause von ein paar Tagen schreitet man zu den Querschnitten, die in den engeren Abständen der Breite der Torfstücke gemacht werden. Nun sind die Torfstücke der Form nach fertig und können zum völligen Ab- und Durchtrocknen abgenommen werden.

Dieses Abtrocknen geschieht auch sehr vorsichtig und schrittweise. Die Torflaibe sind noch so schlaff und weich, daß man sie nicht gleich in jeder beliebigen Weise aufstellen kann. Sie können anfänglich nur ein wenig auf der langen Kante und dicht nebeneinandergelegt werden, damit sie sich in langen sogenannten »Diken« (Deichen) gegenseitig stützen. Wollte man sie gleich in hohen luftigen Pyramiden stapeln, würden die Törfe Gefahr laufen, wie an der Sonne geschmolzener Käse auszufließen. In den »Diken« liegen sie wieder je nach dem Wetter 8 bis 14 Tage, bis sie kräftig genug sind zum »Ringeln«.

Dieses »Ringeln« besteht darin, daß man die nun schon ziemlich steifen Törfe in kleinen runden Kegeln so übereinanderlegt, daß sie nur mit den Spitzen aufeinanderfassen und möglichst große Zwischenräume zwischen ihnen bleiben. Die Kegel sind innen hohl. In dieser Aufstellungsweise können Licht und Luft am besten einwirken, die Törfe völlig stärken und auch innen austrocknen. Das beste daran tut der Wind, der durch die durchlöcherten »Ringeln« hinzieht.

Da der Wind natürlich die Spitze der kleinen Kegel kräftiger angreift als den Fuß, der auf dem feuchten Boden steht und in den der Regen hinabsickert, wird es zuweilen nötig gefunden, in diesen Ringeln das Unterste nach oben zu bringen oder, wie sie hier sagen, »umzuringeln«. Die kleinen, mühsam gebauten Pyramiden werden eingerissen und dann so wieder aufgebaut, daß nun die bisher untersten Stücke der Wohltat des Luftzugs, der auf die Spitzen wirkt, teilhaftig werden.

Ist der Sommer, wie es in Niedersachsen oft zu sein pflegt, sehr naß, und kehren Gewitterregenschauer häufig wieder, dürfen die armen geplagten Leute sich die Mühe nicht verdrießen lassen, wie Penelope ihre Arbeit zu zerstören und wiederherzustellen, ihre Pyramiden aufzubauen und wieder einzureißen, wochenlang zu »ringeln« und wieder »umzuringeln«.

Sind die Torfkuchen ganz trocken geworden, beeilt man sich, die fertige Ware vor Nässe zu schützen. Wie man sie zum Trocknen stufenweise mehr lockern und vereinzeln mußte, so geht man nun umgekehrt vor. Der Torf

Das Einfahren des Torfes

wird gradatim gesammelt und in großen und größeren Massen vereinigt. Zuerst legen sie den Torf noch auf dem Lagerplatz in sogenannten »Bülten« zusammen. Es sind längliche Haufen von acht bis zehn Fuß Länge, drei Fuß Breite und fünf bis sechs Fuß Höhe. In solchen »Bülten« steht nun der Torf meistens einen Teil des Spätsommers, und er kann in dieser Art von Vermauerung schon manche Gewitter- oder Regenschauer, wie sie in jener Zeit zu kommen pflegen, abschütteln. Sie schaden ihm nicht viel, wenn er nur innen ganz durchgetrocknet ist. Ist ein fahrbarer Kanal in der Nähe, kann der Torf gleich aus den »Bülten« in die Schiffe verladen und in alle Welt transportiert werden. Sonst wird er aus den »Bülten« zunächst wieder auf die Schiffplätze gebracht und dort in großen Haufen aufgestapelt. In diesen Haufen kann er nun im Herbst wohl Monate liegen und der bösen Oktober- und Novemberwitterung trotzen, bis man die Schiffahrt mit ihm antreten kann.

Mitten in der Zeit der Haupternte, in der ich das Land besuchte, ist der Anblick ein recht unterhaltender. Da aus mehrfachen Ursachen nicht alle mit ihren Arbeiten ganz gleichmäßig fortschreiten, sieht man die verschiedenen Zustände des Torfs und die mannigfaltigen Verrichtungen auf einmal. Hier stehen sie noch in den Gräben und klauben die klebrige schwere Masse los. Dort tanzen sie auf den hochliegenden Lagerplätzen und stampfen den Boden mit hundert beweglichen Füßen. Auf einem anderen Stück sind sie mit großen Tranchiermessern beim Aufschneiden und Zerlegen beschäftigt. Hier wiederum bauen sie ihre Pyramiden wie Kinder ihre Kartenhäuser.

Zu solchen lebhaften Szenen kommt man im Teufelsmoor aber nur stellenweise, nämlich da, wo das Moor schon angegriffen wurde, wo bereits ein Kanal, eine Lebensader in seinen finsteren Busen eingedrungen ist. Und zwischen diesen Stellen liegen wieder ganz unberührte leblose Massen, wo noch keine Ausbeutung möglich gemacht werden konnte.

Wo bereits ein schiffbarer Kanal eingesenkt wurde, glaubt man in das Innere eines offen zutage gelegten Bergwerks zu blicken. Der Hauptstamm des Kanals geht wie ein offener und horizontaler Schacht geradeaus in das Moor hinein. Die Seitenkanäle münden unter rechten Winkeln wie die Stollen in diesen Hauptschacht. Das ganze Wassersystem verzweigt sich durch die Umgebung wie die Adern eines Blattes. An den Seiten der Kanäle, die mit Schiffen bedeckt sind, ist die braune Ware in großen Mauern und Magazinen aufgestapelt. Und rundherum ist die hohe, breite Modermasse in verschiedenen Stufen in den mannigfaltigsten Formen wie in einem labyrinthischen Steinbruch zerschnitten und fällt von Gräben zerklüftet in bunt gestalteten Plateaus und Terrassen mit steilen Wänden zum Wasser ab. Am Ausgang zum Flußtal und zum angrenzenden »Grünland« verbreitert sich natürlich das Loch, weil da schon länger gearbeitet wurde, während es sich nach innen hin zuspitzt und an dem Kanal zusammenzieht. Die ganze breite dreieckige Höhlung ist mit geschäftigen Menschen gefüllt. Ihre Hütten stehen zuweilen gar nicht unmalerisch auf den Kanten und Vorgebirgen und in den Schluchten und Rissen, die durch die Bearbeitung des Moores entstanden sind.

Auf den noch ganz wilden Partien des Teufelsmoores findet man nicht nur eine solche hin- und herziehende Hüttenbevölkerung, sondern auch eine permanente. Die Armen des Moores, die ersten, noch unbemittelten Besiedler einer noch wilden Gegend, wohnen Winter und Sommer in ebensolchen primitiven Hütten, die in ihrer Inneneinrichtung an die Zeiten erinnern, wo noch kein Fensterglas, keine Ziegelsteine, auch keine Sägen und Hobel erfunden waren. Denn von allen diesen Dingen und Instrumenten ist kaum etwas bei dem Bau ihrer Wohnungen verwendet worden. Die Mauern oder Fundamente bestehen aus kleinen dünnen aufgehäuften Torfsoden. Die Dächer sind aus schilfbedeckten Zweigen und Sträuchern komponiert. Im Innern ist alles ein zusammenhängender, der Wärme wegen möglichst enger Raum, in dem durch einige unbehobelte Baumäste für die Schlafstätten der menschlichen Bewohner sowie für die Stallung der einen mageren Moorkuh und der drei zottigen Moorschafe, aus denen ihr Viehbestand besteht, Abteilungen und Verschläge hergerichtet sind. Die uralte, etwas abgetrocknete Oberfläche des Hochmoores bildet den weichen Boden des Hauses. In der Mitte ist statt des Herdes ein wenig Sand aufgehäuft, das der Hütteneigentümer sich unten am Rande des Moores zusammenkarrte, wo einmal ein Schiff mit einer Sandladung anfuhr und wo ein wenig von diesem kostbaren und im Morast so nützlichen Artikel liegenblieb. Dieses Häufchen Sand bildet den Herd. Ein paar wurzelreiche Torfsoden, die man draußen grub, glimmen und schwelen Tag und Nacht auf diesem Sandherd. Um ihn kriechen die kleinen mageren

Kinder herum, und daneben sitzt die Mutter auf einem Klotz, ihr kurzes Tabakspfeifchen im Mund, als wäre die Atmosphäre noch nicht rauchig und trübe genug. Diesem Sandherd, als wären sie Feueranbeter, sind die Gesichter aller zugewandt, die der Alten, der Gäste und der Kinder und auch die der Ziegen, Schafe, Kühe und Schweine. Für den Rauch und alle Dünste des Hauses gibt es nur einen Ausgang, die enge Tür, die nach Süden hin in der Torfmauer ausgeschnitten ist und zugleich auch den Eingang für Menschen und Vieh darstellt. Die Äste und natürlichen Auswüchse, die man an den Dachsparren und dem Gebälk der Hütte gelassen hat, dienen zum Aufhängen der Kleider, der Werkzeuge und aller kleinen Habseligkeiten, die in dem Hüttchen herumhängen wie in der Trödelbude eines Lumpenhändlers in dem Judenviertel von Amsterdam.

Ich hatte bisher nicht gewußt, daß es in Deutschland noch solche Zustände gibt. Ich denke mir aber, diese Hütten der Armen in den Hochmooren sind der Beachtung und der Beschreibung wert, erstens weil sie sich auf allen wilden Mooren, vom Teufelsmoor bis nach Holland hin, selbst jetzt noch mehrfach finden, und dann aus historischen Rücksichten, weil sie vermutlich das urältcste Wohnhaus dieser Gegenden sind und uns einen Begriff davon geben können, wie unsere Vorfahren hier gehaust haben mögen. Das ganze germanische Land und Volk haben in diesen Gegenden vermutlich mit solchen Hütten ihren Anfang genommen, wie noch jetzt hier im Moor fast jede Kolonie zuallererst mit ihnen beginnt.

Was mit der Zeit aus den Nachkommen dieser armseligen Hüttenleute werden kann, sah ich mir am folgenden Tag an, als ich mich aus dem besagten Wallhöfermoor auf der Nordseite der Hammer Niederung in eine schon ganz kultivierte, mit zahlreichen Fennkolonien und stark bevölkerten und wohlhabenden Dörfern besäte Partie des

Teufelsmoores auf der Südseite dieser Flußmulde hinüberschiffen ließ. Hier ist seit etwa 150 Jahren auf einer mehrere Meilen langen Strecke das garstige Teufelsmoor bis auf wenige Reste weggegraben. Es leben dort nun in einer Lokalität, wo ehedem nicht einmal Füchse existieren mochten, Tausende von zufriedenen Menschen. Ich spazierte einen ganzen Tag lang durch eine Reihe von freundlichen Dörfern, von denen das eine vor 30, das andere vor 50, das dritte vor 100 Jahren gegründet worden war. Man kann keinen stärkeren und wohltuenderen Gegensatz sehen als den eines solchen Koloniedistriktes mit dem zur Seite liegenden grauenhaften Hochmoor.

Eine schönere, erfreulichere und nützlichere Eroberung hat die Zivilisation der Neuzeit wohl nirgendwo zustande gebracht als in der Beseitigung der nordwestdeutschen Hochmoore und in ihrer zauberhaften Umwandlung von unlieblichen Wüsten zu lachenden Fluren. Wie bei den vom Meer bedrohten Marschen die hohen Deiche, so waren hierbei umgekehrt die tiefen Kanäle die wichtigsten Zauberstäbe und die Seele und Basis des ganzen Unternehmens. Beide Erfindungen, die des Deiches sowie die des Kanals, sind von den Holländern ausgegangen und von ihnen oder von denen, die sie nachahmten, durch die großen Niederungen zwischen der Schelde und Elbe verbreitet worden. Es ist bemerkenswert, daß wir den Marschendeich und seine wundervollen Wirkungen zuerst gehabt haben. Schon zur Römerzeit gab es Deiche in Batavien. Und auch alle deutschen Marschen waren längst eingedeicht und blühend, als in unseren Mooren noch alles Leben schlummerte, stockte und faulte. Die Holländer begannen erst im 16. Jahrhundert mit der Entwässerung, Kanalisierung und Bebauung ihrer Moore und mit dem Anlegen ihrer Fennkolonien. Im folgenden 17. Jahrhundert rückte diese Kultur dann in den nordwestlichsten Zipfel von Deutschland, in Ostfriesland, ein. Und erst seit dem 18. Jahrhundert fing man in Nachahmung der Ostfriesen und Holländer auch in den großen Emsmooren und dann im bremischen Teufelsmoor und in den anderen Morasten zwischen Weser und Elbe sich zu rühren an. Zum Teil gingen die Impulse dazu von den Regierungen aus, aber ohne die kräftig helfende Hand eminenter Geister und starker Gesellschaften wäre die Sache nicht in Gang gekommen, und die Hüttenbewohner hätten in ihren elenden Zuständen noch jahrhundertelang dahinvegetiert. Wenn Entwässerungsarbeiten, Schiffahrtstraßen und Kanäle die Seele der Reform der Moorzustände sind, begreift es sich leicht, daß die Anstrengungen des einzelnen dabei noch weniger vermochten als bei den Eindeichungen der Marschen. Kanäle, um wirksam zu sein, bedürfen eines Zusammenhangs mit schiffbaren Flüssen und mit dem ganzen übrigen Netz regulierter Wasserstraßen. Der Natur des Wassers nach können sie stückweise und für sich allein nicht so nützlich sein, ja nicht einmal existieren, wie z. B. isolierte Partien von Steinchausseen oder dergleichen. Die Kultivierung der Moore und die Fennkolonien müssen daher gleich von vornherein mit kräftiger Hand in Angriff genommen, nach einem weit umfassenden Plan großartig und im Zusammenhang mit einem ordentlichen Stück der übrigen Welt angelegt werden. Und dergleichen ist nur die Sache der Regierungen, der Gesellschaften, der energischen Persönlichkeiten.

Obwohl einige Kenner die Pläne zu den deutschen Moorkolonien kritisieren, findet ein bescheidenes deutsches Laiengemüt auf seinem Spaziergang durch die blühenden Dörfer des Teufelsmoores Gelegenheit genug, sich über die erzielten Resultate zu freuen.

Nach einer allgemeinen, seit frühesten Zeiten hergebrachten Gewohnheit haben die niedersächsischen Bauern auch in diesen Kolonien ihre Gehöfte in weiten

Abständen nebeneinandergelegt und sie mit frischen Gehölzen von Eichen und anderen Bäumen, unter denen bunte, hellfarbige Wohnungen hervorschimmern, umgeben. Hier im Teufelsmoor haben sie vielfach die Mode, das Balkenwerk der Häuser mit einer recht munteren blauen Farbe und das Gemäuer dazwischen mit glühendem Rot zu schmücken. Das gibt zwischen dem schattigen Grün der Bäume recht freundliche Kontraste. In den meisten dieser weitläufigen Gehöfte wohnen jetzt wohlhabende Bauern. Notleidende oder Bedürftige findet man in diesen Moorkolonien selbst in den kleinen Häusern kaum. Das Getreide stand überall in schönster Fülle, wo sonst kein Häschen hinreichende Nahrung für sich fand. Die Wiesen, über die sonst die gespenstischen Irrlichter tanzten, denen das Teufelsmoor seinen Namen verdankt, waren jetzt mit völlig zufriedenen und schmucken Wiederkäuern reichlich bedeckt.

Da man in den Mooren meistens nicht alles bis auf den tiefliegenden Untergrund abgraben darf, vielmehr noch ein wenig von dem ursprünglichen Moor liegenlassen muß, um das Land über dem Niveau der Flüsse und ihrer Überschwemmungen zu halten, sieht man da, wo er nackt gelassen wurde, jenen alten braunen Untergrund noch zwischen dem darauf eingestickten Teppich der Äcker, Gärten und Gehölze hervorschimmern. Das ganze heitere Bild schwimmt noch gewissermaßen in dem uralten braunen Rahmen, der überall auf den Wegen, an den Gräben, in den Ackerkrumen, im Staub des Landes sich zu erkennen gibt. Auch stehen allenthalben, neben den freundlichen Häusern, wie Trümmer oder Ruinen eines noch nicht völlig abgerissenen Gebäudes, dicke hohe Blöcke des alten Hochmoores. Es sind die Brennstoffmagazine der Bauern, die nun recht sparsam damit umgehen und sie vorsichtig beschneiden und benutzen.

Man sieht diese Haufen in allen möglichen Figuren und

Gestalten in den Dörfern herumstehen. Einige haben nur noch einen ganz kleinen Brocken Hochmoor, kaum ein paar Dutzend Schiffsladungen, neben ihren Häusern liegen. Die Oberfläche dieser Bänke ist mit den sorgfältig gekneteten und sauber zerschnittenen Torfkuchen bedeckt. Und zu den Seiten der gerade abgestochenen Mauern sind wie eine Raritätensammlung die alten Wurzelstöcke und Baumäste, die man als Überreste untergegangener Wälder in den unteren Schichten des Moores fand, in Reih und Glied aufgestellt. Die Leute ziehen sie sorgfältig aus dem Moorgrund hervor, putzen sie aus, lassen sie mit ihren Torfkuchen trocknen und verbrauchen sie als Brennholz.

Die Bewohner des Teufelsmoores, die das Haupthandelsprodukt ihres Landes, den Torf, nach Bremen und in andere ihm benachbarte Städte bringen, stehen in diesen Orten ihres Charakters und ihrer Gesittung wegen nicht hoch angeschrieben. Und nicht günstiger, glaube ich, werden ihre Brüder aus den anderen großen Morasten in den ihnen benachbarten Städten beurteilt. Was kann aus den Sümpfen und Mooren Gutes kommen, scheinen die gebildeten Bürger der Städte hier überall zweifelnd zu fragen. Ich glaube indes, es geht den guten Moorleuten ungefähr wie den Engländern. Ihr Ruf im Ausland ist schlechter, als wenn man sie an ihrem eigenen Herd aufsucht. Das Ausland, die Marktplätze bekommen vermutlich nur eine Klasse von ihnen, die nach guten Preisen gierigen Händler, die vernachlässigten Armen, die rohen Schiffsknechte zu sehen. Die Besten bleiben vielleicht daheim. Doch dem sei, wie es wolle. Jedenfalls stößt der Reisende auch im Teufelsmoor auf ganz nette, sehr verständige und sogar feinfühlende Leute und hat auf seiner Durchreise Gelegenheit, Bemerkungen zu machen und Dinge zu hören, die ein nicht ungünstiges Licht auf den Charakter dieser Leute werfen.

VII. Die alten Eichen im Hasbruch im Oldenburgischen

Der schlechten Waldwirtschaft unserer Vorväter verdanken wir es zum Teil, daß in unseren Wäldern uns noch manche merkwürdige Tiere, Pflanzen und andere Dinge aufbewahrt sind. Wären alle unsere schönen deutschen Wälder immer zu rechter Zeit »verjüngt«, die Bäume regelmäßig gefällt, wenn sie in der Kraft der Jahre standen und am nutzbarsten waren, wie viele alte merkwürdige Baumruinen, aus deren halbzerstörtem Astwerk ein Jahrtausend auf uns herabblickt, würden wir dann bei uns entbehren! Der Forstmann ist allerdings nicht dazu da, um pittoreske Baumruinen für Poeten und Maler zu erzeugen oder zu konservieren. Er soll gesundes, gerades Holz schaffen. Er verwandelt die anmutig gewundenen Waldpfade nach der Meßkette in gradlinige endlose Wege, die keine Überraschung bieten. Er zerlegt den ganzen von der Natur so lieblich gruppierten Wald wie ein Schachbrett in lauter rechtwinklige »Bestände«. Alte Stumpfe, in ihrem Schmuck von wilden Rosen und Efeu, rottet er unbarmherzig aus. Er denkt und empfindet wie ein Regimentskommandeur und hat seine Lust daran, wenn die Bäume in seinen »Abtriebschlägen« so recht von gleicher Höhe, in gleichen Abständen und ihre Stämme wie Soldaten das Gewehr zum Himmel hinauf präsentieren, alle von derselben Art und Farbe, und alle auch gleich uniformiert.

Die neumodischen Waldpoesiezerstörer haben glücklicherweise noch nicht lange in dem großen Eichenwald von Hasbruch gehaust, der sich im südöstlichen Winkel des Herzogtums Oldenburg auf der hohen Geest im Angesicht der tiefen Wesermarschen als ein Überrest der alten deutschen Urwaldungen bis auf unsere Tage behauptet hat. Wie und warum sich dieser schöne Wald ausnahmsweise so lange konserviert hat, während andere Waldpartien um ihn herum der Kultur haben weichen müssen, ist mir nicht so ganz klar. Doch muß hier wohl die Bodenbeschaffenheit einem dichten und starken Baumwuchs von jeher günstig gewesen sein und daher die Ausrodung schwierig gemacht haben. Vielleicht ging deswegen der Anbau mit Axt und Pflug rund um den Bruch herum und fraß die Bäume nur da weg, wo das Aufräumen leichter war, indem er den Wald in Äcker und Dorffluren verwandelte, jenen Baum- und Gebüschknoten aber stehen ließ. Schon in den heidnischen Zeiten mochten die Eichen hier besonders mächtig und heilig sein. Es mag hier eine Opferstätte, ein Naturtempel der alten Germanen gewesen und vielleicht auch daher dieser Bruch wie eine Art Bannwald geschont worden sein. Viele Hünengräber, alte Gerichts- oder Thingstätten liegen rings um den Wald herum. Sie und vielleicht selbst die malerischen Ruinen des Zisterzienserklosters Hude, die am Rande des Waldes liegen, beweisen die alte Ehrwürdigkeit des Platzes. Auch das tausendjährige Alter des Namens Hasbruch selbst läßt sich authentisch nachweisen. Denn dieser Name kommt schon in dem Diplom vor, in dem Karl der Große dem von ihm im Jahre 786 gegründeten Bistum Bremen die Grenzen bestimmt. Dort ist das Wort »Aschbrouch« geschrieben. »Asch« oder »Hass« soll ebenso wie »Aa« soviel wie Gewässer bedeuten. »Aschbrouch« daher soviel wie eine feuchte, niedrige, brüchige Gegend. Auch jetzt noch wird der Name sehr verschieden geschrieben. Ich finde »Hasbruch«, »Hassbruck« sowie »Hassbrook«. Die Leute in der Umgebung bezeichnen ihren Wald nie anders als einfach mit »de Brook« (der Bruch). Ich mag hier bemerken, daß noch mehrere »Hasbruchs« auf dem Gebiet der niederdeutschen Sprache vorkommen, z. B. eins in den französischen Niederlanden, jetzt »Hazebrouck« geschrieben.

Als den Göttern im Hasbruch nicht mehr geopfert wurde und als die Landleute rundherum zu einem genügenden Stück Landbesitztum gelangt waren, legten die mächtigen Herren, die Grafen von Oldenburg und Delmenhorst, ihre Hand auf den Wald und erklärten ihn, wie dies überall mit den großen Waldungen in Deutschland geschah, für ein Regale oder ein herrschaftliches Jagd- und Waldrevier. Unter dem Schutz dieses Regales, dem wir in Deutschland die Erhaltung so vieler schöner Wälder verdanken, mehrten sich die Rehe und Hirsche, die Füchse und wilden Katzen im Hasbruch, und unter seinem Schutz konservierten sich auch die alten Eichen.

Waldwächter und Wildhüter mögen jene mächtigen Herren schon in alten Zeiten für ihre Jagden im Wald gehabt haben. Aber erst am Anfang des vorigen Jahrhunderts etablierten sie dort einen jener Wildnisfeinde, einen Förster. Und seitdem kann man aus den Annalen des Waldes eine ununterbrochene Reihe von solchen Waldregenten, die sich einer dem anderen folgten, nachweisen. Sie waren aber lange noch sehr unschuldiger Natur. Ihre Hauptaufgabe war, den Wald »gegen Räuber« (Holz- und Wilddiebe) zu schützen. An »Licht-«, »Vorbereitungs-« und »Abtriebschläge« sowie an »Durchforstung« und »Verjüngung« des Waldes dachten sie noch lange nicht. Am Anfang dieses Jahrhunderts fingen sie freilich damit an, und da wurden denn viele schöne Eichen für die Verbesserung der Finanzen des Staates gefällt und zu 80 oder 100 Taler das Stück verkauft. Die französische Zeit zerstörte ebenfalls viele alte ehrwürdige Bäume.

Die eigentliche »rationelle« Wirtschaft ergriff den Hasbruch aber erst seit 1830. Seitdem hat ein kenntnisreicher, energischer und verdienter Forstmann das Regiment im Wald geführt und in diesem alten sumpfigen Augiasstall aufgeräumt und gelichtet. Auch dabei wurden natürlich wieder viel uralte Stämme auf die Schlachtbank gebracht, doch waren nun auch schon längst ein besserer Geschmack, der »Sinn für schöne Natur« und ein historischer Geist zur Konservierung des Alten überall in Deutschland erwacht und stark geworden. Unsere Landschaftsmaler, zum Teil auch unsere Geschichts- und Naturforscher drangen zugleich mit den geschulten Forstmännern in den Wald und machten dort ihre eigenen Entdeckungen. Und so fingen denn auch die Forstleute selber an, von diesem Sinn durchdrungen, bei ihren Durchforstungen den alten ehrwürdigen Zeugen einer grauen Vergangenheit aus dem Wege zu gehen, alte Baumruinen, deren Fällung doch die Waldrevenuen nicht erhöht hätte, auszusparen, sie auf dem Weg stehen zu lassen oder gar noch durch einige Vorrichtungen zu ihrer Konservierung beizutragen.

Die schönen Eichen vom Hasbruch wurden allmählich berühmt in Deutschland. Mehrere Künstler, darunter einige unserer ausgezeichnetsten Landschaftsmaler, wanderten dahin und hausten wochenlang in den Dörfern neben dem Wald, um ihre Studienbücher zu füllen und das Revier künstlerisch auszubeuten. Auch Prinzen, Herzoge und Königinnen kamen heran, um die Riesenwunder vom Hasbruch zu betrachten und einigen von ihnen eine Weihe für die Zukunft dadurch zu geben, daß sie sie tauften und ihnen ihre fürstlichen Namen beilegten. Seitdem gehören diese Bäume zu den berühmtesten im Süden und Norden von Deutschland.

Ich selbst hatte mich auch schon lange danach gesehnt, mich einmal unter dem tausendjährigen Schatten dieser Bäume niederlassen zu können. Aber es verging eine Reihe von Jahren, bis ich diesen Besuch ausführen konnte und ich mich denn endlich an einem schönen Junitag eines der jüngst verflossenen Jahre in die Nachbarschaft des

Waldes versetzt sah. Ich war in Begleitung eines der wegekundigen Dorfbewohner am frühen Morgen von der ehemaligen Residenzstadt der alten Grafen von Delmenhorst aus gewandert. Es war ein lieblicher, heller, frischer Morgen. Die Nachtigallen sangen in allen Gebüschen, sie erfüllten selbst das innerste Dickicht des Waldes von Hasbruch mit ihren süßen Melodien.

Wie die ganze Umgebung des Vesuvs vulkanischer Boden ist, so hat alles um den Hasbruch einen altertümlichen Anstrich. Die Wohnungen, in denen die Bauern hausen, liegen noch alle so weit verstreut, wie Tacitus dies in seiner Germania beschreibt. Auch sind sie gewiß heutzutage nicht viel anders eingerichtet als damals. Mehrere von diesen Bauern sind in neuerer Zeit zwar sehr reich geworden, aber dennoch sind sie ganz unverändert vollständig bäurische Bauern geblieben. Sie leben ganz nach der Väter Sitte, führen keine Neuerungen und Verbesserungen ein, nicht einmal Blitzableiter und Schornsteine, obwohl sie ihre alten eichenen Truhen voll Geld haben. Einem reisenden Bürger aus den Vereinigten Staaten, wo jeder wohlhabend gewordene Mensch sich sofort wie ein mit Gas gefüllter Ballon vom Boden erhebt und in andere Regionen schwingt, würden vermutlich diese uralten, seit 700 Jahren hier hockenden und stockenden Bauernfamilien noch viel merkwürdiger gewesen sein als die alten Eichen vom Hasbruch selbst.

Da in neuerer Zeit so viele neugierige Gäste im Hasbruch eingekehrt sind, können jetzt fast alle Anwohner die Wege zu den »dicken Ecken« zeigen. Wir fanden in dem letzten Bauernhaus vor dem Wald ein junges Mädchen, das dazu bereit war, und engagierten die kleine Dame als Wegweiser.

Die großen Eichen sind im ganzen Wald verstreut. Viele stehen mitten im Dickicht und werden kaum von Fremden aufgesucht. Erst wenige sind durch Wegräumung des umliegenden Waldschutts bequem zugänglich gemacht worden. Einige stehen mitten auf breiten Waldwegen, wo man sie aussparte. Bei anderen hat man ringsumher eine offene Wiese geschaffen, diese dann mit einem Erdwall oder mit einer Hecke und Pförtlein versehen und auf der Wiese für den Bewunderer der Natur Bänke errichtet. Die alten Heiden mögen es mit ihren heiligen Gotteseichen ähnlich gemacht haben. Wir neumodischen Freunde der Naturschönheiten bringen den Dryaden wieder einen Kultus in unserer Weise dar und arrangieren um sie herum geweihte Plätze.

Sie führten mich zuerst zu der Eiche, die im Wald die »Große Eiche« heißt. Auf dem eingehegten freien Platz, der sie umgab und in den wir eintraten, war das Gras auffallend niedergetreten. Ein Holzhacker, den ich in ihrer Nähe beschäftigt fand, erzählte mir, daß vorigen Sonntag hier eine ganze Bande Kinder getanzt hätten. Sie seien alle mit bekränzten Wagen aus den benachbarten Dörfern, ihren Schulmeister an der Spitze, herangefahren. Dieser habe auch ein Gedicht auf die Eiche gemacht. Ich maß die Eiche in einem Abstand von 2 ½ Fuß vom Boden und kam auf einen Umfang von 32 Fuß. Dicht unter der Stelle, wo ich maß, schwoll sie aber mit den auseinandergehenden Wurzelknollen noch gewaltiger an.

Ich bewog auch diesen Holzhacker, der sich seiner intimen Bekanntschaft mit dem Wald rühmte, sich meinem Gefolge, das nun schon aus vier Personen bestand, anzuschließen und mich zu anderen, ihm bekannten Eichen zu führen. Zunächst brachte er uns zu einer ganzen Gruppe alter Bäume, die noch recht versteckt im Dickicht standen und durch die Mannigfaltigkeit ihres Zweigwerkes und ihrer Gestaltung sehr merkwürdig waren. Sie gehörten alle zu der ersten Klasse der Bäume, zu den Zehnfüßigen, d. h. zu denen, die etwas mehr als zehn Fuß im Durchmesser haben. Von solchen zehnfüßigen Eichen soll es im Hasbruch jetzt noch etwa 100 oder etwas mehr geben. Jeder dieser Bäume war anders gestaltet und hatte seinen besonderen, charakteristischen und individuellen Bau. Jeder schien auch von den Elementen anders behandelt und von anderen Unglücksfällen betroffen zu sein. Jeder erzählte in seinen Rinden, Knorren, Zweigen, Löchern, Blitz- und Eisrissen seine Lebensgeschichte.

Eine solche Entwicklung der Individualität tritt so stark nur bei der Eiche, einem sozusagen höchst aristokratischen oder heroischen Baum, hervor. Wenn man sich darin vertieft, gibt es kaum etwas Ergreifenderes in der Natur als so einen alten Eichenbaum, der tausend Jahre hindurch den Stürmen und Wettern getrotzt hat. Wie alte Krieger sind sie mit vielen Wunden und Narben, welche die Elemente ihnen schlugen, bedeckt.

Die schlimmsten dieser Wunden sind die sogenannten »Eisrisse«, die besonders auf der südlichen Seite entstehen, wenn dort die erste Märzsonne den Baum beschien, die Säfte aus den Wurzeln in die Höhe trieb und diese dann in den kalten Nächten wieder gefroren und mit Krachen den Baum spalteten. Große, mächtige Wulste von Rindenmasse haben sich oft längs dieser Spalten aufgehäuft, indem sie versuchten, diese wieder zu schließen.

Wenn in der Jugend durch irgendeine Verletzung eine Unregelmäßigkeit in der Entwicklung des Baumes und im Lauf der Säfte veranlaßt wurde, da entstanden Warzen und Knoten. Zehn Jahrhunderte legten die Säfte jedes Jahr ihr Zellengewebe unregelmäßig pulsierend in dieser Warze nieder, und es entstanden daraus schreckhafte und mächtige Auswüchse.

Jahrhunderte braucht die Eiche zu ihrer Entwicklung, und ebenso ziehen sich auch wieder ihr Absterben und Verfall über Jahrhunderte hinweg. Auch jeder einzelne jener kolossalen Risse, Warzen, Narben und Knoten in der Haut der Eichen hat eine Geschichte von Jahrhunderten. Daß Jupiters blitzender Vogel vorzugsweise gern auf den Eichen nistet, davon zeugt hier fast jeder Baum. Denn es ist fast keiner da, dessen Krone nicht mehrfach von den Blitzen angegriffen und zersplittert wurde. Die alten nackten Aststumpfen starren bleich und tot mitten in das frische Grün der gesunden Äste. Zuweilen ist Fäulnis in diese unverbundenen Wunden eingedrungen und hat dann vom Gipfel aus den ganzen Baum ausgehöhlt. Manchmal sind nur die Äste hohl und schießen mit ihren weiten schwarzen Schlünden gerade aus dem Baum hervor wie große Kanonen.

Einige der alten morschen Baumruinen waren in einen Mantel von Moos und Efeuranken eingehüllt. Ich sah eine, wo in dem breiten Zwischenraum zwischen zwei mächtigen Ästen ein kleiner Naturgarten angelegt war. Das faulende Moos hatte dort ein Stück fruchtbaren Bodens gebildet, und darin waren große Farnkräuter und andere Pflanzen aufgewachsen, die aus dem hohen Baum herabwinkten.

Manche alten Bäume sind so weit heruntergekommen, daß nichts mehr von ihnen aufrecht steht als ein niedriger hohler Stumpf. Ich sah einen solchen halbierten, auf der einen Seite offenen und dabei etwas übergeneigten Stumpf, der den Anblick einer rohen Hütte gewährte. Er war auch, wie man aus dem Kohlenrest und der beräucherten Oberfläche schließen konnte, von den Waldleuten wirklich als Hütte benutzt worden. Eine Fülle wilden Rosengebüsches hielt den Stumpf von außen umfangen, und die schönen blütenreichen Zweige fielen über den Rand in das dunkle Innere der Hütte wie blumige Hauslaternen hinein. Es war eine der ansprechendsten Waldstudien, die ich für einen Maler je gesehen habe.

Übrigens sind jetzt die ältesten Eichen des Hasbruchs fast alle hohl, und dieses ist es auch, was ihren Fortbestand am gründlichsten sichert. Außer für den Natur-

Die Amalieneiche im Hasbruch (Holzstich von F. Lindner, 1880)

freund besitzen sie glücklicherweise für niemanden mehr einen Wert. Die Winde und Stürme sind jetzt ihre schlimmsten Feinde, und daher glaube ich auch, daß die, welche man jetzt in guter Absicht und aus ästhetischen Rücksichten aus dem Walddickicht herausgearbeitet hat, zuerst fallen werden.

Unter allen Eichen vom Hasbruch scheint mir diejenige, die der Königin von Griechenland gewidmet ist und die jetzt in der offiziellen Sprache »die Amalien-Eiche« genannt wird, die mächtigste und zugleich die schönste. Sie beschattet mit ihrer breiten Krone einen großen anmutigen Wiesenplatz. Jeder ihrer vielen Hauptäste ist so dick, daß er, für sich allein aufgestellt, einen stattlichen Baum abgeben würde. Sie bilden mit ihren zahllosen in- und umeinander verschlungenen Nebenzweigen eine wundervolle und mächtige Kuppel. Das Laub ist so reich und frisch wie bei dem jugendlichsten Baum. Sie ist damit geschmückt wie ein Greis mit dem hellfarbigsten und reichsten Lockenwuchs.

Meine Leute sagten mir, daß diese alte Eiche im Herbst größere Eicheln gäbe als irgendein anderer Baum im Wald. Sie wollten überhaupt die Bemerkung gemacht haben, daß die alten Eichen mehr Eicheln trügen als die jungen, als ob sie noch kurz vor ihrem Tode noch einmal alle ihre Kräfte zusammennähmen und besonders eifrig für das Fortpflanzungsgeschäft sorgen wollten. Die Amalien-Eiche hat ein paar Fuß über dem Boden 34 Fuß im Umkreis. Und sie hat die Eigentümlichkeit, daß sie sich von da aus nicht nach oben hin verjüngt. In einer Höhe von 25 Fuß, dicht unter dem Punkt, wo sie in Ästen auseinandergeht, ist sie vielmehr noch merklich stärker. Ihr Stamm gibt daher die Figur einer eleganten Vase mit in der Mitte zusammengeschnürter Taille. Meine guten Waldleute kannten zwar den königlichen Namen der Eiche, aber unter sich bezeichneten sie den Baum doch gewöhnlich anders.

Meine ehrlichen Holzknechte führten mich auch zu anderen mit fürstlichen Namen geschmückten Eichen. So war ich denn schon ziemlich mit allen Haupteichen des Hasbruchs bekannt, als ich schließlich bei der in der des Waldes gelegenen freundlichen Oberförsterei anlangte. Hier belohnte und entließ ich mein treues Gefolge von Holzknechten und Waldnymphen und trat bei dem trefflichen Oberförster ein, der die Angelegenheiten dieses merkwürdigen Geheges schon seit 30 Jahren verwaltet und der mich auf das gastlichste in seiner ländlichen Wohnung willkommen hieß. Ich war sehr begierig, bei ihm etwas Authentisches über das Alter seiner Bäume zu erfahren.

Und er erzählte mir dann, daß er einmal, als eine sehr große Eiche gefällt worden sei, den Stumpf habe glatthobeln lassen, um die Jahresringe bequem zählen zu können. Mit bloßen Augen, sagte er, habe er 600 Ringe gezählt. Und dann noch 200 Ringe mit der Lupe. Er sagte mir, er habe viel Zeit, mehrere Tage, bei dieser Operation zugebracht, habe sowohl seine damals noch scharfen Augen als auch seine Lupe dabei zu Hilfe genommen und habe nichtsdestoweniger oft Mühe genug gehabt auszumachen, ob er eine kleine Nuance in der Holzfarbe als einen Ring anzunehmen habe oder nicht. Um nicht irrezugehen und zuweilen revidieren zu können, habe er die ausgemachten Zehner und Hunderter mit Nadeln von verschiedener Größe gekennzeichnet. Er fand dabei besonders in der inneren oder älteren Holzmasse Jahresringe, die einen kleinen Finger stark, und andere, die kaum eine Linie breit waren. Nach den 800 gezählten Jahresringen gab es noch eine ganze Partie Holz, in der man die Ringe nicht mehr zählen, sondern nur noch berechnen konnte. Und nach Zählung und Berechnung zusammen hätte sich nach seinem Dafürhalten das Alter der besagten Eiche auf ein Minimum von 1100 Jahren herausgestellt. Ich sage auf ein Minimum, denn die Eiche war noch dazu innen hohl und in ihren innersten, ältesten Teilen zerstört gewesen, die man, weil sie nicht gezählt und nur ganz oberflächlich berechnet werden konnten, gar nicht mitberechnete. Der treffliche Oberförster teilte mir auch einen Auszug aus den Papieren seines Archivs mit, worin in einem offiziellen Bericht zu lesen war, daß sich

»bei mehreren gefällten Eichen ein Alter nach Zählung und Berechnung auf zwischen 1 000, 1 100 Jahre erwiesen habe, obgleich anzunehmen sein dürfe, daß einige unter ihnen das Alter von 1 100 Jahren überschritten hätten«. Es fragt sich daher, ob wir in Deutschland noch irgendwelche anderen lebenden Wesen oder wenigstens Säfte treibenden und Früchte tragenden Organismen besitzen, von denen ähnliches nachgewiesen werden kann. Die 1 100 Jahre aber sind wieder nur ein Minimum, das die vorsichtigen Förster in ihren offiziellen Berichten angeben. Die allgemeine Meinung der Leute aus der Umgebung geht mit dem Alter der Hasbrucher Eichen noch viel weiter. Sie nehmen es als unzweifelhaft an, daß ihre Bäume schon zur Zeit von Christi Geburt an ihrem jetzigen Platz gestanden hätten.

Mein Oberförster, der gewahrte, welches große Interesse mir seine alten Bäume einflößten, führte mich noch zu einer sehr wilden und versteckten Abteilung seines Waldes, in der noch eine ganze Partie solcher alten Methusalems-Eichen beieinander standen, noch ganz unberührt von der »Durchforstung«. Auch diese Gruppe konnte ich wieder nicht betrachten, ohne viel Neues an ihnen zu beobachten. Einige darunter waren wirklich ganz ausgezeichnet durch ihre labyrinthischen Gliederverschlingungen und ihre phantastischen Zweiggruppen. Ihre Äste sprangen zuweilen ein Stück in die Luft hinaus und bogen dann plötzlich ganz kapriziös mit einem Knie nach unten ab wie die Beine eines galoppierenden Pferdes. Die Höhlen einiger alter Eichen gähnten wie finstere Burgverließe, und in dem hohlen Ast der einen konnte ich hoch hinaufsehen wie durch einen Schornstein. Einige der hohlen, alten, in der Mitte abgebrochenen Zweige kamen wie gähnende Kanonen aus dem Stamm heraus, kleinere dürre Äste starrten einem wie Hellebarden und Spieße entgegen. Es war, als ob die Natur hier Festungsspiel spielte.

Einstmals kam der treffliche Oberförster mit seinen Begleitern vor einer dieser von den Jahrhunderten gezeichneten Eichen an. Er und seine Leute waren, mit Meßketten und Äxten versehen, auf einer Expedition zur Revision und Lichtung des Waldes begriffen und wollten alle Bäume weghauen, die ihnen im Wege standen. Da befanden sie sich auf einmal angesichts einer jener bemoosten, von den heidnischen Vorfahren der Germanen noch heilig gehaltenen, von den Stürmen und Gewittern verflossener Jahrhunderte mißhandelten und doch noch aufrecht stehenden Eichen. Der Oberförster hob seine Hand, um auch sie mit einem Kreuz zu kerben und als für den Untergang und die Beseitigung bestimmt zu zeichnen. Doch er hielt inne und blickte sich das uralte, ehrwürdige Ding an. Er wurde von dem Anblick ergriffen. Darauf nahm er seinen Hut ab, und auch alle Holzknechte zogen ihre Mützen herunter, begrüßten den alten Baum, begnadigten ihn und gingen ihm mit ihrer Meßkette aus dem Wege.

VIII. Die Buchen und die Reiherhorste im Wald »Stühe« im Oldenburgischen

»Stühbusch« nennt man in vielen Teilen Niedersachsens ein niedriges Gebüsch von Eichen, Buchen oder anderen Bäumen, die man zu allerlei Gebrauch hart an den Wurzeln abschneidet und die dann aus den Wurzelstumpfen wieder ausschlagen. Vielleicht hat daher der »Stühe«, ein Wald im Herzogtum Oldenburg, seinen Namen erhalten, obgleich er jetzt mehr hohe Bäume als niedrige Gebüsche enthält. Der Oldenburger Stühe liegt in der Mitte zwischen Bremen und Oldenburg, von der Station Falkenburg aus südwärts ins Land hinein.

Als ich einst an einem schönen Frühlingstag in diese Gegend kam, gab man mir in dem letztgenannten Flecken einen jungen Menschen als Führer dahin mit auf den Weg. Er führte mich auf allerlei Kreuz- und Querwegen durch eine Reihe von Dörfern, die alle sehr freundlich aussahen und von schönen Eichenhainen und von reichen Feldmarken umgeben waren.

Schon von weitem sahen wir, als unser Weg auf ein freies Feld führte, das Ziel unseres Strebens, den genannten hohen Wald, im Nebeldunst des Horizonts liegen. Ich glaubte anfänglich, ein belaubtes Gebirge oder Gehügel vor mir zu haben, bis mein Führer mir zeigte, daß es nichts weiter sei als die dichten Laubkuppeln der 130 Fuß hohen Buchen des Stühe.

Endlich kamen wir am Rande des Waldes an und traten unter das Dach des gastfreundlichen Försters, der dort ein einsames und bescheidenes Strohhäuschen bewohnte und der mich alsbald unter die Arme nahm, um mir die Wunder seines Reviers zu zeigen. Wie alle größeren Waldungen besteht der Stühe aus mancherlei Partien und

Abteilungen. Wir gingen auf grasigen und moosigen Waldwegen durch »Buchenkämpe« und »Föhrenkämpe«, durch verschiedene »alte Bestände« von jüngst angepflanzten Tannenbäumen. In einer Partie des Waldes statteten wir auch unterwegs einer uralten Eiche einen Besuch ab, die an Alter, Dicke und Höhe mit den berühmten Eichen vom Hasbruch rivalisieren konnte. Sie ist unter dem Namen »die Frieseneiche« bekannt und wird so geheißen, weil die sogenannten Hollandsgänger unter ihrem Schutz Station zu machen pflegen.

Die Frieseneiche des Stühe ist eine der schönsten Bäume, die ich je gesehen habe, und sie macht, selbst nachdem man die Riesen vom Hasbruch besuchte, noch einen mächtigen Eindruck. Sie hat über 25 Fuß im Umfang und steht kerzengerade wie eine Königin da. Ihr Stamm steigt hoch empor und ist bis zu den äußersten Blattspitzen wohl 85 Fuß hoch. Sie ist indes im Stühe die einzige ihrer Art. Denn dieser Wald besteht hauptsächlich aus mächtigen Buchen, und diese dulden nicht leicht eine Eiche unter sich. Die Buche strebt nach einem »reinen Bestand«, d. h., sie will nur mit Buchen zusammenstehen und gedeihen, und da sie meistens höher emporschießt, drückt und drängt sie die Eiche unter sich fort. Der Glanzpunkt des Stühe ist eine Buchenpartie, die wir an seinem nördlichen Ende erreichten und die in Höhe und Tadellosigkeit in dem ganzen, durch seine Buchen ausgezeichneten Norddeutschland ihresgleichen sucht.

Die Bäume sind im ganzen Bestand alle gleich alt, gleich hoch und stark. Ihre gesunden, bis nach oben hin ganz nackten und zweiglosen Schäfte steigen wie mächtige Mastbäume zu einer Höhe von 120 bis 130 Fuß empor. Sie stehen so ziemlich in den gleichen Abständen, und oben geht jeder von ihnen wie eine Palme in einer runden, dichten Blätter- und Zweigkrone auseinander. Diese Kronen, die sich mit ihren Rändern untereinander berühren, bilden ein wunderschönes und großes Laubdach. Wenn man aus dem niedrigen Vorgehölz des Waldes kommt, glaubt man hier in der Tat in einen imposanten Naturtempel mit vielen hundert Säulen und zahllosen Laubkuppeln und -gewölben einzutreten. Doch sind diese prachtvollen Schäfte alle zu einem traurigen Los bestimmt. Denn die Schiffbauer der Weser holen von ihnen ihre besten Kiele. Nachdem sie jahrhundertelang im grünen Wald ruhig gestanden und sich ihres Lebens gefreut haben, werden sie entwurzelt und entzweigt und verfaulen dann im Seewasser oder zersplittern auf einer entlegenen Koralleninsel der Südsee oder des Indischen Ozeans.

Wie unter den Schiffern der Umgebung durch seine Kiele, so ist der Stühe unter den Jägern durch seine Reiher berühmt. Es ist einer der größten Reiherstände weit und breit in Norddeutschland. Tausende dieser großen Vögel leben auf dem Dach dieses Naturtempels. In einem Baum erblickt man oft mehr als ein halbes Dutzend ihrer großen Nester. Wir vernahmen daher in diesen heiligen Naturhallen ein höchst unheiliges Geschrei und Gekrächz jener unmusikalischen, aber merkwürdigen Vögel.

Der Stühe liegt von dem Rand der Geest und von der Weser und ihren Marschen nur wenige Stunden entfernt. So breitet sich die große Marsch des aus der deutschen Geschichte berühmten Stedinger Landes am Fuße jenes benachbarten Geestlandes aus. In diesen Marschen findet sich alles, was ein Fischreiher für sich und seine Jungen bedarf, Fische in Fülle, Frösche, Kröten und andere Wassergeschöpfe in allen Gräben. Es hat daher auch schon seit uralten Zeiten in den Gehölzen in der Nachbarschaft des Stedinger Landes eine Kolonie von Reihern gegeben, die von den Bäumen der hohen Geest aus die sumpfigen Niederungen überwacht und wie Raubritter ausgeplündert haben. Doch hat diese Kolonie im Laufe der Zeiten schon verschiedentlich ihre Lokalität verändert. Der Reiher nimmt zu seinen Ansiedlungen immer möglichst hohe Positionen, wo ihm ein freier Ausblick gewährt ist. In einer Gegend, die keine anderen Erhabenheiten als die der Baumgipfel darbietet, weiß er die Höhe der Bäume sehr richtig abzuschätzen. Er wählt sich unter ihnen immer die höchsten, selbst wenn sie von seinen Jagdrevieren ziemlich entlegen sein sollten. Die langbeinigen Raubritter des Stedinger Landes horsteten zuletzt in einem ihrer Speisekammer näher gelegenen Buchenwald, unweit Klosterhude, der noch jetzt nach ihnen der »Reiherhorst« heißt. Vor ich weiß nicht wie vielen Jahren wurden aber die schönen Buchen dieses Waldes umgehauen, und seitdem sind denn die Vögel mehr landeinwärts in den Stühe gezogen und haben hier eine Kolonie gebildet, die sich trotz Reiherjäger und Verfolgung noch jährlich vermehrt und vergrößert.

Da man die Reiher als den Wäldern und den Fischereien schädlich in neuerer Zeit in Deutschland verfolgt hat, sind ihre Kolonien überall rarer und kleiner geworden.

Obgleich sich noch weit unterhalb des Stedinger Landes frische und wasserreiche Marschen bis ans Meer erstrecken und obgleich man daher überall auf dem sie begleitenden Geestrand Reiherkolonien erwarten könnte, gibt es doch keine anderen mehr. Vielleicht weil da keine so hohen Buchenhaine, wie der Reiher sie liebt, zur Hand sind.

Die Jäger und Forstleute pflegen nicht, wie Laien es tun, eine ganze Kolonie von solchen Vögeln einen »Horst« zu nennen. Vielmehr geben sie diesen Namen nur den einzelnen Nestern. Die ganze Kolonie heißt in der korrekten Sprache ein »Reiherstand«. Manche kleine Reiherstände haben nur fünfzehn bis zwanzig Horste. Dieser im Stühe hatte wohl viele Hunderte, und er war daher gewiß ein Reiherstand erster Klasse.

Die Jungen, die zur Zeit meines Besuches schon fast so groß wie die Alten waren und eben flügge zu werden schienen, standen aufrecht in den Nestern oder hockten neben ihnen auf den Zweigen. Da saßen sie ganz still und regungslos, bis die Flügel ihrer heranziehenden Eltern über dem Baum kreisten und diese ihre Ankunft durch ein abscheulich krächzendes Geschrei verkündeten. Darauf fuhr in die indolenten Jungen lauter Lust und Leben, sie klapperten mit den Flügeln, sperrten die Schnäbel auf, als hätten sie seit ein paar Wochen am Hungertuch genagt, und erwarteten ihre Ernährer mit einem Geschrei, das womöglich noch widerlicher klang als das der Eltern selber. Darauf ging ein unbeschreibliches Gekose und Gegirre los, indem die Alten die Aale und die Hechte, die Mäuse und die Kröten, die sie im Kropf mitgebracht hatten, ihrer geliebten Brut in den gierigen Schlund hinabwürgten.

Auf jedem Baum gab es solche Szenen. Wo zwischen zwei Bäumen ein kleiner lichter Zwischenraum war, da erblickten wir überall die kreisenden Figuren von ab- und zufliegenden Reihern.

Dort oben mochte es für die Reiher recht schön und poetisch sein, unten aber, wo wir neugierigen Menschen wanderten, war es zum Teil schauerlich. Die unersättliche Gefräßigkeit und die rapide Verdauung der Reiher bringen unten auf dem Boden des Waldes die Schattenseite von der Poesie eines Reiherstandes zustande. Es regnete und polterte ständig ins Gras herab. Teils waren es die Abfälle der Atzung, teils ihre weißen, kalkigen Exkremente. Das Gras, die Bäume, die Büsche, alles war von den letzten so dicht überzogen, als wären sie vom Maurer übertüncht. Sie sollen eine sehr schädliche Wirkung auf die Vegetation ausüben. Von den reichlichen Brosamen, die unter die hohe Tafel eines solchen Reiherstandes fallen, könnte sich noch manches andere Tierchen nähren. Man findet darunter allerlei Fische, Aale, Forellen, Barse, zuweilen auch Mäuse und man sagt sogar Ratten. Mitunter verschlucken die Reiher auch ganze lebendige Vögel, z. B. junge Enten, die, wenn die Jungen sie nicht auf einmal meistern können, dann ebenfalls unter die Bäume fallen.

Überall auch sahen wir die Schalen von Eiern unter den Bäumen verstreut. Und dies waren wahrscheinlich die traurigen Zeugnisse vieler Balgereien und Kämpfe, die die Reiher mit ihren zahlreichen Feinden zu bestehen hatten. Wie die Reiher vom Stühe das Stedinger Land, so betrachten wiederum andere Vögel den Reiherstand selbst als ihre Vorratskammer und ihr Jagdrevier. Der Kormoran, der Kolkrabe und andere Vögel aus dem Rabengeschlecht schließen sich den Reiherständen vorzugsweise gern an. Da sie kleiner und behendiger sind als die langgliedrigen Reiher, kommen sie in den Zweigen der Baumkronen besser fort und können sich bei ihren Streitigkeiten mit ihnen mancher Vorteile bedienen. Sie plündern ihre Nester, zerstören die Eier, ja vertreiben auch wohl eine Reiherfamilie aus ihrem Horst, um ihre eigenen Eier hineinzulegen. Und haben sie einmal ein solches Nest zu ihrer Residenz erobert, bleiben sie dann auch mitten unter ihren Feinden wohnen. Die Hauptfeinde des Reihers sind allerdings die Edelfalken und die Habichte, die bei ihrem Erscheinen über einem Stand immer einen grenzenlosen Alarm in der Kolonie verursachen.

Da die Reiherstände dem Forstmann und dem Fischer höchst unbeliebt sind, versucht man diesen großen Vogel jetzt überall auszurotten und stellt zu Zeiten große Reiherjagden an. Aber was man heutzutage »Reiherjagden« nennt, sind in Wirklichkeit grausame Metzeleien. Man schießt diese armen Tiere neben den Nestern nieder. Ja, die Jäger zielen sogar in die Nester selber hinein, wenn sie ein junges Tier darin wissen. Die Jäger haben bei diesen Reiherjagden keinerlei Abenteuer zu bestehen und auch keine besondere Geschicklichkeit zu entwickeln. Jeder bekommt seinen Standort an einem Baum, und da hat er die Nester, soweit er sie von seinem Platz aus erreichen kann, zu beschießen und die hellen Stellen zwischen den Bäumen zu beachten, bei denen er die aufgescheuchten Vögel aufs Korn nehmen kann. Leibesanstrengung und Gefahr wie bei der Wolfs- oder Hirschjagd sind dabei nicht im Spiel. Der bequemlichste und furchtsamste Mensch kann diese Jagd üben.

Ich habe nichts dagegen, daß der Reiher als ein schädlicher Vogel vertilgt werde, aber dann sollte man doch aus dem Geschäft dieser Vertilgung kein Vergnügen und kein Freudengelage machen. Die Forstmänner sollten die Pflicht haben, mit ihren Leuten das schädliche Tier das ganze Jahr hindurch zu verfolgen, zu verscheuchen und überall auszurotten. Durch jene großen geselligen Jagden wird der Zweck jedoch nicht erreicht. Im Gegenteil werden dabei die Reiherstände noch eher »geschont«, um den Herren das, was sie Vergnügen nennen, zuzeiten verschaffen zu können.

IX. Die Pfropfenschneider bei Delmenhorst

Unseren fleißigen Hausfrauen und Kleiderkünstlerinnen hat man es jetzt schon öfter erzählt, wie viele Sorgfalt und Mühe auf die Hervorbringung so einfacher kleiner Instrumente, wie es ihre Nähnadeln sind, verwendet werden muß. Aber auch das genauso einfache Ding, das unsere Hausherren und Männer, wenn sie fröhlich beisammensitzen, aus dem Hals ihrer Weinflaschen entfernen und, nur auf den köstlichen Inhalt erpicht, beiseitewerfen, der Korkpfropfen, hat fast eine ebenso lange Geschichte wie die Nähnadel. Er muß wie diese, bevor er zu seinem Gebrauch fertig ist, einer Reihe von merkwürdigen Prozessen unterworfen werden. Man hat viel über seine möglichst zweckmäßige Gestaltung und Fabrikation nachgedacht. Es haben sich Nationalökonomen und Politiker, Kaiser und Könige in die Geschichte der Flaschenstöpsel eingemischt. Und eine Menge armer Leute, die fleißigen Bevölkerungen vieler Dörfer, arbeiten Tag und Nacht daran, um das kleine Ding so billig und so vollkommen herzustellen, wie der Spekulant, der Weinhändler, der Bierbrauer, der durstige Zecher und Feinschmecker, der Apotheker, der Eau-de-Cologne-Fabrikant Farina in Köln, oder wer sonst noch mit Korken zu tun hat und zu schlechten Korken ein saures Gesicht machen könnte, es haben wollen.

In ihrer Art ist die berühmte Rinde der spanischen Korkholzeiche ein ebenso wundervoller und kaum anderswo ersetzbarer Stoff wie das Eisen in seiner Art. Die Natur scheint ihn gerade für die Verstöpselung unserer Glasflaschen und die Bewahrung unserer groben und feinen Getränke und Flüssigkeiten erfunden und sorgfältig vorbereitet zu haben. Kein anderer Baum, überhaupt kein anderes Geschöpf, Pflanze oder Tier liefert eine dazu gleich brauchbare Rinde, Haut oder Blase. Auch keine Kunst hat einen so netten, reinlichen, elastischen, geruch- und geschmacklosen, weichen und dauerhaften Stoff zu erzeugen vermocht, wie es die Rinde der Korkeiche ist. Sie gleitet bequem und willig in die engen Hälse unserer Flaschen hinein und setzt sich doch mit elastischer Dehnung recht fest darin an. Sie bändigt und verriegelt den wilden Champagnergeist und hüpft doch auf das Geheiß der durstigen Trinker leicht und munter davon, um ihm die Freiheit zu geben. Sie sprengt die gläsernen Flaschen nicht, wie das eigensinnige, unnachgiebige Tannenholz, mit dem man nur die hölzernen Fässer zuspundet, es tun würde. Sie wird nicht wie das Wachs von Spirituosen aufgelöst oder von Säuren angegriffen. Sie hat selbst, wie doch sonst mehr oder weniger fast alles Pflanzliche, durchaus keinen Beigeschmack, und man kann ihr selbst das feinste Eau de Cologne zum Verschluß anvertrauen. Es wird dabei nichts von seinem Aroma einbüßen. Auch scheut sich niemand davor, ein reinliches Stückchen Korkrinde, das der Zufall etwa dahin führte, in seinem Glas zu finden. Er fischt es einfach heraus und trinkt ohne Widerwillen weiter.

Ebensowenig wie sie irgend etwas Fremdartiges hergibt, ebensowenig nimmt sie etwas von den Flüssigkeiten, die sie bewahren soll, an. Sie nascht nicht von unseren schönen Weinen und saugt sich nicht mit ihnen voll. Jahrelang hält sie das berauschende Getränk unter Verschluß und bleibt selbst dabei so völlig nüchtern und trocken, daß ich mich darüber wundern muß, wie man noch nicht die sehr zutreffende Redensart in Gang gebracht hat »enthaltsam und nüchtern wie ein Korkholzpfropfen«.

Natürlich kannten schon die alten Römer, deren großes Reich gerade das ganze Verbreitungsgebiet der Korkeiche, die Länder am Mittelmeer, umfaßte, diesen ausgezeichneten Stoff. Aber weder das Altertum noch das Mittelalter konnten aus verschiedenen Gründen einen sehr bedeutenden Gebrauch vom Korkholz machen. Die gläsernen Flaschen, die bei uns als Vermittler zwischen Faß und Becher eingetreten sind, waren noch nicht erfunden oder doch noch nicht so allgemein verbreitet wie jetzt. Diese Bouteillen und eine ganze Schar anderer kleiner und großer Glasgefäße für die Aufbewahrung von Flüssigkeiten aller Art wurden erst seit dem 15. Jahrhundert häufiger fabriziert und gebraucht. Und mit ihnen kamen denn auch nach und nach die so schön zu ihnen passenden Korkenstöpsel in Gebrauch.

Der Rohstoff zum Glas und zu den Flaschen ist fast in allen Teilen der Welt reichlich vorhanden. Glashütten hat man daher diesseits und jenseits des Ozeans überall etablieren können. Leider aber ist dies nicht der Fall mit dem Stoff, der den Glasflaschen so nötig ist wie einer Tür der Riegel oder wie dem Haus das Dach. Die so nützliche Korkeiche ist nur in einem verhältnismäßig kleinen Gebiet verbreitet, auf der Iberischen Halbinsel, auf der Insel Sardinien, im südlichen Frankreich und in einigen anderen Gegenden des südlichen Europas und des nördlichen Afrikas. Ganze Weltteile, Amerika, Australien, der größte Teil von Asien, kennen ihn nicht. So wird in den stets an Bevölkerung zunehmenden Vereinigten Staaten oder in Australien kein Korken gelüftet, der nicht in Spanien oder in einigen anderen Teilen des engen Mittelmeerbassins gewachsen wäre.

Auch in Europa selbst sind eine Menge Veränderungen in Lebensweise und Wirtschaft eingetreten, die die Nachfrage nach Korken außerordentlich gesteigert haben. In früheren Zeiten wurde bei uns bei weitem nicht so viel gestöpselt wie jetzt. Bier und andere Getränke schenkte man nach uralter Mode direkt aus dem Faß in den Krug. Neuerdings ist das »Flaschenbier« aufgekommen, und jeder Gast will seine eigene Flasche, die er selbst frisch entkorken kann, neben seinem Glas stehen haben. Auch der Wein wird jetzt viel mehr als sonst nicht nur in verkorkten Flaschen serviert, sondern auch weithin in solchen Flaschen versandt. Große Quantitäten von Wein und Bier machen sogar in Flaschen die Reise um die Welt. Manche stark moussierende Weine und leicht verfliegende Getränke, z. B. der Champagner, die in neuerer Zeit eine ungeheure Verbreitung über den ganzen Erdball gefunden haben, können nur in mit Korkholz verstöpselten Flaschen versandt werden. Dasselbe ist mit dem Eau de Cologne und mit unseren zahllosen Brunnenwässern der Fall, die ebenfalls in neuerer Zeit in so großen Quantitäten versandt werden. Das Flaschenbier und der Champagner allein verbrauchen jetzt die Hälfte des in der Welt wachsenden Korkholzes.

Bei diesem so enorm anwachsenden Verbrauch der Rinde wurden die alten, bisher benutzten Korkholzwälder in Spanien und Portugal immer mehr angegriffen und geschwächt. Man hat daher auf der Iberischen Halbinsel noch viele früher unbenutzte Korkeichenwälder aufgespürt und für die Ausbeutung geeignet gemacht. Aber auch auf Sardinien, in Nordafrika und im südlichen Frankreich hat man in neuerer Zeit dem merkwürdigen Gewächs noch ganz neue Gebiete zu eröffnen gesucht und durch Anpflanzungen sein Terrain erweitert.

Über die Behandlung der wilden und über die Zucht der angepflanzten Korkeichenwälder hat man ganze Werke geschrieben. Schon die bloße Operation des Schälens der Bäume ist eine Kunst, die nach gewissen Regeln zur rechten Jahreszeit, in dem geeignetsten Alter des Baumes mit viel Umsicht und Vorsicht vorgenommen werden muß. Hat man den Baum im Laufe mühseliger Jahrzehnte großgezogen, hat man seinen abgezogenen Mantel endlich in Händen, so muß dieser Mantel auch noch durch

Wasser, Feuer und Eisen gehen, ehe er aus dem Wald entlassen wird. Man zerlegt ihn in große, viereckige Parallelogramme, wie sie für Transport und Verpackung bequem sind. Diese Vierecke, die noch mehr oder weniger die runde Form des Baumes zeigen, werden dann in großen Ballen und mit Steinen beschwert in das Wasser von Bächen oder Teichen gesenkt, wo sie sich flach zurechtziehen. Danach werden sie wieder getrocknet und geräuchert oder »geflammt«, was zur Verschließung der Poren des Holzes und zur Verbesserung seiner Beschaffenheit beitragen soll. Die spanischen Waldleute stecken die Rindenstücke auf lange Spieße und ziehen und schwenken sie durch die Flammen. Das rohe Korkholz bekommt dabei auf der Oberfläche eine so rauchige schwarze Farbe, wie unsere Schinken sie haben.

Auch die weitere Verarbeitung der Korkholzrinde hat man von alten Zeiten her meistens an Ort und Stelle, in dem Heimatland der Korkeiche selber betrieben. Besonders in Katalonien sind die Pfropfenschneidereien sehr zahlreich. Vor hundert Jahren brauchte fast die ganze Welt nur katalonische Korke, und sie behaupten noch jetzt ihren Ruhm. Die spanische Regierung hat zum Schutz ihrer Industrie die Ausfuhr des rohen katalonischen Korkholzes mit einem strengen Interdikt belegt. Glücklicherweise dürfen aber andere Teile Spaniens und Portugals diesen jetzt so begehrten Rohstoff ausführen.

So konnte die Pfropfenschneide-Industrie auch in anderen Ländern einheimisch werden. In England z. B. muß es jetzt eine Menge Korkschneidereien geben. Auch Deutschland hat sich bereits seit der Mitte des vorigen Jahrhunderts an dieser Industrie beteiligt. Damals wurden einige Korkschneidereien in Berlin und in Potsdam etabliert. Auch in unseren Hansestädten haben schon seit dem Ende des vorigen Jahrhunderts einige solche Unternehmen existiert. Besonders die Bremer haben sich dieser

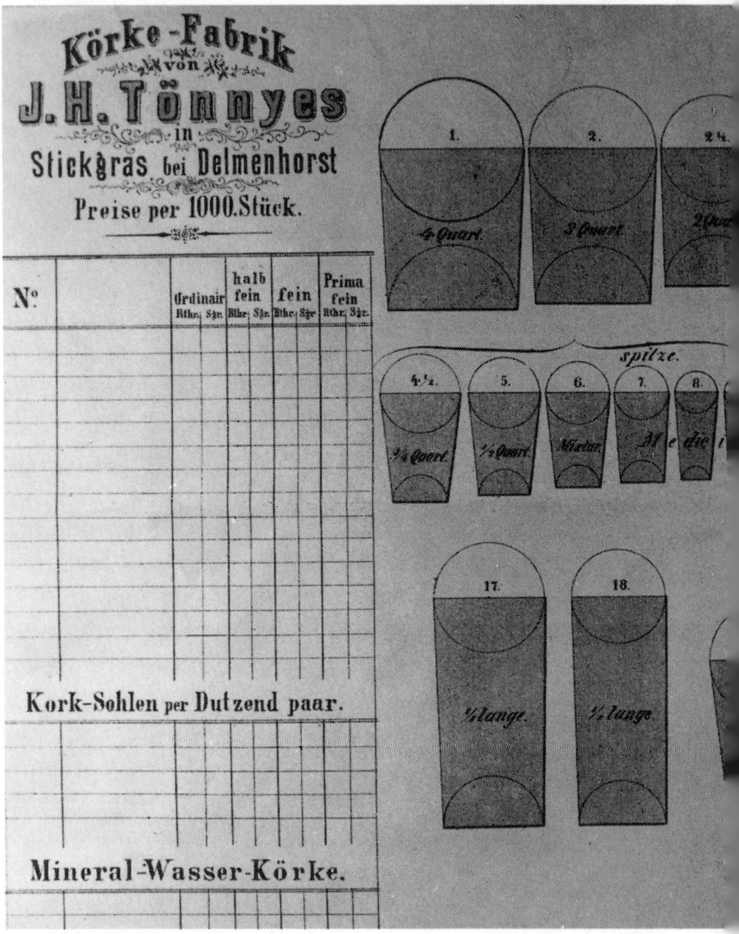

Preisliste der Delmenhorster Korkfabrik J. H. Tönnyes (ca. 1840)

Sache angenommen. Es sind aus dieser Stadt einige geschickte und spekulierende Männer hervorgegangen, die die Bevölkerung der Umgebung das Korkschneiden lehrten und diesen Industriezweig unter einen Teil der sonst so wenig industriellen Bewohner der niedersächsi-

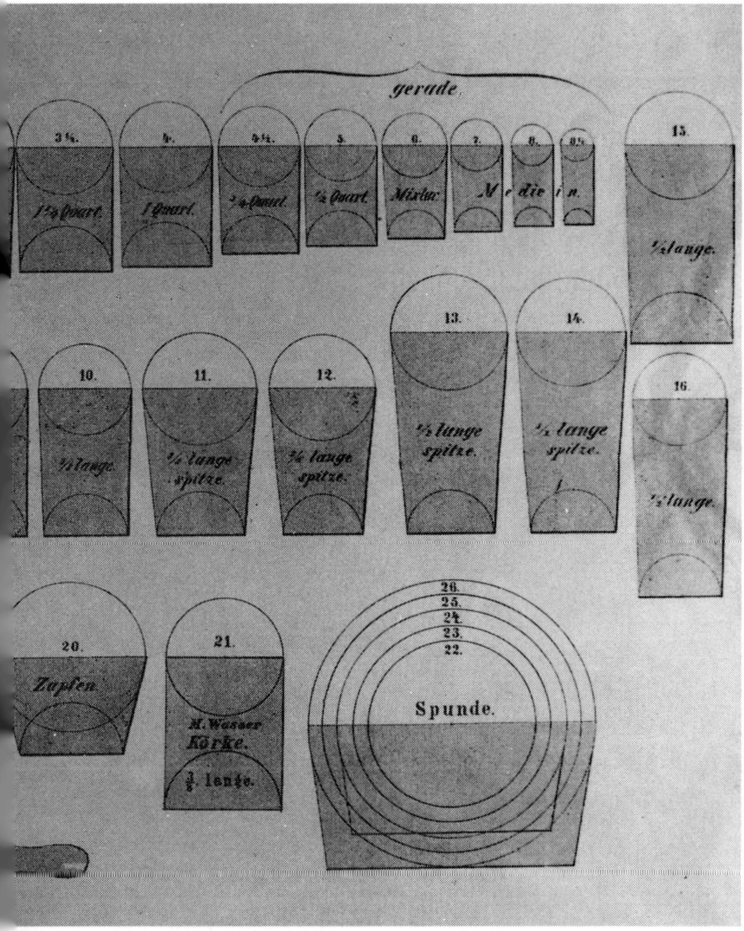

schen Heiden und Marschen einheimisch machten. Daher gibt es jetzt keine Gegend in Deutschland, in der so viel Korkholzrinde verschnitten wird, wie der Strich von bremischen, oldenburgischen und hannoverschen Dörfern, der sich im Süden zwischen den Orten Delmenhorst und Syke um die besagte Hansestadt erstreckt. Aus diesem Winkel wird jetzt ein großer Teil von Deutschland mit Stöpseln aller Art versehen. Einige größere Manufakturen bestehen noch in der Stadt Bremen selbst. Doch haben es die Verhältnisse des Zollvereins, dem diese Stadt nicht beigetreten ist, bewirkt, daß die besagte Fabrikation, wie auch einige andere Industriezweige, ganz auf das Zollvereinsgebiet der Nachbarschaft übergetreten ist.

Das oldenburgische Städtchen Delmenhorst ist allmählich der Hauptort für die dortigen Korkschneider geworden. Dort residieren einige Kapitalisten, die das ganze Geschäft jetzt leiten. Diese Unternehmer besorgen die Verteilung des Rohstoffes unter die Arbeiter, unter denen es einige gibt, die sich diesem Gewerbe ausschließlich widmen, während viele die Ackerwirtschaft als Hauptsache und die Korkschneiderei nur in den Mußestunden nebenher betreiben.

Man sieht daher oft bei den Toren der genannten Städte Bremen und Delmenhorst die niedersächsischen Bauern, als ob sie Katalonier wären, mit Korkeichenrinde bepackt und beladen hinauswandern oder -fahren. Es sind die ihnen von ihrem Fabrikherrn anvertrauten Rohvorräte, die sie ihm, in alle denkbaren Sorten von Korken verwandelt, zurückzuliefern haben.

Die den Korkschneidern zu ihrer Arbeit nötigen Vorrichtungen sind, obwohl nicht sehr kompliziert und kunstvoll, doch ziemlich mannigfaltig. Vor allen Dingen brauchen sie dazu einen »Korktisch«. Weiter zwei lange, haarscharfe, aus gutem Stahl gearbeitete Messer, das sogenannte »Zuschneide-« und das »Rundschneidemesser«, die beide ungefähr wie große Tranchiermesser aussehen. Der Korkschneider muß seine Messer fast ebenso oft wie der Barbier die seinigen wetzen. Er rüstet daher seine Lenden mit einem sogenannten »Knielappen«, einem großen Leder, das er sich ans rechte Bein schnallt. Auf ihm sowie dann und wann auch auf dem Pulver eines feinen Sandsteins fährt er nach jedem Schnitt ein paarmal mit dem Messer hin und her. Und dieses, das anfangs fast anderthalb Zoll breit war, wird dabei mit der Zeit so abgenutzt, daß zuletzt nur noch ein ganz dünnes Streifchen davon übrigbleibt. Dem Streichen auf dem Leder und Pulver müssen auch jedesmal ein paar Striche auf der am Korktisch befestigten Speckschwarte folgen, die dem Messer die wünschenswerte fette Glätte und Ölung geben, ohne die es in dem trocknen, oft widerspenstigen Korkholz leicht stocken würde. Außerdem wappnet sich der Mann noch mit einem »Brustholz«, einem Stück Korkrinde, das er sich wie ein Schwimmer um den Nakken und vor die Brust hängt, weil er mit seinen Messern manchen kräftigen und schnellen Schnitt gegen diese auszuführen hat. Dieses Brustholz sieht daher immer arg zerhackt und zerschnitten aus.

Zunächst muß der Korkschneider dem Holz seine schwarze Borke ein wenig nehmen und auch sonst noch einige Buckel, Beulen, Knorren und Unebenheiten auf der Oberfläche entfernen. Nach diesem »Abborken« folgt das »Zuschneiden«. Dabei wird zuerst das ganze Rindenstück in Streifen zerlegt, die so breit sind, wie der Korken lang werden soll. Und diese Streifen werden alsbald wieder in Würfel zerschnitten, die mehr oder weniger groß sind, je nach der Größe und Dicke des Korkens, den man daraus »zurunden« will.

Jenes Zuschneiden, obwohl es leichter aussieht als das Runden, ist die schwierigste Arbeit. Wie beim Zuschneiden des Leders gehören dazu die meiste Übung und ein richtiges Urteil. Die Fehler und mulmigen Stellen in der Rinde müssen schnell erkannt und herausgeschnitten, kleine abfallende Stücke zu möglichst großen Würfeln, zu denen sie noch taugen, gestaltet werden. Zirkel, Maßstab und Lineal dabei zu gebrauchen, dazu darf sich der Korkschneider nicht die Zeit lassen. Es muß bei ihm alles aus freier Hand und nach dem Augenmaß so gradlinig und quadratisch werden, als hätte er es ausgezirkelt und ausgewinkelt.

Sind die kleinen quadratischen Blöcke alle da, folgt das »Runden«. Dazu wird das untere Ende des Messergriffs gegen das Knieleder gestemmt und mit der rechten Hand festgesetzt, indem die linke den Korkenwürfel gegen die Schneide drückt und ihn zugleich so an der Schärfe derselben herumführt, daß er dabei wie ein Apfel abgeschält und seiner Ecken und Rauhigkeiten beraubt wird.

Zuletzt sind noch zwei Querschnitte nötig, die das Kopf- und Fußende des Korkens glatt und gerade machen. Damit ist der Korken soweit fertig, wie der Korkschneider ihn an seinem Tisch fertigbringen kann.

Von den gewöhnlichen Weinflaschenkorken kann auf diese Weise ein fleißiger Arbeiter an einem Tag wohl 1000 bis 1200 Stück produzieren. Von den kleinsten Korken können sie 2000 an einem Tag machen. Im Durchschnitt kann also ein Arbeiter im Laufe des Jahres die Verstöpselung von einer halben Million Flaschen besorgen.

Das Korkschneiden ist, wie man sieht, eine sehr eintönige Verrichtung. Es kommen immer dieselben Finger und dieselben Muskeln dabei ins Spiel, und der übrige Körper ruht ständig. Zu den großen Korken gehört, um es den ganzen Tag auszuhalten, eine recht tüchtige und feste Hand. Wer sie hat, kann sich wohl einen halben Taler oder auch 2/3 Taler an einem Werktag verdienen.

Die Abfälle, die sich unter dem Korktisch schnell zu kleinen Hügeln anhäufen, sind ein Benefiz der Hausfrau. Das Korkholz brennt bekanntlich wie Kienholz, und die Bauersfrauen kochen in diesem Strich von Oldenburg überall ihren Kaffee ebenso gut mit Korkholz wie die Katalonierinnen ihre Schokolade.

Abgesehen von dem ununterbrochenen Stillsitzen ist

die Korkschneiderei ein ziemlich bequemes und der Gesundheit nicht sehr schädliches Gewerbe. Es nimmt nicht viel Raum im Hause weg, nur einen kleinen Stubenwinkel für den Korktisch. Es verbreitet keinen üblen Geruch wie die Ledergerberei, keinen die Augen oder die Brust angreifenden Staub wie das Gewerbe des Müllers, keine versengende Hitze wie das des Eisenschmieds. Der Kapitalaufwand für die Geräte ist nicht so hoch wie beim Tischler oder Schuster. Es ist auch eine äußerst stille Kunst, die keinen solchen Lärm macht wie die des Webers oder Drechslers. Sie unterbricht daher die Geselligkeit und die Gespräche nicht, und die Frau kann dem Mann, wenn er bis spät in die Nacht hinein arbeitet und frühmorgens mit dem ersten Hahnenschrei wieder anfängt, Gesellschaft leisten. Auch vermag der Hausvater vom Korktisch aus sein Haus zu regieren und die Kinder anzuleiten. Es ist auch eine sehr reinliche Beschäftigung und bedarf nicht so vieler Seife und Reinigung, wie sie z. B. der Schlosser oder gar der Schornsteinfeger nötig haben.

Es ist daher kein Wunder, daß die Leute leicht dazu zu bewegen sind, dieses Gewerbe zu ergreifen. Besonders im Winter gehen fast alle Bauern der besagten Gegend »hinter den Korktisch«. Auch die Frauen nehmen daran teil. In dem ganzen Pfropfenschneiderdistrikt um Bremen und Delmenhorst herum mag das Gewerbe wohl in 1000 Familien oder Häusern eingebürgert sein.

Haben die Korkschneider die ihnen anvertraute Portion des rohen Materials verarbeitet, wandern sie mit dem erzielten Fabrikat zu ihren Auftraggebern und Arbeitsherren, einem der Kapitalisten und Fabrikherren in Delmenhorst oder Bremen, bei denen sich alle Korken der verschiedensten Formen und Größen millionenweise ansammeln. Hier müssen nun mit diesen Millionen noch mancherlei Prozeduren vorgenommen werden, bevor man sie dem Handel überliefern kann.

Die Korken müssen bei dem Großhändler vor allen Dingen nach ihrer Größe sortiert werden. Dieses Sortieren verrichtet eine Maschine, eine Art Sieb, dessen Zwischenräume je nach der Korkengröße, die man haben will, erweitert oder verengt werden können. Auch die Qualität der Korken wird noch einmal einer Prüfung unterworfen. Obgleich die Arbeiter selbst nicht ganz unkritisch verfahren durften, ist ihnen doch noch manche brüchige Stelle entgangen. Die Sortierer erkennen mit Falkenblick die schadhaften Korken und lesen die guten so schnell heraus wie die Hühner die Körner. Da es sich hier immer um Millionen und aber Millionen Korken handelt, von denen jeder einzelne nicht viel mehr wert als ein Körnchen ist, muß diese Arbeit mit großer Rapidität und Sicherheit ausgeführt werden. Wollte der Sortierer auf jeden Korken eine halbe Sekunde länger prüfend hinblicken, als nötig ist, würde sich gleich der Preis der Massen ins Unerschwingliche steigern.

Da die Korken bei den verschiedenen Manipulationen durch so viele Hände gegangen sind und die zarte hellbraune Farbe des Holzes dabei etwas gelitten hat, unterwirft man sie schließlich einer gründlichen Behandlung mit Schwefeldämpfen, die alle Fettflecke und Unsauberkeiten verzehren und die helle, zarte Naturfarbe der Kork rinde wiederherstellen. Und danach kann sich dann endlich der glattgeputzte, wohlgestutzte, hübsch gerundete, seinem Wert nach klassifizierte, geschwefelte und numerierte Stöpsel in den Lagern der Weinhändler präsentieren.

X. Das Bülzenbett und die Pipinsburg bei Bremerhaven

Bekanntlich finden sich in einem großen Strich des Nordens von Europa, im nördlichen Frankreich, in Großbritannien, in Dänemark, im südlichen Skandinavien sowie in den Ebenen Norddeutschlands zahlreiche alte Steinmonumente, die einer längst verschwundenen Vergangenheit angehören. Als Wegweiser in eine dunkle Vorzeit und als stumme Zeugen frühester Begebenheiten sind sie ebenso interessant wie leider auch noch vielfach rätselhaft.

In den norddeutschen Ebenen haben zu diesen Monumenten die großen Granitblöcke Veranlassung gegeben, die das Eis des Diluvialmeeres aus den zertrümmerten Gebirgen Skandinaviens hierhergeführt hat und mit denen diese Ebenen weit und breit bis an den Saum des mitteldeutschen Gebirgsgürtels bedeckt wurden. Fast alle unsere Steindenkmäler bestehen aus diesen erratischen Granitblöcken, die in den Augen unserer unwissenden Vorfahren, wenn sie sie mitten in ihren Heiden fanden, als unerklärliche Phänomene schon von vornherein etwas Mysteriöses und Heiliges haben mochten und die sich ihnen daher ganz natürlich als Altäre und zur Konstruierung von Monumenten, Gräbern, Opferstätten oder Tempeln darboten.

Wie längst verschwundene Generationen jahrhundertelang an der Zusammenschleppung dieser Steine, an der Konstruierung jener Monumente und ihrer Konservierung geschaffen haben, so hat das spätere Geschlecht seit der Einführung des Christentums, seit Karls des Großen Zeit, ebenso jahrhundertelang an ihrer Zerstörung und Verstreuung gearbeitet. Als die christlichen Priester den heidnischen Glauben vernichteten, fielen auch diese geweihten Steine in die Kategorie bloßer gemeiner erratischer Blöcke zurück und sind seitdem ebenso wie diese zu vielen profanen Zwecken verwandt worden. Da unsere sandigen Ebenen kein anderes festes Steinmaterial besitzen, wurden die alten Steinmonumente der Vorzeit immer begierig als Steinbrüche benutzt. Man hat die Heidengräber auseinandergerissen, zerbröckelt und vielfach in die Heerstraßen, Häuser und Feldmauern verbaut.

In neuester Zeit ist es bei der sich ausdehnenden Landeskultur, bei dem gesteigerten Bedürfnis nach Steinen für den um sich greifenden Straßenbau fast noch schlimmer geworden. Die Chausseen und Eisenbahnen haben eine Menge Denkmäler verschlungen. Und wahrscheinlich werden diese allmählich gänzlich verschwinden, obwohl sie in den allerletzten Jahren von einigen Regierungen im Namen der Wissenschaft und gewöhnlich auf Anregung einiger historischer Vereine und antiquarischer Gesellschaften unter den Staatsschutz gestellt sind. Glücklicherweise wird dieses aus verschiedenen Gründen ein langsamer Prozeß sein.

Einige Monumente bestehen aus so kolossalen Steinmassen, daß ihre Zertrümmerung und Fortschaffung viel zu kostspielig sein würde. Diese sind durch sich selbst geschützt. Sehr viele liegen abseits von den Wegen und Wohnorten der Jetztzeit in unseren Gebüschen, Wäldern und Mooren. Von anderen halten wohl eine noch immer unter dem Volk nicht ganz ausgestorbene Scheu und der Aberglaube zurück.

Eines der interessantesten und größten der vielen tausend zyklopischen Werke unserer Vorfahren befindet sich in dem nördlichen Zipfel des großen Halbinsellandes zwischen Weser und Elbe, unfern der Wesermündung im Norden von Bremerhaven, und ist in der Gegend weit und breit unter dem Namen des »Bülzenbettes« bekannt.

Der Bau von Großsteingräbern (Illustration von Johan Picardt, 1660)

Es liegt auf einer Landzunge der hohen Geest, die sich in die Marschen des Landes Wursten erstreckt, früher wahrscheinlich einmal vom Meer umgeben war, einst vielleicht die Wesermündung beherrschte und wohl daher als ein durch seine geographische Lage merkwürdiger Punkt sozusagen mit Altertümern bedeckt ist.

Man findet auf dieser bemerkenswerten Landzunge die sogenannte Pipinsburg und eine andere Verschanzung, vom Volk »die Heidenstadt« genannt, die beide der Zeit Karls des Großen zugeschrieben werden. Ferner eine Menge Tumuli oder künstliche Erd- und Grabhügel, von denen eine Gruppe den Namen »die Hünenstadt« trägt, weiter auch ein kleines halbzerstörtes Hünengrab, vom Volk als »der Steinhaufen« bezeichnet, und endlich mitten unter allen diesen Monumenten das »Bülzenbett«.

Es ist wahrscheinlich das großartigste Denkmal seiner Art im Königreich Hannover, vielleicht im ganzen nordwestlichen Deutschland. Es besteht in der Hauptsache aus drei kolossalen, unförmigen Granitblöcken, die als »Decksteine« von anderen kleinen Steinen oder sogenannten »Trägern« getragen und in der Schwebe gehalten werden. Das Ganze bildet eine längliche Figur und wird außerdem noch von einem Oval von zirka 38 wie Pfeiler in den Boden gepflanzten Blöcken, sogenannten »Kreissteinen«, umgeben.

Das ganze Oval hat ungefähr 140 Schritt im Umfang und etwa 15 bis 20 Schritt in der Breite. Die Kreis- oder Umfassungssteine, die ungefähr genauso dastehen wie die freilich weit größeren Kreissteine bei Stonehenge in England, sind etwa fünf bis sechs Fuß hoch. Einige von ihnen sind umgestürzt. Auch scheint früher ihre Anzahl größer gewesen zu sein, da man einige Lücken in dem rohen Peristyl wahrnimmt.

Innerhalb dieses Pfeilerzaunes liegt das Hauptmonument, jene großen Decksteine auf ihren Trägern. Sie bilden zusammen einen Blockhaufen von zirka 35 Fuß Länge, 12 Fuß Breite bei nicht ganz 10 Fuß Höhe. Unter den Decksteinen ist ein hohler Raum oder sogenannter »Hünenkeller« – das eigentliche Grab –, in den man hineinkriechen kann. Die drei Decksteine sollen zusammen etwas über 6000 Zentner wiegen. Es kämen demnach auf jeden Stein etwa 2000 Zentner. Dieses ist wesentlich höher als sonst bei irgendeinem Hünengrab unserer Gegenden.

Die großen Mittelsteine sind jetzt nicht mehr ganz, sondern durch einen Riß in zwei Teile gespalten. Es gibt im Königreich Hannover noch andere Hünengräber, die auch einen solchen Riß in ihren Decksteinen haben. Die Sage schreibt das Zerstörungswerk dem Kaiser Karl dem Großen zu. Ihr zufolge soll der mächtige Kaiser sein Schwert geschwungen und damit die Steine gespalten haben. Karl der Große, der Begründer des Christentums in Nordwestdeutschland, wird mehrfach von unserer Sage als der Zerstörer heidnischer Monumente und Opferstätten bezeichnet.

Seit den Zeiten Karls des Großen sollen diese gespaltenen Monumente, die zugleich die Schauplätze gräßlicher Menschenopfer waren, in ihrer Verstümmelung liegengeblieben sein, als Denkmäler des vernichteten Heidentums und den Anfangspunkt des Christentums bezeichnend.

Man mag übrigens bemerken, daß es noch viele große erratische Blöcke in den Heiden gibt, die nie zu heidnischen Monumenten zusammengestellt wurden und an denen daher weder ein Karl der Große noch sonst jemand ein Ärgernis nehmen konnte und die dennoch in der Mitte zerrissen sind. Es ist daher wohl viel natürlicher, ihre Zerspaltung einer Naturgewalt statt menschlichen Bemühungen zuzuschreiben.

Diejenigen, die an ein Zustandekommen dieser Risse durch eine Naturgewalt glauben, verfallen dabei zunächst auf den Blitz. Auch von dem Bülzenbett glaubt das Volk der Umgebung, der Blitz habe den Stein zerschlagen. Ich meinerseits halte es am wahrscheinlichsten, daß es in den meisten Fällen eine viel stiller und allmählicher wirkende Kraft, nämlich der Frost, gewesen ist.

Unter dem Volk der Umgebung bilden sich einige ein, das Bülzenbett sei die Wohn- und Schlafstätte eines Riesen oder Hünen gewesen. Andere behaupten, es sei ein großer General oder Fürst der Heiden gewesen, der Bülze geheißen habe. Daß diese Hünengräber wirkliche Grabstätten waren, ist längst durch die unter ihnen gefundene Knochenasche, Schmucksachen und Urnen sowie durch andere Umstände erwiesen. Und daß die größten und prächtigsten unter ihnen den Königen und Heroen des Volkes galten, ist ebensowenig zweifelhaft. Es geht daraus die allerdings nicht wenig interessante Tatsache hervor, daß die alten Barbaren, die sie bauten, schon in der Urzeit große und bewundernswerte Taten verrichteten, daß sie große und geehrte Männer unter sich hatten und daß sie auch bedeutende Anstrengungen machten, die Tüchtigkeit und Tugend zu ehren und vor der Nachwelt zu verherrlichen.

Recht hübsch wäre es auch, wenn wir uns denken könnten, daß in dem Namen Bülzenbett aus uralter Zeit noch wenigstens der Name einer dieser Urherren enthalten sei. Es wäre vielleicht eine der merkwürdigsten und ältesten Namensüberlieferungen in Deutschland. Leider scheint uns eine Untersuchung der wahrscheinlichsten Ableitung des Wortes »Bülze« in eine ganz andere Richtung zu führen. »Bülzen« ist nach Grimms Wörterbuch soviel wie »unterstützen« oder »auf Stützen stellen«. Auch hängt dieses Wort mit »Pfeiler« zusammen. Bülzenbett bedeutet demnach soviel wie »Pfeilerbett«, d. h. ein auf Pfeilern gestütztes Steinmonument. Es gibt übrigens in Norddeutschland noch mehrere Ortschaften und Lokalitäten, die ihre Namen aus derselben Quelle entlehnt haben.

Bewunderung und Beobachtung von seiten der Gelehrten und Künstler sind dem Bülzenbett schon in sehr frühen Zeiten zuteil geworden. Bereits vor 300 Jahren hat ein alter Historiker der Stadt Bremen dieses Monument abgezeichnet und auf einer seiner Landkarten der Wesergegenden ein Bild davon abdrucken lassen. Auch viele andere Autoren haben in ihren Schriften das Grab erwähnt und es ebenfalls abgebildet.

Alle diese Abbildungen bleiben weit unter dem Interesse, das das Monument in Wirklichkeit gewährt. Und es wäre wohl der Mühe wert, daß ein geschickter Maler sich einmal die Mühe gäbe, die alten Steinmassen und ihre Umgebung so poetisch und zugleich naturgetreu darzustellen, wie sie in der Tat sind. Ebenso sind alle sogenannten Abhandlungen über das Bülzenbett, die zum Teil noch voneinander abgeschrieben sind, außerordentlich unvollkommen, meist nichts anderes als zusammengestoppelte Notizen. Es lohnte sich wohl der Mühe, wenn einmal ein Gelehrter die ganze Umgebung studieren, sämtliche Nachrichten und Sagen über das größte unserer norddeutschen Gräber sammeln, die Dimensionen und Proportionen der Steine genau aufnehmen und das Ganze auch im Zusammenhang mit den benachbarten Gräbern und Monumenten darstellen wollte.

Bis ein solcher Gelehrter erscheint, bitte ich den Leser, mit meiner Skizze vorliebzunehmen. Das gilt auch für das, was ich an Ort und Stelle über die schon genannte Pipinsburg bemerkte und dachte, nicht vorenthalten zu dürfen.

Zu der Zeit, als die kleine Halbinsel, auf der das Bülzenbett liegt, noch nicht mit dem Festland verschlickt, sondern noch vom Wasser umgeben war, mochte sie als ein strategisch wichtiger Punkt zur Befestigung sehr geeignet erscheinen. Wir finden sie daher auch mit Erdwällen und Schanzen bedeckt. Zwei sind noch heutzutage sehr deutlich zu erkennen, eine auf der vordersten Spitze der Halbinsel, »die Pipinsburg« genannt, und eine zweite etwa eine Meile landeinwärts, vom Volk als die »Heidenstadt« bezeichnet.

Der nicht sehr hohe Wall dieser letzteren bildet ein großes, aber etwas unregelmäßig gestaltetes Oval und hat auch noch Ruinen von einigen anderen Verschanzungen um sich herum. Viel großartiger, viel regelmäßiger konstruiert und zugleich auch besser konserviert erscheint die Befestigung auf der vordersten Spitze der Halbinsel, »die Pipinsburg«, die, von der Marsch aus betrachtet, fast etwas Imposantes hat.

Der innere, breite und mächtige Hauptwall dieser sogenannten Burg bildet einen sehr regelmäßigen Kreis von zirka 250 Schritt im Umfang und von 25 bis 30 Fuß Höhe. Er gleicht daher gewissermaßen einem eingefallenen Krater. Er ist nicht ganz geschlossen, vielmehr im Nordosten durch einen tiefen und breiten Einschnitt durchbrochen. Da die meisten ähnlichen Befestigungen dieser Art einen solchen Einschnitt haben, ist es wahrscheinlich, daß er nicht erst später gegraben wurde, sondern gleich mit der Anlage des Werkes entstand und den Eingang der Burg darstellt.

Vorne fällt der runde Wall mit einfacher, ziemlich steiler Böschung gegen die Marsch hin ab. Nach hinten dagegen, wo die Spitze mit dem Festlandsrücken zusammenhängt, sind ihm noch zweifache Verschanzungen und dreifache Gräben, die sich im Halbkreis um die Burg herumschlingen, vorgelegt. Diese Vorwälle sind aber bedeutend niedriger als der innere Ring. Sie erscheinen jetzt als zwei breite, einander völlig ähnliche Bodenwellen mit Vertiefungen dazwischen.

Auch ein ferneres großes Stück der Halbinsel, das sich dem Werk unmittelbar anschließt, scheint noch künstlich bearbeitet, planiert und mit Gräben umschanzt gewesen zu sein. Von Steinen und Mauerwerk gibt es anscheinend keine Spur.

Authentische Nachrichten, Dokumente oder Schriften von der Erbauung dieser Pipinsburg gibt es gar nicht. Alles, was wir über sie zu wissen glauben, beruht auf Tradition, Sage des Volkes und der Altertumsfreunde. Dieser Umstand allein reicht aus, um es von vornherein wahrscheinlich zu machen, daß wir es hier mit einem sehr alten Monument zu tun haben.

Die Sage geht mit ihr auf die Zeiten der Karolinger, insbesondere auf Pipin den Kleinen, den Vater Karls des Großen, zurück. Wir besitzen in Deutschland auch noch einige andere Orte, die ihre Benennung von demselben Personennamen entlehnt haben. Daß sowohl Pipin als auch schon sein Vater Martell zu wiederholten Malen im Sachsenland und im besonderen auch in den Wesergegenden, sogar bis zur Elbe hin, Kriege geführt haben, scheint im allgemeinen festzustehen. Daß sie bei diesen Zügen speziell auch unsere Lokalität bei Bremerhaven und an der Grenze des Landes Wursten berührten, können wir zwar nicht genau nachweisen. Es liegt indes im Bereich des Möglichen. Und der Umstand, daß der Name Pipin in dieser Gegend wurzelt, scheint sogar dafür zu sprechen, daß dies wirklich der Fall gewesen ist.

Was Karl den Großen anbelangt, so ist es beinahe außer Zweifel, daß er in Person bis zu diesem Punkt gekommen ist. Die Historiker sprechen ziemlich übereinstimmend von einem Heereszug, den er im Jahre 783 und 784 bis zu den Ländern Hadeln und Wursten ausführte. Auch findet man seine Fußstapfen und seinen Namen hier noch überall, sowohl in den von ihm gebliebenen Werken als im Munde des Volkes.

Manche glauben nun, daß Karl der Große die Pipinsburg bei dieser Gelegenheit gebaut habe, um die Einwohner dieser Länder besser im Zaum zu halten. Man müßte sich dann denken, daß er entweder die schon vor ihm von Pipin erbaute und nach ihm benannte Burg bloß benutzte und erneuerte oder daß er, wenn er eine ganz neue baute, diese vielleicht zu Ehren seines Vaters benannte.

Für diese Annahme ließe sich auch sonst manches anführen, besonders dies, daß dem großen Kaiser bei Begründung seines Bischofssitzes zu Bremen vieles daran liegen mußte, die Wesermündung zu befestigen. Ein Zug dahin, Siege über die dortigen Moorbewohner, Befestigungen in der Nähe der Flußmündung hingen ganz natürlich mit dieser Stiftung zusammen. Wahrscheinlich führten weder Pipin noch Karl der Große ihre Kriegszüge im Sachsenland ohne Unterstützung von Schiffen von der Seeseite her aus. Sie mußten schon deswegen nach einem befestigten Punkt an der Flußmündung streben.

Karl der Große mochte aber noch andere Gründe haben, den Gewinn einer solchen Position zu wünschen. Zu seiner Zeit hatten schon die Wikingerzüge der Normannen begonnen. Auch hatten sich zu seiner Zeit bereits im Lande Wursten die tapferen Friesen verbreitet. Beide, die normannischen Wikinger sowie die Wurster Friesen, bedrohten durch ihre seeräuberischen Sitten die Mündungen der norddeutschen Flüsse.

Demnach weisen also sowohl der Name Pipinsburg als auch die daran geknüpften Traditionen auf Zeiten und Persönlichkeiten hin, die in der Tat ein großes Interesse daran hatten, den bezeichneten Punkt durch eine Befestigung zu behaupten. Auch ist es ziemlich wahrscheinlich, daß sie auf diesem Punkt verkehrten, auf dem Terrain Schlachten lieferten, vielleicht auch Verschanzungen benutzten und daß infolgedessen auch ihre Namen sich an diese Lokalität knüpften.

Nichtsdestoweniger erscheint es mir beinahe gewiß, daß wir mit der ersten Gründung und frühesten Anlage der Pipinsburg noch zu anderen Zeiten und Menschen, und zwar vielleicht noch über das Jahrhundert Pipins und Karls hinaus, müssen. Der Name Pipinsburg kann zu Recht auf die Karolinger, die hier einmal in Quartier lagen, hindeuten, aber unbeschadet dessen können wir doch mit dem Datum der ersten Erbauung noch tiefer ins Altertum zurückgehen.

Daß wir dieses mit großer Wahrscheinlichkeit tun können, scheint mir erstens aus dem Plan, nach dem diese Verschanzung gebaut ist, und zweitens aus ihrer Umgebung und Lage hervorzugehen.

In ihrem Plan stimmt die Pipinsburg ganz auffallend mit vielen anderen Erdwerken des germanischen Nordens überein, die gar nichts mit Karl dem Großen zu tun haben. Überall im nordwestlichen Deutschland, besonders aber auch in Schleswig-Holstein und Jütland und weiter nordwärts im südlichen Skandinavien – Gegenden, in die erwiesenermaßen weder Pipin noch Karl der Große gekommen sind –, finden wir hier und da Wälle und Befestigungen, die sowohl in ihrer Anlage als auch in ihren Proportionen und Dimensionen der Pipinsburg so ähnlich sind, daß sie sozusagen wie Kopien desselben Modells aussehen.

Ich habe leider keine deutliche Vorstellung von der Konstruktionsform, die Karl der Große seinen Lagern und Befestigungen zu geben pflegte. Ich vermute aber, daß er dabei den Römern folgte und daher wie diese seinen Lagern und Verschanzungen eine viereckige Figur gab. Die allgemein in Deutschland einheimische uralte Form der Befestigung scheint dagegen die zirkelrunde gewesen zu sein. Auch fast alle Steinsetzungen der alten Erbauer der Hühnengräber und Götteraltäre stellen sich in kreisrunder oder ovaler Form dar. Alle eckigen Konstruktionen dagegen scheinen die Resultate größerer Kunst zu sein.

Auch die frühere Beschaffenheit des Terrains scheint, zum Teil wenigstens, auf die Annahme eines außerordentlich hohen Alters des Werkes zu führen. Ich sagte schon, daß die Pipinsburg nach vorne zur jetzigen Marsch hin nur einen einfachen Wall, nach hinten oder gegen die Geest hin doppelte Wälle und noch anderweitige Vorwerke habe. Dieses beweist klar, daß man zur Zeit ihrer Erbauung sich vorne durch irgendeinen ungangbaren Sumpf oder vielleicht durch das Meer selbst sicher fühlte, während man von der Geest her die feindlichen Angriffe erwartete. Unter den jetzigen Verhältnissen, wo ringsumher alles Festland geworden und die Burg von allen Seiten zugänglich war, würde man nach diesem Plan nicht haben bauen können. Wenn nun auch zu den Zeiten Karls des Großen die vorliegende Marsch, das Land Wursten, noch nicht in sorgfältiger und solider Weise eingedeicht und vor häufiger Überschwemmung geschützt war, so hatten doch vielleicht schon mit der im sechsten Jahrhundert beginnenden Einwanderung der Friesen die ersten Vorbereitungen zu einer solchen Eindeichung begonnen. Jedenfalls war die Marsch bereits so hoch, daß sie bewohnt werden konnte. Ein ständig offenes Meer befand sich gewiß schon damals nicht mehr um die Halbinsel herum, auf der die Pipinsburg liegt. Vielmehr war damals schon alles verschlickt, möglicherweise freilich noch sumpfig. In den ältesten Zeiten aber brandete hier das offene Meer bis an den Fuß der Geesthalbinsel, und auf einen solchen Zustand scheint die Anlage der Festung am besten berechnet zu sein.

Schließlich weisen sowohl die anderen Bauwerke, die man in ihrer Nachbarschaft gefunden hat, einerseits auf eine vorkarolingische Epoche, andererseits wenigstens nicht auf die Karolinger hin. Man kann vielleicht fragen, ob die christlichen Monarchen Pipin und Karl der Große nicht sehr abgeneigt sein mochten, sich mit einer Niederlassung mitten in ein solches Wespennest heidnischer, von ihnen verabscheuter Heiligtümer hineinzubegeben. Sollte nicht für alle in der nächsten Umgebung der Pipinsburg vorkommenden Altertümer, die großen Hünengräber, die Tumuli sowie die antiken Geräte, die man hier fand, die Vermutung entstehen, daß die Burg mit diesen Dingen mehr oder weniger gleichzeitig war und in historischem Zusammenhang stand?

Von Karl dem Großen hat man bei der Pipinsburg, außer seinem der Burg angehängten Vatersnamen, sonst nichts gefunden, keine Waffenstücke, keine Münzen, keine anderen Dinge dieser Art. Dagegen hat man hier mehreres entdeckt, das den Franken und ihren Königen durchaus nicht angehört. Besonders ein höchst merkwürdiges und berühmt gewordenes Halsband von Gold sowie mehrere römische Goldmünzen. Von diesen Münzen, die aus verschiedenen Zeiten stammen, ist die jüngste von Kaiser Anastasius II., der im Jahr 713 zur Regierung kam. Es ist daher wahrscheinlich, daß der ganze auf demselben Fleck gefundene goldene Schatz, sowohl das Halsband als auch die Münzen, in die Zeit nach dem Anfang des achten Jahrhunderts zu setzen ist. Dieses Halsband ist mit größter Wahrscheinlichkeit skandinavischen Ursprungs. Dieser Schmuck, der offenbar einem vornehmen Normannen angehört haben muß, würde auf die Anwesenheit der Normannen in der Nähe der Wesermündung und speziell bei unserer Pipinsburg hindeuten. Vermutlich brachten ihn die Normannen selbst hierher. Daß die Sachsen ihn in Norwegen oder Dänemark geraubt haben sollten, ist nicht wahrscheinlich, weil sie im achten Jahrhundert viel schwächer auf der See waren als die Normannen.

XI. Die Heidschnucken im Lüneburgischen

In der Lüneburger Heide, ja fast überall im nordwestlichen Deutschland, kennt nahezu jeder gebildete Mensch den großartigen Schnitzer, den einmal ein diese Gegenden schildernder Autor machte. Ein Franzose, den sein Unglücksstern in die Nähe von Sulingen oder Lüneburg führte, hörte dort die Leute viel von den armen Wollträgern reden, die im allgemeinen »Heidschnucken« genannt werden. Man sagte ihm, daß sie das Innere der wilden Heidegebiete bewohnten, braun oder schwarz und mit haariger rauher Wolle bekleidet waren, sich außerordentlich scheu verhielten und sich kümmerlich von den Kräutern ihres wüsten Landes ernährten, in dem sie wie Nomaden herumzogen. Dieses fand der Franzose sehr interessant, war aber doch zu bequem, um selbst nachzusehen, ob jene armseligen Geschöpfe bloß zwei- oder gar vierbeinig waren. Da er aber übertriebene Vorstellungen von den Zuständen in den nordwestdeutschen Landen hatte, hielt er das erste für wahrscheinlicher. Ein scheues, halbwildes Nomadenvolk schien ihm gut mit den weitgestreckten unkultivierten Heidegebieten zu harmonieren. So ließ er in seiner Schilderung von Nordwestdeutschland ein kleines Kapitel über das »Peuple sauvage des Heidschnucks« einfließen.

Durch diesen Mißgriff eines Literaten ist das gute Heidetier in der ganzen Welt bekannt geworden. Die Details seiner Natur und Lebensweise sind aber auch den meisten Deutschen nicht bekannt. Einige Angaben darüber dürften um so willkommener sein, da die Heidschnucken zu den bedrohten Tierarten gehören. Sie sterben vor der in der Heide um sich greifenden Kultur dahin und werden ihre Rolle vielleicht bald ausgespielt haben.

Die Heidschnucken sind die wichtigsten Haustiere der Heidebewohner und eine der Hauptstützen ihrer Existenz. Man trifft sie überall auf den großen, flachen, trocknen Heiderücken, die sich von der kimbrischen Halbinsel durch den nördlichen und mittleren Teil des Königreichs Hannover, durch die südliche Hälfte des Herzogtums Oldenburg bis an die Hügel und Waldgebiete Westfalens und westlich bis in das Innere der Niederlande erstrecken. Die mit dem Namen »Heidschnukken« bezeichneten Hausschafe unterscheiden sich in diesen ausgedehnten Provinzen zwar in Farbe und Gestalt, haben aber sonst zahlreiche Gemeinsamkeiten.

Die harten, trocknen, fast hölzernen Heidekräuter werden von keinem anderen Tier als von den Heidschnukken gefressen. Am Rande der Heide, in den Flußniederungen der Marschen haben sich andere Schafgattungen verbreitet, die der Bewohner der Lüneburger Heide unter dem Namen »das Weserschaf« zusammenfaßt. Diese können alle die mit dem Heideleben verbundenen Entbehrungen und Strapazen nicht ertragen und würden dort aussterben. Die stolzen Marsch- und Weserschafe sind wegen ihrer großen Vollkommenheit und Nützlichkeit die Freude des Volkswirtschaftlers. Aber eben deshalb bieten sie dem Maler, dem Poeten, dem Ethnographen und Altertumsforscher beinahe keine interessante Seite. Heidschnucken, deren zerzauster Pelz etwas vom Streichen durch das Dorngebüsch und anderen Abenteuern erzählt und deren melancholische Physiognomien mit einem fast leidenden Ausdruck so viel interessanter erscheinen, fesseln einen Maler eher als die in lauter untadlige Wolle und Fett eingehüllten Züge eines wohlgenährten Schafes der Niederungen.

Auch dem Geschichtsfreund ist das uralte Geestschaf viel wichtiger als das neu eingewanderte Marschtier. Auf der Geest wohnte das Urgeschlecht des Landes: Völker, deren Namen und Herkunft wir nicht mehr kennen und die in den Hünengräbern einen tausendjährigen Schlaf schlafen. Die Marsch dagegen ist ohne jegliche Spur von mit der Urgeschichte des Landes verknüpften Erinnerungen. Die Heidschnucken sind vermutlich die direkten Nachkommen der Schafe, mit denen unsere Vorfahren ins Land zogen. Von der Kultur nicht affiziert, sehen sie noch heute genauso aus, wie sie vor Jahrtausenden aussahen.

Schon der Name Heidschnucken ist bezeichnend für die kümmerliche Erscheinung des kleinen Tieres. Er wird von dem angelsächsischen »snikken« (= kriechen) abgeleitet und bedeutet demnach soviel wie Heidekriecher. Es ist die kleinste Gattung von Schafen, die wir haben. Die Dürftigkeit der Nahrung bringt bei ihnen dieselbe zwergartige Entwicklung hervor wie unter den Pferden der Shetlandinseln und des schottischen Hochgebirges. Neben ihrer Kleinheit zeichnen sie sich durch einen schwächlichen Körperbau aus. Sie trippeln auf ihren mageren Beinchen zwischen den Heidekräutern mit scheinbar so unsichern und beinahe zitternden Schritten umher, als vermöchten sie es nicht einmal, recht fest aufzutreten. Sie sind ziemlich empfindlich gegen Feuchtigkeit und können weder viel Regen noch feuchte oder saftige Nahrung vertragen. Sonnenschein und Hitze dagegen vertragen die Heidschnucken viel besser als die schweren Marschschafe, und auch im Winter entwickeln sie bei Kälte und trocknem Schnee eine gewisse Zähigkeit und viel Geschick.

Immer pfercht man sie über Nacht in Hürden ein, hauptsächlich um nicht des Düngers verlustig zu gehen. Denn die Düngererzeugung ist eigentlich der vornehmste Zweck bei der ganzen Heidschnuckenwirtschaft. Wenn der Bauer am Schluß seiner Bilanz nur den Dünger frei und die übrigen Kosten mit der Wolle, dem Fleischverkauf und den sonstigen Erlösen seiner Herde gedeckt hat,

Heidschnucken

so ist er zufrieden. Die Heidschnucken sind ihre Düngerfabrikanten und spielen als solche eine Hauptrolle in der Kultur der Heiden. Wenn ein neues Stück Heideland unter den Pflug gebracht werden soll, schafft sich der »Neubauer« zunächst eine kleine Schafherde an. Er errichtet seine Schafhürden in einem Winkel des neuaufgerissenen Stücks, läßt sie da für einen oder zwei Tage stehen und treibt des Nachts seine Herde hinein. Der Schäfer selbst in einem kleinen zweiradrigen Wagen, seiner Schlafstube, zieht mit in die Hürde, in deren Mitte er sich mit seinem getreuen Hund postiert. Ist das Stück gedüngt, so schlägt er für die nächste Nacht die Hürde um und befestigt sie auf dem benachbarten Quadrat. Die Hürden bestehen aus langen, leiterartigen, beweglichen Holzeinfassungen, deren senkrechte Querstäbe zugespitzte Füße haben. Ein paar Schläge mit dem dicken Holzhammer, den der Schäfer in seinem Wagen mit sich führt, bringen sie bald in den

Boden. Ringe aus Weidenzweigen, von denen er auch immer einen ausreichenden Vorrat bei sich hat und die er über die Köpfe zweier zusammenstehender Hürden stülpt, verketten das ganze Viereck. Auf diese Weise wird auch jeder andere schon längst bebaute Acker gedüngt.

Die Heide ist ein so kräftig wucherndes Kraut, daß sie andere Kräuter nicht aufkommen läßt oder sie erstickt. Der Heideteppich sieht daher auch zu allen Zeiten des Jahres sehr eintönig und einförmig aus. Meistens ist er braun, zuweilen, wenn die Heide blüht, rot. Die Heide erscheint überall da wieder, wo man sie nicht mit Gewalt vertilgt. Der Ackerbauer befindet sich daher in einem ständigen Kampf gegen die wuchernde Heide.

Auf der Heide wächst ein dürftiges Gras, das die Heidebauern »Bocksbart« nennen. Es ist fast ebenso dürr, trocken und struppig wie die Heide selbst, und die Heidschnucken weiden es mit dieser ab. Alles, was nicht Erika und nicht Bocksbart ist, ist den Heidschnucken verpönt. Die Heideländer sind von einer Menge großer Torfmoore durchsetzt, und hier und da gibt es kleine Flüsse und Bäche, in deren feuchten Tälern allerlei Gräser und Sumpfpflanzen grünen. Diese saftigen Pflanzen sind den Heidschnucken so schädlich wie den Hindus, die ihr Leben lang nichts als Reis und Grütze gekannt haben, Fett, Speck und Roastbeefs. Der Schäfer muß daher seine Schafe aufmerksam von diesen Stellen entfernt halten, und er muß sein Revier genau kennen, um im voraus die Gefahr zu meiden. Die Gesundheit seiner armen Tierchen steht auf so schwachen Füßen, daß eine kurze Beweidung jener feuchten und dickgrasigen Weiden imstande ist, ganze Herden zu vernichten. Die Sache ist um so gefährlicher, da die Schafe gern zu diesen feuchten Stellen hineilen, um ihren Durst zu löschen. Das aber dürfen sie nur selten und nur mit Vorsicht tun. In den Heiden gibt es oft auf weiten Strecken keine Gewässer. Die

Tiere sind daher genötigt, oft tagelang zu dursten. In diesem Punkt sind sie in Übereinstimmung mit der Natur ihres Landes außerordentlich zäh und ausdauernd. Sie ertragen den Durst und den Wassermangel mit großer Langmut.

Wie die Wassertümpel muß auch das betaute Gras von den Schäfern und den Schafen gemieden werden. Ein vorsichtiger Hirte treibt nicht eher aus, bis die Sonne die Heide überall getrocknet hat. Regenschauer oder Gewitter lieben die Heidschnucken noch weniger als die anderen Schafarten. Sie benehmen sich bei dem Losbrechen eines Unwetters sehr ängstlich und schüchtern. Ein sorgfältiger Schäfer muß seine Vorkehrungen treffen und womöglich ein Wetterprophet sein. Bei drohenden Anzeichen muß er beizeiten seine Herde so unterbringen, daß er leicht den Stall oder sonst einen Schutz erreichen kann. Dabei darf er sich jedoch nicht vor jedem drohenden Wetter erschrecken und sich dadurch verführen lassen, die seiner Leitung anvertrauten Tiere unruhig mal hierin, mal dorthin zu treiben. Er muß ein nicht zu ängstlicher Regent sein und bei aller Vorsicht sich doch eine gute Portion Gleichmut aneignen. Er muß seinen Schafen Zeit lassen, sich die Pflanzen selbst in ihrer Umgebung zu wählen und sie mit Muße zu zerkauen. Treibt er sie, wie junge und heißblütige Schäfer das oft zu tun geneigt sind, Hügel auf, Hügel ab, so rupfen die Schafe ohne Wahl ihr Futter am Wege, verschlingen es hastig und schaden ihrem Wohlbefinden.

Am meisten werden die Schafhirten wie auch ihr armseliges Vieh im Winter geprüft, wo sie, vom Hunger getrieben, bei fast jeder Witterung in die Wüste hinaus müssen. Dann ziehen sie eine dickwollige Zipfelmütze über den Kopf, hüllen sich den ganzen Leib in einen starken und weiten Wollmantel und bekleiden ihre Füße und Beine mit ihren »Holtensteweln« (Holzstiefeln). Diese

Holtensteweln sind plumpe dicke Holzschuhe, an die dicke lederne Schäfte genagelt sind, die bis über die Knie hinausgehen. Jene Saison der Holtensteweln ist für die Schafe eine Zeit der Not und des Leidens. Wenn sie sich oft vergebens bemühen, unter dem gefrorenen Schnee ihre Heidekräuter auszugraben, und sie auch im Stall nichts anderes als ein bißchen völlig dürres Heidegestrüpp erwartet, dann sind sie wahre Bilder des Jammers. Sie kommen sehr schnell herunter. Freilich kommen sie genauso schnell wieder zu Fleisch. Im Herbst genügt es, die, welche man dem Schlächter bestimmt, ein paar Wochen auf die Stoppelfelder zu lassen, um sie in ihrer Art ganz rundlich und fett zu machen. Dann muß man sie aber sehr bald auf die Schlachtbank führen. Denn auch dieses Fettwerden und diese »Reihe von guten Tagen« in den Stoppeln ertragen die Tierchen nicht lange. Will man sie überwintern lassen und lange behalten, muß man sie immer dicht vor dem Hungertod herführen und nie übermütig werden lassen.

Vom Monat August an, wo die Schnucken auf die Stoppelfelder kommen, ist Schnuckenfleisch der Hauptbraten in den Heiden. Da die Tiere das ganze Jahr hindurch viel frische Luft genießen und überhaupt ein halbwildes Leben führen, bekommt ihr Fleisch einen kleinen Beigeschmack von der Wildnis. Es sieht nicht so weiß aus wie das Fleisch der Niederungsschafe, sondern dunkler wie das Fleisch des Wildes. Mit einiger Nachhilfe läßt es sich beinahe in Rehfleisch verwandeln. Man versäuert es und verkauft die Schnuckenkeulen, die beinahe so gern wie Rehkeulen genommen werden.

Unglücklicherweise trägt auch die Wolle der Schnucken ein wenig das Gepräge der Wildnis. Ihr Pelz ist mehr haarig als wollig, und außerdem ist die Quantität dieses Produktes sehr gering. Andere Schafgattungen geben sechs- bis siebenmal mehr Wolle. Und noch leichter fällt die

Schnucke ins Gewicht, wenn man die Preise der Wolle vergleicht. Der Pelz eines feinen Merinoschafs ist soviel wert wie die von 20 Schnucken. Milchertrag gibt es gar nicht. Die Schäfer sind froh, wenn zum Aufziehen der Lämmer hinreichend Heidemilch vorhanden ist. Die Menge muß es also bei diesen Tieren tun, und die Bauern haben sie daher auch meist bei Hunderten wie die Lappen ihre Rentiere. Wer in Lappland nur 100 bis 200 Rentiere hat, ist ein Bettler. So in den nordwestdeutschen Heiden mit den Heidschnucken. Zuweilen haben die Bauern, selbst die mittleren, 300 bis 400 Schafe. In den großen Heiden bei Lüneburg gibt es welche, die Tausende besitzen.

In neuerer Zeit sind die Zucht der Heidschnucken und alle aus ihr hervorgehenden Industriezweige, Beschäftigungen, Sitten und Gebräuche sehr in Abnahme begriffen. Die Schnucken sterben mit dem Heidekraut, an das ihre Existenz geknüpft ist, aus. Und dieses ihnen anvertraute Weideterrain wird allmählich kleiner. Denn überall nehmen die Feldmarken der Heidedörfer an Umfang zu. Bisher lagen diese grünen Feldmarken und die dazugehörigen Dörfer auf den weiten Heiderücken verteilt wie die Oasen in einer Wüste. Sie waren zum Teil sogar mit Gräben und Wällen umgeben, mit denen sie ihre Äcker gegen die Einflüsse der Heide, gegen die wuchernden Heidekräuter, gegen den wandernden Sand und gegen die Heidschnucken schützten.

In diesen lüneburgischen Heidefeldmarken ist in letzter Zeit ein neuer und sehr reger Geist erwacht. Da findet man ehemalige Sumpfstrecken durch Entwässerung und künstliche Bewässerung in die schönsten Wiesen verwandelt. Da ist neuerdings die Lupine eingedrungen, ein Gewächs, das man auf dem Sandboden der Heide anzupflanzen gelernt hat und dort wahre Wunder wirkt. Sie tritt als Winterfutter immer mehr und mehr an die Stelle der dürftigen Heidegestrüppe und ermöglicht die Aufzucht feinerer Schafe. Sie wird mehr und mehr der ganzen Wirtschaft in den Heiden eine solidere Basis geben.

Was aber diesen Verbesserungen den wahren Impuls gibt, ist die Aufhebung der »Meente« (der Gemeinheit), die endlich in letzter Zeit gelungen ist. Diese sogenannte Meente stammt noch aus den barbarischen Nomadenzeiten. Zu diesen Zeiten und im Mittelalter war es Gewohnheit, nur die Äcker, die jemand unter dem Pflug hatte oder mit seiner Schaufel bearbeitete, als sein Privateigentum zu betrachten. Die »hohe Heide« dagegen oder der weit um das Dorf sich erstreckende »Wildboden« war gemeinschaftlicher Besitz der gesamten Bauernschaft, ein Gemeingut, eine »Meente«, und für die Heidschnucken des Dorfs als Weide reserviert. Jeder trieb auf diese Meente soviel Schafe, wie ihm beliebte. In den Privatbesitz eines strebsamen Individuums konnte nichts davon kommen. Es mußte alles unter dem gefräßigen Zahn der hungrigen Heidschnucken bleiben.

Es ist überflüssig nachzuweisen, daß diese Meente wie ein Fluch auf allen Verhältnissen in den Heideländereien lastete. In der Neuzeit wurde die Meente im Lüneburgischen aufgehoben. Man hat sich zur Verteilung des Gemeindebesitzes entschlossen und dadurch den Heidschnucken ihr Todesurteil unterschrieben. Die schwierige Durchführung dieses Beschlusses, die Teilung selbst, ist zwar noch nicht überall geschehen. Aber schon die Vorbereitungen dazu und die teilweise vollendeten Teilungen haben sich jetzt schon spürbar auf die Belebung der Heiden ausgewirkt. Bei fast jedem Ort sind »Neubauern« oder Kolonien entstanden, und wie die Heiden selbst so sind auch die Heidschnucken dabei ins Gedränge geraten. Man sieht mehr und mehr ein, daß diese Tiere und die Wirtschaft mit ihnen nicht mehr zur Neuzeit passen. Doch mag es freilich noch ziemlich lange dauern, bis wir diese Dinge ganz den Antiquaren überweisen können.

XII. Der niederdeutsche Holzschuh

In dem großen Länder- und Völkerstrich vom dänischen Sund durch Deutschland über Holland bis tief ins Innere Frankreichs wachsen die Schuhe für die Mehrzahl der Bewohner nicht auf dem Rücken der Ochsen, sondern in dem dicken Stamm der Bäume. Der Holzschuh verdirbt aber die ganze Mechanik des Fußes vollständig und macht ihn untauglich zu den mannigfachen Zwecken, zu denen die Natur ihn eingerichtet zu haben scheint. Er verwandelt seine ganze Gliederung in eine kompakte, gefühllose Masse und macht ihn dem Pferdehuf ähnlich. Der nordwestdeutsche Holzschuh steht im größten Kontrast zu den schmiegsamen Schuhen aus Leder oder aus Hanf, Bast, Binsen und Schilfgeflecht, wie sie sonst auf der Welt üblich sind. In der Tat stehen die Norddeutschen mit ihrem Holzschuh fast ganz isoliert in der Welt da. Ich kann mich nicht erinnern, daß noch sonst irgendein Volk den Fuß in ein so unbarmherziges Gefängnis gebracht hat.

Gewöhnlich gibt man die Erfindung der Holzschuhe unserem Klima, unserem Regenwetter, unseren Überschwemmungen und Morasten schuld. Daß sie zum Teil daran beteiligt sind, läßt sich zwar nicht leugnen. Denn das echte Holzschuhland sind eben die nordwestdeutschen Moorgegenden, die friesischen und holländischen Marschen und Sümpfe, der ganze nordwestdeutsche Schlechtwetterstrich. Wo dieser aufhört, wo der Boden sich aus den ewigen Überschwemmungen und dem Flußschlamm zu trocknen Gebirgen erhebt, da werden auch die Holzschuhe seltener und verschwinden in Mittel- und Süddeutschland ganz.

Aber die Marschen und Sümpfe sind nicht die einzige

Erklärung. Wer je einen ruhigen, phlegmatischen, jütischen, friesischen oder niederländischen Bauern beobachtet hat, wie er klopp! klopp! klopp! mit seinen »Holschen« an den Füßen schwerfällig und langsam über seine Tenne klappert, dem wird sich wohl die Überzeugung aufgedrängt haben, daß diesem Bauern seine Holschen völlig natürlich aus seiner ganzen Natur hervorgewachsen sind. Wie die plumpe Derbheit dieser Leute, so liegt auch die Geradheit ihres Wesens in ihrer Fußbekleidung ausgedrückt. Sie sind keine Schleicher und Hehler. Sie neigen nicht zum Meuchelmord und Räuberhandwerk wie die auf Sandalen oder Socken wandelnden Welschen, Spanier und Griechen. Ihr Holzschuh hat etwas Ehrliches. Man hört ihn schon von weitem. Er verleugnet sich nicht.

Wie die Holzschuhe auf der einen Seite ein Ausdruck des Charakters dieser Leute sind, so tragen sie auf der anderen Seite auch wieder dazu bei, diesen Charakter zu konservieren und die Holschenmänner an ihren alten festen Gewohnheiten, Sitten und ihrem Wesen festhalten zu lassen. In den schweren, steifen hölzernen Schuhen sterben vielerlei natürliche Eigenschaften des Fußes ab. Er dehnt sich darin breit und massenhaft aus. Die harten hölzernen Wände des Gefäßes, an denen er sich stößt, veranlassen Beulen und Schwielen. Er umgibt sich mit einer harten Haut und bekommt auf beiden Seiten dicke Ballen. Er verliert dadurch seine Zierlichkeit und Agilität, wird ein schlechter Tänzer und ein träger Marschierer. Alle diese Eigenschaften zirkulieren daher auch aus den Füßen und Holzschuhen wieder in das Blut und Wesen der Leute hinauf und befestigen sie in ihrer Natur. Wer von Kindheit an in Holzschuhen stampfte und stolperte, der stampft und stolpert genauso in Tanzschuhen. Es fällt schwer, aus ihm einen adretten Soldaten, einen gewandten Tänzer zu machen. Könnten wir diesem Volk einmal alle seine Holzschuhe auf einem Haufen verbrennen und ihm statt dessen Sandalen oder Mokassins geben, so würden wir dadurch zugleich eine große Reform in seinem Wesen und seinen Eigenschaften bewirken.

Gewöhnlich sind die Holzschuhe der nordwestdeutschen Bauern nichts weiter als das, was der Name besagt, nämlich eine Bekleidung, die nicht über den Fuß hinaus geht. In manchen besonders wasserreichen Strichen aber haben sie auch hölzerne Stiefel, bei denen das ganze Bein bis zum Knie hinauf in diesem unnachgiebigen Stoff steckt. Dies kommt jedoch nur ausnahmsweise vor, besonders da, wo in den Sümpfen und Morasten die Entenjagd stark betrieben wird. Da müssen die Jäger zuweilen halbe Tage lang auf dem Posten sein und dabei im kalten, oft mit Eisschollen bedeckten Wasser stehen. Sie finden, daß sie sich bei diesem anstrengenden Geschäft weder mit Leder noch mit sonst einem Stoff hinreichend schützen können. Sie höhlen daher halbe Baumstämme aus, um mit ihnen angetan der Kälte und Nässe zu trotzen. Diese hölzernen Stiefel sind natürlich vollkommen gelenklos, dabei aber sehr weit, so daß der Fuß leicht hineinfährt. Die Zwischenräume werden mit Stroh vollgestopft, teils um das Abfallen zu vermeiden, teils um die Wärme zu vermehren. Sie können darin stundenlang im beeisten Wasser stehen und noch wie Störche damit herumwaten. Doch müssen sie sich vor dem Fallen hüten. Denn stürzen sie in diesen Stiefeln um, dann geht es ihnen wie den eisenbeschienten Rittern oder schweren Kavalleristen in ihren Kürassen. Ohne Hilfe anderer können sie sich nicht wieder erheben. Schon mancher einsame Jäger ist in seinen Stiefeln umgekommen und im Sumpf liegengeblieben.

Normalerweise erhebt sich aber die Kunst des Holzschuhmachens nicht bis zum Knie. Vielmehr werden die meisten sogenannten Holzstiefel zur Hälfte von den gewöhnlichen Schustern gemacht, die den Holschen lange bequeme Lederschäfte ansetzen. Aber auch diese Holzstiefel sind schon ein ziemlich plumpes Machwerk. Das fingerdicke Leder wird dabei an das daumendicke Holz mit Nägeln und mit eisernen Bändern oder Drähten gehörig angeschmiedet. Sie sind die Winterbeschuhung der Heide- und Moorschäfer und aller derer, die »an der Wasserkante« arbeiten. Je nach den Zwecken und je nach der Landessitte sind auch diese halbledernen Holzstiefel in fast allen Strichen und Dörfern etwas verschieden.

Bei weitem am mannigfaltigsten und stärksten aber ist der Gebrauch der simplen Holzschuhe. Sie werden von Kindern und Erwachsenen, von Mädchen, Frauen und Männern getragen. Man findet sie nicht nur bei der ackerbauenden Bevölkerung, sondern auch in den Städten Norddeutschlands, in denen sie die Landleute, die sich dort als Arbeiter verdingen, eingeführt haben. Selbst in solchen großen Städten wie Hamburg, Hannover, Lübeck, Bremen, Köln usw. ist der Gebrauch von Holzschuhen nicht unbedeutend. In diesen Orten pflegen sich ihrer alle Arbeiter zu bedienen, die viel im Freien und im nassen Schmutz zu tun haben, z. B. die Bierbrauer, Weinküfer, Branntweinbrenner, Gerber, die Gemüsegärtner der Vorstädte usw. Doch tragen sie diese nur bei der Arbeit selbst, in ihren Höfen und Werkstätten. Man vernimmt daher in diesen Städten nicht das unangenehme Geklapper, durch das man in einigen englischen Manufakturorten geweckt wird, wenn die Fabrikarbeiter frühmorgens auf ihren hölzernen Sohlen zu ihren Maschinen pilgern. Auf dem schlechten Steinpflaster unserer Städte würde selbst der Holzschuh bald zersplittern, auch wenn er aus dem besten Birkenholz gedrechselt wäre.

Denn dieses Birkenholz ist das gewöhnlichste Material für die Holzschuhe. Wenigstens werden alle diejenigen daraus verfertigt, bei denen man einigen Anspruch auf Dauerhaftigkeit stellt, d. h. die eigentlichen Arbeitsschuhe. Das Birkenholz ist zugleich zäh, elastisch und dicht. Es saugt das Wasser nicht so leicht auf und ist nicht so »splitterich« wie Tannenholz, aus dem man keinen brauchbaren Holzschuh gewinnen kann. Zum Teil hat daher auch wohl das Holzschuhgebiet einigen Parallelismus mit der Verbreitungszone der Birke. Der Holzschuh ist schon deswegen vom südlichen Europa, wo es gar keine, und von England, wo es nur wenige Birken gibt, ausgeschlossen. Freilich aber gibt es wiederum große Birkenländer, z. B. das nördliche Rußland, in denen auch die Leute das Birkenholz zu allerlei Utensilien in ihrem Haushalt, dennoch aber nicht zu Holzschuhen benutzen.

Man könnte die Birke den deutschen »Schuh-« oder »Pantoffelbaum« nennen. Das Birkenholz ist nicht nur solide, sondern zugleich auch etwas schwer. Wer seine Holzschuhe daher nicht bei seiner Arbeit benutzen will, nimmt sie lieber aus einem leichteren Stoff, von der Erle oder noch lieber von der Weide oder Pappel. Das Pappelholz ist das allerleichteste und sanfteste von allen. Obwohl uns anderen der Luxus beim Tragen von pappelhölzernen Holzschuhen noch nicht recht fühlbar werden will, so kommt es einem schwieligen Heidebauer doch dabei vor, als hätte er Samt und Seide über den Fuß gezogen. Zugeben muß man übrigens, daß unsere Bauern sich allerdings manchen wirklichen Komfort vermittels ihrer Holzschuhe verschaffen können, dessen wir mit unserem Leder nicht so leicht teilhaftig werden. Wenn sie sich nämlich etwas Gutes tun oder ihre Füße nach einer anstrengenden Tour oder nach stundenlanger Durchweichung im kalten Sumpf vor Erkältung schützen wollen, dann füllen sie ihre Holzschuhe mit glimmender Asche oder mit Kohlen, durchglühen sie bis zur Hitze eines russischen Dampfbades und stecken danach ihre Füße hinein, die sanft darin schmoren und backen wie Bratäpfel. Man kann dabei bemerken, daß die niederdeutschen Moor-

und Marschleute sich überhaupt wenn auch nicht Kohlen aufs Haupt, doch in vielfacher Weise Glut und Kohlen unter die Füße legen. Neben den ausgeglühten Holzschuhen sind die von Holland her berühmten »Feuerstübchen« oder »Feuerkieken« fast allgemein bei ihnen in Gebrauch. Sehr gewöhnlich nehmen sie auch erhitzte Steine mit ins Bett, und auch am Tage glühen sie gern einen Ziegelstein, um die Füße darauf zu setzen. Da sie fast alle ein amphibisches Leben führen und unzählige ihrer Krankheiten, Rheumatismus, Gicht usw., durch die beständig im Wasser wandelnden Füße bei ihnen einziehen, so ist die Sorge um ihr Piedestal sehr begreiflich.

Für manche ihrer Morastarbeiten haben sie besonders konstruierte Holzschuhe, so z. B. die Moorbauern für ihre Torfstechereien. Bei diesen, die oft besonders weichen Grund unter die Füße bekommen, zieht sich der Holzschuh in die Breite wie der Schneeschuh bei den Indianern. Diese Torfholzschuhe haben unten beinahe die Größe eines Quadratfußes. Man nennt sie »Brettholschen«. Sie werden aus einem einzigen dicken Stück Birkenholz geschnitten.

Nicht nur die Menschen, sondern auch die unglücklichen Vierfüßer, welche diese Friesen und Chauken mit in ihre Sümpfe verpflanzt haben, müssen es sich zuweilen gefallen lassen, ihre Füße in Holzblöcke zu stecken. Ich denke hier nicht etwa an die kleinen zierlichen Holschen, die ausgehöhlten Nüsse, die zuweilen die grausamen Buben der Hauskatze an die vier Pfoten binden, um sie vermutlich zur Nachäffung der beholzten niedersächsischen Menschen auf Boden und Treppe spektakeln zu lassen. Nein, auch für andere Tiere, besonders für die edlen Pferde, wird die Beholschung der Füße in vielen besonders wäßrigen Sumpfstrichen eine bittere Notwendigkeit und ebenso ratsam wie auf dem steinigen Boden ihre Armierung mit Eisen. Die »Peereholschen« (Pferdeholzschuhe) findet man in verschiedenen Gegenden der deutschen Niederlande. Den Pferden wird dazu eigens das Maß genommen, damit ihre Hufe recht genau hineinpassen. Sie sind den oben beschriebenen Brettholschen der Menschen ähnlich und bestehen wie diese aus einer Höhlung für den Huf oben und aus einer breiten brettartigen Unterlage. Alles übrigens aus einem Stück und meistens recht korrekt und sauber geschnitzt. Der Schuh geht den Pferden nur etwas über die Mitte des Hufs hinauf, damit das Fleisch oberhalb desselben nicht verletzt wird, und wird dann mit einem starken Riemen über dem Hacken des Hufs befestigt. Es werden ihnen solche Schuhe in sehr morastigen Feldern sowohl beim Pflügen als auch beim Heimführen der Erntewagen und bei sonstigen Arbeiten angeschnallt. Meistens bekommen sie nur zwei an den Hinterfüßen. Zuweilen aber, wenn es eine große Regenflut und einen unergründlichen Schmutz gab, werden sie an allen vier Füßen in den Block gelegt. Es ist ein wahrer Jammer, diese edlen Tiere dann mit solchen vier Klötzen marschieren und arbeiten zu sehen.

Obwohl die Holzschuhmacherkunst nicht nur ein in vielen Ländern verbreitetes, sondern auch keineswegs ein einfaches Gewerbe ist, obwohl sie mit sehr mannigfaltigem Material, das sie zu verschiedenen Zwecken verwendet, zu tun hat, und vom Pferdeschuh und von jenen zu Jagdstiefeln umgestalteten Bäumen bis zu den zierlichen Kinderpantöffelchen und den samtweichen Pappelholzschuhen, die man des Luxus halber trägt, gar mancherlei Produkte hervorbringt, so ist sie doch nie von ehrgeizigen Innungsgenossen oder ambitiösen Meistern und Gesellen in die Ketten einer Zunftgenossenschaft geschlagen worden. Vielmehr ist sie immer eine freie Kunst geblieben. Jeder niedersächsische Bauer, der sich darauf versteht, übt sie zum Hausbedarf. In vielen Familien, besonders in einsamen Gehöften, sägen, kloben und bohren sie

Ein Holzschuhmacher bei der Arbeit

sich das ihnen nötige Schuhwerk genauso zurecht wie ihr Brennholz oder ihre Leitern und Wagendeichseln. Es ist eine häufige Winterbeschäftigung der jungen Burschen und Knechte. Indessen lernen diese doch meistens nur das Notwendigste.

Um allen Anforderungen dieser Kunst genügen zu können, braucht man seinen eigenen Mann. Man findet daher auch in den meisten niedersächsischen Dörfern kleine Leute angesiedelt, die aus besagter Kunst ein besonderes Gewerbe machen und nebenbei ihr Gärtchen und Feld bestellen. Ich kenne keine Klasse von Handwerkern, mit denen Schriftsteller und Bücher sich weniger beschäftigt haben als mit diesen Holzschuhdrechslern, die doch in einem so großen Abschnitt Europas verbreitet sind und die man vom Limousin im mittleren Frankreich bis zum jütischen Vorgebirge Skagen fast in jedem Ort findet. Man erkennt ihre kleinen Werkstätten und Wohnungen bald an den Birken-, Erlen- und Pappelklötzen, die dort liegen, sowie an ihrer bescheidenen Stellung, die sie am Rande des Dorfes, wo sie ein vergessenes Stückchen Land bebauen, einnehmen. Sie haben allerlei sehr sonderbar gestaltete Instrumente, die den Werkzeugen des Lederschusters in gar nichts ähnlich sehen, obwohl sie für dasselbe Bedürfnis wie dieser sorgen und auch auf die Erzeugung eines Produkts von derselben Gestalt hinarbeiten. Am meisten Ähnlichkeit haben die Werkzeuge des Holzschuhmachers mit denen des Tischlers und Drechslers. Wie diese gebrauchen sie das Beil, die Säge und den Hammer. Aber die Aushöhlung des Schuhs, die wichtigste Aufgabe des Holzschusters, ist eine Arbeit so eigentümlicher Art, daß sie auch ganz eigentümliche Werkzeuge nötig macht, die zum Teil sehr wunderlich aussehen und die ich noch nirgendwo dargestellt fand, obwohl sie schon seit uralten Zeiten in jenen obskuren Werkstätten der Heidedörfer in Gebrauch sein mögen.

Das wichtigste darunter ist der sogenannte »Holschenbohrer«, mit dem der zum Schuh bestimmte Klotz zunächst sowohl in der Richtung des Hackens als auch nach den Vorderfüßen hin angebohrt wird, um das Grobe auszuräumen und Platz für die feinere Ausarbeitung zu schaffen. Danach kommt das sogenannte »Holschen-isen«, ein Messer, um die Hackenhöhlung auszuarbeiten, und dann das sogenannte »Holschenmesser«, das sehr wunderlich gestaltet ist und dazu dient, die Haupthöhlung für den Vorderfuß zustande zu bringen.

Ein Schuster stellt mit diesen Instrumenten 4 bis 5 gewöhnliche Holschen her. Das ist ungefähr soviel, wie ein Bauer im Laufe des Jahres verbraucht.

XIII. Die Elbinseln bei Hamburg

Wer einen Blick auf die bunte kleine Karte des Hamburger Gebiets wirft, wird feststellen, daß es sich in zwei große Hälften oder Flügel teilt.

Der eine Flügel geht von der Stadt nördlich längs des kleinen, aber seiner Anmut wegen weltberühmten Alsterflusses hinauf. Es ist alles hohes und etwas hügliges Geestland. Und daher ist es in neuerer Zeit ebenso wie der hohe Geestrücken von Hamburg über Altona nach Blankenese die vornehmste Gegend des Naturgenusses und Landlebens der Städter, ihrer Gärten und Villen geworden. Es reiht sich hier ein reich geschmücktes Luftrevier an das andere. Es ist ein großer und anmutiger Irrgarten von Palästen, kunstvollen Blumenanlagen und natürlichen Gehölzen.

Der andere Flügel senkt sich südwärts ins große, breite Elbtal hinab und erstreckt sich in demselben etwa acht Stunden weit von Osten nach Westen. Es ist ein Stück Land, um dessen Besitz auch viel Blut und Geld geflossen sind. Meistens ging es dabei so zu, daß die großen Herren in der Nachbarschaft Geld nötig hatten, das die Hamburger, die immer ziemlich bei Kasse waren, ihnen vorschossen und sich dafür irgendeinen schönen Wiesenstrich verpfänden ließen, der dann hinterher nicht wieder eingelöst wurde und so der Stadt verblieb.

Die ganze Südhälfte des Hamburger Gebiets ist im Gegensatz zur Nordhälfte ein breiter Streifen schönen, fetten, reichen Marschlandes. Er steckt der Elbe, die sich hier meerbusenartig erweitert, wie dem Walfisch seine dicke Speckzunge im Hintergrund des Rachens.

Anfänglich war es vermutlich, wie noch jetzt die Elbe unterhalb Hamburgs, ein breites Gewässer, der obere

Zipfel jenes langen und eine Meile breiten Busens, in dem der Strom von Hamburg an zum Meer fließt. Allmählich sammelte sich von oben her Schlamm in diesem Busenende an, und es entstanden große, weite und zum Teil mit Gebüsch bedeckte Sümpfe, die im Frühling bei Hochwasser wieder überschwemmt waren. Je mehr Schlamm die Elbe bei ihren Überschwemmungen herbeiführte, desto höher wurde das Land. Der Fluß zog sich am Ende in mehrere schmale Rinnsale zusammen, die durch das Deltaland in vielen Armen hindurchbrachen und daraus einen Archipel zahlreicher größerer und kleinerer Inseln machten. Zur Zeit Ludwigs des Frommen und auch später werden sie als die »Sümpfe bei Hamburg« bezeichnet.

Diese »Sümpfe«, die schon bald einige höhere und trockne Stellen erhalten haben dürften, dienten zunächst als Zufluchtsstätten vieler flüchtiger und herrenloser Leute. So wurden sie allmählich bebaut und nutzbar gemacht. Da das Land außerordentlich ergiebig und fruchtbar befunden wurde und, um auch einträglich zu sein, nur des Schutzes gegen die Gewässer der Elbe entbehrte, die immer wieder in ihr altes Gebiet einbrach, riefen wie anderswo auch hier die Landesfürsten des Deichbaus kundige Holländer zur Hilfe. Diese Holländer und ihre Nachkommen haben im Laufe der Zeiten den einen Sumpf nach dem anderen eingedeicht, gegen die Fluten geschützt und sie nach und nach unter dem Beistand der von Hamburg ausfließenden Gelder in die lachendsten Gärten und Wieseninseln verwandelt und sie mit den hübschesten Holländereien und Dörfern bedeckt.

Obgleich der ganze Inselarchipel von da an, wo die Elbe sich zuerst in Arme zu spalten beginnt (eine Meile oberhalb Bergedorfs), bis dahin, wo der ganze Fluß wieder in einer Ader beisammen ist (eine Meile unterhalb Altonas), sowohl naturhistorisch als auch geschichtlich ein zusammenhängendes Ganzes bildet, so teilt er sich doch wieder auch in beiden Hinsichten in zwei sehr verschiedene Hälften, in eine obere und eine untere Partie.

Die obere Hälfte, eine besondere Kolonie der Holländer, besteht aus vier kleinen Stücken und ist unter dem Namen der »Vierlande« ziemlich berühmt, sowohl wegen seines fleißigen und schönen Menschenschlages als auch wegen seiner mannigfaltigen willkommenen Produkte. Es ist der Obst- und Blumengarten der Hamburger, die den Hauptnutzen davon ziehen. Obwohl Marschland, ist es doch höher, älter und trockner als die andere Hälfte des Inselarchipels, hat eine andere Bodennutzung, andere Produkte und eine eigengeartete Bevölkerung.

Die untere Hälfte ist noch niedriger, wäßriger und zerstückelter und hat daher den Namen »der Elbwerder« erhalten. Dieser Name deutet an, daß es in der Hauptsache fette, mit Wiesen bedeckte Flußinseln sind.

Dem kleinen Paradies der eigentümlichen Vierlande sollte eine eigene Schilderung gewidmet werden. Ich will mich hier nur auf die »Elbwerder«, die großen Milchmagazine, Viehtriften und Kuhweiden der reichen Stadt sowie auf ihre Gemüsegärten beschränken.

Weil man bei der Eindeichung der Inseln den verschiedenen Stromarmen immer einen möglichst weiten Spielraum zu lassen wünschte, verlegte man die Deichmauern etwas ins Innere. Es bleibt daher bei jedem Werder ein Kranz mehr oder weniger breiten sogenannten Außendeichlandes (»Butenland«), das immer noch dann und wann im Winter oder Frühling überschwemmt wird und daher nur zu Weiden taugt. Manche kleine Inseln sind auch gar nicht eingedeicht. Andere haben nur einen sogenannten »Sommerdeich«, der sie gegen die kleinen, auch im Sommer zuzeiten vorkommenden Fluten schützt. Nur die Hauptstücke sind in recht solide, jedem Andrang der Fluten und des Eisgangs widerstehende »Winterdeiche« eingeschlossen.

Die Elbinseln befinden sich daher in bezug auf Deiche in dreierlei verschiedenen Zuständen: »Butenland«, »Sommer-« und »Winterdeichsland«. Dieses hat auf die Verschiedenheit ihres Anbaus und ihres Anblicks einen großen Einfluß. Einige sind reine baum- und häuserlose Weidestriche, die nur im Sommer mit einem schönen Teppich von Gras und Wiesenblumen geschmückt und von üppigen Viehherden belebt sind. Andere haben einzelne verstreute Häuser und Hirtenwohnungen. Die meisten aber sind mit stattlichen Dörfern besetzt und erlauben Acker-, Garten- und Gemüsebau. Manche Partien des »Außenlandes« sind sogar noch nicht einmal Wiese geworden, stecken vielmehr noch wie in der Urzeit im Sumpf und können zu nichts weiterem benutzt werden als zu Schilf- und Reetanpflanzungen. Doch sind sie nichtsdestoweniger wertvoll, weil sich in der Nähe einer so reichen Handelsstadt eben alles hoch verwerten läßt. Ein großes Schilfröhricht im Angesicht der Türme von Hamburg ist soviel wert wie ein Hochwald in Ungarn. Sie pflanzen und pflegen diese Schilfwaldungen ordentlich, können dieses aber nur da tun, wo die tägliche Ebbe und Flut den Boden abwechselnd naß und trocken legen. Denn einen solchen Boden verlangt das Schilf zu seinem Gedeihen. Wird ein Flußarm eingedeicht, so daß die Fluten nicht mehr hereinkommen, gehen die Schilfpflanzungen ein, und ihre Besitzer machen Bankrott. In alten, rohen Zeiten haben die Insulaner oft blutige Auseinandersetzungen wegen ihres Schilf- und Rohrschnittes gehabt. Wenn Fehden ausbrachen, steckten sie sich gegenseitig die Röhrichte in Brand. Einige Inselchen erzeugen nicht einmal Schilfrohr, sondern sind kahle Sandbänke und heißen daher auch nicht »Werder«, sondern »Sande«.

Im ganzen sind die Elbinseln weiter östlich oder flußaufwärts größer. Da liegen die großen Eilande Billwerder, Ochsenwerder und Wilhelmsburg. Weiter abwärts wird das Land noch mehr zerstückelt, die Flußarme werden häufiger und die Inseln kleiner. Im Westen endet die ganze Gruppe mit einem kleinen Halbinselchen, das der »Ness« (Nase) heißt.

Übrigens haben sich die Umrisse der Inseln im Laufe der Zeiten vielfach geändert. Selbst noch seit der Einführung des Deichbaues, der nie stark genug war, um die Karte des Archipels unveränderlich zu fixieren. Mehrere Länderflicken, die früher getrennt waren, sind jetzt, da ihre Flußarme verschlammten, zusammengewachsen. Andere dagegen sind durch breite Flußkanäle, die in sie einbrachen, zerschnitten.

Die Verfassungen und Eigentumsverhältnisse der Inseln sind sehr verschieden. Manche Inseln waren schon in alten Zeiten im Privatbesitz von Hamburger Bürgern. Andere waren das Eigentum alter adliger Geschlechter. Auf anderen Inseln wiederum dominiert eine einflußreiche Bauernoligarchie. Diese alten, ursprünglichen Bauerngeschlechter liegen auf allen Inseln in Hader mit den bürgerlichen oder städtischen Bevölkerungselementen, die besonders in neuerer Zeit von dem mächtig anwachsenden Hamburg auf die Inseln eindringen. Manche der Hamburg benachbarten kleinen Werder sind in den letzten Jahren mit dichter städtischer Bevölkerung bedeckt worden und bilden sozusagen Vorstädte Hamburgs. Einige reiche Hamburger Bürgerfamilien haben zuweilen bald diese, bald jene Insel ausschließlich in Besitz gehabt.

Was man sich von den alten Sitten und den Kulturzuständen unter den Bewohnern dieser Elbinseln erzählt, klingt zum Teil recht wunderbar und abenteuerlich. Noch bis auf den heutigen Tag hat sich mancher uralte Brauch unter ihnen mit einer nur auf Inseln gewöhnlichen Zähigkeit erhalten.

Noch im dreizehnten und vierzehnten Jahrhundert herrschten unter ihnen altgermanische Wildheit und arabische Rachsucht. Die Blutrache war bei ihnen allgemein verbreitet. Wenn einer ihrer Vettern erschlagen wurde und der Mörder flüchtig war, forderten sie den nächsten Verwandten des letzteren zum Zweikampf auf Leben und Tod auf. Fiel dieser, so erfolgte wieder eine Herausforderung von der anderen Seite, und so rieben sich oft ganze Familien untereinander nach und nach auf. Die Grafen von Holstein machten dagegen einige sanfte Einwendungen und beschränkende Verbote. Doch sogar noch im vorigen Jahrhundert pflegten die Werderleute nicht anders als mit Beilen und Messern bewaffnet in die Kirche zu gehen. Und noch in späteren Zeiten ist es vorgekommen, »daß einige dieser independenten Insulaner ihren Schulmeister mit Schlägen bedrohten, wenn er mit konsequenter Strenge die Erlernung biblischer Sprüche von ihren wilden Buben verlangte«.

Die Unwegsamkeit der Elbinseln trägt wohl vieles zur Altertümlichkeit der Zustände und Sitten bei. Die Landwege, Fuß- und Reitpfade sowie die Fahrstraßen waren und sind noch jetzt zum Teil auf diesen Inselmarschen derartig, daß zuzeiten monatelang der Nachbar nicht ohne Lebensgefahr zum Nachbar gelangen kann. Sie können in der Regenzeit oft nur auf Stelzen zueinander kommen. Am Anfang dieses Jahrhunderts war das Gehen auf untergeschnallten Stelzen auf einigen Werdern noch sehr gewöhnlich, selbst bei öffentlichen Leichenbegängnissen.

Obwohl die Inseln jetzt so schön bebaut und von so lachenden Fluren und Dörfern bedeckt sind, wirkt der ganze Inselarchipel mit seinen mächtigen Flußarmen und seinen zuzeiten überschwemmten Niederungen noch heutzutage wie ein breiter und scharf trennender Sumpf zwischen den Ländern nördlich und südlich der Elbe. Man hat ihn bisher mit keiner Eisenbahn durchschnitten, man hat seine Stromarme noch nicht überbrückt.

Der Verkehr Hamburgs mit dem Süden ist infolgedessen vielfach behindert und gehemmt. Nur zur Zeit der Herrschaft Napoleons wurde diesem Übelstand zeitweilig abgeholfen. Er ließ von Harburg nach Hamburg quer durch die Elbinseln hindurch eine Holzbrücke von fast einer Meile Länge bauen. Dieses so wichtige Bauwerk wurde im Jahre 1818 auf Geheiß deutscher Nachbarmächte, die es hätten reparieren und noch solider umgestalten sollen, wieder abgerissen. Es in großartigerer Weise wiederherzustellen bleibt nach den Brückenbauten bei Köln, Danzig und Straßburg noch immer eine der wichtigsten Aufgaben unserer deutschen Straßenbauer und Ingenieure. Jetzt führt in die Richtung jener ehemaligen französischen Brücke ein Stück mit Dampffähren kombinierte Chaussee über die Inseln, die das transalbingische Eisenbahnnetz mit dem südalbingischen Land in sehr unvollkommener Weise verbindet.

Jeder, der Hamburg von daher kommend besuchte, hat die Elbinseln auf diesem Wege durchkreuzt. Eine davon, Wilhemsburg, ist daher allen Reisenden bekannt. Weniger besucht und bekannt sind diejenigen Inseln, die seitwärts von dieser großen Heerstraße nach Westen liegen und unter denen Altenwerder und Finkenwerder die merkwürdigsten sind.

Zu den Elbinseln gelangt man von Hamburg auf dem großen Elbarm, der »der Köhlbrand« heißt. Dieser zieht mitten in die westliche Partie der Inseln hinein. Er ist jetzt der tiefste Kanal und dient daher auch dem neuaufblühenden Hafen von Harburg als Hauptpassage durch die vorliegenden Inseln zu den großen Seewegen. Dieser Elbarm ist einer jener verhältnismäßig neuen Durchbrüche, der seine Wellen über versunkene Wiesen und Kirchen dahinwälzt. Er sammelt durch die in ihn einmündenden Seitenarme die kleinen mit den Inselprodukten beladenen Schiffe auf und entsendet täglich eine kleine Flotte von teils mit wohlgenährtem Vieh, teils mit duftigem Heu oder Reet, hauptsächlich aber mit Gemüse, Früchten und Milch beladenen Booten zur Stadt. Es sind ziemlich geräumige Schiffe, die mit großen Segeln einherfahren und in der Mitte einen ganzen Hügel von Blumen, Früchte- und Gemüsekörben bergen.

Am meisten zeichnen sich unter ihnen die »Milchewer« aus, weil sie ein Produkt bringen, das das ganze Jahr hindurch verlangt wird und auch zu allen Zeiten beschafft werden kann. Einer der Hauptmelker hat gewöhnlich ein eigenes Schiff, und die anderen, die keins besitzen, zahlen ihm Fährgeld. Er selbst, ein erfahrener Schiffer, steht am Steuer, das Ganze kommandierend. Die hübschen und nettgekleideten Milchfrauen und -mädchen sitzen am Rande des Schiffes, in der Mitte zwischen ihnen eine breite Pyramide von künstlich aufgebauten und von blanken Metallen strahlenden Milcheimern. Auf jeden ihrer Eimer und Körbe haben sie ihre Hausmarken gemalt, alte Wappenzeichen, die schon seit Hunderten von Jahren an ihren Bauernhöfen und an allen ihren Geräten kleben.

Wenn ein recht frischer Wind auf der Elbe und dem Köhlbrand weht, gewährt es ein recht anmutiges Schauspiel, dieser täglichen Marktversorgung der Stadt zuzuschauen. Es ist für Hamburg, das fast wie Venedig eine Lagunenstadt ist, ein großer Vorzug, daß es sein tägliches Brot auf dem kühlen und staublosen Element des Wassers empfängt. In manchen unserer Binnenstädte vergeht einem schon manchmal der Appetit, wenn man die empfindlichen Eßwaren auf Schieb- oder Hundekarren durch Schmutz, Sand und Staub der Landstraßen zu Markt gebracht sieht.

Will jemand einmal die Inseln besuchen, leisten ihm dabei die vielen jetzt täglich von Hamburg aus und durch den Köhlbrand abfahrenden Dampfboote den promptesten Dienst. Er mag sich dabei, wie ich es einst tat, die In-

Fleet in Hamburg im 19. Jahrhundert

sel Altenwerder, eine der merkwürdigsten des ganzen Archipels, zum nächsten Ziel wählen.

Altenwerder kann als ein rechtes Muster einer Elbinsel gelten. Es ist ringsum von einem Deich eingeschlossen, der etwa zwei Stunden im Umkreis hat. Die 2000 Bewohner der Insel haben sich entlang diesem Deichkamm eingenistet. Ihre Häuser liegen alle hart am Deich, an dem von der Wasserseite her auch ihre Schiffe anlegen. Der Rücken des Deiches selbst bildet die Hauptstraße und Promenade dieses wunderlichen kreisrunden Dorfes. Wenn die Milch- und Gemüseflotten des Morgens ausgerüstet werden oder des Abends heimkehren, sind diese Inselboulevards auf das munterste belebt. In jedem der kleinen Einschnitte oder Häfen, von denen es unzählige gibt, steckt ein Schiff, und die gesprächigen Mädchen laden ihre Waren aus und ein, des Morgens mit ihren bis an den Rand gefüllten Eimern, des Abends mit ihren wohlgefüllten Geldbeuteln klappernd. Die Stallungen und

Milchkammern liegen auch wie die Wohnhäuser alle hart am Deich, so daß es nur ein paar Schritte von der Milchkammer zum Schiff sind.

Die Wohnungen der Altenwerder sind äußerst behaglich und stattlich, besonders die der sogenannten »Vollhöfner«. So nennen sich die Bauern der ersten und höchsten Klasse. Es gibt deren 14 auf der Insel, dazu kommt noch der Pastor der Gemeinde, der der 15. Vollhöfner ist. Dieser Pastor ist die einzige Person auf der Insel, den die alten, reichen, aristokratischen Bauern im Rang beinahe sich selber gleich halten. Diese 14 Vollhöfnerfamilien, die seit mehreren hundert Jahren immer dieselben geblieben sind, heiraten nur untereinander. Sie haben ursprünglich den Boden der Insel erobert oder urbar gemacht und dann geteilt. Sie besitzen ihn noch heutzutage wie vor 300 Jahren und betrachten sich als die Könige der Insel. Bei der Beerdigung eines Vollhöfners wird zum Zeichen dieser Souveränität daher auch noch immer eine Krone auf den Sarg gestellt, zu welcher Auszeichnung sonst niemand berechtigt ist, auch nicht der Vollhöfner-Pastor.

Die Vollhöfner haben nicht umhin gekonnt, zur besseren Verwertung ihres Landes auch andere auf ihrem Grund und Boden wohnen zu lassen. Diese sind ihre zu Erbzins verpflichteten Lehnsleute geworden. Dieses hat denn auch zuzeiten Mesallianzen und sogar Bodenteilungen zur Folge gehabt, und daraus sind dann »Halbhöfner« und »Viertelhöfner« entstanden. Auch diese sind noch ziemlich große Leute, und sogar ein »Großkötner«, der im Rang auf die Viertelhöfner folgt, kann noch ein ansehnlicher Bauersmann sein. Danach folgen die gewöhnlichen »Kötner«, die »Anbauer« und schließlich die »Häuslinge«, die zusammen die Masse der Inselbevölkerung bilden.

Diese Rangordnung der Bauern macht sich schon auf eine äußerst auffallende Weise in der Bauart des Dorfes bemerkbar. Ganz regelmäßig, alle zweihundert Schritt etwa, bietet sich der ländliche, mit vielen Fenstern geschmückte und mit seinem breiten Dach sich spreizende Palast eines Vollhöfners dar. Zu beiden Seiten hat er wie Trabanten seine »Groß-« und »Halbkaten«, die ihm zinsen. Auch viele von diesen Katen würden anderswo noch sehr stattliche Bauernhäuser sein. Hier aber stechen sie auffallend gegen die Vollhöfner ab.

Bei diesen letzteren einzutreten und ihre Inneneinrichtungen zu besichtigen ist ein sehr behagliches Vergnügen. Die großen reinlichen Hausflure, die netten Wohnzimmer, die hübschen Stallungen und Kornböden kann man in Holland nicht besser sehen als bei diesen Elbinsulanern, die auch ihre Traditionen aus Holland haben.

Das Innere der Insel, um die sich jene belebten Boulevards wie ein anmutiger Schal schlingen, ist unbewohnt. Es ist alles Wiese, Garten und Gebüsch. Gerade im Zentrum liegt die Kirche, und von dem Haus jedes Vollhöfners führt mitten durch seine reichen Äcker ein Weg zum Gotteshaus.

Die Vollhöfner haben den Hauptteil der Produktion der Insel in Händen, nämlich die Weiden, die Viehzucht, die Ochsenmast- und die Milchwirtschaft. Der Bau des Gemüses ist eher Sache der Groß- und Kleinkötner. Aber eine Stadt wie Hamburg ist eine Art Midas, unter dessen Fingern sich alles, was sie berühren, in Geld verwandelt. Auch das Gemüse schafft wohlhabende und reiche Bauern, und sogar ein einfacher Stachelbeerengarten oder ein Gurkenfeld werfen noch eine jährliche Rente von gut 100 Talern ab.

Eine Altenwerder in Größe und anderen Beziehungen ziemlich ähnliche Insel ist Finkenwerder. Es ist wie Altenwerder von einem kreisrunden Deich umschanzt. Zwischen beiden großen Landbefestigungen erstrecken sich andere, nicht eingedeichte Inseln, flache Niederungen, tiefe, herrliche Wiesengründe, die im Winter unter Wasser stehen, im Sommer aber mit den schönsten Kräutern und Viehherden prangen.

Finkenwerder soll seinen Namen von einer Art kleiner Wasserschnepfen bekommen haben, die sich hier ehemals besonders zur Herbstzeit in ungewöhnlicher Menge einfanden und »Schlüsselfinken« genannt wurden. Seine zahlreichen Wohnungen reihen sich wie auf Altenwerder entlang dem Deich rings um die Insel herum. Auch hier liegen die Kirche sowie das Pfarr- und Schulhaus einsam im Zentrum. Es sollen ehemals zwei durch einen Elbarm getrennte Inseln gewesen sein, jetzt aber sind sie längst zu einer verwachsen.

Da es die am meisten seewärts gelegene Insel ist, beschäftigt sich ein Teil der Insulaner vorzugsweise mit der Schiffahrt und dem Fischfang. Die Finkenwerder sind weit und breit auf der Elbe berühmt als glückliche und kühne Fischer. Sie besitzen eine kleine Flotte auf der Insel selbst gebauter Schiffe, mit denen sie die Elbe hinunter in die Nordsee hinausfahren. Dort treiben sie sich oft wochenlang auf den Wellen und Watten sowie an den Inselstränden herum und fangen Seefische. Die Störe der Elbe sind ein Hauptgegenstand ihrer Jagden. Sie bereiten aus ihnen den in neuerer Zeit mit dem russischen konkurrierenden Elbkaviar. Sie fahren mit ihren kleinen schnellsegelnden Fahrzeugen bis Helgoland und auch noch weiter hinaus. Dabei haben sie immer ein waches Auge auf alles, was sonst noch auf der See passiert, und nehmen jedes schwimmende und unbewachte Objekt für eine gute Beute. Für das, was sie rechtmäßig bergen, lassen sie sich die Hälfte oder ein Drittel des Wertes als Lohn bezahlen. Doch soll es dabei nicht immer ganz gesetzmäßig zugehen, und diejenigen, die leicht dem bösen Gerücht trauen und hart urteilen, setzen »Finkenwerder Fischer« und »Seeräuber« in eine Klasse.

Finkenwerder, die äußerste der Elbinseln, endet im Westen mit einer ganz kleinen Halbinsel, die »der Ness« (Nase) heißt. Dieser Ness ist ein höchst fruchtbares Stück Land, das in seiner eigenen Deichbefestigung eingeschlossen und von der Hauptinsel gesondert ist. Er bildet seit alten Zeiten einen einzigen Bauernhof. Der Besitzer wird der »Nessbauer« genannt. Er ist unter den Bauern des ganzen Elbarchipels ein großer, weithin bekannter Herr. Reich und sehr unabhängig lebt er auf seiner Inselspitze nach dem Prinzip »L'Etat c'est moi!«.

Mit diesem Nessbauern schließt die ganze Gruppe der Elbinseln im Westen ab. Was danach noch kommt und sich noch weiter ins Wasser hinaus erstreckt, sind lange, von jedem Hochwasser überflutete Sandbänke, von denen man sich aber erzählt, daß sie einst auch lachende Weiden gewesen seien.

XIV. Ein Obstdorf im Alten Land

Die nordwestdeutschen Marschländer datieren den Anfang ihrer Geschichte von der ersten Eindeichung, wie die Existenz der Städte mit ihrer ersten Ummauerung beginnt. Vor dem Bau des Deiches ist die Marsch ein Chaos, ein Tummelplatz der wilden Wogen, der Fische und Frösche gewesen. Die Aufwerfung des Deiches ist das große gemeinsame Werk, an dem sich alle beteiligen müssen, das von vornherein ihre bürgerlichen Angelegenheiten begründet und ordnet, durch das das Land seine Fassung und Verfassung bekommt. In jedem Marschland ist es daher immer die Hauptaufgabe der Historiker, mit ihren Untersuchungen bis zu dem Zeitpunkt vorzudringen, wo das Land zuerst eingedeicht wurde.

Vom »Alten Land« behauptet man, daß sein Deich älter sei als der irgendeines anderen Landes an der Elbe und Weser. Manche sagen, daß es schon kurz vor Erbauung der Stadt Stade am Nordende dieses Landes im Jahre 320 vor Christi Geburt geschehen sei. Wenn diese Angabe ihre Richtigkeit hat, verdient das Alte Land seinen ehrwürdigen Namen mit vollem Recht. Die Landeskinder selbst nennen ihre Heimat schlicht plattdeutsch »dat Ole Land« und sich selbst »Olenlander« (kurz ausgesprochen »Olander«).

Wie unzählig viele andere Kolonien in den weiten Ebenen des nordwestlichen Deutschlands leiten auch diese »Olander« ihren Ursprung aus den Niederlanden her. Die Erzbischöfe von Bremen, die einst zwischen Elbe und Weser herrschten, sollen sie von der Schelde und vom Niederrhein hierher verpflanzt haben, um sich ihrer Tüchtigkeit und Erfahrung im Deichbau bei der Urbarmachung des Landes zu bedienen. Von der Art und Weise ihrer Einwanderung und von ihrer ursprünglichen Heimat in den Niederlanden haben sich aber alle Nachrichten verloren. Doch glauben einige, daß diese in Flandern, in der Nähe von Gent, zu suchen sei. Dort soll sich manches von den Besonderheiten der Altenländer in Verfassung, Kleidung, Hauseinrichtung und Familiengewohnheiten wiederfinden.

Es ist merkwürdig, wie eigentümlich in allen diesen Beziehungen die Altenländer bis auf den heutigen Tag geblieben sind. Sie sind von ihren Nachbarn nur durch einen künstlichen Damm getrennt. Und dennoch sind sie so verschieden von ihnen, sowohl von denen auf der hohen Geest als auch von denen in den anderen benachbarten Marschländern.

Sie haben eine nationale altertümliche Tracht, sie bauen ihre Wohnungen anders. Die altgermanischen Titel und Benennungen ihrer Behörden, Gerichts- und Landesvorsteher findet man sonst in Deutschland nirgendwo wieder. Auch die vielen technischen Ausdrücke und Unterschiede, die in bezug auf Verbrechen im Alten Land im Schwange sind, schmecken so recht nach der Faustrechtzeit oder führen die Phantasie in noch ältere Zeit zurück.

Die meisten nordwestlichen Fluß- und Seemarschen sowie viele Marken im Innern und Osten von Deutschland haben zu verschiedenen Zeiten Kolonien aus den Niederlanden empfangen. Es ist merkwürdig, daß, während das niederländische Wesen unter diesen vielen neueren holländischen und flämischen Kolonien längst verloren und verwischt ist, es sich in einem der allerältesten, dem »Alten Land«, ausnahmsweise so vollständig erhalten hat. Dies ist um so auffallender, da diese Leute nicht in einem abgelegenen Winkel, sondern vielmehr der großen, von allerlei Sitten und Völkern wimmelnden Handelsstadt Hamburg gegenüber wohnen. Ihre Dörfer und Fluren erstrecken sich längs des breiten Elbstroms, der sie mit allen Ländern der Erde in Verbindung bringt. Auch haben die Olenlander durchaus nicht hinterm Berg gehalten. Vielmehr sind sie als eifrige Schiffer immer fleißig in die Welt hinausgesegelt, und sie sind mit den Weser-, mit den Ems- und mit den Rheinmündungen so vertraut wie mit denen der Elbe. Und dennoch weiß man überall, wo sie sich zeigen, sogleich die Olander an Kleidung, Sprache, Benehmen und Sitte zu erkennen und von allen anderen zu unterscheiden.

Sogar in der geographischen Einteilung ihres Landes sind sie auf ganz sonderliche Ideen gekommen. Weil ihr Land sich lang und schmal an der Elbe erstreckt und durch mehrere kleine Nebenflüsse, die alle etwa eine Meile voneinander entfernt sind, in gleich große Stücke zerlegt wird, zählen sie diese Stücke wie die Sprossen einer Leiter und nennen sie »die erste Meile«, »die zweite Meile«, »die dritte Meile«. Diese »Meilen« sind ihre Hauptprovinzen, die man anderswo etwa Nieder-, Mittel- und Obergau nennen würde. Jede »Meile« zerfällt wieder in ihre »Hauptmannschaften« und »Vogteien«, von denen eine den wunderlichen Namen »die vierzig Stücke« trägt, während einer anderen der großartige Eigenname »das Königreich« zuteil geworden ist. Es ist wohl das kleinste Königreich auf Erden.

Auch in seiner Bodenkultur und in seinem landschaftlichen Charakter und Aussehen ist das Alte Land von allen übrigen Marschlanden grundverschieden. Manche Marschländer sehen aus wie eine einzige große, mit Vieh bestreute Wiese. Andere gleichen einem einzigen großen und etwas einförmigen Korn- und Rapssaatacker. Das Alte Land dagegen gewährt den buntesten Anblick der Welt. Seine Kulturen sind aus verschiedenen Ursachen sehr mannigfaltig, zum Teil weil sie schon sehr alt sind, zum Teil vielleicht wegen der Nähe der großen Stadt Hamburg, die so vielerlei bedarf. Vornehmlich aber wegen der geographischen Lage und des dadurch vorteilhaft beeinflußten Klimas. Die anderen mehr nördlichen und westlichen Marschen sind dem in diesen Gegenden so verderblichen Nordwestwind sehr ausgesetzt. In manchen von ihnen kann daher kaum etwas anderes als niedriger Gras- und Kornwuchs gedeihen. Das Alte Land ist durch den hohen waldreichen Geestrücken, den es im Westen hinter sich hat, gegen diesen baumzerstörenden Wind geschützt. Es hat dagegen sein Antlitz gegen den Osten gekehrt, dessen milde und sanfte Winde es in seinem Schoß empfängt. Es hat auch gegen Norden das hohe holsteinische Geestland zum Schutz und kann demnach gewissermaßen als ein breites Tal, ein Elblandstück zwischen zwei Geestrücken, betrachtet werden. Es hat von allen norddeutschen Marschen das mildeste Klima und ist daher für den Baumwuchs, besonders für den Obstbau, geeigneter als sie alle.

In den mehr nördlichen und westlichen Marschländern an der Weser und der unteren Elbe läßt der Nordwestwind fast gar keinen Baumwuchs und Obstbau aufkommen. Die Länder Wursten und Hadeln sind fast ganz baum- und obstlos. Im Lande Rehdingen, dem nächsten Nachbarn, der dem Alten Land die Hand reicht, fängt schon der Obstbau an. Je weiter man nach Südosten kommt, desto bedeutender wird er. Das Alte Land selbst bildet einen einzigen großen zusammenhängenden Obstgarten.

Sein fetter humusreicher fruchtbarer Boden wäre zwar zur Produzierung unvergleichlicher Wiesen und schwerer Raps- und Getreideäcker ebenso geeignet wie der Boden anderer reicher Marschen. Und in der Tat findet man auch im Alten Land neben dem Obstbau etwas Ackerbau, etwas Vieh- und etwas Pferdezucht. Hätten die anderen Marschen auch ein wenig Obst- und Gartenbau, würde sich alles ausgeglichen haben und das Alte Land wie sie aussehen. Weil aber in der ganzen Nachbarschaft weit und breit kein Obstbau möglich war, ist das Alte Land fast ganz in diese Branche hineingetrieben worden und hat sich darin an die Spitze gestellt, um die Mängel seiner Nachbarn auszugleichen.

Es ist auf diese Weise das weit berühmte Kirschen-, Apfel- und Pflaumenmagazin für einen großen Teil von Nordwestdeutschland geworden. Ein Frühlingsspaziergang durch dieses reiche, glückliche Land, wenn alles von Hoffnung grünt und blüht und die Landschaft, soweit man schauen kann, von einem weißen Blütenteppich bedeckt ist, gehört zu den anmutigsten Reisen, die man in Norddeutschland unternehmen kann.

Längs der beiden Hauptflüsse des Landes zu beiden Ufern liegt Haus an Haus, Garten an Garten. Auch am Elbufer entlang und am Fuße seines Deiches erstreckt sich meilenweit eine solche fast ununterbrochene Gärten- und Häuserkette. So kann man sagen, das ganze Land habe im Grunde nur drei endlose Dörfer, zwei längs der beiden Flüsse und eines längs der Elbe. Die niedrigen Flächen, die dazwischen liegen, sind lauter Äcker, Wiesen, Obstwald ohne Wohnungen und Dörfer.

Natürlich sind die kleinen Flüsse, in die auch Flut und Ebbe eindringen, ebenso wie die große Elbe auf beiden Seiten mit Deichen gesichert. Auf dem Rücken dieser Deiche ziehen sich die Fußpfade, die Reisewege hin. Sie sind meistens mit Sand und Kies bestreut und wie Gartenwege in gutem Stand gehalten. Die Szenen zu beiden Seiten des Weges sind von der überraschendsten Mannigfaltigkeit. Am Fuße des Deiches hat man auf der einen Seite den Fluß. Auf der anderen Seite, landeinwärts, liegen die friedlichen Häuser und Gehöfte. Ihr Besitztum erstreckt sich aber auch über den Deich und Reiseweg und geht bis an den Rand des Flusses. Die Hecken und Grenzscheiden laufen daher quer über den Deich. Wo der Marsch des

Baumblüte im Alten Land

Wanderers durchgeht, sind kleine Pforten angebracht, und man hat dann alle vierzig Schritt eine solche zu öffnen, was manchem langweilig sein mag. Ich aber habe es nicht so empfunden. Denn bei jeder Pforte, die man öffnet, wird die Erwartung von neuem gespannt. Man tritt jedesmal in ein neues Besitztum, in eine andere kleine Welt, in der ein anderes Individuum haust und sich auf seine Weise eingerichtet hat.

Weil der Kirschbaum die milchgebende Kuh des Landes ist, hat man ihn überall hingepflanzt, wo nur ein freies Plätzchen war. Diese wohlgefälligen und nützlichen Bäume wuchern daher hier wie Unkraut, haben sich nicht nur innerhalb der Umzäunung ihrer eigentlichen Pflanzstätten oder Gärten gehalten, sie marschieren vielmehr auch an der Böschung des Deiches hinauf und haben auf dem Deich selbst Fuß gefaßt. Auch die Kirchtürme stekken bis an den Rand im Kirschenwald. Wenn man einmal an einer erhöhten Stelle einen weiten Blick ins Land gewinnt, sieht man sie wie Leuchttürme aus dem Obst- und Buschmeer hervorragen.

Die Gärten oder, wie sie hier sagen, die »Baumhöfe« dehnen sich weit und breit hinter den Wohnungen aus wie anderswo die Kornfelder. Kleine schmale Gräben zur Bewässerung laufen überall zwischen ihnen herum. Manche »Baumhöfe« sind schon sehr alt, Jahrhunderte alte Pflanzungen. Da sieht man Bäume, die von Krankheit und Wetterunbill schon halb zerstört überall mit Moos bedeckt sind. Ihre morschen Zweige und Gliedmaßen wollen schon auseinanderfallen. Solange sie aber noch ein wenig Lebenskraft in sich haben und wenigstens stellenweise Früchte produzieren, stützt und flickt sie der Altenländer, hält sie mit Strohstricken und Querbalken zusammen, legt ihnen auch Pflaster auf und umdüngt sie alle Jahre. Gepflastert, d. h. mit einem tüchtigen Teerpflaster versehen, sind hier fast alle Bäume, damit die Ameisen und andere wandernde Insekten von unten nicht heraufsteigen können. Zum Düngen der Bäume hält sich jeder Baumhofsbesitzer ein paar Kühe und Schweine. Der Pferde- und Schafdünger ist ihnen zu hitzig.

Die Altenländer sind nicht nur die Produzenten ihrer

Ware, sondern sie verhandeln, verschiffen, verfahren und verkaufen sie auch in der Welt. So stecken sie alle Provisionen als Fuhrleute, Krämer und Herumträger in die eigene Tasche. Bei weitem das meiste ihres Obstes transportieren sie auf dem Wasser. Nur wenn große Gefahr im Verzug ist, und zu Orten, wohin die Landwege sehr viel kürzer als die Wasserwege sind, bedienen sie sich der ersteren. In neuerer Zeit haben sie sich auf Federn gesetzte Frachtwagen gebaut, auf denen sie ihre mit Kirschen gefüllten Körbe durch Schnellfahrten zu ziemlich entlegenen Städten tranportieren. Auch kommt jetzt ihr Obst durch die Eisenbahnen bis nach Berlin und weiter ins Innere von Deutschland. Viel weiter aber gelangen sie mit ihren Äpfeln, die sich länger halten, auf dem Wasserweg. Sie bringen sie zu fast allen Hauptstädten des Nordens, nach London, Kopenhagen, Stockholm und sogar nach Petersburg.

Keineswegs sind alle am Meer und an den Flüssen liegenden Marschbewohner auch als tüchtige Seeleute ausgezeichnet. Es gibt viele arme Geest- und Moorgegenden, aus denen die norddeutsche Flotte weit tüchtigere Seeleute bezieht. Das Alte Land dagegen ist durch seine kühnen Schiffer auf der Nord- wie auf der Ostsee berühmt. Man findet sie überall auf den Flotten der Hamburger und Bremer, und auch viele hannoversche Schiffsführer und Kapitäne sind aus dieser Alten Marsch gebürtig. Die Schiffahrt ist neben der Obstbaumzucht ein Hauptgewerbe des Landes geworden.

So wenig Zusammenhang auf den ersten Blick auch die friedliche Beschäftigung eines Gärtners und Baumzüchters mit dem stürmischen Gewerbe des kühnen Seefahrers zu haben scheint, so ist doch hier dieses unmittelbar aus jenem hervorgewachsen und durch dasselbe erzeugt worden. Fast alle Gartenprodukte der Altenländer sind nämlich zart und leicht verderblich. Sie müssen sie also geschickt und schnell transportieren. Wollen sie hohen Gewinn machen, müssen sie zugleich auch weit damit segeln, denn die hohen Preise winken in der Ferne. Sie lernten es daher infolge ihres Gartenbaues, kleine schnellsegelnde Fahrzeuge zu bauen und mit diesen unter Benutzung aller Vorteile rasch über die Sandbänke und Watten dahin zu streifen. Sie lernten auf diese Weise alle Küsten westwärts bis nach Holland und England und ostwärts sogar um Dänemark herum bis nach Mecklenburg und Pommern und weiter kennen. Sie nennen dies »die kleine Fahrt«. Aus dieser kleinen Fahrt erwachsen dann mit der Zeit die Neigungen und die Talente für »die große Fahrt«, nämlich die Steuerleute und Kapitäne für den Weltverkehr und die Erdumseglungen. Die anderen Marschen, die Getreide und andere dauerhafte Produkte liefern und denen das Feuer sozusagen nicht so auf den Nägeln brennt, mögen zum Teil deswegen langsamer geworden und in Schiffertüchtigkeit zurückgeblieben sein.

Überall mitten zwischen ihren blühenden Obstgärten findet man Schiffsbauplätze, wo sie ihre kleinen »Smacks«, »Ewer« und »Jollen« zusammenzimmern, teeren und ausmalen. Auch sieht man fast vor jedem Besitztum einen kleinen Hafen, in dem die rundlich, prallig und festgebauten und recht keck und unternehmungslustig aussehenden Schiffchen vor Anker liegen, indem sie mit ihren Masten die fruchtbedeckten Zweige der alten knorrigen Bäume berühren und ihre Wimpel zwischen den Kirschen herumflattern lassen.

Im Herbst stecken die Bäume alle voll mit »Teerjakken«, die die Früchte pflücken, zu den Schiffen schleppen und dann wieder munter in die Masten klettern, um die Segel zu hissen und im Flug diesen leicht verderblichen Segen durch die Welt zu transportieren.

Kirschen sind bei weitem die Hauptfrucht des Landes. Daneben erzeugen sie auch viele schöne Äpfel, andere

Früchte sowie verschiedene Gemüsearten. Unter den Gemüsen ist eines der eigentümlichsten Erzeugnisse des Alten Landes der Meerrettich oder, wie sie ihn selbst nennen, »Marretik« und abgekürzt »Marrek«. Die Altenländer haben das fast ausschließliche Privileg, Hamburg, Bremen und andere norddeutsche Städte mit Meerrettich zu versehen. Zu der Zeit, wo es keine Kirschen zu verschiffen gibt, sieht und hört man sie in den Straßen dieser Städte ihren »Marrek! Marrek!« ausrufen.

Bedeutend hat auch in neuerer Zeit die Zwetschen- und Pflaumenkultur zugenommen, und zwar durch die Nachfrage der Engländer, die jetzt angefangen haben, für ihr großes nimmersattes London die Marschäcker, Viehtriften, Gemüsegärten und Kirschenländer an der Weser und Elbe auszubeuten. Von da beziehen sie jetzt geräuchertes Fleisch, ganze Herden gemästeter Ochsen, Butter, Meerrettich und andere Nahrungsmittel und treiben dadurch weit in Deutschland hinein die Preise in die Höhe. Sie kaufen auch die Zwetschen und Pflaumen des Alten Landes auf, und zwar immer grün, bevor sie nur einen blauen Fleck an sich haben. Sie kochen diese Pflaumen zweimal mit Zucker auf, tun sie in elegante Büchsen, schreiben etwas drauf, nennen es »Sweet Pickles« und verkaufen es für teures Geld. Wenn den Altenländern das viele Geld zugute käme, das in Petersburg, London und Ostindien für ihre an Ort und Stelle so wohlfeilen Landesprodukte bezahlt wird, so würden sie bald lauter Kapitalisten werden.

Auf dem Rücken des Deiches wanderte ich, Hunderte von Pforten vor mir öffnend und hinter mir schließend, vom einen Dorf zum anderen, bis ich schließlich Horneburg erreichte. Bei Horneburg hat das Alte Land sein Ende. Dort schließt der hintere Deich die Provinz ab. Dieser Hinterdeich ist ein solches Schutzwerk gegen die von der hohen Geest herabkommenden Gewässer, wie jedes Marschland deren eins besitzt und bedarf. Die Hinterdeiche ziehen sich im Rücken aller Marschländer ebenso meilenweit hin wie die großen mächtigen Seedeiche in Front des Landes gegen das Meer. Sie dienen dazu, die Schneeschmelze und die Frühlingsgewässer, die von der hohen Geest kommen und sich in die Marschen ergießen, abzuhalten oder in ihrem Ablauf zu regulieren. Sie haben daher auch wie die großen Frontdeiche gegen die See Durchlässe, Schleusen und Kanäle. Diese Hinterdeiche sind fast ebenso wichtige und in historischer Hinsicht wohl noch interessantere Werke als die Seedeiche. Denn sie waren von Anfang an nicht nur gegen die Elemente gerichtet, sondern stellten auch immer Völkerscheiden dar. Sie grenzten die ganz anders gearteten Marschbewohner von den alten Geestvölkern ab, und beide fochten oft untereinander am Hinterdeich ihre Grenzstreitigkeiten aus. Vielleicht tragen daher die Hinterdeiche auch zuweilen den Namen »Landwehren«. An diesen Landwehren ist in alten Zeiten sowohl viel Blut als auch Wasser geflossen.

XV. Die Insel Krautsand

Sowohl die Weser als auch die Elbe haben unterhalb Bremens und Hamburgs bis zum Meer hinab noch eine Menge Inseln gebildet, die im Schoß der beiden großen Flußbetten liegen und dieses hier und da in zwei Arme spalten.

In der Weser werden diese eigentümlichen Inseln »Platen« genannt. In der Elbe heißen sie »Sande«. Sie sind alle ohne Eindeichung und daher vielfach ein Spiel der Wellen, die sie im Laufe der Jahrhunderte mannigfaltig umgestaltet, zerstört und wieder aufgebaut haben. Nichtsdestoweniger sind einige der größeren unter ihnen bewohnt, mit Häusern besetzt und von Rinderherden beweidet. Die kleineren nutzt man vorzüglich zu Schilf-, Reet- und Weidenpflanzungen.

Die größte dieser Inseln in der Weser ist die sogenannte »Luhnerplate« oberhalb Bremerhavens. Und die bedeutendste und berühmteste in der Elbe heißt »Krautsand«. Sie liegt ein paar Stunden unterhalb Stades dem holsteinischen Hafen Glückstadt gegenüber. Sie ist nicht ganz 3 Stunden lang und in der Mitte etwa eine Stunde breit.

Jetzt hat diese Insel über 1000 Einwohner. Überall ist sie mit verstreuten Gehöften bedeckt und wird teils als Weide, teils als Ackerland benutzt. Doch diese jetzigen blühenden Zustände sind sehr neu. Zwar kommt die Insel schon im Jahre 1573 unter dem Namen »Krautsand« vor. Doch war sie damals kaum regelmäßig bewohnt und bebaut. Im Sommer wurde Krautsand vom Vieh beweidet, und es wohnten dann temporär die Rinderhirten und Melker darauf, die im Winter mit ihren Herden aufs Festland zurückkehrten. Erst am Anfang des 17. Jahrhunderts machten sich einige Heuerleute und Pächter auf der Insel seßhaft und bauten sie an. Zum Schutz gegen die Überschwemmungen setzten sie ihre Häuser auf hohe »Warten« oder »Warfen«, pflanzten Bäume umher und beackerten den fruchtbaren Boden. Zur Zeit des Dreißigjährigen Krieges mußte die Insel schon nicht unbedeutende Revenuen abgeworfen haben.

Ich besuchte einst diese merkwürdige Insel vom Lande Rehdingen aus, längs dessen Deichs sie sich erstreckt. In einer altmodischen Fähre wurden wir über den trennenden Elbarm gesetzt und fuhren dann in das eigentümliche Ländchen hinein, in dem Häuser, Bäume, der ganze Anblick der Wirtschaft und Landschaft einen anderen Charakter als auf dem Festland trugen. Solchen auffallenden Kontrasten begegnet man überall in diesen unteren Gegenden der Elbe und Weser, sobald man die Deicheinfassungen überschritten hat. Es ist, als wenn man aus den Mauern und Befestigungen einer Stadt in ihre Vorstädte träte. Das Vorhandensein oder Nichtvorhandensein eines Deiches gruppiert die Menschen anders, macht ihre Lebensweise, ihren Ackerbau, den Zuschnitt ihrer Felder, die ganze Vegetation und so auch die Physiognomie der Landschaft anders.

Die Gehöfte liegen auf der ganzen Insel verstreut und schließen sich nirgends zu einem Dorf zusammen. Die Warfen, auf denen sie ruhen, scheinen im Verhältnis zu der Größe des Flusses und zu den von ihm zu erwartenden gewaltigen Fluten zu stehen. Denn sie sind besonders hoch und mächtig. Der Weidenbaum ist das vornehmste Gewächs auf der Insel. Das ganze Ländchen ist sozusagen mit Weiden durchflochten. Die niedrigen und mattgrünen Kuppeln dieses nicht sehr malerischen, aber nützlichen Baumes umgeben in Fülle jedes Gehöft. Sie stehen in dichten und langen Reihen längs der Gräben und umzingeln auch hier und da die Felder. Die Weide ist eine wahre Sumpf- und Wasserpflanze. Sie widersteht leichter den

Einsames Gehöft auf einer Warf (Gemälde von A. Ruths)

Fluten und Eiszerstörungen als irgendein anderer Baum. Sie vermehrt sich äußerst leicht und wuchert daher auf allen diesen Sanden und Platen der Elbe und Weser. Es gibt manche Inseln, die aus ihren Weidenanpflanzungen ihre einzige und zuweilen sehr bedeutende Revenue haben. Auf Krautsand dienen die dicht nebeneinander gestellten Weidenregimenter zum Teil statt des mangelnden Deiches. Sie schützen besonders gegen die Eisschollen. Auch dienen sie nicht selten als Fangzäune. Wenn nämlich eine besonders hohe Flut die Heu- und Getreideernte wegschwemmt, bleiben die Garben oder Heuhaufen nicht selten bei den Weidenbäumen stecken, und meist wird so ein bedeutender Teil von ihnen noch wiedererlangt.

Jeder Besitzer verschanzt und verteidigt sich gegen den Landesfeind, die Elbflut, mit Weiden und Warten sowie mit anderen Befestigungen, so gut wie er es vermag. Wenn ihm das Ernten oft erschwert wird, machen sich das Säen und Wachsen desto leichter. Denn der Boden seiner Insel ist so fett, daß er gar keinen Dünger braucht. Die Düngstoffe, die das Vieh produziert, verkauft er daher aufs Festland. Man bemerkt die Fruchtbarkeit des Bodens an der außerordentlichen Üppigkeit der wilden Pflanzen auf der Insel. Daher ist auch heute noch der Name Krautsand recht passend.

Einen Großteil ihrer Einkünfte beziehen die Bewohner aus ihren Reet- und Schilfpflanzungen. Sie sind sehr leicht angelegt und gedeihen schnell und üppig. Wenn sie eine solche Pflanzung machen wollen, verstreuen sie ein paar Ladungen Schilfstücke auf einem weiten Terrain und stampfen die Pflanzen mit den Füßen etwas ein. Die Stecklinge fassen rasch Wurzel, und nach zwei Jahren steht ein dichter Schilfwald da. Wo der Boden sehr feucht und schlickig ist, können sie das Reet nur im Winter, wenn alles gefroren ist, ernten. Dieses nennen sie dann »Eisreet«. Das Reet gibt das schönste Material zur Bedachung der Häuser. Sie verkaufen und schaffen große Quantitäten davon ans Festland, in die Marschen und Geesten von Holstein und Hannover, wo viele Häuser mit diesem Krautsander Inselprodukt gedeckt werden.

Ebenso ergiebig sind ihre Bandweidenpflanzungen. So nennen sie die Anlagen von Weidengebüschen, deren Zweige meistens zu Tonnenbändern verbraucht werden. Ihre Pflege ist schwieriger als die der Reetpflanzungen. Sie machen fast so viel Mühe wie der Weinbau. Sie sind von einem dichten Netz zahlloser Gräben durchzogen, zwischen denen auf den aufgehäuften schmalen Dämmen die Bandweiden wachsen. Diese Gräben müssen häufig gereinigt und das Erdreich aus ihnen auf die Dämme geworfen werden. Die Weiden bedürfen zwar beständig reichlicher Bewässerung, dürfen doch aber auch nicht so ganz im Sumpf sich selber überlassen werden wie das Reet. Die Tonnenbänder gehen fast alle nach Hamburg und verbreiten sich von da noch weiter in die Welt, um die Gefängnisse unserer Wein- und Biergeister zu befestigen.

Die meisten dieser Pflanzungen befinden sich entlang dem südlichen Arm der Elbe, der die Insel vom Lande Rehdingen trennt. Die Leute glauben bemerkt zu haben, daß seit vielen Jahren dieser Arm immer mehr und mehr »zugehe« oder versande. Noch vor zehn Jahren war er viel tiefer und breiter als jetzt, und sie glauben daher, daß ihre Insel über kurz oder lang Festland werden wird. Dasselbe glaubt man von der oben genannten »Luhnerplate« in der Weser.

Den interessantesten und merkwürdigsten Anblick bietet Krautsand auf seiner Nordostseite dar. Hier geht die große, mächtige, eine Stunde breite Elbe selber an ihr vorüber. Aus den Gehöften und Weidengebüschen der Insel hervortretend, wird man durch den Anblick des gewaltigen Stromes überrascht. Er hat den Rand der Insel überall angefressen, und die schönen fetten Ackerkrumemassen ragen in dicken, zernagten Bänken und Spitzen aus dem Wasser hervor. Hier und da steht auch schon ein Haus in gefährlicher Lage. Die Vorrichtungen, welche die Leute mit Dämmen und Weidengeflechten und Pfahlwerken gemacht haben, um ihre Wohnungen zu schützen, sind oft sehr mannigfaltig und gewähren einen interessanten Anblick. Meist sind es aber doch nur Palliativa und schwache Pflaster, die der mächtige Strom mit einem Finger abstreift. Ich sah ein Haus hart am Rande des Wassers, dessen Bewohner seit zehn Jahren von Winter zu Winter auf alle mögliche Weise geschanzt und gemauert hatten. Der Fluß, der alles wieder eingerissen hatte, war der Schwelle des Hauses jedes Jahr unwiderstehlich näher gerückt. Bei der nächsten großen Flut sahen sie dem Einsturz ihrer alten Behausung entgegen. Sie hatten den Kampf jetzt aufgegeben und zeigten mir 100 Schritt landeinwärts eine neu aufgeschaufelte Warfstelle, zu der sie ihre Wohnung transportieren wollten.

XVI. Schloß Ritzebüttel

Die Halbinsel zwischen der unteren Elbe und Weser verläuft sich am Ende in eine breite und zuletzt etwas umgebogene und spitze Landzunge. Dieses Gebiet ist für die Elbe von entschieden größerer Bedeutung als für die Weser. Denn das tiefe Fahrwasser der Weser wendet sich weit westlich ab, während der tiefste Elbarm sich hart an diese Küste herandrängt. Die Geschichte der Gegend ist daher auch weit mehr mit den Elblanden verflochten. Als eine Festlandwarte, als eine Spähburg und Elbmündungsfeste mag sie schon in den ältesten Zeiten betrachtet und benutzt worden sein. Nahe an ihrem nördlichsten Rand, in der Nähe der kleinen Küstendörfer Döse und Duhnen, liegt auf der hohen Heide eine wahrscheinlich uralte, höchst merkwürdige Verschanzung, jetzt »der Galgenberg« genannt, weil am Anfang dieses Jahrhunderts einige Übeltäter darauf hingerichtet wurden. Sie verdiente aber einen anziehenderen Namen. Denn es ist offenbar, daß dieser zirkelrunde, bewachsene, von Hünengräbern umgebene »Galgenberg« ein sehr ehrwürdiges Monument ist, eine jener uralten Festungen, wie man sie auch an der Küste von Jütland zuweilen findet und die vielleicht die Sitze ehemaliger Seekönige oder Küstenhäuptlinge gewesen sein mögen.

In geringer Entfernung vom Meeresufer erhebt sich das Land schließlich noch einmal zu einer von den Diluvialfluten und Stürmen zusammengewirbelten Sanddüne, dem sogenannten »Wehr-« oder »Wetterberg«. Dieser Wehrberg bildet den alleräußersten Landeszipfel, den die Natur sich hier gewissermaßen selbst als Monument und Grenzpfosten gesetzt hat. Es ist ein etwa 30 Fuß hoher Sand- und Kieshaufen, von einigen hundert Schritt im

Durchmesser, der zum Teil aus groben abgerundeten Steinchen besteht. Er liegt beinahe völlig isoliert, hängt nur durch einen schmalen Rücken mit dem Hochland zusammen und wird bei hohen Fluten, die dann das Tiefland zu seiner Seite bedecken, derartig auf drei Seiten vom Wasser umgeben, daß er dann wie ein runder Halbinselkopf im Meer steht.

Wie auf allen in oder zwischen den Marschländern hinausragenden Geesthalbinseln haben sich auch auf der von Ritzebüttel adlige Geschlechter des Binnenlandes festgesetzt, die dann mit den Marschbewohnern in ewigem Hader lagen und sich zuweilen auch ein Stück der Marsch aneigneten. Hier waren es seit undenklichen Zeiten die Herren von Lappe, die das umliegende Land als reichsfreie Lehnsherren, d. h. als unumschränkte Herrscher und Gebieter, innehatten. Diese Dynasten, deren Geschichte sich in das Dunkel der Vorzeit verliert, residierten auf einer Marschinsel, die von den Armen des kleinen Flusses »Wetterung« umgeben war und auf der sie ein Schloß gebaut hatten. Von diesem Sitz aus mögen sie oft genug die Schiffe der Hamburger und Bremer Kaufleute geplündert haben. Mit den Hamburgern lagen sie vorzugsweise in Hader, und diese hatten daher schon längst nach einem festen Punkt an der Mündung ihres Flusses zur Sicherung ihrer Schiffahrt ausgesehen. Seit dem Anfang des vierzehnten Jahrhunderts hatten sie die benachbarte Insel Neuwerk besetzt und befestigt. Doch bot diese nur wenige Vorteile. Sie lag mitten auf den seichten Watten, war hafenlos und für alle größeren Schiffe unzugänglich. Bei Ritzebüttel dagegen geht das tiefe Wasser der Elbe hart ans Ufer, und die Mündung des kleinen Flusses Wetterung konnte leicht zu einem Hafen umgestaltet werden. Eines solchen Hafens direkt an der Schwelle seines mächtigen Stromes bedurfte Hamburg sehr. Seine auf der See bedrängten Schiffe konnten dort schnelle Bergung und Hilfe finden und im Winter, wenn die Elbe bis weit unterhalb Hamburgs mit Eis bedeckt war, hier einstweilen Station machen.

Aus diesen und anderen Gründen hatten die Hamburger schon oft mit den besagten reichsfreien Herren von Lappe gestritten. Als die im Jahre 1392 wiederum die Schiffahrt belästigten und abermals ein Krieg entbrannte, da beschloß die Republik der Herrschaft dieses Dynastengeschlechts endlich den Garaus zu machen. Hamburger Truppen erstürmten das Schloß Ritzebüttel, die Residenz derer von Lappe. Die Hamburger besetzten das Land und ließen die Überwundenen schwören, »daß dies in rechter und ehrlicher Fehde geschehen sei«. Doch damit begnügte sich der Rechtssinn der Hamburger noch nicht. Sondern sie wünschten das Recht des Besitzes dieses nützlichen Ländchens noch auf einer anderen Grundlage als auf bloßer Eroberung zu fundieren. So wurde kurz darauf ein Kaufkontrakt mit den alten Reichslehnsträgern abgeschlossen, wodurch Hamburg für 2000 Mark in völlig ehrenhaften und unanfechtbaren Besitz des Schlosses und der Dörfer des Gebietes kam.

In das alte Schloß der Herren von Lappe zogen nun als Regenten dieses nördlichsten Zipfels des westlichen Deutschlands Hamburger Senatoren ein, die das Ländchen im Namen des Rates der Republik bis in die Neuzeit mit ziemlich unbeschränkten Vollmachten verwalteten. Es ist noch jetzt eine der in vieler Hinsicht interessantesten Beamtenposten in ganz Deutschland. Denn unter der Leitung dieser ratsherrlichen Statthalter von Ritzebüttel stehen nicht nur die kirchlichen und politischen Angelegenheiten des kleinen, etwa 1½ Quadratmeilen großen Landes und des für die Elb- und Nordseeschiffahrt so wichtigen Hafens von Cuxhaven, sondern auch das Lotsen-, Quarantäne- und Beleuchtungswesen der Elbmündung und die ganze Polizei der untersten Partie dieses Stromes. Für alle diese Dinge existieren in Cuxhaven Zentralanstalten, die dem besagten Nachfolger der Herren von Lappe untergeben sind.

Rechtlich durch Gesetze und Verträge sind diese Verhältnisse auf der Elbe nur wenig reguliert. Aber faktisch übt Hamburg – wenigstens in friedlichen Zeiten – die Oberhoheit und Polizei des ganzen Fahrwassers der Elbe von Hamburg bis zur »roten Tonne«, die in dem äußersten Mund des Stromes, in der Mitte zwischen Cuxhaven und Helgoland, liegt, aus. Die Hamburger mögen diese Oberhoheit über ihr Wasser schon seit alten Zeiten beansprucht haben, und die benachbarten Könige und größeren Staaten haben sie im Besitz derselben gelassen, weil die Republik dabei zugleich auch die damit verbundenen Belastungen und Kosten auf sich nahm.

Da der Posten eines Amtmanns von Ritzebüttel als ein viel Einfluß und Unabhängigkeit gewährendes Amt natürlich auch ein vielbegehrtes ist, wird niemand sehr lange darin belassen, und der Genuß desselben wechselt unter den Mitgliedern des Hamburger Senats alle sechs Jahre. Es hat seit dem 15. Jahrhundert in der Reihe der sich hier ablösenden Hamburger Elbmündungs-Prokonsuln viele weise und treffliche Männer gegeben. Manche von ihnen sind ihrer Zeit auch weit über die Elbmündungen hinaus berühmt geworden. So zum Beispiel am Anfang des 18. Jahrhunderts der erste deutsche Naturdichter Barthold Heinrich Brockes, der hier einen großen Teil seines neunbändigen »Vergnügens in Gott« dichtete. Brockes, der für die schöne Gegend von Ritzebüttel schwärmte, weil er die Natur eben in allen ihren Produktionen zu bewundern fähig war, und der hier jedes Wäldchen, jedes Dörfchen, jede Jahreszeit in einer langen Kanzone besang, hat diesem deutschen Erdwinkel eine gewisse klassische Weihe gegeben. Wahrscheinlich hat seinerseits das einsame Schloßleben mitten in der ländlichen

Natur und fern von dem Forum der Hauptstadt dazu beigetragen, die dichterischen Anlagen in diesem so empfänglichen und überschwenglichen Gemüt noch mehr zu entfalten und ihn in seiner Naturschwärmerei zu fördern.

Das Residenzschloß der Ritzebüttler Prokonsuln hat schon durch sein Alter, seine Bauart und seine ganze Umgebung etwas Poetisches. Es ist vermutlich das älteste Wohnhaus im ganzen Land zwischen Elbe und Weser. In der Hauptsache ist es noch dasselbe alte Gemäuer, wie es vor 500 Jahren die alten Herren von Lappe errichteten, nämlich ein plumpes, quadratisches, turmartiges Gebäude mit Zinnen und Schießscharten auf der Dachbrüstung. Den hohen Giebel und seine Spitzen, die man auf diesen Turm gesetzt hat, erkennt man weithin im Lande. Auch die Schiffer, die in die Elbe einsegeln, bemerken ihn vom Meer aus und haben ihn als eine ihrer Seemarken in ihre Schiffskarten eingetragen. Die Mauern haben eine Dicke von 10 bis 12 Fuß, doch sind in ihnen jetzt eine Menge hübsche und gemütliche Kabinette, Klausen und Wohnräume für die Schloßbewohner eingerichtet. Um diese Räume noch etwas zu vermehren, hat man in neuerer Zeit noch einen Ausbau errichtet, der sich aber in seinem Stil mit dem mittelalterlichen Gebäude nicht eben sehr harmonisch verbindet.

Das Ganze mit seinem blumigen Vorhof und seinen niedrigen Nebengebäuden steckt in einem dichten Nest von hohen Bäumen und hübschen Parkanlagen. Wer auf den vielfach abgestuften und umgestalteten Wallterrassen wandert und sich der Ausblicke erfreut und dabei bedenkt, in welchem Land er sich hier befindet, nämlich in einer von der Natur vernachlässigten Marsch, der kann sich einer Bewunderung des kleinen Paradieses und eines freudigen Behagens nicht erwehren. Man muß von Ritzebüttel südwärts schon bis nach Hamburg und Bremen reisen, um etwas Ähnliches wiederzufinden.

Die »Oliva« in Cuxhaven

Vielleicht spiegelte sich das Schloß Ritzebüttel in den ersten Jahren seiner Existenz noch unmittelbar in der Elbe. Denn der alte große Landesdeich verläuft noch jetzt in geringem Abstand vor dem Schloßgarten. Hinter ihm und um das Schloß herum ist der freundliche Ort dieses Namens entstanden. Im Laufe der Zeiten haben sich vor dem Deich noch eine breite Marsch und ein Vorland niedergeschlagen, die dann auch wieder eingedeicht wurden und den Namen »Neufeld« bekamen. Schloß und Flekken liegen daher jetzt eine halbe Stunde von dem Wasser entfernt. Im Westen des Neufeldes näher bei der Elbe hat sich der neue Ort Cuxhaven gebildet, der mit seinen Hafenwerken, Hafenhäusern, Spülbassins, Dämmen und Molen weit ins tiefe Fahrwasser des Stromes hinausgreift. Der äußerste Kopf seiner das Hafentor bildenden Mole ist dadurch berühmt geworden, daß er als eine schlagende Widerlegung des alten Sprichwortes »Alte Liebe rostet nicht« angeführt wird. Und zwar ist es dabei so zugegangen: Um den besagten Hafentorpfosten auf recht fester

Grundlage zu bauen, versenkte man auf der sandigen Stelle ein großes, altes Seeschiff, das »Oliva« hieß. Das darauf gebaute Gerüst und Hafenende bekam daher selbst den Namen »Oliva«. Da dieses aber beinahe so klingt wie das plattdeutsche »Ole Lieve« (alte Liebe) und das versenkte Schiff vergessen wurde, trat am Ende der Name »Alte Liebe« an die Stelle. Diese neue Bezeichnung setzte sich dermaßen durch, daß der bezeichnete Hafenpunkt jetzt auf allen Seekarten so genannt wird. Weil nun aber an den stets von den Wellen geschlagenen Balken und eisernen Klammern des Gerüstes vieles verrostet, machen oder vernehmen daher alle, die nach Cuxhaven kommen, den Scherz, »daß an diesem Erdfleck ausnahmsweise doch die alte Liebe roste«.

XVII. Die Insel Neuwerk

Am äußersten Rand der Halbinsel von Ritzebüttel liegen zwei kleine Dörfer, das eine, Döse, noch im letzten Zipfel der Elbmarschen und das andere, Duhnen, schon mitten in den Dünen jener Geestspitze. Im Angesicht besagter Küstendörfer streckt sich lang ins Meer hinaus ein weites »Watt«, ein Labyrinth von Sand- und Schlickbänken, das nur bei Flutzeiten mit Wasser bedeckt wird.

Und mitten auf diesem Watt paradiert sehr vereinsamt und isoliert die kleine Insel Neuwerk, gleich weit entfernt von der Gruppe der nordfriesischen Inseln an der schleswig-holsteinischen Küste und von der Kette der ostfriesischen Eilande an der Mündung der Jade und Ems. Keine Dampfschifflinien, nur schmutzige Schlick- und Wattpfade führen zu ihr hin. Sie lockt nicht wie die anderen genannten Inseln durch frischen Wellenschlag die Badegäste herbei. Sie hat keine pittoresken oder landschaftlichen Reize wie das felsige Helgoland. Sie ist daher wahrscheinlich die am seltensten besuchte und am wenigsten gekannte aller deutschen Inseln in der Nordsee.

Und doch ist sie ein Bröckchen Land, das sein Stücklein Geschichte für sich besitzt und ein ganz eigentümliches Interesse darbietet. Sie ist mehr als irgendeine der genannten eine echte Watteninsel. Die Eingangstore von Elbe und Weser liegen ihr zu den Seiten, und man kann von ihr aus das geschäftige Leben und Treiben bei diesen beiden Meerespforten am bequemsten beobachten. Von ihr aus überschaut man mit einem Blick fast alle Einrichtungen, die zur Erleuchtung und Sicherung jener Verkehrsstraßen gemacht sind. Lange Zeit war Neuwerk das einzige Besitztum der Hamburger an der Elbmündung, und es trug auch das älteste Leuchtfeuer dieser Gegenden.

Die Hamburger besetzten die Insel schon Ende des 13. Jahrhunderts, noch ehe sie das jetzige Amt Ritzebüttel und Cuxhaven erobern konnten, und errichteten auf ihr der Schiffahrt zum Nutzen und den Seeräubern zum Trotz ein festes Schloß, d. h. einen hohen, großen, viereckigen, massiven Turm, der noch heutigentags in seiner ganzen Altertümlichkeit dasteht. Dieser Turm wurde damals »dat Hamborger Niewarckh« oder »Nigewerk«, in den lateinischen Dokumenten jener Zeit »Novum Opus«, genannt. Die Insel, die sonst bloß »O« oder »Oge« (»Insula O«) hieß, bekam davon ihren jetzigen Namen »Neuwerk«. Dieser Posten an der Mündung ihres Stromes wurde von den Hamburgern mit Recht für so wichtig gehalten, daß sie das Kommando desselben nur einem tapferen Mitglied ihres Senates anvertrauten. Mehr als ein ganzes Jahrhundert hindurch, von 1312 bis 1416, hat auf dem Novum Opus eine Reihe Hamburger Senatoren mit ihren Mannschaften residiert. Sie übten von hier aus die Polizei- und Oberaufsicht über die Elbmündung, ließen ein Bakenfeuer auf dem Inselturm unterhalten, sandten ihren schiffbrüchigen Landsleuten Hilfe und mögen zuzeiten auch mit Seeräubern gekämpft haben. Noch im Jahre 1402 wurde gar nicht weit von Neuwerk entfernt der damals auf allen Meeren berüchtigte Seeräuber Störtebecker gefangengenommen.

Auch einen Zoll, den sogenannten »Werkzoll«, erhoben die ratsherrlichen Inselkommandanten bei ihrem Schloß. Die vorbeifahrenden Schiffe mußten diesen »Werkzoll«, der der Stadt Hamburg zur Entschädigung für die vielen auf das Bakenfeuer, die Elbtonnen und die anderen Flußeinrichtungen aufgewandten Kosten dienen sollte, anfänglich bei der Insel selbst und später, um sie nicht in See aufzuhalten, in Hamburg entrichten. Viele deutsche Kaiser bestätigten der Stadt dieses alte Zollprivileg. Erst nach der Eroberung Ritzebüttels am Ende des

14. Jahrhunderts siedelten jene Elbmündungswächter von ihrer reizlosen Insel nach dem Festland über. Auf Neuwerk residierte danach nur noch ein Inselvogt, der jetzt wie früher die Senatoren den steinernen Turm bewohnt und von dem Amtmann zu Ritzebüttel abhängt.

Obgleich ihr Abstand vom Festland nicht viel mehr als zwei Stunden beträgt, so hat man doch seine liebe Not, zu einer solchen amphibienartigen Watteninsel zu gelangen. Man kann sie zwar sowohl zu Wasser als auch zu Lande erreichen. Weder auf die eine noch auf die andere Weise aber sehr prompt und bequem. Setzt man sich bei Hochwasser zu Schiff, und geht einem der Wind aus, so läuft man Gefahr, eine Nacht über im Schlick steckenzubleiben. Nimmt man einen Wagen und paßt die Ebbezeit nicht gehörig ab, riskiert man noch Schlimmeres.

Wir hatten schon alle Bauern im Dorf Döse um Wagen und Pferde vergebens angesprochen. Ihre sämtlichen Geschirre waren in der Ernte beschäftigt. Wir eilten zum benachbarten Duhnen. Spornstreichs! Denn schon war die Flut wieder im Anzug. Dort fanden wir noch eben rechtzeitig den gefälligen Strandvogt bereit, uns mit seinem Fuhrwerk zu befördern. Wir rollten vom Festland auf den feuchten Meeresboden hinaus, den die salzigen Wogen erst vor wenigen Stunden verlassen hatten. Unser Weg auf dem blanken Watt war durch eine Reihe hier und da in den Sand gesteckter Zweige bezeichnet. Er wand und krümmte sich hin und her. Denn hier und da ist das Watt von tiefen Wasserarmen durchschnitten und hat auch sonst Löcher und unsichere sumpfige Stellen, die man umgehen muß.

Die Leute glauben, daß die Insel Neuwerk ehemals mit dem Festland verbunden war und daß alle Wasserwüsten, die sie jetzt von demselben trennen, nichts als versunkene und kahl rasierte Viehtriften sind. Als eine von ihren Vätern überkommene Historie erzählen sie es, daß sonst das

Vieh des Festlandes trocknen Fußes auf blumigen Auen so weit nordwärts und die Inselrinder ebenso weit südwärts hinausgewandert seien, daß die Hirtenknaben einander hätten zurufen und verstehen können.

Damals mag die Insel mehrere Quadratmeilen groß gewesen sein. Jetzt hat sie, soweit sie eingedeicht, beackert und bewohnt ist, nur ein paar tausend Schritt im Durchmesser und ist ungefähr so groß wie Helgoland. Doch besitzt sie außerhalb ihres Deiches noch ein Anhängsel weit ausgedehnten »Vorlandes«, das wenigstens über den gewöhnlichen Sommerfluten erhaben und daher begrast und mit süßen Kräutern bedeckt ist. Dieses Vorland, das nur im Winter und bei ungewöhnlich hohen Fluten vom Meer überspült wird, ist wohl zweimal so groß wie der eingedeichte Kern der Insel selbst und bildet das wertvollste Besitztum der Einwohner. Denn auf ihm haben sie ihre Viehherden, aus denen sie ihre Haupteinkünfte ziehen, während ihre kleinen Äcker innerhalb des eingedeichten Landes ihnen nur das tägliche Brot und eine gesicherte Wohnung geben.

Die Deiche der Insel sind ziemlich starke Festungswerke gegen die Wut des Meeres. Und zwar gibt es wie bei einem militärischen Fort zwei- und dreifache Ringe, Vor- und Außenwerke und schließlich eine innere Zitadelle. Zuerst bemerkten wir einen mächtigen Steinwall von großen Blöcken, der den äußeren Rand der Insel umfaßt, den ersten Aufprall der Wogen zurückweisen und das beständige Nagen der gewöhnlichen Fluten vom Deich abhalten soll. Der Deich selbst, der nur als Hauptreserve dient, muß seinerseits wieder vor der Plage der täglichen und stündlichen Angriffe der See geschützt werden. Auch der Steindamm war noch durch ein mächtiges Palisadenwerk dicker Baumstämme, die vor ihm eingerammt waren, verstärkt.

Der Deich hat eine Art Tor, einen mit Steinblöcken aus-

Wattenfahrt nach Neuwerk

gelegten und gepflasterten Weg, der vom Meer aus über ihn hinweg ins Innere führt. Hier erhebt sich nun ein engerer Deichzirkel, gleichsam die Zitadelle der Insel, in der sie ihren kostbaren Besitz für den Fall geborgen haben, daß die äußeren Deiche einmal überspült werden sollten. In der Mitte dieser Zitadelle liegen der schon erwähnte Turm, das Novum Opus, sowie die Schule, die zugleich Kirche ist, und das Süßwassermagazin, ein kleiner vom Regen gefüllter Teich, den man vor den Salzwogen sicherstellen mußte, da es sonst keine Quellen oder Brunnen auf der Insel gibt. Auch hat sich in den Doppelschutz dieser Zitadelle alles gerettet, was von Bäumen auf der Insel existiert, ein kleiner, wunderlicher, von den Seewinden mißhandelter und von den Nordweststürmen niedergehaltener Garten. Die anderen Häuser und Gehöfte liegen vollkommen kahl, völlig baum- und buschlos da.

Der großen Bauerngehöfte gibt es in jedem Zipfel der Insel eins, und jedes besteht aus einem Paar gleich gestalteter Gebäude, einem Wohnhaus und einem Speicher. Sämtliche Gebäude der Insel liegen unter einer sehr strengen Baupolizei. Es darf nichts an ihnen geändert werden, und alle Umbauten müssen so geschehen, daß die alte Physiognomie der Häuser genau wiederhergestellt wird. Denn jeder Schornstein ist den Schiffern bekannt, und sollte einmal einer fehlen, so könnten sie irre werden und in Gefahr geraten, indem sie Neuwerk nicht wiedererkennen. Die Familien dieser Erbzinsbauern sowie die anderen auf Neuwerk angesiedelten Familien bilden zusammen eine kleine Gemeinde, die von der Kirche in Döse abhängt. Bei Taufen, Heiraten und wo sonst die Sakramente nötig sind, müssen sie nach dem Festland hinüber. Für den gewöhnlichen sonntäglichen Gottesdienst, d. h. für das Vorlesen einer Predigt, ist aber der Schulmeister bevollmächtigt. Für die traurige Periode des Winters, wo Stürme und hohe Fluten sie umbrausen und wo zuweilen wochenlang das ganze Watt mit Eismassen bedeckt ist, so daß man darauf weder fahren, schiffen noch gehen kann, müssen sie sich wie Matrosen an Bord eines Schiffes verproviantieren und in ihren Sorgen und Nöten sich selbst beraten. Eine große Kanone, die auf ihrem Deich steht, ist dann das einzige Sprachrohr, durch dessen Vermittlung sie sich mit dem Festland unterhalten und durch das sie demselben dann und wann eine Nachricht zukommen lassen können.

Wir wurden in dem besagten 500 Jahre alten Turm einquartiert. Denn derselbe enthält innerhalb seiner vier dikken Mauern nicht nur die Kommandantenwohnung, sondern auch das Gasthaus der Insel. Zudem dienen seine unteren Räume als Magazine, und in seinen oberen Etagen gibt es noch allerlei durch Treppen verbundene Abteilungen für gelegentliche Beamtenbesuche bei Visitationen und Inspektionen sowie auch, um schiffbrüchige Seeleute unterzubringen. Ähnliche alte Türme, die zugleich Kirche, Schulhaus, Magazin, Wohnung und Herberge darstellen, gibt es auch noch auf anderen Inseln der Nordsee. Auf der einen Seite des Turmes ist das Hamburger Wappen in Stein gehauen. Zu dem Haupteingang, der zwanzig Fuß über dem Boden liegt, steigt man auf einer Holztreppe empor. Auf drei Seiten hat man den Turm schwarz angestrichen, damit er sich von weitem und bei Tage als Seemarke desto schärfer vom Horizont abhebt. Bei Nacht krönt man seine Spitze mit einem doppelten Reifen von 24 reverberierenden Öllampen, die im Laufe des Jahres 5000 Pfund Öl verzehren. Von der Galerie, die um die Laterne des hohen Gebäudes läuft, genießt man eine weite und in ihrer Art höchst interessante Aussicht auf die Watten, Sande, Platen, Inseln, Küsten und Gewässer an den Mündungen von Elbe und Weser.

Gerade vor uns nach Nordwesten erstreckte sich gegen das hohe Meer die lange Sandbank von Scharhörn. Das Wort »Scharhörn« ist die plattdeutsche Abkürzung für »St. Ansgarius-Horn«. Auf der Spitze der Scharhörner Sandbank liegt ein aus geschwärzten Balken errichtetes hohes Gebäude, eine sogenannte Bake. In den oberen

Partien dieses Balkengerüstes sind einige Schlafstellen eingerichtet, in die sich die armen Schiffbrüchigen, wenn sie noch hinaufzuklettern vermögen, verkriechen können. Auch befinden sich dort stets ein paar Flaschen Wein und einige Lebensmittel für sie, so daß sie etwas für den ersten Heißhunger finden, bis man ihnen von Neuwerk aus Hilfe bringen kann. Es ist nur verwunderlich, daß diese Proviantbake die einzige ihrer Art an der Elbmündung ist. Wenn man die herzzerbrechenden Schiffbruchsgeschichten in diesen Gegenden hört, möchte man wünschen, alle die zahlreichen Sande, Platen und Watten dieser Gegenden mit solchen Hospizen betreuen zu können. Es ist sonderbar, daß die barmherzigen Mönchsorden sich mit ihren wohltätigen Etablissements nicht ebenso in diese Watten hinausgewagt haben wie in die Gletscher und Lawinen der Alpenpässe.

Die Linie der großen Elbstraße mit allen ihren Einrichtungen hatten wir ganz nahe vor uns. Auf einer Strecke von 3 bis 4 Meilen sahen wir die Leuchttürme von Cuxhaven, von Döse und die zwei Feuerschiffe »Nr. 2« und »Nr. 3«, dazwischen die »Lotsengaleoten« der »inneren und äußeren Station« und schließlich an der eigentlichen Elbmündung das Feuerschiff »Nr. 1«, das jährlich so vielen hundert Kapitänen, wenn sie in finsterer Nacht nahe daran vorübersegeln, wie ein wahrer Morgen- und Hoffnungsstern ins Herz leuchtet. Eine fast ununterbrochene Kette von Dreimastern, Zweimastern und Dampfern zog an diesem Tag auf der bezeichneten Straße an unseren Augen vorüber und gab uns einen recht imponierenden Eindruck von der Lebenstätigkeit des großen Elbhafens.

Nicht so lebhaft sah es auf dem Weg der Weser aus. Der Andrang zu ihr war weniger bedeutend, und wir sahen ihr Mündungsleuchtschiff nur in der Ferne. Am Abend konnten wir dann noch das hohe Licht von Helgoland erblicken, das beinahe 30 Seemeilen von uns entfernt war.

Neuwerk

Wie die großen Seeschiffe den Hintergrund unseres Wattengemäldes belebten, so bildeten die Staffage des Vordergrundes eine Menge kleiner Fahrzeuge, die die Elbe und Weser tagtäglich untereinander austauschen. Es waren die sogenannten »Wattenfahrer«, die sich ihrer Kleinheit wegen nicht in die hohe See hinauswagen, sondern innerhalb der Insel Neuwerk bei Flutzeit über das Watt hinweg aus einer Strommündung in die andere hineinschlüpfen.

Nach dieser Übersicht vom Turm aus bereisten wir das Inselchen auf dem Rücken des Deiches und auf den kleinen Fußpfaden, die zwischen den Kornfeldern von einem Haus zum anderen laufen. Die Bauerngehöfte hatten die ganz respektable und ansprechende Einrichtung anderer Marschhöfe. Bis vor gar nicht langer Zeit waren alle das Eigentum eines und desselben Geschlechts, das den Namen »Strohsal« führte. Ein betagter Strohsal leitete alle Angelegenheiten des Inselklans mit seinem Rat und veranstaltete es, daß sich die Mitglieder der Familie Strohsal untereinander verheirateten und alles in ihrem Besitz blieb. Jetzt ist dieser patriarchalische Zustand auf der Insel gebrochen. Nur noch auf einem Bauerngehöft gibt es einen Strohsal. Einwanderer vom Festland haben sich in die übrigen eingedrängt. Dieselbe Geschichte von aristokratischen Bauernschaften, die sich infolge ausschließlicher Heiraten auflösen und abschwächen, hörte ich auf vielen Elb- und Weserinseln und in zahlreichen abgeschlossenen Marschdistrikten erzählen. Wie in dieser Hinsicht stellt die Insel Neuwerk auch in allen ihren übrigen Einrichtungen und in ihrem ganzen Anblick, soweit sie unbedeicht ist, ein Stück Marschland dar.

Viel eigentümlicher aber sind die Zustände auf den weiten Wiesen des Außenlandes. Wir fühlten uns erst recht in der freien Natur, als wir, den Deich verlassend, auf dieses »Butendieksland« hinauswanderten. Der nach unbegrenzter Freiheit begierige Geist des Menschen empfindet selbst die Beschränkung eines Deiches als eine Fessel, und ich glaubte den Mauern einer Stadt entflohen zu sein, als ich den Blick über das mit Schaf- und Rinderherden bedeckte und sich mit dem Ozean allmählich verschmelzende Terrain hinschweifen ließ. Eine Menge von Möwen und anderen Seevögeln belebte hier schreiend und spielend die Luft.

An anderen wilden Tieren hat Neuwerk einen großen Mangel. Keine Singvögel kommen zu ihm hinüber, auch keine Störche. Iltisse, Marder, Schweinigel fehlen ihm ebenfalls. Und selbst die Ratte hat dieses Ländchen noch nicht erreicht. An Mäusen hat es allerdings keinen Mangel. Sehr merkwürdig aber ist es, daß die Ameisen diesen Salzwasserboden so gut vertragen. Eine Gattung derselben lebt auf den Außenwiesen der Insel in so großer Anzahl, daß sie fast zur Plage wird. Diese Seewiesen sind von einer Unzahl von Ameisenhaufen bedeckt, die eben nicht zur Verbesserung des Grasteppichs beitragen. Die Salzflut geht nicht selten, selbst im Laufe des Sommers, über alle die belebten Haufen hinweg, und im Winter liegen sie oft tagelang unter dem Wellenschlag, und dennoch ist das Leben dieser Tiere und ihrer Brut so zäh, daß im Herbst Millionen geflügelter Insekten aus dem Boden aufsteigen und sich in dichten Scharen an die Leuchttürme, Baken und Häuser der Umgebung hängen. Vielleicht hilft ihnen dabei die Grasnarbe, die ihre Hügel bedeckt. Sie ist besonders dicht und dick und widersteht dem Salzwasser. Wo wir sie auflockerten, da fanden wir ein Gewimmel von Ameisen.

Das Vieh auf diesen eigentümlichen Wiesen nimmt auch eigentümliche Sitten und Gewohnheiten an. Wenn sich die Ebbe zurückzieht, läuft es gern den fließenden Wellen so weit wie möglich auf die Sandbänke hinaus nach, um sich in den kühlen Wogen zu laben. Aber es kennt die Gefahren der rückkehrenden Flut und zieht sich gewöhnlich von selbst rechtzeitig auf das höhere Land zurück. Auch benutzen die Pferde gern die alten geteerten Baken, um etwas Schatten zu gewinnen. Da sich indes auf diesen oft von plötzlichen hohen Fluten bedrohten Seewiesen noch mancherlei gefährliche Dinge ereignen, die der tierische Verstand nicht zu berechnen vermag, teilt man den Herden Hirtenbuben zu, die sich mit ihnen zwischen Ebbe und Flut auf den Watten herumtreiben. Von dem abenteuerlichen Leben, der Gewandtheit und den kühnen Taten dieser jungen Inselhirten könnte man ein Lied dichten.

Am Anfang dieses Jahrhunderts haben die Franzosen wie das Meer versucht, die kleine Insel zu zerstören. Als sie im Besitz von Hamburg waren, fürchteten sie, die Engländer könnten sich auf Neuwerk festsetzen, und gaben den Befehl, daß die gesamte Bevölkerung binnen vierundzwanzig Stunden übers Watt ans Festland gehen sollte, und fingen an, den alten ehrwürdigen Turm zu sprengen. Doch gelang ihnen das aus mir unbekannten

Gründen nicht. Man zeigt noch jetzt in dem festen Gemäuer des kolossalen Gebäudes einige von dem französischen Pulver beschädigte Ecken, die aber nun wieder repariert sind.

Langsamer, aber sicherer als die Franzosen sind Wind und Stürme mit der Zerstörung einer anderen Befestigung der Insel fortgeschritten. Wie alle diese Küsteninseln, so hatte auch Neuwerk ehemals gegen das Meer hin eine Reihe hoher Dünen. Alte Leute wollen sich erinnern, daß diese Dünen noch vor vierzig Jahren so hoch waren, daß sich ein kleines Schiff mit seinen Masten hinter ihnen verstecken konnte. Jetzt fanden wir aber diese Sandmauern in völlig ruiniertem Zustand. Die meisten von ihnen waren fast dem Erdboden gleichgemacht. Einige boten den Anblick von zerstörten Wällen dar, in die man hundert Breschen geschossen hatte. Sie waren wie zerfressen von den Winden, vor deren Wut sich noch einzelne phantastisch gestaltete Sandhaufen aufrecht erhalten hatten. Dazwischen lagen umgeworfene Flecht- und Pfahlwerke herum, mit denen die Menschen vergebens versucht hatten, den Elementen Widerstand zu leisten und den Dünen Stützen zu geben.

Nachdem wir uns dieses alles an einem schönen und sonnigen Tag beschaut hatten, wurde unser Abend noch durch einen prächtigen Aufruhr der Natur gekrönt. Ein heftiges Gewitter hatte sich ringsumher an den Elb- und Wesermündungen gelagert. Ich genoß das großartige Schauspiel von dem Belvedere unseres Hotels. Am nächsten Morgen trabten wir vom Wind und Regen gepeitscht über die nun recht öde und unliebliche Sand- und Schlammwüste zum waldigen Festland zurück.

XVIII. Der Nordwestwind in den unteren Elbe- und Weserlanden

Bekanntlich liegt das ganze nordwestliche Deutschland von Holland bis zu den Ostseeländern und südwärts bis zum Harz unter der Herrschaft der Westwinde. Meteorologen haben berechnet, daß dort die drei Hauptwestwinde (Südwest, Nordwest und West) zusammen auf über 190 Tage im Jahr kommen. Unter ihnen ist wiederum der Nordwestwind derjenige, der nicht nur den längsten, sondern auch den stärksten Atem hat. Die meisten gefährlichsten Stürme an den Elb- und Wesermündungen blasen aus dieser Region.

Die große Leidensgeschichte der langgestreckten friesischen Marschen und ihrer Bewohner stellt einen fortgesetzten Kampf mit dem Nordwestwind dar. Gegen die Ebbe und Flut des Meeres allein hätten sie sich wohl leicht geschützt. Bei Süd- und Ostwinden, die das Wasser vom Land fernhalten, ist ihnen nie ein Haar gekrümmt worden. Aber die unbändigen Nordwestwinde, wenn sie mit den Springfluten vereinigt den Ozean aus dem Grund hoben, waren die Feinde, die das Land zerrissen und verschlangen. Alle großen und kleinen, durch wiederholte Sturmflut ins Land eingedrungenen Meerbusen haben die Richtung aus Nordwesten nach Südosten. Je mehr ein Uferstück dem Nordwestwind ausgesetzt ist, desto gefährdeter erscheint es und desto größer sind auch die Anstrengungen, die die Menschen zu seinem Schutz vornehmen mußten. Aus diesem Grunde sind gewöhnlich die Deiche auf dem exponierten Ostufer der Unterweser, die von Süden nach Norden liegt, stärker und größer als die auf dem weniger bedrohten Westufer. Bei der Unterelbe ist dieser Unterschied nicht so auffallend, weil sie mehr nordwestlich gerichtet ist und beide Ufer daher von dem Nordwestwind in gleicher Weise bestrichen werden.

Der Nordwestwind regiert in diesen Gegenden natürlich schon seit den ältesten Zeiten, vermutlich schon so lange, wie die jetzige Konfiguration der Küste des Nordseebassins existiert. Er hat daher die Spuren seiner Wirksamkeit schon in der Bodenstruktur der norddeutschen Niederungen zurückgelassen. In vielen Gegenden dieser Niederungen sind wir beim Abgraben der oberen Schichten auf untergegangene Wälder gestoßen, bei denen alle Bäume von Nordwesten nach Südosten ausgestreckt waren und die daher in einer nordwestlichen Sturmflut untergegangen zu sein scheinen. Auch hat man in dem geologischen Bau des Untergrundes der Marschen des rechten Weser- und Elbufers im Gegensatz zu der Bildung der linksseitigen Marschen den wesentlichen Unterschied gefunden, daß jene oder die östlichen Marschen breite und weitgestreckte Ablagerungen von Schilf in ihrem Körper haben, während diese dergleichen seltener zeigen. Man glaubt, daß die West- und Nordwestwinde die schwimmenden Schilfflöße der Urzeit auf die Ostseite der Flüsse hinübertrieben, wo sie dann nachher mit anderen Materialien überdeckt wurden.

Nicht weniger bemerkt man diese Einwirkungen des Nordwestwindes auch noch heutzutage auf der Oberfläche des Landes. Besonders ist der Einfluß auf die Vegetation und mithin auf den Anbau jener Gegenden ganz auffallend.

In einer Lage, die häufig vom Nordwestwind bestrichen werden kann, gedeiht nicht leicht ein Baum. Sei es infolge der Kälte, sei es infolge der Heftigkeit dieses rauhen Windes, der die zarten Pflanzenteile ständig erschüttert und das Laub zerzaust. Ein Baum, der ihm exponiert ist, hat nur ein langsames und dürftiges Wachstum. Die Anwohner der Nordseeküsten erklären den Nordwest geradezu für »giftig« und sprechen viel von der »salzigen Luft«, die er mit sich führe und die es in erster Linie verhindere, daß das zarte Aroma fruchtbarer Blüten sich in seiner Strömung entfalte.

Schutz vor dem Nordwestwind ist daher sozusagen das Hauptenfordernis für die ganze Pflanzenwelt dieser Gegenden. Nur wo solcher Schutz gegeben ist, gedeihen die Gewächse in Fülle. Wo er fehlt, da leiden sie, und es stellt sich eine baumlose Einöde her. Von Holland bis Dänemark kann man dieses überall im Kleinen wie im Großen, in der Vegetation ganzer geschützter oder exponierter Landstriche, in der Gruppierung der Wälder, ja in jedem Hain und Gärtchen, zuletzt auch in der Beschaffenheit jedes Pflanzenindividuums erkennen und nachweisen.

So ist zum Beispiel die ganze große jütische Halbinsel nebst Schleswig-Holstein durch den Nordwestwind in zwei große, sehr stark kontrastierende Abschnitte geteilt. In einen westlichen, der jenem Wind ausgesetzt und deshalb in hohem Grade baumlos ist, und in einen östlichen, der vor ihm Schutz hat und sich daher stark bewaldet zeigt. In Holstein, in Schleswig, in Jütland liegen überall nach Westen hin kahle Heiderücken. In der Nähe des Meeres sind sie am ödesten. In einiger Entfernung von den Küsten, nach der Mitte des Landes hin, fangen einige Gehölze an, sich zu halten. Sie sind zuerst klein und niedrig, vergrößern sich, je weiter man nach Osten fortschreitet, und endlich ist der ganze dem Osten völlig eröffnete Strich dieses Landes fast ein zusammenhängender lieblicher Buchenhain und Obstbaumgarten.

Dieselbe Erscheinung wiederholt sich in jedem kleinen Landesabschnitt, auf fast jeder Insel oder Halbinsel der schleswig-holsteinischen Küste. Jede Insel hat ihre dürftige Partie gegen Nordwesten und ihre lachende Lichtseite gegen Osten. Eine ähnliche Einwirkung dieses Windes läßt sich auch auf der Halbinsel zwischen der unteren

Elbe und Weser nachweisen. Auch hier sind die südlichen und östlichen Partien vor den nördlichen und westlichen bevorzugt. Das schönste und reichste Obstland dieser ganzen Gegend, das berühmte sogenannte »Alte Land« zwischen Harburg und Stade, liegt gegen Osten geöffnet und gegen Westen von einer hohen Geest geschützt an der Niederung der Elbe. Je weiter man vom Alten Land nach Nordwesten fortschreitet, desto dürftiger werden die Obstgärten.

Höchst interessant ist es, die Einwirkungen des Nordwestwindes auch im Detail zu verfolgen. Um sie genauer nachzuweisen, mag ich den Zustand eines kleinen Eichenwaldes im Amt Ritzebüttel in der nördlichsten Spitze der Elbe-Weser-Halbinsel etwas näher schildern.

Der sogenannte »Brockeswald« liegt auf der Geest etwa eine Stunde westlich von Ritzebüttel. Er besteht aus lauter kleinen verkrüppelten Eichen und hat etwa tausend Schritt im Durchmesser. Vier Meilen in der Runde ist er das einzige Gehölz, vermutlich der traurige Rest eines größeren Urwaldes, der sich im Kampf mit dem Nordwestwind bis auf den heutigen Tag behauptet hat. Niemand erinnert sich, daß sich das kleine Wäldchen in seiner Größe und Umgrenzung verändert habe. Allc Bäume in ihm, selbst die kleinsten und die krüppligsten, sind uralt. Am nordwestlichen Rand, wo der rauhe Wind mit voller Kraft einsetzt und alles üppige Aufstreben niederhält, gibt es fast nur niedriges Gebüsch, das aus uralten Wurzeln ausschlägt. Weiter hinaus, wo der Landmann schon Teile des Waldes unter den Pflug gebracht hat, hört selbst das Gebüsch auf. Doch findet man noch mitten im Kornfeld zuweilen alte Wurzeln, in denen noch nicht alles Leben ausgestorben ist. Weiter rückwärts dagegen blicken hinter dem vier oder fünf Fuß hohen Eichengestrüpp des äußeren Waldrandes sechs bis acht Fuß hohe Büsche hervor, die in ihren unteren Partien schon etwas mehr Schutz von ihren Vordermännern erhielten. Und so türmt sich das Ganze allmählich nach Südosten hin auf, indem sich jeder Hintermann ein paar Zoll über die Schultern seines Vordermannes erheben konnte. Aus den Gebüschen werden zuletzt Bäume, die anfänglich noch viele leidende und kahle Äste und schiefe Stämme zeigen. Schließlich stehen denn die Bäume gerade auf den Füßen, haben ordentliche Stämme, eine runde Krone, und man wandelt aufrecht in einem stillen luftigen Hain, dem das Knorren- und Buschwerk im Nordwesten wie ein Schild vorliegt.

Man kann sagen, daß der Nordwestwind fast jede Baumgruppe im ganzen Land ähnlich behandelt wie den beschriebenen Brockeswald. Zuweilen findet man Reihen von nur sechs oder sieben Bäumen, von denen jeder nach Südosten hin folgende eine auffallend bessere Entwicklung zeigt, bei denen der vorderste nach Nordwesten blikkende nur ein kleiner, dürrer, völlig blätterloser Krüppel ist, während der zweite und dritte bereits mehrere Fuß höher sind und einige belaubte Zweige besitzen. Der fünfte in der Reihe hat schon ein kräftiges Laub und nur noch einige dürre Äste, und der sechste endlich ist ein völlig gesunder, vollständig belaubter und schön abgerundeter Baum.

Bei Baumgruppen oder Gärten, die dicht hinter einem Seedeich liegen, bemerkt man häufig folgende Erscheinung. Die hart am Deich stehenden Bäume, die der nordwestliche Luftstrom unmittelbar trifft, haben nicht höher als der Rand des Deiches wachsen können. Von da an aber steigen die entfernteren immer höher wie ein langsam anschwellender Berg empor.

Auch bei Gebäuden, Gartenmauern usw. sieht man ähnliches. Wo der Wind zwischen zwei Häusern einen Kanal findet, hat er zuweilen alle Vegetation weggeblasen. Ein Baum, der an einer Windecke, halb im Luftstrom und halb im Schutz, steht, ist halb zerstört und halb gesund.

Zuweilen gedieh ein Baum hinter einem Haus sehr wohl. Sobald er aber bei weiterem Wachstum die Höhe des Dachs erreichte, schauderte es ihm vor dem dort stets brausenden Nordwest, er bog seine Zweige um und tastete sich mit ihnen an dem Dachrücken, der Grenze der Unruhe und des Schutzes, entlang.

Einige Bäume, besonders Birken, Föhren, Pappeln, Weiden und vor allem aber der Schlehdorn, halten gegen den Nordwestwind besser aus als andere. Auch der beliebteste Baum der Marschen, die Esche, widersteht ihm leichter als Buchen, Eichen, Linden oder gar die Obstbäume. Wenn man von den letztgenannten einen Nutzen haben will, muß man sie immer mit einem Ring von Eschen, Pappeln, Birken oder anderen, zäheren Gewächsen, die man in Schleswig-Holstein »Sturmbäume« nennt, umgeben. Dort ist fast jeder Garten mit einem hohen Erdwall, der noch dazu mit Dorn- und Sturmbäumen besetzt ist, umgeben. In der Mitte eines solchen künstlich geschaffenen Dickichts gedeihen dann die Obstbäume und zarten Blumen selbst in Jütland vortrefflich.

Auch die Förster in den Küstenländern an der Nordsee müssen bei den Durchforstungen ihrer Wälder Rücksicht auf den Nordwestwind nehmen. Sie müssen ihre sogenannten »Brandrouten« soviel wie möglich in einer dem Nordwestwind entgegengesetzten Richtung anlegen. Brandrouten und Durchforstungen, die dem Nordwestwind ein Tor eröffnen, würden zur Zerstörung des Inneren des Waldes beitragen. Der Wind fährt mit doppelter Gewalt in diesen Kanälen dahin und vernichtet die Bäume zu beiden Seiten seines Weges. Die Förster hüten sich in diesen Ländern aus demselben Grunde auch, die Wälder von Westen her anzugreifen, wo sie von einem Kranz halbzerstörter und kränkelnder Bäume umgeben sind. Dieser Kranz sieht zwar nicht schön aus, aber er gewährt ebensolchen Schutz wie die Borke bei einer Wunde, und wenn man ihn beseitigte, würde der Wind sich sogleich über die nächste Baumreihe hermachen und sie in denselben traurigen Zustand versetzen. Man muß alle Wälder von Osten her bei ihrer starken Seite angreifen.

Auch auf die Sandwehen im Innern der Heiden und auf die Wanderung der Dünen hat der Nordwestwind einen großen Einfluß. Man sieht die Zerstörungen, die diese Sandverstreuungen verursachen, mehr aus Nordwesten als aus irgendeiner anderen Richtung einsetzen. Zuweilen nimmt ein heftiger Nordwestwind nicht nur feinen Sand, sondern auch grobe Sandkörner auf, mit denen er imstande ist, den Kornfeldern zu schaden und ihre Halme zu knicken. Die Heidebewohner der Herzogtümer Bremen und Verden legen Rasen- oder Plaggendämme zum Schutz ihrer Äcker gegen diese vom Nordwest verschleuderten Sandkörner an. Selbst die Felder und Äcker in Schleswig-Holstein sind mit Dämmen eingehegt, die man »Knicken« nennt und die den überall so nötigen Schutz gegen die nordwestliche Luftströmung gewähren. Mit diesen Knicken ist das ganze Land sozusagen gegen die Luftfluten eingedeicht, wie es die Inseln und Halbinseln gegen die Wasserfluten sind.

Zuweilen attackieren die von Nordwestwinden beflügelten Sandkörner die Leute auch in ihren Häusern. Ein Förster im Innern des Herzogtums Bremen erzählte mir, der Nordwestwind habe häufig mit den von ihm entführten Sandkörnern und Steinchen die Fenster seiner Behausung eingeschlagen und über Nacht seine Zimmer mit Grus gefüllt. Endlich habe er ein wenig »Schutz« gebaut, Besodungen und Bäume vor der schwachen Seite seiner Wohnung angelegt und zuletzt auch die wunde Bodenstelle, die den Sand lieferte, durch Bedüngung, durch Mergel und Anbau untergekriegt.

Obgleich Nordwest- und Westwinde einen großen Teil des Jahres hindurch heftig wehen und das ganze Land tyrannisieren, entkommt doch noch manches ihrer unbarmherzigen Schere. Zuweilen treten sie aber mit unwiderstehlicher Heftigkeit auf, und dann hilft gegen sie sogar der beste Schutz nicht. Wütende Nordwestwinde sind imstande, die ganze Vegetation einer Insel oder eines Küstenstrichs in einem Tage zu vernichten, die Bäume mitten im Sommer ihres Laubschmucks zu berauben und alles Grün verdorren und verkohlen zu lassen.

XIX. Das Schwarzbrot und der westfälische Pumpernickel

Das schwarze, massive, feste, in plumpen Blöcken gebakkene säuerliche Roggenbrot des Nordens von Deutschland hat unter den verschiedenen alltäglichen Speisen des gemeinen Mannes in Europa eine nicht geringe Berühmtheit erlangt. Es ist für diejenigen, die aus Weizen- und Weißbrotgegenden zu den niedersächsischen Ebenen heranreisten, häufig ein Gegenstand der Verwunderung und der Kritik gewesen.

Voltaire, der einmal einen Teil der norddeutschen Eichenwälder passierte, beschreibt das Schwarzbrot als »einen gewissen harten, schwarzen, klebrigen Stein, der, wie man sagt, aus einer Art Getreidekörner gemacht wird«. Ein anderer großer Geist, der berühmte Justus Lipsius, der während seines vielbewegten Lebens einmal den westfälischen Kreis des deutschen Reiches durchkreuzte, schrieb in einem Reisebrief: »Die Barbarei ist gar nicht barbarisch neben diesem Westfalen. Alles um mich herum sind Grunzer, Schweine, Ferkel, Säue, Eber. Die Speise möchte ich nicht bloß barbarisch, vielmehr kaum menschlich nennen, ein schwarzes, schweres, saures Brot.«

Nahm man doch sogar in der ganzen Welt allgemein einen Namen für das Schwarzbrot an, der wiederum kaum schmeichelhaft ist. Denn das »Nickel« in dem Wort »Pumpernickel« oder »bon pour Nickel« ist die Bezeichnung eines kleinen Pferdes.

Mit diesen verwerfenden Urteilen der Fremden stehen die Ansichten und Neigungen der Einheimischen in großem Kontrast. Denen, die dieses schwarze Brot von Jugend auf genossen, ist es so lieb geworden, daß sie, in fernen Ländern weilend, es nicht weniger vermissen wie der Neapolitaner seine Makkaroni. Häufig schicken ihre Verwandten ihnen aus dem alten Sachsenland ein wohlverpacktes Schwarzbrot per Schiff oder Post. Eine umfassende Schilderung, Geschichte und Statistik dieses in seiner Heimat so beliebten, mit dem Leben, Sinn und den Sitten der nordgermanischen Stämme so innig verwachsenen Brotes wäre gewiß ein sehr interessanter und auch wichtiger Abschnitt der deutschen Kulturgeschichte. Leider liegen aber die Geschichte und Statistik aller herkömmlichen Nahrungsstoffe und besonders des Brotes noch vielfach im dunkeln. Wir können weder genau das Vaterland des Roggens angeben noch die Zeit, Art und Weise seiner Verbreitung durch diejenigen Länder, in denen er jetzt einheimisch ist, authentisch bestimmen.

Soviel scheint indes gewiß zu sein, daß die Römer weder den Roggen noch das Schwarzbrot gekannt haben. Die Römer waren mit dem Weizen verbrüdert und, wohin sie in Europa kamen, da erschienen sie als die Verfechter seiner Kultur und introduzierten oder beförderten seinen Anbau, auch in Deutschland.

Auf der anderen Seite nehmen es unsere Historiker als ebenso ausgemacht an, daß die alten Deutschen zur Zeit der Römer kein anderes Getreide als Hafer, Gerste und Hirse besaßen. Durch die Römer lernten sie den Weizen und Spelz kennen, doch wahrscheinlich nur so weit, wie die römische Herrschaft reichte, im westlichen und südlichen Deutschland, in der Rhein- und Donaugegend, wo noch jetzt Weizen und Weißbrot, wenn auch nicht die Hauptnahrung des Volkes, doch wenigstens neben dem Roggenbrot eine große Bedeutung haben. Das nicht eroberte Norddeutschland hat noch einige Jahrhunderte nach Cäsar und Augustus wohl nur Hafer- und Gerstenbrot genossen.

Erst zur Zeit der Völkerwanderung scheint vom Osten

her der Roggen eingewandert zu sein. Einige glauben, daß die Hunnen Attilas ihn im 5. Jahrhundert mitbrachten. Andere sind der Meinung, daß die slawischen Stämme ihn schon seit undenklichen Zeiten anbauten und ihn bei ihrer Einwanderung in Deutschland im 5. und 6. Jahrhundert verbreiteten.

Obwohl demnach der Roggen unter den Westeuropäern erst ein Alter von etwa anderthalbtausend Jahren hätte, so ist er doch seit seiner Einführung allmählich in einem großen Abschnitt von Europa das Hauptgetreide geworden. Da er nicht nur ein nördliches Klima und einen dürftigen Boden verträgt, sondern auch liebt, ist er in der ganzen nördlichen Hälfte unseres Weltteils verbreitet.

Abgesehen von dem weiten Osten, von Sibirien, Rußland und Polen, gibt es keine Gegend, in der der Roggen sich heimischer gemacht hätte als in der norddeutschen Ebene. Er hat hier so recht das ihm behagende Klima und auch den ihm zusagenden sandigen Boden gefunden. Er ist in so hohem Grade die vornehmste Getreidegattung geworden, daß die Landeskinder den sonst allgemeinen Namen des Getreides ihm vorzugsweise gegeben haben. Die Norddeutschen nennen den Roggen allgemein »das Korn«, während sie den anderen Kornarten, dem Weizen, der Gerste usw., die neben dem Roggen, aber in weit geringeren Quantitäten, angebaut werden, ihre besonderen Namen lassen. Ja, man behauptet sogar, daß der Name »Roggen« nichts anderes als das durch Transposition der Buchstaben nur etwas umgewandelte Wort »Korn« sei.

Der mit den Römern nach Süddeutschland gekommene Weizen hat sich zwar in der Folgezeit allmählich auch in einem großen Teil des Roggengebiets verbreitet, doch ist er in diesen Gebieten gewissermaßen ein Fremdling. Da er einen fruchtbaren und schweren Boden und ein etwas milderes Klima liebt, da seine Bearbeitung im Norden kostspieliger wird, so hat er dort gegen den Roggen nicht aufkommen können und spielt auf den Äckern und in den Hauswirtschaften des Nordens nur eine sekundäre Rolle.

Zusammenfassend kann man sagen, daß der Roggen bei den Nordgermanen, bei den niedersächsischen Stämmen, in Holland, in Westfalen, in Preußen, in den russischen Ostseeprovinzen und ferner überall in Dänemark, Schweden und Norwegen den vornehmsten und wichtigsten Brotstoff zur Nahrung des gemeinen Volkes liefert.

Wie jedes Produkt der Welt innerhalb seines großen Verbreitungsbezirks wieder einen kleineren Kreis zu haben pflegt, in dem es in vorzüglicher Qualität und Quantität erzeugt wird, so hat auch das grobe nordgermanische Roggenbrot innerhalb seines weiten Vaterlandes seine engere Heimat, in der es sich mehr als anderswo breit und berühmt gemacht hat. Es ist das Land der Westfalen.

Diese Westfalen sind noch jetzt derselbe derbe, kräftige, lang aufgeschossene Menschenschlag, wie ihre Vorfahren es zur Zeit des Tacitus waren. Sie leben noch nach altertümlicher Weise unter alten Eichenhainen, recht gemächlich und weitläufig in vereinzelten großen Bauernhöfen. Sie treten plump einher in ausgehöhlten Holzklötzen, die ihr Schuhwerk bilden. Schweinefleisch, Pferdebohnen und Sauerkraut sind einige ihrer beliebten Nahrungsmittel. Es ist merkwürdig, wie gut zu dieser Altertümlichkeit das massive schwarze westfälische Roggenbrot paßt.

Von Westfalen ist der ganze Ruhm und Ruf des norddeutschen Schwarzbrotes ausgegangen. Dort wird es in der größten Menge, der besten Qualität und seiner ganzen Eigentümlichkeit produziert. Dort ist auch der Name Pumpernickel entstanden, welcher der westfälischen Gattung des Roggenbrotes vorzugsweise eigen geblieben ist. Dort sind alle mit diesem Brot verbundenen Verfahrensweisen, Sitten und Gebräuche am meisten ausgeprägt.

Die Westfalen und Niedersachsen nennen ihr Roggenbrot schlichtweg »das Brot«. Weizenbrot ist bei ihnen etwas Ausländisches. Sie nennen es in einigen Gegenden ziemlich allgemein »französisches Brot«, was darauf hindeutet, daß wie der Weizen selbst auch die Weizenbäckerei aus Frankreich oder Gallien erst mit den Römern hierher kam. Von seiner Farbe her heißt das Weizenbrot auch wohl »Weißbrot«. Im Gegensatz dazu bekommt das einheimische niederdeutsche Roggenbrot den Namen »Schwarzbrot«. Da der Weizen durchweg ein loseres und lockereres Gebäck als der Roggen ergibt, ist für jenes auch der Name »Losbrot« aufgekommen, während dieses als »dichtes« oder »festes Brot« bezeichnet wird. Eine sehr allgemeine und in Norddeutschland weitverbreitete Benennung für das Weizenbrot ist schließlich noch der Name »Stuten« oder »Stutenbrot«.

Wie die hochdeutsche Sprache für den Umgang mit den Vornehmen, so ist das »Weizen-«, »Franz-«, »Los-« oder »Stutenbrot« bei den west- oder ostfälischen Bauern nur für festliche Gelegenheiten, bei Hochzeiten usw., üblich. Daher pflegen sie auch die Zeit nach der Hochzeit »die Weißbrotwoche« zu nennen.

Der Name »Pumpernickel« und die damit zusammenhängenden Anekdoten oder Sagen sind in Westfalen nur unter den Gebildeten bekannt, nicht bei den Bauern. Da es aber einmal angenommen ist, daß dieser Name mit Bezug auf das westfälische Roggenbrot entstanden ist, so hat er außerhalb Westfalens, selbst im übrigen Niedersachsen, allgemeine Geltung erhalten. In Bremen, Hamburg, Holstein usw. gehört das Wort »Pumpernickel« als Eigenname dem nach westfälischer Art gebackenen Roggenbrot, während dem einheimischen gewöhnlichen Roggenbrot der Name »Schwarzbrot« bleibt.

Das Roggenmehl eignet sich bei weitem nicht zu so großer Verfeinerung und so mannigfaltiger Verarbeitung und Gestaltung wie das Weizenmehl. Letzteres nimmt fein gemahlen die schönste schneeweiße Farbe an. Es geht willig die intimsten Verbindungen mit Wasser, Milch, Eiern, Butter, Zucker, Honig und zahllosen anderen Stoffen ein. Es ist daher die Grundlage aller Arten von Kuchenbäckerei geworden und stellt sich auch als bloßes gemeines Brot in den allermannigfaltigsten Formen und Größen dar. Die Roggenkörner dagegen haben von Haus aus eine schmutzige, zuweilen eine ganz dunkelbraune Farbe. Selbst das Mehl behält diese Farbe bei, und das Brot entwickelt diese beim Backen noch mehr. Man kann den Roggen nie zu solcher Feinheit mahlen wie den Weizen, weil seine kleineren Körner von stärkeren Hüllen umgeben sind. Auch hat er nicht den neutralen Geschmack des Weizenmehls, sondern vielmehr einen gewissen Beigeschmack und würzigen Geruch, der besonders in dem ausgebackenen Brot hervortritt und ihn hindert, die Verbindung mit den oben genannten Stoffen einzugehen.

Das Roggenmehl spielt daher in der Kuchenbäckerei und überhaupt in der ganzen Küche bei weitem nicht die große Rolle des Weizenmehls. Sein würziger, etwas herber Geschmack und Geruch würden alle die zarten Beimischungen von Milch, Butter, Zucker usw. übertönen. Es läßt sich nur mit dem Wasser verbinden und mit diesem zu einem einfachen groben Brot gestalten.

Wie die Arten des Gebäcks selbst sind auch die äußeren Gestaltungen, die man dem Roggenbrot gibt, meist sehr einfach, plump und grob, und ihre Dimension gewöhnlich bedeutend. Das grobe Roggenbrot läßt sich in kleinen Portionen nicht so gut ausbacken. Es gedeiht besser in großen Massen. Und außerdem sind diese größeren Quantitäten schon dadurch bedingt, daß der gemeine Mann, für den es bestimmt ist, sich nicht häufig den Backoperationen unterziehen kann und gern Vorrat für längere Zeit hat.

Während daher das Weizenbrot bis zu den kleinsten und zierlichsten Brötchen hinabsteigt und in Form und Größe fast in jedem Gau, ja beinahe in jedem Ort, wechselt, erhält das Roggenbrot in weiten Strichen eine und dieselbe Gestalt und Größe. Man kann in den Roggenländern viele Tagereisen weit vordringen, ohne einen Wechsel in der Form und dem Umfang des Brotes wahrzunehmen.

In der Hauptsache tritt das Roggenbrot unter zweierlei Gestalt auf. Man bereitet es aus Mehl, dem man die sogenannte Kleie, d. h. die zermahlenen Holzfasern der Hülse des Korns, beigemischt ließ, oder aus Mehl, dem man diese Kleie durch Aussiebung oder Ausbeutelung nahm. Die Kleie, die einige feste Bestandteile sowie die Hauptfarbstoffe enthält, gibt beim Backen dem Brot eine besonders dunkle Farbe. Wenn man die Kleie entfernt, entsteht ein feineres Brot von hellerer bräunlicher Farbe. Es gibt Landstriche, in denen man nur Roggenbrot von gebeuteltem Mehl genießt, und andere, in denen nur Brot mit der Kleie genossen wird. Meistens aber hat man beide Sorten von Roggenbrot nebeneinander. Das ausgebeutelte Brot dient dann nur zu gewissen Zwecken, an Fest- und Feiertagen, das Kleienbrot dagegen zum täglichen Bedarf.

Das gebeutelte Roggenbrot zeigt sich meistens von geringerem Umfang als das grobe. Auch die äußere Gestalt, die man dem feinen ausgesiebten Roggenbrot gibt, ist fast überall von der des groben Kleienbrotes verschieden. Für das Feinbrot überwiegt die Halbkugelform, während das Kleienbrot in länglichen viereckigen Blöcken auftritt. Bei gleicher Form variiert aber oft die Größe.

Erst in dem nördlichsten Roggenland jenseits des Sundes treten ganz andere Backweisen und Formen des Brotes auf, die echt skandinavisch sind, nämlich das sogenannte »Knäckebrot«, in dünnen runden hartgebackenen Scheiben, die man mit dem Hammer zerschlagen und mit tadellosen Heldengebissen speisbar machen muß. Das weiche Roggenbrot wird in Schweden nur als Luxusartikel in den Städten und auch vereinzelt auf dem Lande gebacken.

Da die großen Roggenbrote nicht so leicht austrocknen und alt werden wie die kleinen Weizenbrote, sind die Backperioden in den Haushaltungen der norddeutschen Bauern ziemlich lang. Gewöhnlich backen sie nur alle zwei bis drei Wochen frisches Brot. In manchen Gegenden auch nur alle vier bis sechs Wochen. Recht sparsame niedersächsische Hausfrauen versuchen diese Periode noch über das gewöhnliche Maß hinaus zu verlängern. Sie backen gern soviel Brot auf einmal wie möglich, weil sie wissen, daß die Burschen vom frischen Brot besonders viel und gierig essen und immer mäßiger werden, je älter und trockner das Gebäck wird.

Man kann sich denken, daß das Kneten des Teiges in diesen großen Bauernwirtschaften, wo oft die einzelnen zu gestaltenden Laibe einen halben Zentner wiegen, ein anstrengendes Geschäft, eine wahre Pferdearbeit ist. In manchen Gegenden kneten sie den Teig daher auch mit den Füßen. Obwohl man beim Schwarzbrotkneten einige recht starkknochige Knechte gebrauchen könnte, müssen sich doch durchweg in Norddeutschland die Mägde damit plagen. Es scheint, daß bei allen Völkern der Welt, schon im grauesten Altertum, die Brotbereitung den Frauen zugefallen ist. Ein niedersächsischer Bauernknecht würde sich sehr gedemütigt fühlen, wollte man ihn beim Backtrog anstellen. Nur bei den zünftigen Bäkkern lassen sich dies auch die Männer gefallen.

Der Größe der Laibe und der Schwierigkeit des Knetens entspricht die Dauer des Backens. Es ist beim Schwarzbrot ein energischer und langwieriger Prozeß. Der Ofen muß vorher mehrere Stunden lang geheizt und fast zur Weißglut gebracht werden. Wenn ein dürres Stück

Holz, das der Bauer zur Probe an das Gewölbe hält, Funken sprüht und zündet, dann ist der Ofen für den Pumpernickel auf der richtigen Temperatur. Die Backzeit ist nach der Größe der eingesetzten Brote verschieden. Normalerweise beträgt sie bei den Bauern 12 bis 14 Stunden. Bei den größten Broten in Westfalen aber auch wohl einen ganzen Tag und eine ganze Nacht. Damit von der Hitze und auch von der Kraft des Gebäcks nichts verlorengeht, werden die in der Regel ganz niedrigen Öfen nach dem Einschieben der Brote vermauert und verschmiert.

Die Backöfen der niedersächsischen Bauern sind wie das Schwarzbrot selbst sehr altertümlich und national, von Holland bis Jütland gleichförmig, obgleich natürlich mit Variationen. In allen diesen Gegenden hat jeder Bauer, sogar der kleinste, seinen eigenen Backofen. Bis auf die neueren Zeiten hatten auch die Bürger in vielen norddeutschen Städten in ihren Häusern ihre eigenen Backanstalten für Schwarzbrot. Sie kauften das Brot nicht gern beim Bäcker, weil sie das hausgebackene viel würziger und schmackhafter fanden. Doch wird es in neuerer Zeit viel schwerer, Mägde zu bekommen, die sich aufs Brotbacken verstehen.

Der gut ausgebackene echte westfälische Pumpernikkel hat eine schöne, dunkle, saftige, kräftige kastanienbraune Farbe und einen äußerst wohltuenden nervenstärkenden und würzigen Geruch. Auch hat er eine Kraft just in sich wie der Ochsenbraten. Beim Schneiden zeigt sich dieser Saft unter dem Messer zuweilen in kleinen Perlen. Der Pumpernickel steckt in dem formidablen Panzer einer dicken Rinde, die sich bei dem vierundzwanzigstündigen Backen gebildet hat. Doch ist gerade diese Rinde, wenigstens für den mit guten Zähnen bewaffneten Feinschmecker, das Schmackhafteste an dem Ganzen und zugleich auch das Nahrhafteste. Sie löst sich sowohl im Wasser wie auch im Mund viel leichter auf als das Weizenbrot.

Im Sommer verdirbt das Brot leichter als im Winter, wird schnell ganz trocken und schimmelt auch mehr, wenn es viel regnet. Im Winter hält sich das Brot länger frisch. Der beste und gewöhnlichste Platz für seine Aufbewahrung ist der Keller.

Die Größe der Brote und ihr Rindenpanzer machen das Tranchieren des Pumpernickels zu einer schwierigen Aufgabe. Es gehören westfälische Großknechtshände und Muskeln dazu. Das Brotschneiden für die ganze Haushaltung, für das Gesinde wie auch für den Bauern und seine Familie, ist ein Geschäft, das in Westfalen und auch sonst in fast ganz Niedersachsen durchweg zu den Pflichten und Rechten des Großknechts gehört. Es wird darüber zuweilen sogar in dem Kontrakt mit ihm ein eigener Artikel aufgesetzt, wodurch er sich zu dieser Verrichtung verpflichtet.

Für diese Operation ist in manchen Gegenden ein eigener Tisch, der Brottisch, bestimmt, über dem ein festes scharfes Messer an einem Strick hängt. In einigen Distrikten Norddeutschlands hat man auch eine Maschine zum Brotschneiden, ähnlich der, die unsere Hausfrauen zum Zuckerkleinen oder unsere Bauern zum Häckselschneiden gebrauchen.

In anderen Schwarzbrotprovinzen lädt man diese Arbeit dem Großknecht nicht ausschließlich auf, sondern läßt das Brot auf einem bestimmten Platz der Eßstube oder im Brotschrank liegen, wo es jeder morgens, mittags und abends zu finden weiß, um sich nach Bedürfnis mit einem beliebigen Schneidewerkzeug, das zur Hand ist, davon abzuschneiden.

Das nüchterne und dabei kernige Schwarzbrot paßt vorzugsweise als neutrale Unterlage und Gegensatz zu allerlei fetten Dingen, zur Butter, zum Käse, zum Speck usw. Die gewöhnlichste Form, in der es genossen wird, ist daher auch die des »Butterbrotes«. Die schöne, frische, milde, weiche, geschmeidige goldgelbe Butter tritt zu dem ernsten, kräftigen, dunkelgefärbten Roggenbrot in einen weit frappanteren Gegensatz als zum Weizenbrot. Daher geht das wahre Butterbrotland auch nur so weit, wie der Genuß des groben Roggenbrotes allgemein ist. In den Weizen- und Weißbrotländern ist die Butter aufs Brot weder so angenehm noch so notwendig. Daher hat auch die Strafe »bei trocken Brot« im Schwarzbrotland eine viel schlimmere Bedeutung als in den Semmelländern.

Der Käse schließt sich ebenso natürlich zum Schwarzbrot an wie die Butter. Das weichliche Weißbrot gibt ihm bei weitem nicht den Relief. Wer seinen Käse auf Weizenbrot legt, wenn er Roggenbrot haben kann, tut etwas ästhetisch Unrichtiges. Etwas Käse und etwas Schwarzbrot, beides die Digestion befördernd, sind daher auch als Schluß der Mahlzeit in den Roggenländern ganz allgemein. Wie der Käse, so ist auch der Speck dem Schwarzbrot durch den Gegensatz verknüpft. Eine Speckschnitte zu Weißbrot erscheint dem norddeutschen Geschmack mehr oder weniger widersinnig. Das Grobbrot gehört zum Speck wie der Mann zum Weibe. Die dicken gelblichen Speckseiten hängen daher auch nur in den Gegenden so reichlich in den Rauchfängen, in denen die massiven Schwarzbrote im Keller liegen. Und westfälischer Pumpernickel und westfälischer Schinken kommen aus derselben Provinz zu uns.

Obwohl zum Braten, zu Saucen, zu den meisten Suppen, zu fast allen Gemüsen und Obstsorten einem gebildeten Geschmack das Weizenbrot als die richtigste Zugabe erscheint, so gibt es doch auch auf den Tischen der Reichen manche Gerichte, bei denen Schwarzbrot passender ist.

Es sollte zum Beispiel zu allen Fischgerichten serviert werden, zu denen man statt Wein lieber Bier einschenkt. Beim Stockfisch sind in Norddeutschland Bier statt Wein und eine Schwarzbrotschnitte statt Weißbrot schon längst herkömmlich. Aus demselben Grund sollte man eigentlich nie eine Büchse mit Gänseleberpastete versenden, ohne gleichzeitig ein Paket mit einem Pumpernickel beizulegen. Denn wer ein zartes Schnittchen westfälischen Pumpernickel zur Straßburger Gänseleber genießt, findet die Verbindung so naturgemäß, daß er am Ende kaum mehr weiß, welches von beiden die größere Delikatesse ist.

Ich sage ein zartes Schnittchen. Denn allerdings muß der grobe Pumpernickel etwas fein behandelt werden. Der Gebildete wird ihn in der Symphonie einer Mahlzeit nur so sparsam benutzen wie der Musiker im Konzert die Baßgeigentöne. Man muß ihn als eine Art Gewürz betrachten. In der Tat hat sich auch diese Erkenntnis im Gebrauch längst gefestigt. Im ganzen nordischen Butterbrotland, wo die Verbindung von Schwarzbrot mit Weißbrot so beliebt ist, sind immer die Schwarzbrotschnitten viel dünner als die vom Weißbrot.

Auch zu manchen Getränken paßt das Schwarzbrot viel besser als das Weizenbrot. Es feinen Weinen beizugeben ist freilich niemandem eingefallen. Der Wein, besonders der herbe Rheinwein, verlangt etwas Mildes als Gegensatz, Nüsse, sanftes Weißbrot usw. Beim flauen Kaffee und Tee dagegen ist ein Pumpernickelschnittchen ganz an seinem Platz. Auf allen Tee- und Kaffeetischen hat daher das Schwarzbrot ein weites Terrain gewonnen, nicht nur bei den Bauern, sondern auch in den Zirkeln der höheren Stände. Leider geht das Schwarzbrot auch besonders gut mit dem Branntwein zusammen. Und obgleich ich die Erscheinung natürlich nicht allein damit erklären will, ist es doch beachtenswert, daß die Schwarzbrotländer auch unsere Hauptbranntweinländer sind. In Schweden liegt gleich neben dem Branntweinglas das schwarze Knäckebrot, und in ganz Norddeutschland spülen sie das

Schwarzbrot gern mit einem Glas Schnaps hinunter. In Kurland und in Livland, wo bekanntlich kurz vor Tisch die Herren zur Stärkung ihres Magens ein kräftiges Glas Likör zu sich nehmen, pflegen die schönen Damen mit feinen Fingern eines der zu diesem Zweck auf dem Likörtisch bereitliegenden Schwarzbrotstückchen zu fassen, es in die silbernen Becher ihrer Herren zu tunken und diese Delikatesse zu genießen. Weißbrotschnittchen im süßen Likör wären bei weitem nicht so pikant.

Eine geröstete würzige Schwarzbrotschnitte gibt dem Trinkwasser einen angenehmen säuerlichen und erfrischenden Geschmack. Da sie sich leicht darin auflöst, erteilt sie ihm zugleich feine Nährstoffe. In vielen Gegenden des Nordens ist es daher üblich, den Kranken eine geröstete Schwarzbrotscheibe im Wasserglas ans Bett zu stellen. Die Patienten werden diesen Trank selten müde und können große Quantitäten davon schlürfen. Weichliches Weißbrotwasser würde ihnen viel schneller zuwider werden.

Unter den Landleuten bleibt es natürlich nicht bei so sparsamer Verwendung des Pumpernickels. Sie genießen vielmehr das Brot in großen Quantitäten, in fingerdikken, oft zum Erschrecken breiten und langen, mit einer entsprechenden Butterschicht bedeckten Scheiben und bringen es außerdem in die mannigfaltigsten Verbindungen zu vielfachen Nationalgerichten.

Eines der verbreitetsten dieser bäuerlichen Schwarzbrotgerichte ist die Milchsuppe mit Schwarzbrot. Die Milch wird dabei aufgekocht und dann der Pumpernickel hineingebrockt und darin erweicht. In vielen Gegenden Westfalens ist diese Milchsuppe das gewöhnlichste Abend- und Morgengericht des Landmanns. Zuweilen muß sie auch bei der Mittagsmahlzeit dienen. Eine sehr gute Verbindung geht das Schwarzbrot auch mit Bier ein, und Biersuppe, in der seine Rinde fast zu Brei gekocht wurde, ist daher im Norden sehr weitverbreitet. Sie ist von der Farbe und der Konsistenz her ein wahres Spartaneressen. In den Städten unter den Bürgerklassen und auch auf dem Lande unter dem Adel wird sie recht häufig genossen.

In den Viehtriften der Marschgegenden sind natürlich Butter und Käse die gewöhnlichsten Zutaten zum Schwarzbrot. In anderen Gegenden, wo sie an Vieh ärmer sind, treten auch andere Dinge an die Stelle jener Fettigkeiten. So in den Heidegegenden der dort häufige Honig. Und in Westfalen das sogenannte »Krut« (Kraut). Dieses Krut ist eine Art Obstsirup, den sie am Rhein aus Birnen, Äpfeln usw. machen und den die Westfalen von dort für ihren Pumpernickel beziehen. »Pumpernickel mit Krut« ist nicht nur ein Leckerbissen der Kinder, sondern auch ein sehr gewöhnliches Nahrungsmittel der Erwachsenen. Der Verbrauch dieses Birnensaftes muß in den westfälischen Landwirtschaften nicht unbedeutend sein. Denn es sind am Rhein, in Köln und anderswo, für diesen Artikel große Fabriken, sogar »Dampfkrautfabriken« etabliert. Zuweilen wird auch das Obst in den Brotteig selbst hineingebacken. Überall in den Wesergegenden, sowohl auf der Geest als auch in den Marschen, kennen sie ein Gebäck, bei dem das Obst in einen Brotteig eingeschlagen und mit ihm gebacken wird.

Auch mit seinem Vieh teilt der Landmann sein Schwarzbrot. Die Pferde bekommen davon ihre reichlichen Portionen zur Erfrischung auf der Reise. In manchen Gegenden herrscht auch der Brauch, den Kühen nach dem Kalben eine Schnitte Schwarzbrot mit schwarzem Kümmel bestreut zu reichen. In den Marschgegenden, wo das Vieh eine so große Rolle spielt, wird der Patientin dieser Leckerbissen noch dadurch erhöht, daß man die Brotschnitte röstet, mit Kümmel bestreut und noch dazu mit etwas Branntwein tränkt.

Da unser Schwarzbrot seiner Natur nach immer in so einfacher, in überall derselben plumpen quadratischen Gestalt erscheint, da es im Gegensatz zu seinem gewandten Bruder, dem Weizenbrot, so unbeholfen, so altfränkisch ist, spielt es in der Geschichte der Sitten und Gebräuche im Vergleich mit dem Weizenbrot eine nicht sehr große Rolle.

An Feiertagen darf es sich kaum zeigen. Zu solchen Schaugebäcken wie das Weizenbrot ist es gar nicht geeignet. Dieses greift in seinen mannigfachen Formen und Verwandlungen hundertfältig in andere verwandte Künste ein und ist auch mit unseren Volks- und Kirchenfesten verwachsen. Opfer hat man, wie es scheint, stets nur mit Weizenbrot dargebracht. Auch bei unserem heiligen Abendmahl hat das Roggenbrot nie einen Platz gehabt. Wir brechen dabei nur Weizenbrot.

Über den Einfluß des Schwarzbrotgenusses auf die Gesundheit sind die Ansichten sehr verschieden. In Süddeutschland und anderswo hält man Schwarzbrot gewöhnlich für eine schwere und unverdauliche Kost. In ganz Norddeutschland dagegen hält man das Roggenbrot allgemein für verdaulicher. Dort kommt es nicht selten vor, daß die Ärzte Magenkranken eine Schwarzbrotkur verschreiben und daß die Patienten bei Enthaltsamkeit vom Weizenbrot völlig genesen.

Überall dort, wo Schwarzbrot die Hauptnahrung des Volkes ist, ist der Menschenschlag auffallend tüchtig und befindet sich bei seinem Schwarzbrot gesünder und kraftvoller als die Leute in den Weizenbrotländern. Die Gerichte, die man mit Hilfe des Roggenmehls und Schwarzbrotes bereitet, sind alle derb und nahrhaft. In den Weizenländern dagegen greifen Pasteten- und Kuchenbäckerei tief und gewiß vielfach verderblich in die Küche und das Nahrungswesen des Volkes ein.

Neuerdings haben auch Ausländer Geschmack am

Schwarzbrot gefunden, so daß der Gebrauch und der Genuß des Schwarzbrotes sowie der Anbau des Roggens im Zunehmen begriffen ist. Selbst in entlegenen Ländern breitet sich der Pumpernickel weiter und weiter aus. Man hat ihn so lange gescholten, bis er zuerst als eine Kuriosität und dann sowohl als ein Leckerbissen als auch als ein heilsames Nahrungsmittel aus dem Lande ausgeführt wurde. Vielleicht haben die Könige von England aus dem Hannoverschen Haus schon im vorigen Jahrhundert dazu den ersten Impuls gegeben. Sie ließen sich von Zeit zu Zeit neben anderen hannoverschen Delikatessen auch echten westfälischen Pumpernickel nach England kommen. Inzwischen haben sich mehrere Schwarzbrotbäcker in London niedergelassen. Mit den zahlreichen Auswanderern aus Norddeutschland ist das Schwarzbrot auch nach Amerika gekommen.

Wie im Ausland hat auch in Deutschland selbst das norddeutsche Schwarzbrot in neuerer Zeit noch an Terrain gewonnen. Sogar in Stuttgart und München sowie in Wien wird seit einigen Jahren norddeutsches Schwarzbrot gebacken. Schließlich zeigt sich auch in Norddeutschland selbst die Vorliebe für das alte, so oft zu Unrecht verachtete Grobbrot noch im Zunehmen. Man begnügt sich dort nicht mehr mit dem einheimischen Roggenbrot allein. Wo man in einer Nachbargegend ein besseres Roggenbrot weiß, da läßt man es von dort kommen. Besonders seit dem Fall unserer Zollgrenzen und seit der Einführung der Eisenbahnen ist der Austausch der verschiedenen Brotsorten zwischen den verschiedenen Provinzen sehr lebhaft geworden. Vor allem das kräftigste aller Schwarzbrote, der westfälische Pumpernickel, wird seitdem vielfach verhandelt und direkt von den ihres Pumpernickels wegen berühmten westfälischen Orten bezogen.

XX. Über Bausprüche an Türen, Fenstern, Salzfässern und sonstigen Möbeln in den westfälischen Bauernhäusern

Die gute alte Sitte, Häuser und Zimmer mit frommen Sprüchen, die den Bewohnern immer vor Augen sein sollten, zu schmücken, ist in allen Gauen Deutschlands weitverbreitet. Sie ist aber schwerlich in irgendeiner Gegend unseres Vaterlandes mehr im Schwange als in den nordwestlichen Provinzen und besonders in Westfalen. Dort findet man nicht nur die Mauern der Häuser und die großen Haupteingänge, sondern auch die Stubentüren, die Fenster, zuweilen die Möbel und Tischgeräte mit sinnvollen Sprüchen versehen.

Bei dem großen Reichtum an Holz in Westfalen wurden in älteren Zeiten und werden zum Teil auch noch jetzt die Bauernhäuser aus Holz oder aus sogenanntem Fachwerk gebaut. Und die Bauern setzen bei ihren Neubauten häufig einen besonderen Stolz in eine reichliche Verwendung von Holz. Je wohlhabender ein Bauer war, desto mehr Balken und Ständer wurden beim Haus angebracht. Dieses führte denn auch sehr natürlich zu dem Streben, das Holz auf allerlei Weise zu verzieren. Selbstverständlich mußte dieses Bauholz vom schönsten und schwersten Eichenholz sein, so wie es denn auch noch jetzt nicht für anständig gehalten wird, viel Tannenholz im Innern des Hauses, z. B. bei Türen, Tischen, Schränken, Läden, Koffern usw., zu verwenden. Vermutlich ist die Eiche in keinem Teil Deutschlands in höherem Grad das nationale Holz als in Westfalen. Jeder Bauernhof liegt sozusagen in seinem eigenen Gehölz von Eichen, und das Eichenholz und seine Benutzung drängen sich überall in seine Wirtschaft ein.

Zur Anbringung von Sprüchen an den Häusern boten sich vor allem auf ganz natürliche Weise die große Einfahrtstür des Hauses und besonders der dicke, lange eichene Balken dar, der über dieser Tür angebracht ist. Den Hauptspruch hat das Haus daher hier, wo er von allen Ein- und Ausgehenden gesehen werden kann. Gewöhnlich befindet er sich in diesem Balken in großen Lettern eingeschnitten. Und daneben stehen dann mit noch größeren Lettern der Name des Besitzers, der das Haus bauen ließ, sowie der seiner Ehefrau. Außer diesen ist zuweilen auch noch der »Junge Gesell« oder der »Anerbe« des Hofes genannt. Mit kleiner bescheidener Schrift darunter hat sich auch der Baumeister, der im Auftrage der Genannten das ganze Werk zustande brachte, verewigt, sowie denn natürlich auch das Jahr Christi daneben angegeben ist, in dem der Bau vollendet wurde.

Da für dies alles nur ein Balken da war, können demnach die westfälischen Haussprüche meist nicht sehr lang sein, was ihnen nicht zum Nachteil gereicht. In einigen Gegenden Süddeutschlands und der Schweiz, wo man wohl ganze Giebelfelder oder Wandabschnitte zu Bausprüchen nahm, konnten diese aus ganzen Strophen und umständlichen dichterischen Herzensergüssen bestehen. In Westfalen sind sie aus dem besagten Grunde kernige, in Eichenholz geschnittene kurze Sentenzen.

Es war und ist auch noch jetzt zum Teil des Schulmeisters Amt, sowohl diese Bausprüche vorzuschlagen als auch sie selber im Türbalken einzukerben. Denn diese Schulmeister waren und sind für alles, was ein wenig in das Gebiet der Literatur hineingehört, die Hauptratgeber der westfälischen Bauern, obgleich sie meistens aus einem anscheinend höchst illiterarischen Stand, nämlich aus dem Schäferstand, hervorgingen. Entstand einmal in einer Gemeinde eine Lehrervakanz, so pflegte sich ein junger Mensch, der Lust hatte, den Schäferstab mit dem

Schulmeisterszepter zu vertauschen, zu melden, unter dem Erbieten, die hinterbliebene Witwe oder Tochter des Verstorbenen zu heiraten. Die Bauern, denen diese sonst zur Last gefallen wäre, nahmen dieses meistens gern an, ließen den jungen Mann zwei Sommersemester auf ihre Kosten das Seminar besuchen, während er im Winter zwischendurch die Kinder unterrichten mußte. Diese so ausgebildeten Literaten, die sich nun gern ein gelehrtes Ansehen unter den Bauern gaben, ihnen ihre Briefe schrieben und andere Dokumente abfaßten, die unter anderem auch bei den Hausrichtungen über die von den Gästen dargebrachten Gaben Buch und Rechnung führen mußten, waren dann sowohl die Ratgeber als auch die Schreibkünstler bei den Bausprüchen. Sie wählten aus der Bibel, aus den Gesangbüchern oder aus der Masse der schon in Umlauf gebrachten Sprüche und Sprichwörter diejenigen heraus, die ihnen und ihren Auftraggebern am besten gefielen, und kerbten sie eigenhändig in dem großen Türbalken ein. Sie waren daher selbstverständlich immer mit den zum Zeichnen und Ausschneiden der Buchstaben nötigen Werkzeugen versehen. Die Bauern Westfalens haben sich an diese Bausprüche so gewöhnt, daß sie in einem Haus ohne Spruch gar nicht wohnen mögen.

Ein Schriftsteller des Landes hat sich die Mühe gegeben, in dem »Volksblatt für Stadt und Land« eine Menge von solchen Bausprüchen aus verschiedenen Teilen Deutschlands zu sammeln. Es sind darunter auch mehrere aus Westfalen, manche recht gewöhnliche, aber auch viele, die recht kräftig und gediegen sind, oder doch ganz im Sinne der praktisch denkenden Bauern, die bei einfachen Verhältnissen und Sitten sehr logisch dachten. Einige dieser Inschriften haben ein sehr hohes Alter, und es finden sich einige, die noch aus dem 15. Jahrhundert bis auf den heutigen Tag unter dem Volk gang und gäbe geblieben sind. Ja, man hat Beispiele von Sprüchen, die aus dem

14. Jahrhundert stammen. Einige Sprüche sind ganz lokal und finden sich nur in einer Provinz oder Gegend. Zuweilen scheint ein solcher Spruch als ein Erbteil der Familie, die ihn immer wieder an ihren Neubauten anbrachte, betrachtet worden zu sein. Andere Sprüche dagegen haben ein weiteres Gebiet und werden ebenso in Westfalen wie auch in ganz Deutschland an den Häusern wiedergefunden. Als ein Beispiel von einem solchen weitverbreiteten und zugleich schon alten, aus dem 14. Jahrhundert stammenden Spruch gibt der Autor im besagten Volksblatt folgenden:

»Wir sind hier Gäste,
Und bauen große Feste,
Mich wundert, daß wir da nicht mauern,
wo wir ewiglich sollen dauern.«

Ähnliche Bausprüche, die wie im übrigen Deutschland auch in Westfalen wiedergefunden werden, sind folgende:

»Ein frohes Herz und gesundes Blut,
Ist besser als viel Geld und Gut.«

»Wenn dieses Haus so lang' nur steht,
Bis aller Haß und Neid vergeht,
Denn bleibt's fürwahr so lange stehn,
Bis die Welt wird untergehn.«

»Wer ein- und ausgeht durch die Thür,
Der soll bedenken für und für,
Daß unser Heiland Jesus Christ,
Die rechte Tür zum Himmel ist.«

»Alles was wir haben
Sind Gottes Gaben.«

»Im Namen Gottes tät ich bauen,

Demselben will ich mein Sach vertrauen,
Derselbe woll uns bewahren,
Vor Feuer, Krieg und allen Gefahren.«

Von denjenigen Sprüchen, die man nur in Westfalen bemerkt hat, hebe ich noch folgenden als originell und charakteristisch hervor:

»Mit Müh' und Unruh
Bring' ich meine Zeit zu.
Ist wenig viel,
So hab' ich, was ich will,
Ist Armut eine Ehr',
So bin ich ein Herr,
Ich bet' und arbeit',
Wart' auch der Zeit,
Da Gott wird geben,
Nach diesem Tod – Leben,
Ein lebendig Leben.«

Sie soll sich an einem Haus im Münsterland befinden und aus dem 14. Jahrhundert stammen.

Zuweilen findet man Bauerngehöfte in Westfalen, bei denen alle Türen und Eingänge, die Haupttür, die Nebentüren, die Fenster und auch die Scheunen und ihre Tore mit solchen Sprüchen prangen. Die Sitte beschränkte sich indes ehemals nicht nur auf die Bauernhäuser. Sie waltete auch genauso auf den Schlössern der Adligen und Fürsten und war auch in den engen Straßen der Städte eingebürgert. Man kann noch jetzt in den Städten Westfalens sowohl an Kirchen und Rathäusern als auch an Wohngebäuden und Warenspeichern viele alte schöne Bausprüche lesen. Doch hat die Sitte bei Neubauten in den Städten allmählich abgenommen, während sie auf dem Lande noch heutigen Tages fast allgemein ist.

Ich mag hierbei die Bemerkung machen, daß in England die Gewohnheit, die Wände der Häuser mit guten Sprüchen zu zieren, auch in den Städten noch vielfach geübt wird. Man findet in London sogar große Bankiers- und Kaufmannshäuser, in denen die Geschäftslokale, Kontore und Magazine, mit vielen Sinn- und Bibelsprüchen versehen, oft überladen sind und wie mit hundert mahnenden Zungen zu den Aus- und Eingehenden und zu den darin beschäftigten Personen reden.

Eine in Westfalen sehr gewöhnliche und weitverbreitete Sitte sind die Fenstersprüche, die dort auch noch länger gedauert hat als anderswo. Ohne Zweifel stammt wohl diese Sitte noch aus den ersten Zeiten der Erfindung oder doch der Verbreitung des Glases in Norddeutschland. Wenn ein Bauer ein neues Haus baute, kamen seine Freunde mit Glasfenstern angezogen, auf denen ein kleines Bild, ein Spruch und der Name der Geber gemalt waren und die dann nachher in die Fensterrahmen eingesetzt wurden. Der Beschenkte mußte dabei Bier spenden und ein Fest geben, das das »Fensterbier« oder noch häufiger das »Fensterteer« hieß.

Die bemalten Fensterscheiben waren nach alter Mode nur klein. Sie hatten den Zuschnitt der Zeit, in der das Glas noch etwas sehr Kostbares war. Auch ließen sie wegen der dick aufgetragenen Farbe nicht viel Licht durch. Als man in der Neuzeit anfing, weniger auf hübsche Bilder und Sprüche als darauf zu achten, daß die Fenster Licht hereinließen, und als die Scheiben zugleich größer wurden, da starb das »Fensterteer« allmählich aus. Und so sind denn auch die gemalten Fensterscheiben und Fenstersprüche seltener geworden. Doch findet man sie noch in einigen alten Häusern, meist jedoch nicht in der Hauptstube, sondern nur hier und da in irgendeiner kleinen Nebenkammer, bei der es noch nicht so sehr auf Licht ankam. Ich habe bei meinen westfälischen Ausflügen zuweilen auf diesen alten Fensterscheiben besonders hübsche Sprüche gefunden. Von einem Fenster kopierte ich folgenden:

»Leide, meide, schweige und ertrage,
Deine Not klage niemand,
An Gott deinem Schöpfer nicht verzage,
Denn das Glück kommt wohl alle Tage.«

Diesen trefflichen Spruch hatte im Jahre 1664 die gute Frau Dorotea Alberingk, Witwe zu Huntebrock, beim Fensterteer dem Erbauer des Hauses, in dem ich ihn fand, überreicht.

Manchmal findet man auch Wappen auf diesen Fenstern dargestellt, vor allem wenn ein adliger Herr der Geber war und seinen Bauern bei ihrem Fensterteer ein bemaltes Glas sandte.

Ich erwähnte schon, daß auch die Zimmermöbel und sogar die Hausgeräte und Werkzeuge in Westfalen nicht selten mit Sprüchen geziert sind. Besonders ist dieses oft bei den großen Salzfässern der Fall, die aus dicken eichenen Brettern solide gebaut und meist ziemlich eingeräuchert neben dem Herd im Hausraum an der Wand hängen. Aber auch mit den Sprüchen auf den eisernen Kuchenformen könnte man eine kleine ganz hübsche Blumenlese zusammentragen. So las ich auf einer dieser Kuchenformen eine Erinnerung an die verschiedenen frohen Feste, bei denen der Kuchen dienen sollte:

»Neujahr – weihnachtsklar,
Ostermorgen – vertreibt die Sorgen,
Pfingsttag – 's Herz wird wach.«

Auch bei dem folgenden frommen Kuchenbäckergedanken sind die Poesie und der Ideengang nicht übel:

»Daß du nicht vergissest,
Wenn du mich issest,
Die süßren Osterkuchen,
Bei deinem Jesus zu suchen!«

XXI. Die Hünengräber des Giersfeldes

Unter den uralten Gräberstätten unserer germanischen Vorfahren ist das sogenannte Giersfeld eines der merkwürdigsten. Das Giersfeld ist eine weite, zirka 2000 Morgen große Heidestrecke, die von natürlichen Anhöhen, künstlichen Grabhügeln, mit vielen alten Hünengräbern und Steinkreisen umgeben und durchzogen ist. Sein Name hat ohne Zweifel etwas mit dieser Beschaffenheit zu tun und ist vielleicht von dem englischen »gyre«, Kreis oder Zirkel, abzuleiten oder hat zugleich auch etwas mit dem sächsischen »geard« oder »gyrd« und mit dem dänischen »gierde«, gleich Einzäunung, zu tun. So daß man »Giersfeld« mit Gürtelfeld oder Kreisfeld, d. h. entweder das Feld der Kreise oder das von Steinmonumenten umgürtete Feld, übersetzen könnte.

Das Giersfeld liegt nicht ganz 4 Meilen nördlich von Osnabrück und ungefähr etwa so weit westlich vom Dümmersee. Im Norden ist der nächste bekannte Ort die Stadt Quakenbrück und im Westen Lingen im Emstal. Es ist ein kleines Stück Heidewüste von äußerst ausdrucksvoller und ernster Physiognomie, das der um sich greifende Anbau bisher wie ein Landesaltertum oder wie eine geweihte Stätte geschont hat. Rings um das Giersfeld herum liegen zahlreiche Stiftungen der christlichen Kirche: die alten Gotteshäuser von Alfhausen, von Merzen, von Ueffeln und von anderen Dörfern sowie die Tempelherrenkomturei von Lage. Das Christentum schloß sich gern an die unter dem Volk seit ältesten Zeiten heilig gehaltenen Lokalitäten an. Auch einige Lokalnamen der Gegend deuten auf ein hohes Altertum und auf frühere Heilighaltung hin. Ein Hügel, der mitten auf dem Giersfeld liegt, heißt noch heutzutage »der Heiligenberg«, und eine kleine Ortschaft hart an seinem Rand hat den Namen »Thiene«, was vielleicht auf eine »Thingstätte« oder einen Volksversammlungsplatz hindeutet.

Noch heutzutage stellen am dritten Pfingsttag die frommen Bauern des genannten Dorfes Alfhausen eine Prozession an, die um ihr Kirchspiel herum und dann zum Heiligenberg auf dem Giersfeld geht. In dieser Prozession führten sie vielleicht einem alten heidnischen Brauch gemäß auch Pferde und Kühe mit sich. Bis zu den Zeiten der Reformation machten auch die Bewohner der südlich gelegenen Dörfer Merzen und Ueffeln an demselben Tag eine solche Prozession aufs Giersfeld und trafen dort mit denen aus Alfhausen auf dem Heiligenberg zusammen.

Der Heiligenberg ist jetzt ein ganz öder, ringsum von Hünengräbern umgebener Hügel, der nie ein christliches Gebäude getragen zu haben scheint. Es ist daher nicht unmöglich, daß jene Zusammenkünfte und Prozessionen der katholischen Christen bei ihm noch ein Überrest aus alten heidnischen Zeiten sind. Im 16. Jahrhundert wurden die Südanwohner des Giersfeldes, die von Ueffeln, protestantisch und erschienen daher nicht mehr bei jener Prozession. Die von Alfhausen dagegen blieben katholisch und kamen zum Heiligenberg wie zuvor.

Alle diese Dinge stimmen sehr gut zu der Annahme, daß wir in dem Giersfeld eine Lokalität vor uns haben, die seit uralten Zeiten bis auf den heutigen Tag in den Traditionen der Heidebewohner eine große Rolle gespielt hat. Ebendahin deuten auch die Sagen von einem Gespenst, beim Volk der »Alk« genannt, das auf dem Giersfeld spuken soll. Für die Heilighaltung des Ortes in den ältesten Zeiten legen aber seine zahlreichen Steinmonumente selber das unzweideutigste Zeugnis ab.

Ich pilgerte in Begleitung einer gefälligen Gesellschaft ortskundiger Herren und Damen aus der Gegend von

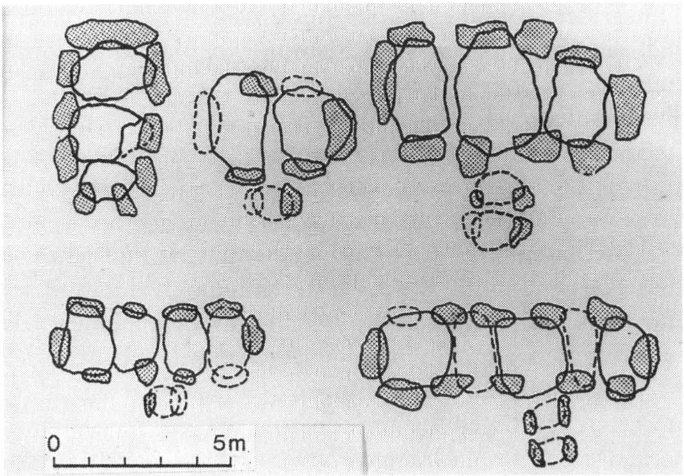

Die unterschiedlichen Formen von Steingräbern in Nordwestdeutschland

Bramsche am Fuß des Wesergebirges zur Besichtigung dieser merkwürdigen Lokalität heran. Schon in einem Krug, bei dem wir in der Nähe des Giersfeldes anhielten, erzählten uns die Leute mit ziemlich gläubigen Mienen die Geschichte vom »Alk«, dem feurigen auf dem Giersfeld spukenden Kobold. Auch bestrebten sie sich, als wir dem Giersfeld näherkamen, uns in den Heiden einige der merkwürdigen kreisrunden Pflanzenfiguren nachzuweisen, die sie Hexenringe nennen und die das Lycopodium oder Bärlappmoos bildet, indem Pflanzen sich in einem mehr oder weniger großen oder kleinen sehr regelmäßigen Kreis zusammenstellen und hintereinander herwachsen.

Wir durchwanderten mehrere schöne Waldpartien und kamen endlich bei einem einsamen Bauernhof, »Grumfeld« genannt, auf das Giersfeld. Dieser Bauer hat innerhalb der Umzäunung seines Gehöftes und unter den sein Haus beschattenden Eichen eines der schönsten und bestkonservierten Hünengräber dieser Gegend. Es waren ein halbes Dutzend gewaltiger Steinblöcke, die wie gewöhnlich von kleineren gestützt und von einem länglichen Kreis anderer Steine umstellt waren. Ich habe nie ein Hünengrab in einem so merkwürdigen und intimen Verhältnis zu den heutigen Landesbewohnern gesehen. Denn fast immer fand ich sie seitwärts von den Wegen, in den Gebüschen und Wildnissen, hier stand nun eins dicht vor den Fenstern eines Wohnhauses, innerhalb der Einfriedung des Besitztums, direkt im Park des Eigentümers, als wäre es noch jetzt sein Familienbegräbnis. Die Kinder des Hauses benutzten die mächtigen Steine als Gartenbänke, und das Milchvieh lag im Schatten der Bäume des tausendjährigen alten Grabes. Daß der Grumfelder Bauernhof eine sehr alte Ansiedlung ist, behaupten die Leute allgemein. Sollte es möglich sein, daß er noch in direkter Linie von den Helden, die unter den großen Granitblöcken ruhen, herrührte?

Vermutlich verdankt das Grumfelder Monument seine gute Erhaltung eben dem Umstand, daß es ganz in den Besitz und Schutz eines wohlhabenden Privatmannes übergegangen ist. Alle anderen Monumente des Giersfeldes sind jetzt mehr oder weniger, einige völlig zerstört. Sie wurden alle vom Steinhandel ausgebeutet, der in diesen Gegenden so viele ehrwürdige Altertümer angegriffen hat. Wir besuchten noch mehrere, die sich in einer Entfernung von wenigen hundert Schritten voneinander in einem Halbbogen um das Giersfeld herumziehen.

Sie liegen meistens auf den Gipfeln niedriger Anhöhen. Einige sahen aus wie Vogelnester, in denen der Kuckuck gehaust hatte. Schöne prächtige Steine, unter denen die Helden ewig ruhen wollten, waren zerkeilt, und die Splitter lagen noch umher. Hier und da war ein großer Denkstein, mit denen die Steinräuber nichts anzufangen wußten, liegengeblieben und beiseite geschoben. Einige hatte man völlig ausgeleert, und sie waren Nestern gleich, in denen kein Ei mehr übrig war. Andere dagegen sind in der Hauptsache von diesem traurigen Geschick bewahrt geblieben und lassen noch ihre ursprüngliche Gestalt und Bedeutung erkennen.

Die Aussicht von dem Gipfel eines dieser Grabhügel auf den zweifach melancholischen Schauplatz hatte etwas mächtig Ergreifendes und Rührendes. Man hat einen weitgedehnten Kirchhof, eine große nordische Nekropolis vor Augen. Ringsumher in der Ferne sieht man Wald und aus ihm hier und da einen alten Kirchturm hervorragen. Er faßt den ganzen kahlen, mit brauner Erde bedeckten Gottesacker, der etwa zwei Stunden im Umkreis besitzt, ein. Dieser erscheint so als eine stille, der Vergangenheit gewidmete Welt für sich, von dem jetzigen Treiben ausgeschlossen. Die verschiedenen umherstehenden Grabhügel sehen aus der Ferne wie Ruinen und Trümmerstätten aus. Denn ihre Gipfel erscheinen gezackt von den Eingrabungen, die man machte, und von den mächtigen Steinen, die man noch hier und da liegenließ.

Von den merkwürdigen Hügeln und Anhöhen des Giersfeldes wandten wir uns zu seinen fast ebenso interessanten und merkwürdigen Löchern und Vertiefungen. Es gibt deren zwei, eine große und eine kleine Bodensenkung. Die größere, die wir besuchten, eröffnet sich mitten in der flachen Heide und hat eine äußerst regelmäßige, kreisrunde Trichtergestalt. Sie hat oben etwa 300 Fuß und unten auf dem Grund etwa 50 Fuß im Durchmesser, bei einer Tiefe von etwa 30 Fuß. Die mit dichter Heide und struppigem Gebüsch bewachsenen Wände fallen unter äußerst gleichförmigen Böschungen von allen Seiten her ins Innere des Trichters hinab. Unten ist der Boden kahl. Zuweilen soll er mit Wasser bedeckt sein. Als wir hinabgingen, war er ganz trocken. Das zweite Loch ist ebenso beschaffen, nur etwas kleiner. Nur diejenigen, die diese großen Bodenlöcher nicht an Ort und Stelle besuchten, konnten, wie es einige, die darüber schrieben, getan haben, sich einbilden, daß es »Feuerherde« oder »Öfen« gewesen seien, worin die Opfertiere bei den Festmahlen der alten Germanen zu Ehren der hier Begrabenen gebraten und gekocht worden seien.

Die Regelmäßigkeit der Proportionen und Umrisse möchte zwar auf ein Menschenwerk schließen lassen. Allein man bemüht sich vergebens, den Zweck eines solchen zu erraten. Etwas wahrscheinlicher ist es, daß hier ein natürliches Einsinken des Bodens, ein sogenannter Erdfall, stattfand. Obgleich auch hiergegen der Umstand spricht, daß die geologische Gestaltung des Bodens der Umgebung nicht zu Erdfällen geeignet zu sein scheint, denn die beiden Kessel des Giersfeldes sind weit und breit die einzigen ihrer Art.

Die Volkssage nimmt nichtsdestoweniger einen Erdfall an und behauptet, daß hier ein gottloser Mann gewohnt habe, der mit Haus und Hof vom Boden verschlungen worden sei. Seitdem ist es in dem Loch nicht geheuer, und es steigt zuweilen, besonders wenn man ihn ruft, »der böse Geist Alk« daraus hervor. Er zeigt sich in der Gestalt eines feurigen Rades, das, besonders wenn man um Mitternacht den Geist ruft, aus der Tiefe heraufrasselt, an den Abhängen des Erdfalls emporrollt und dann über das ganze Giersfeld den Rufer verfolgend dahinschweift.

Als ich den Bauernhofbesitzer von Grumfeld befragte, ob auch er denn an diesen Spuk glaubte, da verleugnete er dieses zwar durchaus, erzählte mir aber doch gleich anschließend, daß es ihm allerdings einmal ganz wunderlich bei der Alkenkuhle gegangen sei. Er habe nämlich an einem gewissen sehr nebligen Novemberabend nach Alfhausen gemußt. Der gerade Weg von seinem Hof dahin führe zwar dicht an der Alkenkuhle vorbei. Er habe aber bei sich gedacht, er wollte diesmal doch lieber die Alkenkuhle meiden, und habe deshalb zu einem weiten Umweg ausgeholt. Dabei sei er wohl über eine Stunde lang durch die Heide gestreift, und als er endlich in der Meinung, er müsse nun schon nahe bei seinem Ziel, dem Kirchturm von Alfhausen, sein, einmal aufgeblickt habe, da habe er geradewegs in die tiefe Alkenkuhle hinabgeblickt und sich an dem Rand eben dieses Lochs gesehen, dem er gerade so weit aus dem Wege gegangen zu sein glaubte. Dieses sei ihm sehr verwunderlich und unheimlich vorgekommen. Auch habe es ihm geschienen, als tanze in der Tiefe auf dem feuchten Grund ein Irrlicht. Ein Grauen habe ihn gepackt, und er sei, seine Tour nach Alfhausen für dieses Mal aufgebend, spornstreichs zu seiner Wohnung zurückgekehrt und habe sich nicht eher beruhigt gefühlt, als bis er die Schwelle seines Hauses überschritten habe.

XXII. Der Hümmling

Auf beiden Seiten des flachen und moorreichen mittleren Emslandes ziehen sich in verschiedenen Gruppen verteilt breite Rücken von Sandhügeln hin, die sich ein wenig über die umherliegenden einförmigen Moraste erheben. Auf der westlichen Seite der Ems sind diese Dünenzüge vielfach zerstreut und zerstückelt. Doch bildete ehemals eine Partie von ihnen, die mit Wald bestanden war, den in der Geschichte der Emslande wohlbekannten »Westerwald«, der jetzt zur holländischen Provinz Groningen gehört. Auf der östlichen Seite des Emstales dagegen stellen die alten Dünen eine kompaktere Gruppe dar, die sich im Nordosten von Meppen über die umliegenden Moore hervorhebt. Im Gegensatz zu jenem »Westerwald« hätte man sie den »Osterwald« nennen können. Doch ist sie seit undenklichen Zeiten unter dem Namen »der Hümmling« berühmt und berüchtigt gewesen.

»Hümmel« oder »Humpel« heißt im Ostfriesischen eine kleine Anhöhe. Weil der Hümmling die einzige einigermaßen bedeutende Bodenhebung in diesen weiten Ebenen bis zum Meer hin war, mochte ihm deswegen jener Name, der etwa soviel wie die Höhe bedeutet, als ein Eigenname bleiben. Es ist nicht immer die gewaltige himmelanstrebende absolute Höhe, die den besonderen Charakter einer Gegend bestimmt. Vielmehr kommt es weit mehr auf die relative Höhe an. In einem weit und breit ebenen Gebiet erhält ein auch nur einige Klafter höher liegender Landstrich eine ganz verschiedene Beschaffenheit und Geschichte als seine Umgebung.

Wie überall in den nordwestdeutschen Niederungen die geringfügigen Anhöhen und Dünenrücken, von denen sie durchzogen sind, die ersten Sammelplätze der

Tiere, Pflanzen und Menschen waren, so ist dies auch bei dem Hümmling der Fall gewesen.

Er war seit den frühesten Zeiten mit Waldungen bedeckt, die auf den benachbarten Mooren nicht gedeihen konnten und in denen sich die Tiere der Wildnis sammelten. Er war daher von jeher eines der berühmtesten Jagdgebiete weit und breit. Den Jagdtieren und den mancherlei Nutzen gewährenden Gehölzen folgten die Menschen, die unbekannten Urbewohner unseres Vaterlandes. Die zahlreichen Steinmonumente und Hünengräber, mit denen der Hümmling besät war und die dem Emstal und den weiten Mooren umher gänzlich fehlen, beweisen zur Genüge, daß er einer der Hauptsitze der Urbevölkerung dieser Gegenden gewesen ist. Welchem Stamm diese die Steine zusammenschleppende Urbevölkerung angehört hat, ist uns unbekannt. Später sollen Friesen in den Hümmling eingewandert sein. Und die Nachkommen dieser Friesen, die sich wohl auch mit Sachsen vermischten, die jetzigen Bewohner des Hümmlings, haben noch heute in ihrem Körperbau den altgermanischen Typus besser bewahrt als ihre Nachbarn. Auf den Friedhöfen mancher Dörfer des Hümmlings hat man Menschengerippe von sieben Fuß Länge ausgegraben, und die Bewohner der Hümmling-Dörfer Lorup und Esterwegen sind noch jetzt wegen ihrer Größe berühmt.

Wie in geographischer Hinsicht bildete der Hümmling auch meist in politischer Beziehung ein Ganzes für sich. Früher bildete er einen besonderen Gau und dann eine eigene Grafschaft, nach dem Hauptort gewöhnlich »die Grafschaft Sögel« genannt.

Ich hatte längst den Wunsch gehegt, diesem merkwürdigen Erdfleck einen Besuch abzustatten. An einem nebligen Septembermorgen eines der verflossenen Jahre fügte es sich, daß dieser Wunsch mir in Erfüllung ging.

In Begleitung eines landeskundigen jungen Freundes

setzte ich von dem grünen Wiesenufer der Ems in östlicher Richtung aus. Das Emsland liegt hier wie ein schmaler Oasenstreifen zwischen zwei Moorwüsten. Der Fluß ist auf der ganzen Länge seines Laufs reich mit Dörfern, Flecken, Gehölzen und Gärten besetzt. Kaum ist man aber ein halbes Stündchen zur Seite hinausgefahren, so tritt man überall in die reine, schwarze Urwüste des Moores, in der kein Baum wächst und kein Mensch wohnt. Weit und breit war das Moor mit Nebel bedeckt. Eine schmale holprige Chaussee, aus spitzen Steinen gebaut, ein wahrer Marterweg für Pferd und Mensch, führte uns geradewegs in diese aus Nebel und Morast komponierte Landschaft.

Wie wir eigentlich den Hümmling erreichten und wie sich seine »Berge« vom Emstal aus darstellen oder ob sie überhaupt nach dieser Seite hin eine Ansicht gewähren, ist mir unter den besagten Umständen nicht bekannt geworden. Doch gewahrte ich nach einiger Zeit statt des dunklen Torfmoores ein wenig gelbes Sandland zur Seite unseres Weges. Da zugleich aus dem Nebel etwas hervordämmerte, das wie Häuser oder Hütten aussah, bemerkte der Führer unseres Gespannes, wir seien jetzt auf dem Hümmling, und jene Hütten bezeichneten seinen Anfang. Es war eine kleine Kolonie völlig leerstehender Behausungen, etwa 20 an der Zahl, wie die Leute sie hierzulande für ihre Schafe zu bauen pflegen. Sie standen wie ein kleines ausgestorbenes Dorf da, denn die vierbeinigen Bewohner waren eben nicht zu Hause. Als ich ausstieg und die Sache mir aus der Nähe besah, fand ich die Wirtschaft recht malerisch und ansprechend. Unter den aus Flechtwerk gebauten und mit Stroh gedeckten Häuserchen standen alte Bäume umher. Die Wege und Räume zwischen den Wohnungen waren bequem und breit. Jedes Haus hatte sein weites Tor, und im Rücken der Kolonie zog sich ein kleiner Bach vorüber. Jeder Schafbesitzer hatte hier für seine 40 oder 50 Tiere einen eigenen Stall. Die Hirten treiben jeden Abend die ganze große Herde hier ein, die sich dann aber ohne ihr Zutun in die Wohnungen verteilt. Denn jedes Schaf kennt seines Herrn Stall, und sie sortieren sich leichter als ein Spiel Karten. Diese sonderbaren Schafdörfer sind hier auf dem Hümmling und auch im Bourtanger Moor sowie überhaupt im ganzen Emsland allgemein. Sie liegen meist sehr einsam in der Heide, weit von den Menschendörfern, denen sie angehören, entfernt. Auf jeder Spezialkarte des Landes findet man diese Stallgruppen verzeichnet. Auch finde ich, daß sie in der Geschichte der Gegend zuweilen eine Rolle gespielt haben. Im Sieben- und im Dreißigjährigen Krieg wurden sie oft als Lager und Standquartiere der Truppen benutzt, wenn die Menschendörfer vielleicht überfüllt waren.

Weiterhin merkten wir an einigen hoch aufstehenden und schroffen Sandabhängen, daß wir uns schon mitten in den »Bergen« befanden. Diese Sandwände waren von einer zahllosen Menge von Löchern durchbohrt, die die Uferschwalben darin für ihre Nester und Jungen aushöhlen. Hier im Hümmling heißen diese Schwalben »Bergschwalben«, weil sie in dem, was die Landeskinder »Berge« zu nennen belieben, nisten. Jeden Sandhaufen sehen diese Ebenenbewohner für einen »Berg« an sowie jeden Tümpel für ein »Meer«. Ja, sie bringen den Ausdruck »Berge« noch tiefer herab. Sie betiteln so sogar die höckerigen Unebenheiten der Heidewege. Als wir einmal von der Chaussee abwichen und zwischen kleine Heidehöcker gerieten, wurde unser Kutscher ermahnt, er solle doch nicht so zwischen »den Bergen« fahren und sich einen besseren Weg suchen. Man kann die Bemerkung überhaupt von allen Bewohnern der nordwestdeutschen Niederungen gelten lassen, daß sie eine wahre Leidenschaft für den Ausdruck »Berg« haben. Sie wenden ihn auch figürlich überall da an, wo wir sonst bloß die Ausdrücke »Haufen« oder »Menge« gebrauchen. Sie sagen z. B. normalerweise »einen Berg Geld« statt »viel Geld«.

Von den großen Wäldern, die ehemals den Hümmling bedeckten, sieht der heutige Reisende nur noch wenige unbedeutende Reste. Der um sich greifende Ackerbau hat das meiste zerstört. Doch besuchten wir unterwegs einen dieser Waldreste, der unsere Aufmerksamkeit durch eine an seinem Rand erbaute Hütte auf sich zog. Es war ein aus zusammengestellten Bäumen und Balken nach Art der Indianerzelte errichtetes kegelartiges Häuschen, nur mit einer Tür zum Hineinkriechen versehen und ohne Fenster. Beim Eintreten war ich nicht wenig erstaunt, den ganzen kleinen Raum mit derben, rüstigen und rußigen Männern gefüllt zu sehen, die mich in einem ganz fremdartigen Dialekt sehr freundlich willkommen hießen. Es waren Thüringer Kohlenbrenner und Holzschläger, die sich bei ihrem Feuer ausruhten und mit Kaffee und bei der Tabakspfeife erlabten. Sie erzählten uns, daß sie schon seit alten Zeiten aus ihren Wäldern bei Eisenach und Suhl in diese nördlichen Gegenden zu kommen gewohnt seien, um den Leuten des hiesigen Landes mit ihren Kenntnissen in der Waldwirtschaft zu dienen.

Die Grundbesitzer des Hümmlings und des Emslandes nehmen ihre Dienste gerne an, weil die Eingeborenen, welche die ehemaligen Wälder zerstörten, nicht so geschickt beim Holzschlagen und beim Kohlenbrennen sind und weil man mit den erfahrenen Thüringern einen Wald viel leichter bewirtschaftet.

Man findet die Thüringer daher auch hier fast in allen Gehölzen und Brüchen, bis nach Holland hinein. Sie treiben sich beinahe das ganze Jahr über in den Wäldern herum, wo sie bald hier, bald da eine Beschäftigung finden. Schon zwei Wochen nach Weihnachten verlassen sie ihre Heimat in Thüringen, weil bereits im Januar ihre hiesigen Arbeiten beginnen. Und erst einige Wochen vor

Weihnachten kehren sie wieder heim, so daß sie meist nur 6 bis 8 Wochen zu Hause sind. Sie leben in ihren Waldhütten, die sie sich selber bauen, sehr sparsam, trinken ihren Kaffee ohne Milch und backen sich statt des Brotes ihre Pfannkuchen selbst.

Bei den Gutsherrschaften dieser Gegenden sind sie als gefällige und interessante Fremdlinge sehr beliebt. Für eine Kleinigkeit leisten sie noch in ihren Mußestunden gern Extragefälligkeiten, übernehmen Botschaften und laufen meilenweit oft um einen Dank und Gotteslohn. Die katholischen Bauern des Landes haben aber eine gewisse Scheu vor ihnen, wie denn die niedersächsischen Bauern gegen alles Fremde Vorurteile besitzen. Sie betrachten sie dazu noch als Ketzer. Sie essen nicht mit ihnen, gehen auch nicht gern zu dem Wald, »wo die Fremden wohnen«. Übrigens tun sie ihnen nichts zuleide, geben ihnen im Gegenteil, wenn sie mit einer Bitte kommen, wohl noch reichlich, um sie loszuwerden. Auch leben die Thüringer mit ihren Sparpfennigen und mit ihren Gerätschaften in ihren eingeschlossenen Waldhütten ganz sicher vor Dieben und Schelmen.

In alten Zeiten wurde der Hümmling von viel unliebsameren Gästen und Wanderern durchstreift. Eine große Zigeunerhorde hatte in den Wäldern zwischen den morastigen Dünentälern des Hümmlings wie ein schwer auszurottendes Unkraut Wurzel gefaßt und trieb hier jahrhundertelang ihr Unwesen. Und zu diesem gefährlichen Nomadenvolk aus Indien hatte sich seit dem Dreißigjährigen Krieg noch ein anderes halbwildes Gesindel, die sogenannten »Scherenschleifer« gesellt, die mit den Zigeunern, ihnen ähnlich und in demselben Bettelgewerbe konkurrierend, in einem fortwährenden sehr merkwürdigen Krieg lebten. Diese »Scherenschleifer« des Hümmlings, bei denen das Scherenschleiferhandwerk eigentlich nur ein Name und ein Vorwand war, entstanden aus brotlos gewordenem und von der Polizei verfolgtem Volk, herrenlosen Knechten und Dirnen, die wie die Zigeuner Schutz und ungefährdeten Aufenthalt auf dem Hümmling suchten.

Sie waren im Laufe des 17. Jahrhunderts zu mehreren Gesellschaften zusammengetreten, die wieder einen großen Verband unter sich bildeten. Und wie die Zigeuner unter ihrem »Heidenküster« waren die Scherenschleifer unter ihrem »Oberscherenschleifer« vereinigt, zu welcher Würde sie den pfiffigsten und ältesten Gauner unter sich erhoben. Wie der »Heidenküster« der Zigeuner scheint auch der »Oberscherenschleifer« sowohl ein geistliches als ein politisches Oberhaupt gewesen zu sein. Denn wie von jenem, so wurden auch von diesem die Ehen seiner Leute geweiht. Vom Christentum scheinen übrigens die Scherenschleifer soweit entfernt gewesen zu sein wie die Zigeuner, denn es herrschte unter ihnen sogar wie unter den Mohammedanern die Vielweiberei.

Wie zwischen Hund und Katze herrschte zwischen den rivalisierenden Zigeunern und Scherenschleifern des Hümmlings eine bittere Feindschaft. Die Zigeuner betrachteten sich als die ältesten und gleichsam privilegierten Gauner des Landes und verfolgten die erst später aufgetretenen Scherenschleifer. Diese, die anfänglich die Schwächeren an Zahl waren, vermieden gern jede Berührung mit ihren überlegenen und gereizten Gegnern. Als sie sich indessen im Laufe der Zeiten mehrten und die Zigeuner dagegen allmählich an Zahl abnahmen, wandte sich das Blatt, und es wurde am Ende eine offene Fehde daraus. Jedes Zusammentreffen zwischen Zigeunern und Scherenschleifern hatte nun auf der Stelle Kampf und Totschlag zur Folge. Bluttriefend kehrte die rachedürstende Partei aus solchen Kämpfen zurück. Die Besiegten und Verwundeten wurden auf beiden Seiten unmenschlich verstümmelt.

Es kam am Anfang des 18. Jahrhunderts zwischen beiden Parteien zu einer allgemeinen Schlacht, in welcher sich nach langem Schwanken der Sieg zugunsten der Scherenschleifer entschied. Die anschließende Ermordung eines angesehenen Zigeuners gab dann endlich das Signal zu einer allgemeinen Flucht der Zigeuner vom Hümmling. Nur ein kleiner Rest blieb im »Land ihrer Väter« zurück, und erst im Jahre 1797 starb der letzte »Heidenküster« des Hümmlings. Aber auch die nomadischen Scherenschleifer erlagen endlich »den Jagden, welche die Bauern jährlich auf sie machten« und der strengen polizeilichen Ordnung der Neuzeit, der es zuletzt gelang, diese Landplage ganz zu beseitigen und die Landstreicher zu festen Wohnsitzen zu bringen.

Unter solchen Anschauungen und Erinnerungen kamen wir schließlich in der Kapitale des Hümmlings, dem oben genannten Flecken Sögel, an. Der gefällige dort residierende Amtmann hatte die Güte, sich zu aller gewünschten Auskunft über den ganzen ihm untergebenen Bezirk zu erbieten. Indem er mir den jetzigen desolaten Zustand der alten, ehemals so zahlreichen und ehrwürdigen Steinmonumente des Hümmlings schilderte, zerstörte er leider eine meiner schönsten Hoffnungen und Absichten, die ich bei meinem Besuch auf dem Hümmling gehegt hatte. Ich hatte mir nämlich den Hümmling noch so steinreich und mit so vielen Denkmälern geschmückt vorgestellt, wie ich es in alten und auch neueren Schriften beschrieben gelesen hatte. Sogar noch im Jahre 1841 glaubte ein sorgfältiger Schriftsteller, nachdem schon im Laufe der Zeiten unzählig viele Steindenkmäler zerstört waren, doch mindestens 28 große Monumente auf dem Hümmling in einem engen Bezirk zählen zu können. Er gab sich auch die Mühe, alle zu beschreiben, jedoch nicht nach dem Augenschein, sondern nur nach vermutlich zum Teil älteren, zum Teil jüngeren Quellen. Ja, sogar jetzt noch hatten uns die Leute im Emsland Wunderdinge von den auf dem Hümmling existierenden Antiquitäten erzählt. Da sollten hohe Steinruinen sein mit so breiten Toren, daß man mit einem vierspännigen Wagen unter ihnen durchfahren konnte. Und andere hatten mir und sich selbst wiederum andere lockende Dinge in den Kopf gesetzt. Man kann sich denken, wie sehr ich mich demnach getäuscht fand, als der besagte Amtmann des Bezirks, der bestunterrichtete Mann der Gegend, an den ich gewiesen war, um einen trefflichen Führer zu allen Herrlichkeiten der Vorzeit, von denen ich träumte, zu haben, mir Erklärungen machte, aus denen ungefähr folgendes hervorging:

Vom Hümmling wurden die Steine auf den Nebenflüssen der Leda, die auf dem Dünenstrich entspringen, nach Leer und zum Meer geschafft. Die Bewohner des Hümmlings haben dabei mit der Zeit eine große und verderbliche Geschicklichkeit erlangt, die mächtigen Blöcke der Hünengräber zu spalten und zu zerkleinern. Sie verstehen, jeden Block sehr richtig zu beurteilen und zu fassen. Sie kennen seine innere Struktur und wissen, in welcher Richtung man am besten spaltet und wie man die Keile einsetzen muß, um ihn in Platten zu zerlegen. Da sie viel Gewinnlust und wenig antiquarische Ehrfurcht vor den Denkmälern der Vorzeit besitzen, überfallen sie jedes zum Transport günstig gelegene Denkmal ohne Barmherzigkeit, zertrümmern es schnell, und es fällt den Behörden, die in neuerer Zeit auf Anregung der historischen Vereine angefangen haben, die Hünengräber in ihren Schutz zu nehmen, sehr schwer, sie dabei zu überwachen oder zu ertappen.

Auf diese Weise sind denn auch die meisten von den 28 noch im Jahre 1841 aufgezählten Monumenten jüngst zerstört, zerspalten, verhandelt und verbraucht worden. Mit einem Wort, es lohnt sich kaum der Mühe, alle diese ehemals durch ein Andenken geweihten Stätten in ihren Verstecken aufzusuchen. Man findet fast überall nichts als ausgenommene Nester.

Allerdings gibt es davon mehrere Ausnahmen. Und besonders wurde uns als eine solche Ausnahme das auch schon früher von einigen Schriftstellern beschriebene Hünengrab bei dem Dorf Ostenwalde östlich von Sögel bezeichnet. Wir machten uns demgemäß nach Ostenwalde auf und fanden dort auch ein sehr gut erhaltenes Hünengrab mit einem Deckstein und 16 Trägern hart am Wege liegen, das sich indes weder durch seine Größe noch durch andere Umstände, z. B. durch etwa damit verknüpfte Sagen, besonders auszeichnete und das ich hier ebenso unbeschrieben lassen will wie ein zweites völlig zerstörtes, das in der Nähe des vorigen lag, und wie noch ein drittes und viertes, die wir, in den Heiden, Sanden und Mooren des Hümmlings irrend, nicht einmal auffinden konnten.

Das Auffinden der landschaftlichen Gegenstände ist in diesen sogar jetzt noch ziemlich ungebahnten Gegenden wie das Auffinden der Manuskripte in einem ungeordneten Archiv nicht sehr leicht. Vor gar nicht langer Zeit fiel es sogar noch den Postboten und den Diligencen schwer, die Orte ihrer Bestimmung aufzufinden. Die Wege führten sie nicht dahin, wie es anderswo zu sein pflegt, vielmehr mußten sie sich ihre Wege suchen. Sie mußten je nach der Jahreszeit, je nach dem Wetter und anderen Umständen bald diese, bald jene Richtung einschlagen und dabei die Nachrichten, die sie unterwegs darüber einholten, ob dieser oder jener Stelle jetzt »zu trauen« sei, zu Rate ziehen.

Auf einer oder zwei Hauptpoststraßen gibt es jetzt seit einigen Jahren zwar bodenfeste Steinwege, denen man zu allen Jahreszeiten »trauen« kann. Aber bei der Jagd auf Hünengräber oder gar nur auf Stellen, wo einst Hünengräber gestanden haben, stößt man bald genug auf ein Terrain, »wo alle Wege nach Rom führen« und wo zuweilen selbst die Kenntnis eines in der Nachbarschaft Geborenen nicht ausreicht. Und so gerieten auch wir trotz unserer Wegweiser in Moorstriche hinein, in denen wir zuletzt mit unserem ermüdeten Gespann steckenblieben und am Ende noch froh sein mußten, einige alte, halbvermoderte, schief im Moor steckende und mit Moos bedeckte Kreuze und Heiligenbilderpfähle zu entdecken, die auf einen von Menschen betretenen Pfad hindeuteten und die uns schließlich auf ein altes ausgefahrenes Sandgeleise zurückführten, dem wir folgten und mit dessen Hilfe wir glücklich wieder in der Hümmlingskapitale Sögel anlangten.

Hier entschädigten wir uns für die uns entgangenen Altertümer am Ende unserer Reise durch Besichtigung eines höchst anmutigen Monumentes der Gegenwart, nämlich eines freundlichen und eleganten Jagdschlosses, das hier mitten in dieser Sandwüste ein bayerischer Prinz gebaut hat und das jetzt dem großen Grundbesitzer des Landes, dem Herzog von Arenberg, gehört.

Da ehemals das Wild auf dem Hümmling durch die weiten umliegenden Moraste wie auf einer Insel oder Halbinsel zusammengehalten wurde, war hier eins der berühmtesten Wildgehege im ganzen Norden von Deutschland.

Große Rudel von Hirschen und wilden Schweinen durchschwärmten die sandigen Hochrücken und morastigen Täler und Forsten des weiten Bezirks. Auch Wölfe waren nicht selten und wurden erst in diesem Jahrhundert völlig ausgerottet. Seit den frühesten Zeiten war daher der Hümmling ein sehr beliebtes Rendezvous für die Fürsten des nordwestlichen Deutschlands. Solche großen Zusammenkünfte der Fürsten, die dann zuweilen auch nicht ohne politische Bedeutung waren, werden schon im 15. Jahrhundert als etwas damals Althergebrachtes erwähnt. Damit die Beschaffenheit des Terrains den Jägern

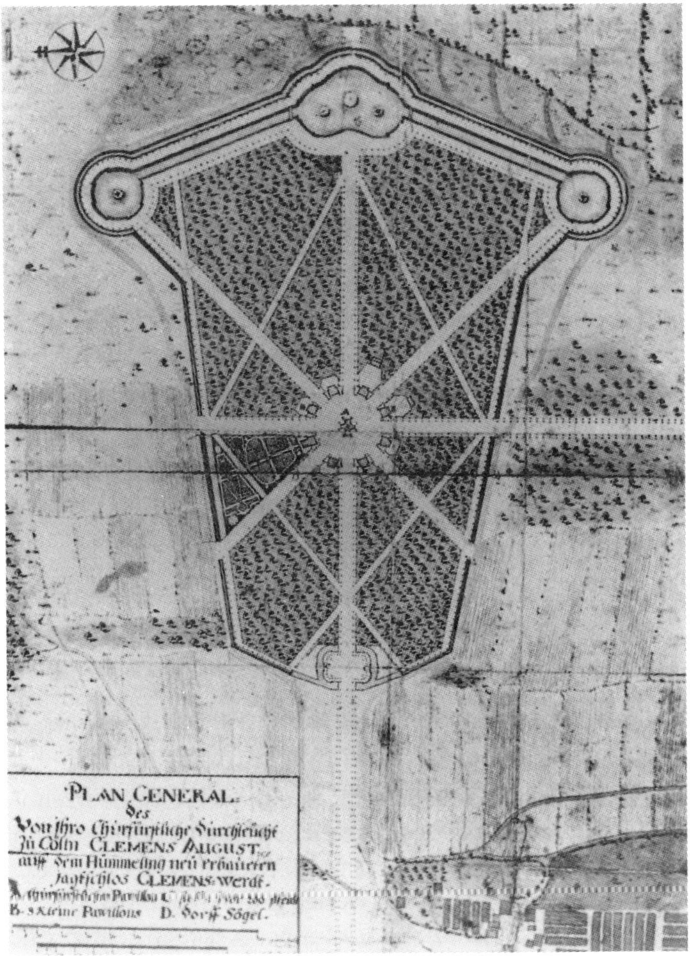

Gesamtplan der Schloßanlage Clemenswerth in Sögel

und ihren Pferden beim Verfolgen des Wildes nicht hinderlich sein würde, wurden zuweilen lange Dämme und Abzugskanäle durch die Moraste gezogen, gefährliche Löcher ausgefüllt und der ganze Hümmling so gut wie möglich ausgeflickt.

Das uralte Sögel war der Anhalte- und Mittelpunkt des ganzen Getreibes. Das dort erbaute elegante und geschmackvolle Jagdschloß besteht aus neun kleinen Gebäuden, die nach dem Plan eines Kegelspiels zusammengestellt sind. In der Mitte steht das äußerst zierlich geschmückte kleine Hauptschloß als König des Kegelspiels, und umher liegen als Nebenkegel die Pavillons, die den Gästen, dem Küchendepartement, dem Gottesdienst usw. bestimmt waren.

Rundum wurden ein Wald und ein Park angelegt. Und dies alles nun, wie wir es taten, an einem schönen sonnigen Morgen zu betrachten gewährt nach den vielen Moor- und Dünenszenen, die man im übrigen Hümmling zu sehen bekam, des anmutigen Kontrastes wegen einen sehr willkommenen Genuß.

Die Bäume, die das Schloß umgeben, sind seit dem Jahre 1741, in dem man die ganze Anlage vollendete, hoch und prächtig aufgewachsen und bilden eines der schönsten und nobelsten Tannengehölze, die man in Deutschland sehen kann. Sie beweisen zugleich, welche prächtigen Waldungen der Hümmling trotz seines Sandbodens zu tragen fähig ist. Breite Alleen und schattige Fußpfade führen von allen Seiten her durch den Wald zum Schloß im Zentrum hin. Der Schloßgarten, der weit und breit in dieser Wüstenei nicht seinesgleichen hat, ist noch im alten französischen Stil angelegt mit hohen lebendigen Hecken und Taxusmauern und -torbogen. Eingedenk der öden Heidestriche rundum spaziert man zwischen seinen Blumenbeeten mit ähnlichen Wonnegefühlen wie der Beduine, wenn er aus der Wüste unter den üppigen Rosengebüschen von Damaskus anlangt.

Die jetzigen Besitzer, die Herzoge von Arenberg, haben das Ganze im hübschesten Stand erhalten. Alles, was man uns zeigte, glänzte von Nettigkeit und Ordnung. Einer der Pavillons ist mit geschmackvollem Silberzeug und Porzellansachen angefüllt. Der andere ist eine höchst zierlich gebaute und von reichem Kirchenschmuck strahlende Kapelle. Diese Wald- oder Jagdschloßkapelle steht bei den katholischen Bauern des Hümmlings in hohem Ansehen, und sie veranstalten zu ihr an gewissen Tagen des Jahres Prozessionen, wobei es ihnen hauptsächlich darauf ankommt, dem heiligen Fructuosus ihre Ehrfurcht zu beweisen. Denn die Reliquie oder Gebeine dieses Heiligen schenkte der berühmte und gelehrte Papst Benedikt XIV. im Jahre 1756 für die Stiftung auf dem Hümmling.

Die Heidebauern des Hümmlings nahmen dieses ihrer Gegend gezollte Kompliment so hoch auf, daß sie nicht nur bei der Ankunft der Gebeine jenes alten Heiligen ein großes Fest veranstalteten, sondern damals zugleich auch allen ihren im Laufe des Jahres geborenen Kindern den Namen Fructuosus beilegten. Auch die jetzigen Besitzer des Schlosses, die sich durch strenge katholische Kirchlichkeit auszeichnen, halten noch ihren Fructuosus auf dem Hümmling sehr hoch. Die letzt verstorbene Herzogin von Arenberg hat ihm einmal ein neues Prachtkleid geschenkt und wollte es sich nicht nehmen lassen, es dem Gerippe eigenhändig anzuziehen. Doch sollen einige der hilfreichen Hofdamen dabei ohnmächtig geworden sein.

Das Äußere des als Oktogon gebauten Hauptschlößchens ist mit zahlreichen von guten Künstlern ausgeführten Skulpturen, sehr hübsch gruppierten Emblemen der Jagd, mit Waffen, Tieren und Tierhäuten, Pferdegeschirren usw. geschmückt. In den steinernen Steigbügeln der Sättel und in den Rachen der Eber dieser Hautreliefs haben recht gemütlich und friedlich die Schwalben und andere Vögel des Waldes ihre Nester gebaut, die man zu meiner Freude nicht gestört hatte. Im Innern des Gebäudes bedeckte eine reiche Sammlung von Ölgemälden die Wände, auf denen viele Jagdszenen aus dem Hümmling dargestellt waren.

Nachdem ich auf die geschilderte Weise die Zustände dieser merkwürdigen Gegend in einigen Richtungen durchbuchstabiert und am Ende eine einigermaßen zusammenhängende und das Land darstellende Phrase herausgebracht hatte, verließ ich dann den Hümmling viel befriedigter, als ich in ihn hineingekommen war. Vor allem gewahrte ich auf der Rückfahrt nun, da meine Augen für solche Wahrnehmungen schärfer geworden waren, mit großem Vergnügen die vielen Spuren des Fortschritts der Kultur, die vielen neugebauten Häuser in den Dörfern, zahlreiche jüngst gedüngte und aufgepflügte Äcker, von denen man mir sagte, daß sie noch vor kurzem sumpfiges Moorland gewesen seien, und frisch aufstrebende Baumpflanzungen auf einem Boden, der bis vor wenigen Jahren nur nackten Sand dargestellt hatte.

Von wie vielen Plagen und Fesseln mußte aber erst der arme, von wilden Tieren und halbwilden Menschenrassen durchzogene, von Wölfen, Hirsch- und Eberrudeln ausgebeutete, von Jägern und vornehmen Herren mißhandelte Hümmling befreit werden, ehe die Sachen in einen so gedeihlichen Fortschritt kommen konnten. Man kann es hier recht lernen, wie schwer es ist, ein ganzes Land zu reformieren und seine Verhältnisse von Grund auf umzugestalten.

XXIII. Ausflug in die »Tinner Dose« und zu den Resten der römischen Pontes Longi

Bekanntlich führten die Römer mehrere Kriegszüge in den nordwestlichen Ebenen Deutschlands durch, bei denen sie die Mündung des Rheins und der Ems und das bereits unterworfene Land der Bataver (Holland) zu den Hauptstützpunkten ihrer Operationen machten.

Zuerst einen unter dem in ganz Norddeutschland gefürchteten Drusus, mit dem noch heutigentags unsere Heidebauern die Kinder zu Bett jagen. Drusus verband den Rhein durch seinen vielbesprochenen Kanal (den heutigen Rheinarm Yssel) mit einem Busen des deutschen Meeres (dem jetzigen Zuydersee). Er transportierte im Jahre 12 vor Chr. Geb. seine Truppen zu Wasser an die Mündung der Ems, um von hier aus in die Weserlande zu marschieren.

Ganz ähnliche Züge und Märsche unternahm 26 oder 27 Jahre später Germanicus, der berühmte Feldherr des Kaisers Tiberius, um die nach der Varusschlacht besonders gefährlich gewordenen Nordgermanen zu strafen und zu bändigen. Germanicus sammelte dabei wie sein Vater Drusus eine große Flotte an den Mündungen des Rheins und der Ems, ging den letzteren Fluß bis zu demjenigen Punkt hinauf, wo er für solche kleine Seeschiffe, wie sie die Römer, Bataver und Friesen damals hatten, nicht mehr fahrbar ist. Er vereinigte sich dort mit seinen Reitern und anderen Abteilungen seines Heeres, die er vom Rhein zu Lande hatte heranmarschieren lassen. Im Jahre 15 nach Chr. Geb. drang der römische Feldherr von hier aus gegen die Weser zum Teutoburger Wald vor, von wo er dann nach Besiegung der Barbaren seine Armee teils unter seiner persönlichen Anführung zu Wasser (auf der Weser und Nordsee), teils unter der Anführung seines Legaten Cäcinna zu Lande auf demselben Wege, auf dem er gekommen war, zur Mündung der Ems und danach zum Rhein und zu den Niederlanden zurückgehen ließ.

Einen ähnlichen Feldzug und Marsch führte er im folgenden Jahr 16 nach Chr. Geb. aus, lieferte den Deutschen auf dem Schlachtfeld von Idistavisus und darauf am Steinhuder Meer zwei für beide Teile blutige Schlachten und führte danach seine Leute wieder wie zuvor zur Emsmündung und von da zum Rhein zurück. Bei allen diesen Römerzügen, die durch so viele unwegsame und morastige Gegenden führten, sind ohne Zweifel verschiedene Brücken- und Wegebauten für die angreifenden und heranmarschierenden Truppen ausgeführt worden.

Ja, schon vor Drusus soll der römische Feldherr Lucius Domitius irgendwo in den norddeutschen Sümpfen einen Damm ausgeführt haben. Auch der unheilvolle Varus soll bei einem Einfall ins Emsland in Eile eine Sumpfbrücke geschlagen haben. Vor allen Dingen und spezieller werden indes von Tacitus bei den Einfällen des Germanicus und namentlich bei dem Rückzug seines Unterfeldherrn Cäcinna im Jahre 15 lange Brücken (»Pontes longi«) erwähnt, mit deren Hilfe man über die Moraste und Torfmoore des Emslandes ins Innere gelangt und auf denen man auch wieder in die Niederlande einmarschiert sei.

Die bequeme Fahrbarkeit der Ems mit einigermaßen großen Schiffen – Seeschiffen, wie Germanicus und seine Bataver und Friesen sie haben mochten – hat zu allen Zeiten ungefähr in der Mitte zwischen Meppen und Leer gegen Ende der mittleren Partie des Flusses begonnen. Hier befindet sich ein sehr alter Ort, heutigentags Düthe genannt. Manche glauben, daß es der Sammel- und Waffenplatz des Drusus und Germanicus gewesen sei. Nicht weit von Düthe liegt Haren, noch heute der Hauptort der Emsschiffer.

Es treffen hier außer dem Beginn der Schiffbarkeit der Ems noch einige andere Umstände zusammen, die es nicht unwahrscheinlich machen, daß man gerade diese Lokalität zum Rendezvous für die Einbrüche in Deutschland bestimmte:

Im Westen ist der große Grenzsumpf zwischen Holland und Deutschland, das Bourtanger Moor, durch eine vortretende Landzunge, eben die sogenannte »Bourtange«, nach der das ganze Moor benannt wurde, sehr verengt. Truppen, aus den Niederlanden kommend, konnten hier leichter als sonstwo durch das Grenzmoor zur Ems vordringen. Im Osten wiederum bietet sich in großer Nähe der breite Sandrücken des Hümmlings dar, zu dem man dann ebenfalls nur ein schmales Moor zu durchschneiden hatte und dessen man sich zum trocknen Weitermarschieren nach dem fernen Osten bedienen konnte.

In der Nähe der genannten Bourtange ist von undenklichen Zeiten her eine Hauptpassage durch das nach ihr genannte Moor von Deutschland nach Holland und vice versa von Holland nach Deutschland gewesen. Demnach konnte es durchaus nicht unwahrscheinlich erscheinen, daß wenn überhaupt noch etwas von den römischen Pontes Longi übrigblieb, diese Reste in der bezeichneten Gegend um Haren–Düthe und um die Bourtange herum und zwischen dem Hümmling und der Ems gefunden werden würden. Allein achtzehnhundert Jahre lang nach dem Rückzug des Germanicus beschäftigte sich niemand mit dieser Frage.

Die letzten vier Jahrhunderte des Altertums, das ganze Mittelalter sowie ein paar hundert Jahre der Neuzeit, viel Kriegsgetümmel und Naturwandel gingen darüber hinweg, bis der neuere historische und antiquarische Forschersinn in diesen Gegenden erwachte und man auf Römermünzen, Römerwege und andere Spuren der Vergangenheit in den Heiden und Mooren zu achten und auch die Hünengräber und Steinmonumente des Emslandes zu beschreiben und vor Zerstörung zu schützen anfing. Die Holländer, von denen so viele Impulse zum Fortschritt und zu Reformen im nordwestlichen Deutschland ausgegangen sind, gaben auch zur Erforschung der von Tacitus erwähnten Pontes Longi das Signal.

Ein königlich holländischer Ingenieur, Herr J. W. Karstens, entdeckte mit Hilfe einiger Landleute in dem westlichen Teil der Provinz Drente unweit der besagten Bourtange mitten im Moor einen alten, aus dicken Bohlen gemachten Plankenweg, den er mehrere Stunden weit zwischen dem Kloster Ter Apel und dem Dorf Valte verfolgte. Die Richtung dieses mit einer drei Fuß dicken Moorschicht überwachsenen Plankenweges, der, von Westen nach Osten, aus den Niederlanden auf die Ems führte, und andere Umstände veranlaßten die Vermutung, daß es ein Stück der alten Pontes Longi sein möchte. Mehrere holländische und deutsche Gelehrte, bei denen die Sache großes Aufsehen erregte, verteidigten diese Ansicht. Etliche andere dagegen glaubten, daß die von Tacitus in seinen Annalen erwähnten Moorbrücken ganz anderswo, viel südlicher nach dem Rhein, zu suchen seien. Während auch über diesen Streit wieder Moos und Gras wuchsen, wurden wie zuvor bei den westlichen Einbruchsstätten des Germanicus in Deutschland dann auch an den östlichen Endpunkten seiner Märsche, bei der Porta Westfalica, auf dem Wahlplatz von Idistavisus und beim Steinhuder Meer eifrige Forschungen angestellt und ebenfalls verschiedene, obwohl unblutige Federkriege ausgefochten. Namentlich fand man längs des letztgenannten Sees und von seinem Ufer bis nach Stolzenau an der Weser einen Damm, den man der römischen Zeit zuschrieb, und neben demselben auf der ganzen Strecke eine Menge römischer Altertümer. Eine gerade Linie vom Steinhuder Meer, wo Germanicus nach der Schlacht bei

Idistavisus sein letztes Zusammentreffen mit den Germanen hatte und von wo wiederholt mehrere seiner Truppenkorps sich zur Ems zurückzogen, bis zum bezeichneten Einschiffungspunkt an der Ems geht über Stolzenau dicht beim Dümmersee an der südlichen Spitze des Herzogtums Oldenburg vorüber.

Auch in den Morasten im Norden dieses Sees fand man sowohl römische Altertümer als auch einen mit Moor bedeckten Bohlenweg, der sich mehrere Stunden lang in nordnordwestlicher Richtung vom Dümmersee bis zum oldenburgischen Flecken Lohne hinzog. Derselbe war von ganz gleicher Konstruktion wie der holländische Holzdamm in Drente.

Die Holländer hatten schon im Jahre 1818 gesagt, daß die Fortsetzung des von ihnen auf fast 3 Stunden Länge freigelegten Bohlenweges, der auf die Emslande zielt, gewiß auf der deutschen Seite des Bourtanger Moores und in den Morasten zwischen Hümmling und Ems gefunden werden würde. Es dauerte indessen fast 40 Jahre, bis man auch hier auf etwas stieß, das für ein Glied der ganzen in Frage stehenden Marschroute und Schlachtfelderreihe genommen werden konnte.

Die Moore werden von Buchweizenbau, der in jenen Gegenden allgemein ist, nur sehr oberflächlich benutzt und selten über einige Zoll tief aufgewühlt. Was über einen Fuß tief begraben liegt, bleibt dabei unberührt und unerforscht. Endlich gaben die Eisenbahnbauten der Neuzeit, die schon zu so vielen geologischen Entdeckungen und antiquarischen Funden geführt haben, Veranlassung zum tieferen Aufreißen des Bodens in einem Abschnitt des großen Arenberger Moores, der »die Tinner Dose« heißt und dem Zipfel der Provinz Drente, in dem die Holländer ihre Antiquitäten gefunden haben, im Osten gerade gegenüberliegt.

Die Lokomotiven der Emsbahn werden mit Torf gefeuert. Die Bahngesellschaft hat daher zu beiden Seiten in die großen Moore eingegriffen und dort bedeutende Gräbereien und Anlagen ins Leben gerufen, um sich dieses Material zu verschaffen. In der besagten »Dose« nun stieß man beim Torfgraben in ähnlicher Weise wie einst die Holländer in Drente auf einen ganz ähnlichen alten Bohlendamm, der wie die Plankenwege beim Kloster Ter Apel und beim Dümmersee drei bis vier Fuß tief unter der Oberfläche lag. Wie in Holland der Oberingenieur Karstens war es an der Ems der Amtsvogt Buchholz in Lathen, unweit Meppen, der zuerst dem Publikum davon Kunde gab und den ganzen Fund im Jahre 1860 in einem Zeitungsartikel beschrieb, der schnell durch alle Blätter Norddeutschlands die Runde machte.

Da ich selbst schon bei früheren Gelegenheiten einige andere Partien und Reste der berühmten Marschroute des Germanicus im Lande der Chauken und Cherusker besucht hatte, so benutzte ich im Herbst des Jahres 1862 meinen Aufenthalt bei werten Freunden im Emsland, um meine Kenntnis dieser Route zu vervollständigen und auch das Stück »Pontes Longi« zu besichtigen, das in der Tinner Dose liegen sollte.

Von unserem Landsitz aus, der hart an der Ems in der Nähe von Düthe lag, wanderten wir zuerst einige Stunden im Emstal aufwärts, um vor allen Dingen den Ort Lathen zu erreichen, in dem der Amtsvogt Buchholz, der erste Untersucher der besagten Antiquität und der beste Kenner der Moorwege, die zu ihr führten, wohnte. Schon diese Emstalwanderung war uns in bezug auf den uns beschäftigenden Gegenstand nicht uninteressant. Denn man konnte dabei lernen, daß, was Tacitus und die Römer vor 2000 Jahren lange Brücken nannten, eine Konstruktion ist, die aus der Bodenbeschaffenheit sehr natürlich hervorgeht und ein ganz populäres und landesübliches Ding ist. Auf Schritt und Tritt trifft man hier sozusagen noch auf heute benutzte und jüngst gebaute Pontes Longi, die überall durch die Niedrigkeit und die Wasserfülle des Landes nötig werden. Zuerst haben sie da für die Fußgänger die sogenannten »Batterien«. Das sind lange, auf Pfähle gesetzte Galerien oder Plankenwege mit Geländern, die über sumpfige Stellen weglaufen und besonders im Winter benutzt werden, wo hier alles, was nicht fünf bis sechs Fuß hoch ist, unter Wasser steht, und wo man dann, wenn es friert, aus diesen mittleren Emsgegenden quer durch das Bourtanger Moor bis nach der Stadt Groningen und weiter zu Schlittschuh laufen kann. Solche Batterien findet man zahlreich auf allen Fußpfaden, die von einem Ort des Emstales zum anderen führen. Das Emstal besteht nämlich in der Hauptsache aus einem etwa ein bis zwei Stunden breiten Sandstreifen mit vielen Sandhügeln und Sandrücken oder Dünen zu beiden Seiten, die das Tal von den großen Moorwüsten im Osten und Westen trennen.

Diese Dünen und Sandrücken des Tales mögen wohl das Werk der Ems selber sein. Doch sind sie begreiflicherweise sehr bunt gestaltet, vielfach zerrissen, und zwischen ihnen bleiben immer tiefe Niederungen, mehr oder weniger große feuchte Wiesen und weite »Brüche«, in denen dann im Winter das Wasser aus den Mooren und aus der Ems zusammenläuft, so daß die Dörfer, die Bauernhöfe, die Adelssitze und die auf Dünen gebauten Kirchen lauter Inseln in der weitgehenden Überschwemmung bilden.

Für gewöhnlich watet man nach Möglichkeit auf den Dünenrücken durch den tiefen Sand, was zwar nicht sehr bequem ist, doch aber immer Ursache gibt, dem lieben Gott für trockne Füße zu danken.

Gelangt man dann zu den feuchten Stellen und Niederungen, so haben sich die Leute erst durch Aufhäufen kleiner Dämme geholfen. Geht es mit diesen nicht mehr, treten an ihre Stelle jene langen Batterien, die von einer Sandhöhe zur anderen führen. Ebensolche langen und schmalen Brücken, meist nur für Fußgänger eingerichtet, sind hier und da über die zahlreichen Nebenarme der Ems gebaut sowie auch über viele der kleinen länglichen Seen des Tales, die vermutlich ehemalige Flußbetten der Ems sind. Diese auf hochstelzigen Pfahlwerken schwankenden Nebenbrücken der Ems sind erstaunlich lang, weil in diesen überall auseinandergezogenen Ebenen eben alles so sehr in die Länge und in die Breite geht.

Wegen der Tiefe des Morastes oder wegen der Länge der Distanzen konnte man gelegentlich keine Pfähle einschlagen. Auch war dieser kostspielige Brückenbau zum Teil nicht nötig, weil die Moore doch meistens soviel Konsistenz haben, daß sie die Brückenwege selbst und unmittelbar zu tragen vermögen. Man legte daher nur Sträucher und Knüppel oder im besten Fall Planken auf die Oberfläche des Moores. Strauch- und Knüppelwege wurden von den Landeskindern in ihren Mooren mehrfach hergerichtet. Auch bauten dergleichen die Feldherren zuweilen in den vielen Kriegen, die im Emsland mitunter tobten. Sogar in den Städten waren sie vermutlich die älteste Art des Straßenpflasters. Vielerorts in den Städten, wo man den Grund tief aufwühlte, ist man auf uralte, im Boden stekkende, von den ersten Stiftern der Städte konstruierte Bohlenwege oder Knüppeldämme gestoßen.

In Lathen fanden wir den Amtsvogt bereit, uns zu seiner Entdeckung in die Tinner Dose zu geleiten. In Westfalen wie in Ostfriesland nennt man »Dose« die hellgraue oder gelbliche, aus noch nicht völlig zerfallenen Moos- und Pflanzenteilen gebildete obere Schicht der Torfmoore, die man anderswo auch wohl »weißen Torf« nennt. Von dieser Substanz haben verschiedene geographische Objekte ihre Namen erhalten, so auch der ganze mittlere Abschnitt der großen Moore auf der östlichen

Seite der Ems, der zwischen den Sandhöhen des Hümmlings und dem genannten Fluß liegt und sich südwärts bis zur Hase bei Haselünne hin erstreckt.

Diese »Dose« ist eine große, völlig flache und unbewohnte Moorwüste von zirka vier Meilen im Umfang. Die Bewohner der Ortschaften Tinnen, Lathen u. a., die auf den Sandhügeln der Ems an ihrem Rand liegen, eignen und benutzen die ihnen benachbarten Abschnitte des Moores. Diese Abschnitte werden dann wiederum nach jenen Dörfern die »Tinner Dose«, die »Lathener Dose« usw. genannt.

Wir wanderten zuerst durch die Lathener Dose in südöstlicher Richtung bis zu einem mitten aus dem Moor hervorragenden sandigen Rücken, der Hengstberg genannt. Dieser ist einer der Dünenarme, die vom Emstal aus an verschiedenen Stellen in die zur Seite liegenden Moore hineinlaufen und die von den Eingeborenen, wenn sie ein paar Klafter höher sind als gewöhnlich, »Berge« genannt werden. Von dem äußersten Ende des Hengstberges ist nach dem Hümmling hin ein breites, ununterbrochenes, ganz flaches Moor, die Tinner Dose. Sich in solchen Mooren zu orientieren ist selbst für den Kundigen nicht leicht. Es kostete daher einige Mühe, bis unser trefflicher Begleiter die Stelle wiederaufgefunden hatte, wo seiner Meinung nach der sogenannte Römerweg beginnen und von dem Hengstberg nach dem Moor hin verlaufen sollte.

Natürlich sinkt der Hengstberg wie alle diese Sandrükken es tun, sehr allmählich unter das Moor hinab. Anfangs ist das aufliegende Moor nur wenige Zoll, allmählich ein und mehrere Fuß dick tief, erst nach und nach wird es unergründlich.

Die Römer haben daher am Rande des Berges nicht sogleich mit einer Brücke angefangen. Vielmehr haben sie erst noch etwas Sand auf den Schmutz aufgeschaufelt, daraus eine Art Brückenkopf gebildet und dieses so weit fortgesetzt, wie sie den Sand noch in der Nähe hatten.

Wir konnten mit Hilfe unseres Führers vom Rande des Hengstberges aus ziemlich deutlich einen breiten mit Heide überwachsenen Rücken hinauslaufen sehen. Wir überzeugten uns durch Aufkratzen des Bodens, daß es Sand sei, während zu beiden Seiten Torf lag. Genaugenommen waren es zwei geradlinige Rücken, die unter einem spitzen Winkel zusammenliefen und da ihren Scheitelpunkt hatten, wo nun die eigentliche Brücke selbst anfing. Im Laufe der Zeiten ist natürlich manches an der ursprünglichen Beschaffenheit des Werkes verändert. Die aufgeschaufelten Sandrücken sind nicht mehr ganz vollständig, haben Lücken oder sind hier und da mit stärkerer Heide bedeckt als anderswo. Auch mögen in der hölzernen Moorbrücke hier und da Lücken sein oder Planken fehlen. Es war mithin nicht ganz leicht, die Brücke unter der dicken Torf- und Moosdecke, unter der sie steckte, überall nachzuweisen. Doch ging unser Führer eifrig suchend voran, indem er mit seinem langen Stekken von Zeit zu Zeit das Moor sondierte. Endlich blieb er stehen und rief uns triumphierend zu, daß er die Brücke habe.

Er ließ uns dann seinen Stab probieren, wir stießen damit hinab und empfanden deutlich genug, daß wir mit ihm auf etwas Hartes, was anscheinend Holz war, gerieten. Indem nun alle Mitglieder der kleinen Gesellschaft mit ihren Wanderstäben bohrten und sondierten, verfolgten sie die Linie eine Strecke weit ins Moor hinaus.

Bei der ersten Entdeckung der Brücke vor drei Jahren hatte man in gewissen Abständen mehrere Schächte bis auf die Oberfläche der Brücke hinabgehen lassen, um das Holz wenigstens stellenweise bloßzulegen und die Bauweise untersuchen zu können. Bei diesen Ausgrabungen hatte man folgendes erkannt: Die Bohlen bestanden meistens aus Eichenholz. Sie waren überall nur mit dem Beil roh bearbeitet und abgeplattet und nicht mit der Säge geschnitten. Doch war dieses Abplatten mit Sorgfalt durchgeführt, so daß die Bretter wenigstens auf der oberen Seite eine durchaus ebene und glatte Fläche darboten. Die Bohlen lagen alle lose, aber dicht anschließend nebeneinander. Sie waren weder durch Eisen noch durch Holz miteinander verbunden. Auch hatten sie stellenweise keine weitere Unterlage. In den meisten Fällen jedoch gab es allerdings der Länge nach gelegte Bohlen, auf denen die Querbalken mit ihren Enden auflagen. Wo das Moor besonders naß, weich und schlammig war, gab es sogar eine doppelte Unterlage von mehreren unter- oder nebeneinander gelegten Längsbohlen.

Leider waren diese Schächte inzwischen von den Torfbauern wieder mit Rasen und Torfstücken zugeworfen worden. Da wir keine tauglichen Werkzeuge bei uns hatten, blieb uns nichts anderes übrig, als mit unseren Stekken weiter zu sondieren. Des Bohrens im Morast müde, wollten wir schon zum Rückzug blasen, als wir in einiger Entfernung einige braune schornsteinfegerartige Torfbauern entdeckten. Wir richteten unsere Schritte zu ihnen und fragten die guten Leute, was sie da schafften. Sie erzählten uns, es sei hier kürzlich ein neuer Torfstich eröffnet worden, und sie hätten auch einen tiefen und breiten Graben quer durch das Moor gezogen, den wir etwas weiter finden würden. Nach kurzem Suchen standen wir denn auch vor diesem großen, breiten, kanalartigen Graben, der von beiden Seiten mit dunklen Torfwänden tief ins Moor hinabfiel. Er hatte die Römerbrücke in einem rechten Winkel durchschnitten, und wer beschreibt unsere freudige Überraschung, als wir den Querschnitt dieser merkwürdigen Brücke mitten in einer dieser Wände vier Fuß unter der Oberfläche sahen.

Vor allem lehrreich war der besagte Querschnitt der

Brücke, da bei der ersten Untersuchung der Brücke vor drei Jahren diese Methode nicht angewandt worden war. Unter den besagten Verhältnissen konnten wir recht gut wahrnehmen, daß sich unter den Bohlen noch die Gras- oder Heidekrautnarbe, auf die ursprünglich die Bretter niedergelegt wurden, befand. Es scheint daraus deutlich hervorzugehen, daß die Brücke nicht in den weichen Boden so tief, wie sie jetzt unter der Oberfläche liegt, einsank, sondern daß vielmehr das Erdreich, das sie jetzt bedeckt, erst später über ihr aufwuchs.

Das Wichtigste aber, das wir hier bemerkten, war dieses, daß sich zu beiden Seiten des Bohlenwegs unverkennbare Spuren von dort gezogenen Gräben zeigten. Sie sind im Laufe der Zeiten ebenfalls wieder mit Torfmassen aufgefüllt worden. Dieser Umstand erscheint mir für die Beurteilung des Alters und Ursprungs des Werkes von besonderer Wichtigkeit. Er bewies, daß man dabei etwas Solides und Dauerndes beabsichtigt hatte. Alles, was sich auf der Brücke und in den Gräben abgelagert hatte, war Torf von gelblichgrauer Farbe, sogenannte Dose.

Auf unser Befragen versicherten uns die Torfbauern, die die ganze Umgebung wie ein Bergwerk durchwühlt hatten, daß sie außer den Bohlen, die wir da sahen, keine anderweitigen fremdartigen Gegenstände, keine Münzen, Waffen oder Geräte, in dem Torf gefunden hätten.

Da wir mehrere moorkundige Kenner an Ort und Stelle hatten, wurde natürlich auch die wichtige Frage behandelt, in wieviel Zeit sich hier wohl über dem Bohlendamme eine solche Erdschicht von drei bis vier Fuß Dicke habe bilden können. Die Anwesenden waren der Meinung, daß dieses nur im Laufe sehr langer Zeiten habe geschehen können. In engen Löchern und schmalen Gräben könnten sich, so meinten sie, mehrere Fuß dicke Torfmassen zwar in viel kürzerer Zeit absetzen. Allein um die Torfablagerung über einer zwei Stunden langen Brücke

Ein freigelegter Bohlenweg in der »Tinner Dose«

und über der ganzen weiten, von ihr durchschnittenen Fläche drei bis vier Fuß zu erhöhen, dazu gehörten nach der Meinung meiner Begleiter viele Jahrhunderte.

Daß die Römer die Erbauer gewesen sind, wird außerdem noch aus mehreren anderen Umständen wenigstens in hohem Grade wahrscheinlich. Zuerst aus der verhältnismäßig nicht geringen Sorgfalt und Solidität des Baues. Die Römer machten alles, selbst bloße Knüppeldämme in den Mooren, sorgfältiger als andere Leute. Die Römer legten diese Brücke scheinbar nicht etwa für einen einmaligen Gebrauch an. Vielmehr wollten sie auf diesen Wegen, wenn nicht ganz Norddeutschland erobern, doch wenigstens ihre wiederholten Hin- und Hermärsche dahin sichern. Die Abzugsgräben, welche wir zu beiden Seiten des Weges sahen, deuteten ebenfalls auf eine solche beabsichtigte Dauer des Werks. Auch das Material der Brücke – Eichenholz – weist auf eine sehr alte Zeit hin. Denn daß in früheren Jahrhunderten Eichenwälder in diesen Gegenden vorhanden waren, ist eine ausgemachte Tatsache.

Das Entscheidendste in dieser Angelegenheit dürfte aber die außerordentliche Übereinstimmung aller Umstände und Verhältnisse bei sämtlichen von mir genannten alten Wegebauten sein, die man auf der Marschroute des Germanicus, des Cäcinna usw. von den Niederlanden und der Ems bis zum Dümmersee und zur Weser entdeckt hat. Überall am Dümmersee, in der Provinz Drente und nun auch hier in der Dose waren die Bohlenwege genau von derselben Beschaffenheit. Überall haben sie dieselbe Breite (acht bis zehn Fuß). Überall bestehen sie aus mit dem Beil behauenen Bohlen. Überall waren sie ohne Verbindung und ohne eingeschlagene Pfähle. Überall auch steckten sie gleich tief im Moor (drei bis vier Fuß tief). Ob sie auch überall wie in unserem Fall Seitengräben hatten, ist mir unbekannt geblieben. Vielleicht aber wurden beim Dümmersee und in Drente die Seitengräben von den Berichterstattern nur übersehen.

Wir bildeten uns nicht ein, daß wir durch die Betrachtung und Darstellung unseres Brückenquerschnitts die Frage von dem römischen Ursprung des Werks entschieden hätten. Allein, soviel darf ich wohl sagen, daß jedenfalls dieser Querschnitt wieder ein kleines, der großen Kette von Untersuchungen über die mutmaßlichen Fußstapfen des Germanicus, die vom Niederrhein und der Ems zur Weser gehen, hinzugefügtes Glied, ein neues Lichtlein auf dieser dunklen Moorstraße war.

Wir verbrachten noch ein ziemliches Stück von der Schlafzeit der übrigen Leute, bis wir unsere erst schmutzigen und dann sandigen Wege zwischen den Dünen und über die Batterien des Emstales zu unserem hübschen und gastfreundlichen Nachtquartier an der Ems zurückgefunden hatten und dort endlich gegen Mitternacht wieder ankamen.

XXIV. Ausflug zum Bourtanger Moor und zur holländischen Grenze

Das sogenannte »Bourtanger Moor« ist ein großer, von Süden nach Norden langgestreckter kahler Torfmoor- und Heidestrich, der das Emsland meilenweit im Westen begleitet. Von Osten nach Westen ist er im Durchschnitt drei Stunden breit, hat aber hier und da seine Verengungen und Weitungen. Im Osten liegt das an Gehölzen und Ortschaften reiche Tal der Ems, im Westen die angebauteren Ackergegenden Hollands. Es ist ein Streifen Wüste, der vermutlich schon seit den urältesten Zeiten die Nachbarvölker auseinandergehalten hat. Bereits unter Karl dem Großen bildete es die Grenze zwischen »Westphalia« und »Frisia«. Seitdem die Niederlande sich dem deutschen Kaiser ganz entzogen, bestimmte es die deutsche Reichsgrenze im Nordwesten. Jetzt scheidet es zwei sehr verschiedene gesellschaftliche Zustände, Sprachen und Völker, die der Deutschen und die der Holländer.

Der Name rührt zunächst von dem kleinen niederländischen Ort Bourtange her, der hart an der Grenze des Moores und etwa in der Mitte seiner längsten Ausdehnung liegt. Seine aus der Beschaffenheit des Moores selbst genommene Ethymologie ist diese: »Tange« oder Zange nennen sowohl die Holländer als auch die Westfalen diejenigen gewissen Striche Sandlands, die sich vermutlich als Überreste ehemaliger Dünen durch die Torfmoorgegend ziehen. Diese Tangen sind oft nur wenige Fuß über dem Moor, durch das sie sich wie lange Halbinseln oder Inseln erstrecken, erhaben. Doch reichen diese Hebung und die verschiedene Beschaffenheit des Bodens aus, um ihnen eine besondere Bedeutung zu geben. Sie haben andere Pflanzen als der anliegende Morast und machen den Menschen eine andere Benutzung möglich. Auch hat sich das Tierleben hauptsächlich an die Tangen geheftet. Schließlich liegen auf den Tangen meistens die Moordörfer und die ergiebigsten Äcker. Die Bourtange, d. h. die Bauernzange, ist eine solche sandige Halbinsel oder Landspitze, die von Holland her tief ins Moor hinein vordringt. Von dem Umstand, daß holländische Bauern sich auf ihr ansiedelten, mag sie ihren Eigennamen erhalten haben. Weil sie nahe zum Emsland hin vortrat und eine Verengung des Morastes veranlaßte, mag bei ihr von ältesten Zeiten her ein Übergang von der Ems nach Holland stattgefunden und sie dadurch ihre Berühmtheit erhalten haben. Und aus ebendiesem Grunde mögen daher auch die Holländer sie mit einer kleinen Grenzfestung gegen Deutschland versehen haben. Die Festung und der kleine Ort, den sie in ihren Wällen einschloß, werden noch jetzt in der Gegend »die Bourtange« genannt.

Teils um dieses berühmte Grenzmoor selber einmal in Augenschein zu nehmen, teils um uns von dem eigentümlichen Kontrast zwischen dem Wesen der Leute an dieser Partie der großen deutschen Reichsgrenze zu überzeugen, unternahmen wir von Kampe, einem niedermünsterschen Landsitz im Kreis der Stadt Meppen, aus eine Fahrt zur Bourtange.

Einige der Bäume, die in den Gehölzen des Emstales an der Ostgrenze des Bourtanger Moores aufgewachsen sind, haben ein ungewöhnliches Alter und eine außerordentliche Größe erreicht und sind im Lande berühmt. Meistens stehen die alten Bäume in der Nähe alter Burgen, Kirchen oder Adelssitze. Wegen der berühmten »Linde von Scharpenburg« machten wir bei unserer Fahrt zur Bourtange einen kleinen Umweg an der Ems entlang. Sie steht in der Nähe des Dorfes Heede. Das Volk nennt sie daher auch »die Heeder Linde«. Sie bildet mit ihren mächtig ausgebreiteten Zweigen eine breite und hohe

Krone, die man schon von weitem über die anderen Bäume wie die Kuppel einer Kathedrale über die Häuser der Stadt hervorragen sieht. Sie ist einer der größten und bewunderungswürdigsten Bäume in ganz Deutschland. Sie ist noch in voller Kraft ihres Wachstums und hat eine ganz eigentümliche Entwicklung. Ihr dicker Hauptstamm ist nämlich etwa 18 Fuß hoch, steht gerade und hat die Figur eines in der Mitte etwas zusammengeschnürten Riesenpfeilers mit breitem Piedestal und dickem Kopf. Der Fuß geht in mächtige Wurzeln und der Kopf in ebenso starke Zweige auseinander. In der Taille, wo er am knappsten ist, hat der Pfeiler etwa sechs Klafter, der Kopf oder Knauf oben nicht weniger als 60 Fuß im Umfang.

Die alte Burg, welcher der Baum angehörte, die Scharpenburg, ist jetzt nur noch ein Name. Das Schloß und die Befestigungen sind dem Erdboden gleichgemacht, und ringsherum ist alles ebene, freundliche Wiese.

Kaum hatten wir die Gehölze, Dörfer und Weiden des Emstales verlassen, trabten wir in das große Grenzmoor hinein. Natürlich führte auch unser Weg über den Rücken einer jener Tangen. Denn begreiflicherweise sind von alten Zeiten her die Wege des Landes, den Morast meidend, vorzugsweise diesen Sandstreifen gefolgt. Auf den meisten dieser Bourtanger Moorwegen entdeckt man eine doppelte Spur, die der deutschen und die der holländischen Wagen. Die Holländer haben nämlich ein engeres Wagengeleise. Die Deutschen sind breitspuriger. Und da die Pfade beider Grenznachbarn sich in diesem Moor häufig kreuzen, sieht man überall die deutschen Wagenspuren etwas über die holländischen hinausragen.

Bald überschauten wir rechts und links das große Moor und bekamen in der Ferne den grünen Streifen der Bäume, die Türme und Häuser der nächsten holländischen Dörfer in Sicht. Einen gleichen grünen Saum bildet von Holland her gesehen das deutsche Land auf der Ostseite des Moores. In alten Zeiten mag der breite dunkle Strich zwischen beiden grünen Streifen eine Wildnis gewesen sein. Seit dem 16. Jahrhundert drang auch hier der Anbau des mit dem dürftigsten Boden fürliebnehmenden Buchweizens vor, der jetzt hier und da große Fluren bedeckt. Er ist mit seiner erfreulichen Blüte immer tiefer in das finstere Moor eingedrungen, und ihm sind neuangelegte Ortschaften nachgefolgt. Fast jedes deutsche Grenzdorf hat seit der Mitte des vorigen Jahrhunderts seine Kolonie ins Moor abgezweigt. Und so ist das ganze Bourtanger Moor mit solchen neuen Kolonien – freilich noch immer spärlich – durchwebt. Auch die Holländer sind ihrerseits mit frischem Anbau gegen das Moor vorgerückt.

Neben den Tangen kommen überall hier und da in den norddeutschen Mooren vereinzelte Sandhügel vor. Es sind wahrscheinlich Überreste ehemaliger Dünenketten. Einige enthalten ausnahmsweise als Kern eine mehr oder weniger große Quantität von Granitblöcken. Auch die kuriosen Schafstalldörfer, wie ich sie am Hümmling sah, findet man hier wieder. Ihre Gruppen liegen entlang der deutschen Grenze des Bourtanger Moores.

Allmählich kam uns der grüne Saum Hollands näher, und nach einer zweistündigen Fahrt erreichten wir die Grenze. Sie war mit einem kleinen, niedrigen und, nach dem Zustand seiner Abrundung und Verwitterung zu schließen, sehr alten Granitblock bezeichnet. Derselbe zeigte noch einige eingegrabene alte Schriftzüge, in die wir aber keinen Zusammenhang bringen konnten. Nur einige Buchstaben waren noch erkennbar.

Diese uralten Grenzpfähle und überhaupt die ganze deutsch-holländische Grenze längs des Bourtanger Moores werden jetzt alle Jahre einmal von einer gemeinsamen deutsch-holländischen Grenzkommission revidiert. Die hannoverschen Amtsvogte und die Bürgermeister der benachbarten holländischen Städte reisen dann das Moor entlang, besichtigen jeden Grenzpflock, ob er noch richtig in seinem alten Loch steckt, sehen nach, ob auch sonst von beiden Seiten die verschiedenen Abmachungen des zwischen beiden Staaten abgeschlossenen Grenztraktats eingehalten sind, und vereinigen sich dann zu einer Beratung und Vergleichung ihrer Bemerkungen in der Bourtange.

»Abeldjes Huis«, ein kleines Wirtshaus, das schon innerhalb der alten Bourtanger Schanzen lag, war das erste holländische Gebäude, auf das wir stießen. Mit diesem Haus waren Deutschland, deutsche Sprache, deutsche Wohnweise und Sitte zu Ende und auf einmal wie abgeschnitten. Als wir in den kleinen Ort hineinfuhren, war alles sogleich anders, das Äußere der Wohnungen, der Leute und der kleinen Kinder in den Straßen, der alten holländischen Mütterchen, die von Haus zu Haus schlichen, und so auch der Anblick der Gärten und Äcker. Alles sagte uns, daß wir in ein anderes Land und unter ein fremdes Volk geraten waren. Der Wirt, den wir auf deutsch anredeten, verstand kein Wort Deutsch, und ebensowenig verstand es irgendein anderer Bewohner der kleinen Bourtange.

Die jungen Frauen und Mädchen sowie die Männer und Kinder hatten ganz andere Gesichtszüge. Es ist fast unbegreiflich, wie zwei Nationen so lange dicht nebeneinander leben und doch so wenig voneinander annehmen konnten.

Auch das Schwarzbrot, das man uns zum Tee auf den Tisch legte, hatte eine andere Form als das im Münsterland. Auch der Tee selbst wurde uns ganz anders serviert. Nach holländischer Sitte bekommt nämlich jeder Gast seine eigene kleine Teemaschine und seinen eigenen kleinen Wasserkessel, mit dem er sich sein Getränk ganz nach seinem eigenen Belieben zubereiten kann. Unsere holländische Wirtin war kaum zu überreden, uns den Tee nach deutscher Weise selbst zu bereiten und fertig in der Tasse oder der Kanne vorzusetzen.

Natürlich war auch die Kleidung der Frauen ganz und gar anders als im Münsterland. Sie trugen Hauben, die von denen ihrer deutschen Nachbarinnen völlig verschieden waren. Wir baten die Tochter unserer Wirtin, für uns einmal ihre schönen goldenen sogenannten »Ohreisen« anzulegen, wie sie in dem ganzen westlichen Holland gang und gäbe sind. Bekanntlich besteht dieser sonderbare Schmuck aus zwei großen halbkugelartigen Goldblechen, die durch einen goldenen Reifen oder Bügel verbunden sind und damit auf dem Kopf festliegen. Zarte, feine und sehr kostbare Brabanter Spitzen fallen über das Gold, das matt durch sie hindurchschimmert, herab. Die Spitzen werden mit großen und sehr prachtvoll ausgearbeiteten Nadeln von Gold befestigt.

Das gefällige Mädchen kam, nachdem sie in ihrer Kammer Toilette gemacht hatte, mit diesem Putz geschmückt zurück und ließ uns recht freundlich alles beschauen und bewundern. Es ist mir unerklärlich, wie sehr so ein wenig Gold und Spitzenkram das menschliche Antlitz heben und verschönern kann. Die Sache ist um so erstaunlicher, da dieser künstliche Apparat gänzlich an die Stelle des natürlichen Lockenschmuckes tritt. Die Haare nämlich müssen den »Ohreisen« völlig weichen und werden den Mädchen kurz abgeschnitten, denn mit dem dicken Haarwuchs könnte der goldene Helm dem Kopf nicht so knapp, wie es sein muß, angepaßt werden.

Trotz aller Kontraste zwischen zwei so nahen Ländern fehlt es natürlich doch nicht ganz an täglichem Verkehr und Austausch zwischen beiden Völkern. So fanden wir in unserem Wirtshaus einen Holländer, der mit dem Wirt am Geldtisch saß und gegen holländische Gulden preußische Taler eintauschte, weil er eine Reise ins Münsterland machen wollte, um dort Schweine einzukaufen. Früher gingen die Holländer auch oft nach Deutschland hinüber, um Osnabrücker Linnen zu kaufen. Dieses hat in neuerer Zeit, wo die Baumwolle sich so breit gemacht hat, mehr aufgehört. Die Juden sind die tätigsten Vermittler in dem Grenzverkehr zwischen beiden Völkern. Auch begegneten wir einem munteren Musiker aus Österreich, der uns erzählte, daß er seit Jahren die Klaviere auf beiden Seiten des Bourtanger Moores stimme. Auch hörte ich hier und da von Holländern, die Grundbesitz im Emsland erworben hatten. Doch ist dies selten und kommt nur sehr vereinzelt vor. Den Holländern erscheint Deutschland nicht als ein Eldorado.

Dagegen ist in neuerer Zeit eine merkwürdig regsame Auswanderung aus Nordwestdeutschland nach Holland in Gang gekommen. Aus allen kleinen Städten des Emslandes, des Hümmlings und weiter bis ins Oldenburgische und Osnabrücksche hinein sind junge Industrielle und Kaufleute hervorgegangen, die sich nach Holland wandten und dort in den Städten der Provinzen Drente und Groningen irgendein Gewerbe etablierten. Da sie sich als Kaufleute und Künstler in Gewandtheit, Biegsamkeit und Artigkeit von den etwas steifen und phlegmatischen Eingeborenen abheben, hat das Publikum sie gern. Sie gedeihen daher unter den »Mynheers«, und es gibt jetzt bis nach Rotterdam fast keine holländische Stadt, die nicht eine mehr oder weniger blühende und zunehmende deutsche Kolonie besäße. Wie die deutschen Feldarbeiter oder sogenannten »Hollandsgänger« jährlich scharenweise in die Niederlande ziehen, werde ich noch weiter unten schildern.

In früheren Zeiten mag die Bourtange eine nicht unwichtige Rolle gespielt haben. Jetzt ist es vorbei mit ihrer militärischen Bedeutung. Vor ein paar Jahren hat man sie wie auch andere holländische Grenzfestungen gegen Deutschland aufgehoben und abzutragen angefangen. Es lagen hier jetzt nur noch sechs Mann in Quartier. Von den Mauern und Wällen stand nur noch hier und da eine kleine Ruine. Das wäßrige Land hat man zur Entsumpfung und zum Anbau an die Einwohner verteilt. Natürlich hat sich der Ort nun ganz umgewandelt. Neue hübsche Häuser und Anlagen sind innen und außen entstanden.

Wir begnügten uns mit diesem Einblick in das Ostende von Holland, das man im Haag als das Sibirien der Niederlande betrachten mag, und kehrten auf dem Wege, auf dem wir gekommen waren, ins deutsche Emsland zurück.

XXV. Die Hollandsgänger

Nicht nur unsere Künste, Gewerbe und Handwerker, sondern auch unser Ackerbau und unsere Landleute haben ihre Wanderburschen. Man findet die Erscheinung einer von Zeit zu Zeit zum Wanderstab greifenden Landbevölkerung in verschiedenen Teilen Europas. Sie zeigt sich überall da, wo sehr fruchtbare Landstriche von mannigfaltigem Anbau, in denen zur Zeit der reichen Ernte Arbeit begehrt ist, mit dürftigen und von der Natur vernachlässigten Gegenden, in denen der Arbeiter viele und der Bodenprodukte wenige sind, nachbarlich zusammenstoßen.

Auch in Deutschland haben die Kontraste der Natur- und Bodenverhältnisse in verschiedenen Provinzen unter den sonst so bodenständigen Bauern solche Bewegungen erzeugt, die schon seit Jahrhunderten jahraus, jahrein so regelmäßig wiederkehren wie die Schwalben- und Kranichzüge.

Eine der bedeutendsten Wanderungen dieser Art bringt der Gegensatz zwischen den armseligen Heidedistrikten und den fetten, ihnen anliegenden Marschländern des nordwestlichen Deutschlands zustande. In den wundervollen Triften von Holland und Friesland sprießt in jedem Frühling eine solche Fülle von schönen Gräsern und Wiesenkräutern und danach im Sommer ein solcher Segen von Weizen und Roggen, daß die einheimischen Knechte den reichen »Mynheers« nicht alles rechtzeitig und schnell genug einheimsen können. Seit undenklichen Zeiten haben ihnen daher die Bewohner der deutschen Heiden Hilfe geleistet. Diese, die nicht an das üppige Leben der Marschleute gewöhnt sind, können sich in ihren Dörfern während des an Feiertagen reichen Winters billiger durchbringen und vermögen daher ihre Dienste für eine geringere Entschädigung anzubieten als die Knechte, die die Marschenherren sich in ihrem eigenen Lande zuziehen könnten. Es ist daraus das in einem großen Teil von Nordwestdeutschland bekannte sogenannte »Hollandsgehen« entstanden.

In den Dörfern dieser Gegenden tun sich im Frühjahr die arbeitslustigen Männer, die noch kein eigenes Besitztum haben, und die jungen Söhne der Bauern zusammen und beginnen ihre friedlichen Razzias in das lockende Niederland. Auch kleine Eigentümer und verheiratete Leute schließen sich ihnen an. Denn da in den Marschen andere Kulturen herrschen und die Hauptternten früher fallen als auf den Heiden, können sie, nachdem sie ihre dürftigen Roggen- und Buchweizenfelder bestellt haben, diese Felder während des Sommers ihren Frauen und Kindern überlassen und dann noch rechtzeitig zu der späteren Ernte in der Heimat zurück sein. Weil das guldenreiche Holland seit alten Zeiten ihr vornehmstes Ziel war, nennt man diese Leute gewöhnlich »Hollandsgänger«, hier und da auch »Frieslandsgänger« oder kurzweg »Friesen«.

Es gibt verschiedene Gattungen dieser »Friesen«. Denn obgleich ursprünglich wohl nur das Gras- und Kornmähen sie ins Leben rief, so haben sie doch in den aus lauter menschlicher Kunst und Arbeit hervorgegangenen Niederlanden doch so manche andere lohnende Tätigkeit gefunden. Man kann dort überall einen kräftigen Arm verwenden, beim Torfbaggern, beim Häuserbau, bei den Kanalgrabungen, bei der Anlage von Schleusen und sonstigen Wasserwerken. Die Zahl der auf diese Weise Beschäftigung suchenden Personen läßt sich natürlich nicht bestimmen. Doch muß sie sich wohl auf viel Tausende belaufen. Denn es findet sich zwischen der Weser und den Niederlanden kaum ein Geestdorf, in dem das Hollandsgehen nicht eine mehr oder weniger bedeutende Rolle in dem Leben der Bewohner spielt.

Um ihre Reisen billiger und gefahrloser zu machen, schließen sich diejenigen, die sich aus einem Distrikt zu einem Hollandsgang entschlossen haben, zu kleinen Trupps zusammen. Jeder Trupp verschafft sich einen sogenannten »Botenwagen«, und dieser wird mit dem schweren Reisegepäck, dem Erntewerkzeug und der Verpflegung bepackt. Zuweilen beteiligen sich auch ihre Töchter und Frauen mit einer kleinen Spekulation an einer solchen Expedition. Sie haben im Winter Garn gestrickt oder Leinwand oder sogenanntes »Wollaken« gewebt, und sie geben davon und von anderen Produkten ihrer Industrie und Haushaltung dem »Botenwagen« eine kleine Portion mit. Der Vater versucht es in den reichen Niederlanden zu verkaufen und bringt dafür zuweilen ein sehr willkommenes Zubrot zurück. Freilich haben in neuerer Zeit die strengeren Zollgrenzen und Douaniers diesen kleinen, mit unserer Bauernwanderung verknüpften Handelszweig sehr beschränkt.

Wie alles in der Welt werden auch die Unternehmungen der Hollandsgänger durch eine gewisse Gewohnheit und Bekanntschaft geregelt. Jetzt hat nicht nur jeder östliche Heidedistrikt, fast jedes Dorf seinen Lieblingsdistrikt im Westen, den er vorzugsweise ausbeutet, sondern auch jeder einzelne Hollandsgänger pflegt in den Marschen seine Bauern, mit denen er seit langem bekannt ist. Oft freilich lösen sich solche Bekanntschaften auf, oder es müssen neue angeknüpft werden. Dann zieht der Hollandsgänger in den Marschen von Gehöft zu Gehöft und versucht sich da, wo man noch nicht mit Arbeitern versehen ist, unter den möglichst besten Bedingungen anzubringen. Festen Lohn bekommen sie nicht. Vielmehr herrscht überall in Holland und Friesland die den Fleiß fördernde Sitte, ein Stück Arbeit, z. B. das Abmähen eines Feldes, in Bausch und Bogen zu verdingen, so viel für diesen Kamp, so viel für jenes Feld. Je mehr sie in kurzer Zeit niederbringen, desto mehr verdienen sie. Da je nach Umständen die Arbeit schwieriger und mühseliger ist, gehört viel Klugheit dazu, um alles zu erwägen und abzuschätzen. Und der Umsichtige steht sich natürlich besser dabei als der, welcher sich von dem kargen Holländer übertölpeln läßt. Gewöhnlich tun sich zwei oder drei Freunde, die sich gegenseitig ungefähr gleiche Kraft und gleichen Eifer zutrauen, zusammen, beraten sich miteinander und arbeiten gemeinschaftlich an der Abrasierung einer großen Fläche, die sie zusammen in Kontrakt nehmen.

Waren alle Umstände günstig und das Jahr recht ergiebig, so eilen dann die Hollandsgänger meistens im Monat August zu ihren Heiden zurück, die Taschen voll mit blanken holländischen Gulden. Da sie sich hierbei ebenso wie beim Auszug zusammenscharen, kommen sie in ihren Dörfern oft in ganzen Trupps auf einmal an. Und da ist dann großer Jubel und Freude.

XXVI. Aus den Dünen von Norderney und über den Sand im nordwestlichen Deutschland

Die viel gelobte Insel Norderney ist im wesentlichen ein drei bis vier Stunden langer und nicht ganz eine halbe Stunde breiter, von früheren Depositen von Darg, Torf und anderen Stoffen aufgesetzter Sandhaufen. Da der Wind am Nordseestrand während des ganzen Jahres fast immer aus Westen oder Süd- und Nordwesten bläst, geschah jene Aufhäufung des Sandhaufens daher vorzugsweise aus Westen. Im Osten, wo kein heftiger und dominierender Luftzug einsetzt, blieb das Ländchen glatt. Man kann die Insel demnach in eine bergige oder dünenerfüllte Westhälfte und eine ebene Osthälfte einteilen.

Die kleine Inselbevölkerung hat sich in der westlichen oder Dünenhälfte zusammengedrängt. Denn nur hier waren die Bedingungen zu einer menschlichen Existenz gegeben. Die Dünen gewährten Schutz vor den kalten und heftigen Stürmen und den Angriffen des Meeres. Hinter ihnen hat sich etwas fruchtbarer und anbaufähiger Boden angesammelt. Da allein konnten die Insulaner ihre kleinen Kartoffel-, Kohl- und Bohnengärten anlegen, ein wenig Weide und Wiese erzielen und sogar auch einige niedrige Baumpflanzungen. Nur in den benachbarten Dünentälern wachsen und hausen die wenigen Pflanzen und Tiere, die die Insel besitzt. Auch können nur da sich die natürlichen Ansammlungen süßen Trinkwassers bilden, das den Insulanern so notwendig ist. Die große dünenlose Osthälfte, wo Norderney in einer breiten, flachen Landzunge ausläuft, ist völlig unbewohnbar und wüst. Dazu kommt noch, daß das Meer am hohen Westende einen tiefen Kanal ausgegraben hat und auf diese Weise eine Reede oder ein natürlicher Hafen, der durch die Dünen geschützt ist, entstanden ist. Die Lage dieses kleinen Naturhafens, des einzigen auf der Insel, von dem aus man bequem ins Meer aus- und einschiffen kann, hat ihrerseits dazu beigetragen, die Bevölkerung an denjenigen Fleck zu bringen, an dem ihr Dorf liegt, d. h. in der Nähe der westlichen Spitze.

Je weiter man von diesem bewohnten Westgipfel der Insel ostwärts hinauswandert, desto dürftiger wird die Natur der Insel. Schließlich endet das Ganze mit der völlig kahlen sogenannten »Weißen Düne« und mit einem langen Schweif ganz wüsten Sandes im Osten. Es ist in dieser Hinsicht ein melancholischer, absteigender Klimax. In vielen anderen Beziehungen aber ist es zugleich ein aufsteigender Klimax. Denn in derselben Richtung wird auch die Natur immer eigentümlicher. Man hat unterwegs Gelegenheit, alle die Phasen und Gestalten, welche Wind und Wellen mit dem Sand zustande zu bringen vermögen, zu studieren. Je weiter ostwärts, desto besser. Man kommt immer tiefer in die Eigenheiten der Sandgebilde hinein und sieht sich schließlich auf der »Weißen Düne« von der pursten Sandwelt umgeben.

Auf meiner Wanderung von dem Dörfchen Norderney zu der »Weißen Düne« begleitete mich Ulrich Kluin, Ulrichs Sohn. Er ist ein alter erfahrener Insulaner. Schon der Anblick dieses ehrlichen, kräftigen, frischen alten Mannes ist geeignet, uns von vornherein mit einem gewissen guten Vorurteil für die Dünen, in denen er aufgewachsen ist, zu erfüllen. Obgleich er schon Schwiegersöhne und Enkel auf dem Wasser schwimmen hat und obwohl ihm der Nordwestwind schon über 60 Jahre lang um die Ohren heult, so ist er doch noch so frisch, so rotwangig und so kraushaarig wie ein Jüngling. Seine Muskeln und Sehnen zeigen sich sehr elastisch in dem tiefen Sand, in dem wir waten. Seine Gesichtszüge sind von fast großartiger

Zeichnung, fleischige Wangen, ein festes Kinn, eine lange, derbe Nase und eine offene Stirn. Und dieser Ulrich Kluin ist bei weitem nicht der einzige seiner Art auf der Insel. Auch unter den Frauen herrschen allgemein ein blühender Teint und eine gesunde Kraft, obwohl ihre Nahrung dürftig und ihre Mühe und Arbeit reichlich sind. Die Hauptnahrung der Insulaner ist Fisch. Von Milch, Butter und Fleisch ist wenig bei ihnen die Rede. Die kräftige Nahrung kann es also bei ihnen nicht tun. Die frische Seeluft kann es allein auch nicht sein. Denn diese teilen ja mit ihnen auch die benachbarten Festlandküsten und Marschhalbinseln. Und doch haben sie in diesen Marschen die bösen Marschfieber und andere Krankheiten, von denen die Inselbewohner nichts wissen.

Die Insulaner selbst schreiben dieses hauptsächlich ihrem Sandboden und ihren Dünen zu, auf denen man immer trocknen Fußes wandelt, die keinerlei Art von böser Ausdünstung von sich geben und stets eine gesunde Luft über sich haben und erzeugen. Sie behaupten, daß sie auf dem fetten Boden der Marschen des Festlandes gar nicht leben können. Er hält nicht nur Regen und Feuchtigkeit weit länger an sich als der Sand, sondern erzeugt auch beim Aufackern seines fetten Schlammes böse Dünste.

Schon deshalb wird man es begreifen, daß die Insulaner für ihren Sandboden eine besondere Anhänglichkeit besitzen. Sie nähren kein Verlangen in die Ferne. Auswanderung nach Amerika oder Australien ist unter ihnen weit seltener als auf dem Festland.

Als wir zum Dorf hinaus waren, seine Gärten und niedrigen Gebüsche und alle die darin spazierenden Badegäste hinter uns hatten und in die Dünen eintraten, führte mich mein Kluin zunächst zu einigen dieser eigentümlichen Dünengebilde, die sie hier »Dobben« nennen. Es sind darunter die natürlichen und uralten Dünenbrunnen, die

Strand von Norderney zur Flutzeit

einzigen Brunnen, welche die quellenlose Insel besitzt, zu verstehen. Ich sage die »uralten«, denn schon Plinius, der vor 2000 Jahren diese Gegenden besuchte, spricht von ihnen und sagt, daß die Anwohner der Nordseeküste, die alten germanischen Chauken, kein anderes Trinkwasser hatten, als was sie vom Himmel in Gruben im Sand auffingen. Es sind kesselförmige Aushöhlungen, die der Wind in den Dünen ausgebohrt hat. Solche vom Wind bewirkte Sandlöcher gibt es zwar viele in den Dünen. Aber nur einige sind zur Ansammlung des Himmelswassers geeignet. Dazu müssen sie recht tief, etwas geräumig und von allen Seiten geschützt sein. Auch müssen sie ziemlich hohe Sandwände um sich haben, damit aus ihnen eine hinreichende Wassermenge in der Nische zusammensickern kann. Die wenigen zu Wasserbehältern richtig gestalteten Dobben sind daher alle bei den Insulanern bekannt. Zu ihren Eingängen führen kleine Fußpfade, welche die wasserschleppenden Mädchen allmählich ausgetreten haben.

Durch das Dünenlabyrinth der Insel weiterschreitend, findet man auf die mannigfaltigste und verschiedenartigste Weise gestaltete Höhlen, Sandtäler, sandige Abhänge und Bergkuppen. Gewöhnlich besteht das ganze Labyrinth aus doppelten oder dreifachen Reihen von Hügeln, die nebeneinander oder quer durcheinander laufen. Zwischen ihnen bleiben mehr oder weniger große Vertiefungen, manchmal längliche Täler, dann wieder breite muldenförmige Kessel. Überall hat der Wind vom Meer her tausend kleine Quertäler und Einschnitte zustande gebracht und so die ganze Sandmasse in eine zahllose Menge kleiner Gipfel zerlegt. Hier und da hat er diesen Gipfeln Zeit gelassen, sich zu begrasen und dadurch zu befestigen, und dann sehen sie wie andere ehrbare Berge aus. Viel häufiger aber hat er mutwillig sein eigenes Werk wieder zu zerstören begonnen, hat sich in die Spitzen der Dünen eingebohrt und diese ausgehöhlt.

Diese angebohrten Dünen sehen dann aus wie aufgeklopfte Nüsse oder aufgebrochene Krater. Die Seiten und die hohen Ränder des Kraters sind mit Gestrüppen und schwankenden Gräsern besetzt. In der tiefen Mitte aber, wo der Luftzug im Sand wirbelt, wächst nichts. Solche kraterartige Dünen sind besonders häufig.

Die breiten muldenförmigen Täler nennen die Insulaner »Dellen«. Sie laufen parallel mit den Hügelketten der Dünen. Die Dellen oder Binnentäler sind oft ganz anmutig, zuweilen mit einem ziemlich dichten Teppich von Blumen und Kräutern geschmückt. Die kleinen Stauden, die sich in ihrem Sand nähren, haben alle ein auffallend mattes etwas bläuliches Grün. Das helle saftige Grasgrün der Wiesen fehlt in den Dünen.

Im ganzen findet man in den Dünen Stellvertreter der Moor-, Heide-, Marsch-, Geest- und Salzbodenflora zusammengedrängt. Manche dieser Gewächse gedeihen in dem Sand vorzugsweise gut. Das Getreide ist zwar dürftig, aber die Körner ausgezeichnet nahrhaft und mehlreich. Auch behauptet man, daß die wenigen Kühe, die der Sand zu nähren vermag, süßere Milch und die Schafe feinere Wolle sowie die Weinstöcke auf dem Sand besseren Wein geben. Einige Gewächse sind den Düneninseln ganz eigentümlich, und man sucht sie vergebens auf dem Festland.

Viel ärmer als die Flora ist die Fauna der kleinen Düneninsel. Vögel kommen freilich zuweilen in Menge besuchsweise vom Festland herüber. Auch bringt der Südwind von dort mitunter Scharen von Libellen, Mücken und anderen Insekten herbei. Auch sind natürlich die Möwen und andere Seevögel besonders häufig. Aber viele auf dem Festland ganz normale Tiere, wie z. B. der Hase und der Fuchs, sind hier gar nicht zu finden. Ja, sogar die Frösche sollen auf mancher der Düneninseln noch fehlen. Ebenso gibt es viele Insekten und Schmetterlinge, die auf den Inseln nie erscheinen.

Das einzige vierfüßige Geschöpf, das in der Tat ein wenig zur angenehmen Belebung dieser einsamen Dellen beiträgt, sind die Kaninchen. Überall an den sandigen Abhängen und Klüften sieht man die breiten und weiten sorgfältig ausgehöhlten Eingänge zu den Klausen dieser echten Sandtiere. Zuweilen hat man das Glück, ein Pärchen mit seiner gewöhnlich sehr zahlreichen Familie bei ihren heiteren Spielen zu ertappen oder eines hinter dem anderen in ihre Verstecke hineinschlüpfen zu sehen.

Jüngst hat sich zu diesen alten Dünenbewohnern auf Norderney noch ein ganz ungebetener Gast gesellt, nämlich die Ratte, von der diese Insel bisher noch frei war. Die Insulaner behaupten, sie seien »aus einem Franzosen«,

d. h. aus dem Wrack eines französischen Schiffes, das hier strandete, herausgelaufen. Zum Schreck der Inselbewohner haben sie angefangen, sich ziemlich schnell in den Dünen zu vermehren. Diese unternehmen jetzt jährlich im Herbst mit Flinten und Hunden einen Feldzug gegen diese unwillkommenen Fremdlinge, um ihnen wieder die Wege zu zeigen.

Halb und halb kann man auch noch die Schafe oder doch wenigstens die Lämmer zu der gewöhnlichen lebendigen Staffage dieser Inseltäler zählen. Denn sie bleiben den ganzen Sommer über in den Dünen und führen dort ein halbwildes Leben, bis man sie gegen Winter wieder einfängt. Nur die alten milchgebenden Schafe werden von den Hirten bewacht, täglich auf ihre spärliche Dünenweide hinausgeführt und abends heimgetrieben. Jede Insulanerfamilie hat deren höchstens eines oder zwei, die ihnen abends das knappe Portiönchen Milch, das sie zu ihrem alltäglichen Getränk, dem Tee, gebrauchen, herbeibringen. Selbst in der Finsternis der stürmischen Herbstnächte findet jedes Schaf sein Haus und seinen Stall im Dorf heraus und kündigt der beim Teekessel harrenden Familie durch ein sanftes und bittendes Blöken seine willkommene Ankunft an.

Gegen das Ende der Dünenketten, in den sogenannten »Weißen Dünen«, werden die Hügel zuletzt gänzlich kahl. Diese »Weißen Dünen« sind die schönsten Sandberge, die man sehen kann. Es sind langgestreckte Rükken und Kuppeln, auf denen auch nicht ein einziges Gräschen wächst. Sie sind wohl eine Viertelstunde lang und gleichen den schönen reinen Schneefeldern, mit denen die Alpenrücken bedeckt sind. Es ist bewundernswert, wie der Wind diese Gipfel so regelmäßig abgerundet hat. Und es bleibt unerklärlich, wie er auf dieser Stelle so völlig runde Kuppeln bildete und konservierte, während er an anderen Stellen gerade die existierenden Gipfel zerstörte und kraterartig aushöhlte. Auch ist es mir unbegreiflich, wie und warum keinerlei Gesäme, das doch so leicht von den anderen benachbarten Dünen herbeigeführt werden könnte, hier wurzeln wollte. Die Insulaner behaupten aber, daß es hier schon seit ihrer Vorväter Zeiten so gewesen sei und daß seit undenklichen Zeiten diese Dünen »die Weißen Dünen« geheißen hätten.

Die Weißen Dünen auf Norderney haben ihre ganz eigentümlichen Naturreize. Ihre Umrisse sind so äußerst hübsch und zart abgerundet, lauter ganz gemächlich anschwellende und äußerst allmählich ineinander verschmelzende Halbkugeln, Kuppeln und Wellenlinien. Weil fast beständig, selbst bei heiterem Wetter, ein leiser Luftzug über sie wegstreicht, der den lockeren Sand etwas aufhebt und dicht am Boden forttreibt, erscheinen ihre Kuppeln fast immer in einen feinen Staub eingehüllt, der sie wie ein zarter Dunstschleier umgibt und die Linien noch mehr verschwimmen läßt. Man glaubt, hohe Anhäufungen von weißen weichen Eiderdaunen vor sich zu haben, und wundert sich fast, wenn man auftritt, festen Boden unter dem Fuß zu finden.

Wenn man die Oberfläche dieser weißen Dünenrücken näher betrachtet, erscheinen sie auch im Detail wieder ungemein zierlich gestaltet. Der Wind hat äußerst feine Zeichnungen gebildet, lauter kleine bunt geformte Sandrillen und Runzeln, die alle nach einem gewissen System geordnet zu sein scheinen und in allerlei parallelen, geschlängelten und dann sich wieder kreuzenden Linien bunt durcheinander spielen und ineinander übergehen. Man scheut sich fast, mit den plumpen Stiefeln aufzutreten und diese unterhaltenden Zeichnungen zu zerstören.

Im Osten fallen die Weißen Dünen mit einem ganz schroffen Abhang gegen das niedrige Ende der Insel ab, und das Sandgebirge hört hier sehr plötzlich auf. Es ist, als wäre hier ein Sandkatarakt. Die steilen Sandwände bilden zuletzt einen weiten Busen, indem sie sich in einem ziemlich regelmäßigen Bogen um eine ganz flache Arena herumziehen. Die Stürme haben mit mächtigen Blasebälgen eingegriffen und eine Art sehr geräumigen Amphitheaters zustande gebracht.

Die völlig hügellose Osthälfte der Insel, die sich gleich an das Amphitheater anschließt, wird von den Eingeborenen »die Mädcheninsel« genannt. Auf diesem langgestreckten Streifen stehen keine Hütte, kein Strauch und kein Baum. Im Winter, an hellen Frosttagen, gefriert der lange breite und flache Meeresstrand der Mädcheninsel zuweilen fest wie Felsen und bildet dann eine wundervolle Rennbahn. Und die Insulaner benutzen diese dann zu den in ganz Friesland und Holland beliebten Kugelspielen. Dabei teilen sich die Dorfbewohner in zwei Parteien, die hölzerne Bälle vor sich hertreiben und in weiten Würfen sich zu übertreffen suchen, wobei es sich dann um einen ausgesetzten Preis handelt. Im Winter nun treiben sie die Kugeln auf dem gefrorenen Sandboden stundenweit bis an den äußersten Zipfel der Mädcheninsel, wo ihre Insel und ihre kleine Welt am Ende sind.

Der Gipfel der hohen Weißen Dünen ist gewissermaßen der Montblanc des Norderneyer Sandgebirges. Bei hellem Wetter erspäht man von da aus die benachbarten Inseln und überblickt das Meer weit und breit. Unwillkürlich erhebt sich daher auf diesem Standpunkt auch unser geistiges Auge zu einer weiteren Umschau und zu einer Vergleichung des soeben etwas näher betrachteten Ländchens mit den sich darbietenden anderen gleichartigen Ländchen in der Nähe und Ferne. Bloß um des winzigen Erdflecks Norderney willen eine so eingehende Untersuchung und Schilderung anzustellen, könnte fast als eine Verschwendung von Zeit und Kraft erscheinen.

Wir haben aber unsere Bemühung besser belohnt, wenn wir zu unserer Genugtuung gewahren, daß fast alles, was wir in den kleinen Dünentälern unserer Insel beobachteten, auch auf andere Gegenden paßt und daß wir uns eigentlich nicht bloß mit einem einzigen Eiland, sondern vielmehr mit sehr weitverbreiteten Erscheinungen und Zuständen beschäftigen.

Man hat schon häufig die Bemerkung gemacht, daß alle Inseln, von deren Kette Norderney nur ein Glied ist, sich in bezug auf ihre Größe, Gestalt, Naturprodukte usw. in hohem Grade ähneln. Diese Sache ist für jeden denkenden Menschen nicht wenig interessant. Denn die Bildung und Gestalt dieser Inseln sind scheinbar aus chaotischen und stürmischen Elementen und Bewegungen, aus den wilden Meereswogen, den Winden und Fluten hervorgegangen. Man sollte hier die unregelmäßigste und bunteste Zerreißung als Resultat erwarten, und doch ergibt sich bei Vergleichung eine erstaunlich große Übereinstimmung. Diese Harmonie ist denn wieder ein Beweis dafür, daß auch der Prozeß selbst nicht so ganz chaotisch war, daß sogar in den wilden Bewegungen des Ozeans ein Gesetz, eine Regel, eine Wiederkehr walten muß, die wir freilich nur in ihren Resultaten erkennen, ohne sie jedoch in dem Detail ihrer Ursachen nachweisen zu können.

Wenn ich hier, um den Blick und Horizont des Besuchers von Norderney zu erweitern, den Versuch anstelle, so will ich dabei vorzugsweise die nächstgelegenen Inseln Baltrum, Langeoog, Spiekeroog und Wangerooge ins Auge fassen, weiterhin aber auch die zahlreiche und über 70 Meilen lange Inselkette, die sich von hier aus westwärts bis zur Nordspitze von Holland oder bis zum Texel und ostwärts bis zu dem westlichen Vorgebirge von Jütland hinzieht.

Diese Inseln liegen fast alle in einem gleichen Abstand vom Festland. Die Inseln und ihre Dünen lassen sich als eine Hügelkette betrachten, die sich in einem auffallenden Parallelismus mit den Umrissen des Festlandes hinzieht. Es mag sein, daß die ganze, jetzt in viele Glieder zerlegte Kette ehemals einen ununterbrochenen Sanddamm bildete. Sie wurde aber mit der Zeit in etwa 20 bis 25 Stücke zerrissen, die mehr oder weniger alle ungefähr von demselben Umfang sind. Die so entstehenden Abschnitte des ursprünglichen Plateaus des Landes sind größtenteils bei der Flut von Wasser bedeckt. Nur die kleineren, mittleren und höheren Partien bleiben beständig trocken und bilden die eigentlichen Inseln, die auf ihren breiten Sandbänken daliegen wie Gerichte auf großen Präsentiertellern. Die Meerengen, die die Inseln trennen und durch die die Flut zum Watt aufsteigt und die Ebbe wieder ins Meer abfließt, sind ebenso ähnlich untereinander wie die Figuren der Bänke und Inseln, die sie formen und abschneiden.

Vergleichen wir nun die Inseln selbst untereinander, so zeigen sich fast bei allen, wie bei Norderney, ein mit Dünen erfülltes höher gehobenes Westende und ein flaches, bloß ein wenig über der Flut erhabenes Ostende. Bei Spiekeroog, bei Wangerooge, bei Baltrum, überall ist die ganze Osthälfte der Insel ohne Dünen und ein ganz wüstes, sandiges, flaches Anhängsel. Meistens ist dieses flache Ostende zugleich etwas breiter, so daß es aussieht, als seien die Dünen hier durch Sandwehen ausgebreitet. Bei allen Inseln ist die Nordwestspitze der vorzugsweise angegriffene Punkt. Hier packt sie der heftige Nordwest und rollt sie gleichsam von da her auf. Wie auf Norderney hat man daher auch auf den übrigen Inseln hauptsächlich das Westende durch Anlage von aus Zweigen geflochtenen Zäunen oder Mauern, an denen der Sand sich aufhäuft, oder durch Anpflanzung von Bäumen befestigt.

Die Dünen aller Inseln bieten so ziemlich dieselbe Physiognomie dar, die ich soeben bei denen von Norderney zu zeichnen versuchte. Auch die Vegetation und Fauna der Inseldünen sind von Jütland bis Holland so ziemlich

Postfahrt durch das Wattenmeer im Winter

dieselbe. Schließlich ist auch der geologische Bau der Inseln überall derselbe.

Da die Dünen den Hauptschutz gegen die See und alle Bedingungen zur Ansiedlung und zum Anbau gewähren, sind daher auch die meisten dünenlosen und flachen Osthälften der Inseln gewöhnlich wüst und ohne Spur der Bebauung. Die wenig zahlreiche Menschheit, die sie zu tragen und zu ernähren vermögen, hat sich fast überall hinter und in den Dünen in der Westhälfte der Inseln zurückgezogen. Und zwar immer auf die Südseiten dieser Westhalften, wo die kleinen Schiffsflotten ruhig vor Anker liegen können und wo für die Kirchen und für die Wohnungen weniger gefährdete Baustellen gefunden werden können. Weil die Insulaner zugleich der Meerenge, die schnell aufs hohe Meer führt, so nahe wie möglich zu sein wünschen, findet man das Hauptdorf jeder Insel daher meistens dem äußersten Westende ziemlich nahe. Wie die Bauplätze der Dörfer gleichen sich auch auf allen Inseln die übrigen Einrichtungen der Bewohner, ihre Beschäftigungen, ihre ganze Haus- und Ackerwirtschaft. Auf den meisten Inseln sind die Schafe das Hauptstallvieh, die Kaninchen das vornehmste Wild. Überall auch findet man die kleinen buschartigen, von heftigen Seewinden niedergehaltenen Wäldchen und Gärtchen wieder. Und desgleichen sind die »Dobben« oder Wasserzisternen statt der Brunnen und Quellen allgemein. Schließlich ist es auch derselbe gesunde, derbe, feste friesische Menschenschlag, der sich vom Texel in Holland bis zu den Domänen des nordischen Königs von Dänemark über die ganze Inselkette verbreitet und überall seine alte Sitte gewahrt hat.

Alle Inseln gehen leider, wie es scheint, einem unabwendbaren Untergang entgegen. Manche, die früher noch als bewohnte und bekannte Ländchen existierten, sind längst verlassen. Der Ozean fegte ihnen die Äcker und Häuser vom Rücken, und sie stehen nur noch als dem Schiffer gefährliche Untiefen auf den Seekarten, wo sie noch mit ihren alten Inselnamen figurieren. Auch die jetzt noch bestehenden Inseln scheinen mehr und mehr im Meer zu versinken und zu vergehen. Auf manchen findet man bloß noch einige traurige Ruinen des alten, jetzt fast völlig niedergewehten Dünenschutzes. Man sagt, daß der Anwachs des Festlandes und seiner in neuerer Zeit immer fester werdenden und sich ausbreitenden Eindeichung in hohem Maße auf die fortschreitende Zerstörung der Düneninseln hinwirkte. Das Meer, so behauptet man, wenn es an den hohen Kunstwällen des Festlandes abgewiesen wird, fällt auf die Inseln zurück und hilft sie zerstören. Das Festland aber hat diese Inseln selber zu seinem eigenen Schutz sehr nötig. Denn sie bilden seine äußersten Vorbastionen, die den ersten Angriff der Wogen abwehren. Das Festland arbeitet also durch sein stetes Anwachsen, wie es scheint, an seiner eigenen Entmantelung und künftigen Schutzlosigkeit und richtet die Dünen zugrunde.

So ungefähr steht es mit diesen von Dänemark bis Frankreich hinter dem Sand und auf dem Sand gebauten zahlreichen Inseln. Aber da wir nun einmal auf der Weißen Düne von Norderney rasten und eine so erkleckliche Masse dieses wunderbaren Stoffes, den wir Sand nennen, unter uns haben und wir ringsumher von einer wahren Sandwelt umgeben sind, so mögen wir darin eine Aufforderung finden, zum Schluß der bedeutsamen Rolle zu gedenken, die dieser Stoff in den gesamten Strichen der nordwestdeutschen Niederungen sowohl in dem Haushalt der Natur als auch in dem der Menschen gespielt hat und noch spielt.

Die ganze weite Ebene der Weser-, Ems- und Elbmündungslande war einst vom Meer überspült. Auch da tummelten sich die Wogen einst in Ebbe und Flut. Da führten sie Sand herbei und deponierten ihn in weitgedehnten Ablagerungen. Sie und die Winde häuften ihn zu Dünen, Hügelketten und Inseln auf. Diese Sandhöhen und Inseln stecken noch jetzt, nachdem das Meer abgelaufen ist, in der Oberfläche des trocken gewordenen Festlandes. Die meisten der zahlreichen Sandberge unserer Heiden sind vermutlich nichts als ehemalige vom Meer aufgehäufte Düneninseln.

Diese Sandgebirge, von denen die Ebenen in allen Richtungen durchwebt sind, leisten uns Festlandsbewohnern, wenn nicht wesentliche, doch mannigfaltige Dienste. Dieses wird bei dem ziemlich allgemeinen Abscheu, den wir gegenüber dem unfruchtbaren, unsere Schritte hemmenden Sand gewöhnlich empfinden, häufig übersehen. Es wäre aber nicht schwer darzutun, daß ohne die Beimischung des Sandes die nordwestdeutsche Ebene wohl ebenso unbewohnbar gewesen wäre wie die Nordseeinseln ohne Dünen. Jedenfalls hätte sich ohne ihn die Geschichte unseres Landes ganz anders gestaltet. Der Charakter der Vegetation, die Bildung der Wälder, die Ansiedlungen der Menschen, die Lage der Städte sind vielfach durch den Sand bedingt gewesen. Mit und auf dem Sand beginnt die ganze Urgeschichte unseres Landes. In den höhergelegenen Sandstrichen ließen sich die ersten Bewohner nieder. In dem Sandgehügel der Geest finden wir die alten Steinaltäre und Gräber unserer Vorfahren, die sogenannten Hünenbetten. Von diesen erhabenen, festen, trocknen Sandhügeln aus konnte die Bevölkerung erst allmählich und in neuerer Zeit in die sumpfigen Niederungen der Moore und Marsche vorschreiten.

Durch die weiten Moore des Emslandes ziehen sich einzelne schmale Sandrücken hin, die das Volk dort »Tangen« oder »Zangen« nennt. Auch sind mitten in jenen unabsehbaren Mooren hier und da einzelne Sandhügel aufgeweht. Diese Hügel und jene Tangen durchflechten den ganzen Morast wie Adern, und sie sind auch die Pulsadern seines Lebens. Nur längs dieser natürlichen Sandrücken konnte man durch den Sumpf verkehren, gehen und fahren. Und nur an ihnen und an jenen einzelnen verstreuten Sandhügeln konnte man auch die neuen Moorkolonien begründen. Ja, das ganze lange Emstal von Münster bis nach Ostfriesland ist eigentlich nichts als eine langgestreckte, sandige, blühende und eben durch den Sand blühende Oase mitten im Moor. Wäre der Sand nicht da, würde die Gegend ebenso öde und wüst sein wie die unbewohnbaren Moraste zu beiden Seiten.

Wo er nicht von Haus aus war, da haben in den Sümpfen, Marschen und Mooren die Menschen sich den ihnen so wertvollen und nützlichen Sand vielfach zu verschaffen getrachtet und ihn zur Erhöhung der Bewohnbarkeit und Anbauung des Landes benutzt. Mit großen Kosten haben sie auf Schiffen und Wagen den Sand herbeigeführt, auf dem sie ihre Häuser bauten. Auch für ihr Vieh, das in den ewigen Überschwemmungen watete, bereiteten sie hier und da einige kleine, ein paar Fuß hohe Sandhaufen, auf denen es im Trocknen rasten und schlafen konnte. Auch ihre Kartoffel- und Gemüsegärten sind zuweilen nur auf einer künstlichen Unterlage des mühevoll und weither geholten Sandes geschaffen.

Dies etwa sind die Anschauungen und Bilder, die ein Reisender in den Sandbergen von Norderney gewinnen konnte. Während wir auf den Weißen Dünen meditierten, hat sich der Tag zum Schluß geneigt, und schon sinkt die Sonne von Norderney prächtig und majestätisch zum Untergang ins Meer hinab. Es ist an diesem Sandstrand ein Schauspiel, das wohl geeignet ist, alle Aufmerksamkeit auf sich zu ziehen und jeder anderen Erwägung ein Ende zu machen. Erst wenn sie am Rande des Horizonts verschwindet, eilen wir über die stillen Sandpfade zu dem trauten und uns schon von weitem mit seinen Lichtern und Feuern winkenden Dörfchen, von dem wir losgingen, zurück.

XXVII. Der Schellfischfang von Norderney

Der Schellfisch ist nach dem Hering in allen Gewässern im Norden des britischen Kanals und im Westen von Jütland und Skandinavien seines schmackhaften Fleisches wegen der wichtigste Seefisch. In unserem deutschen Meer spielt er dieselbe Rolle, die östlich von Jütland in den baltischen Gewässern sein Bruder, der Dorsch, und weiter westlich auf den Bänken von Neufundland sein Vetter, der Kabeljau, übernommen haben. Allerdings steht er indes dem Hering sowohl als dem Kabeljau an nationalökonomischer Bedeutung nach, zum Teil weil er doch nicht in so großen Massen wie diese beiden erscheint, zum Teil weil man es noch nicht versucht oder verstanden hat, ihn durch Einsalzen oder Trocknen zu einem konservierbaren und weit versendbaren Handelsartikel zu machen. Er muß überall frisch und in der Nähe seines Fangortes verspeist werden.

In der neueren Zeit hat man allerdings angefangen, ihn zu räuchern. Vor allem haben dies die Schotten getan, an deren Küsten gleichfalls ein bedeutender Schellfischfang betrieben wird. Sie bereiten ihn für den englischen Markt, wo geräucherter Schellfisch in neuerer Zeit eine beliebte Zugabe zum Frühstück und Tee geworden ist. Seit zwei Jahren haben diese Schotten sowohl auf Helgoland als auch auf Norderney ein Etablissement für das Räuchern der Schellfische gegründet.

Der Schellfisch ist ein Wanderfisch, der das kalte Wasser liebt. Im hohen Sommer scheint er sich in die kühleren Tiefen des Meeres und nach dem hohen Norden zurückzuziehen. An den Küsten von Norwegen fängt man ihn das ganze Jahr hindurch. Im deutschen Meer, bei Helgoland und Norderney, sowie auch bei Schottland erscheint er meistens zuerst gegen Ende September und wird dann den ganzen Herbst hindurch bis Mitte Dezember gefangen.

Im Dezember hört der Fang an der deutschen Küste gewöhnlich auf und sistiert auch meistens im Februar und März, vermutlich von Sturm, Eis und Kälte gestört.

In Schottland dagegen, wo sich an den Küsten keine so großen Massen Eis bilden und ansammeln können wie auf den Sandbänken und Watten unserer deutschen Inseln, geht der Fischfang den ganzen Winter fort. Übrigens bleibt der Fisch auch unseren Küsten im Winter nicht sehr fern. Denn gleich im März oder April, wo sie von Eis frei werden, ist er wieder da und wird dann den Mai hindurch bis zum Juni gefangen. Dann aber wird es ihm bei uns vermutlich zu heiß, und er verschwindet, indem er wie gesagt nach dem Norden wandert.

Von allen Inseln an der deutschen Küste hat Norderney den größten Schellfischfang, teils weil diese Insel, mit Ausnahme Helgolands, die bevölkertste ist und daher natürlich die stärkste Flotte besitzt, teils aber auch weil die Natur sie mit dem für diesen Fang so nötigen Köder, einer Art auf den Sandbänken hausender Würmer, reichlich versehen hat.

Die vornehmsten Konkurrenten der Norderneyer in diesem Geschäft sind die Helgoländer, die vor ihnen den Vorteil haben, daß ihre Insel weiter ins Meer hinaus liegt, während sie wiederum auf der anderen Seite unter dem Nachteil laborieren, daß ihnen der bequeme und schöne Köder der Norderneyer fehlt, nämlich eben jener im Sande lebende Wurm, der in den tieferen Gewässern, die Helgoland umgeben, keine für ihn passenden Sandbänke findet.

Da nun dieser Wurm zu zart und vergänglich ist, als daß er transportiert werden könnte, und da mithin die Helgoländer sich ihn nicht durch den Handel verschaffen können, so haben sie auf anderen Köder bedacht sein müssen. Sie werden von einem sehr entfernten Land, nämlich von Grönland aus, damit versehen. Die Walfischfänger bringen ihnen von dort die Eingeweide der Seehunde. Auch benutzen sie gewisse Teile der Eingeweide des Walfisches. Zuweilen indes, wenn diese Dinge nicht zu erlangen sind, müssen sie sich mit Ochsenleber und anderen Surrogaten behelfen.

Wenn die Zeit da ist, wo man die Ankunft des Fisches erwartet, Ende September, gehen zunächst einige Schiffe von Norderney aus, um den »Fang zu probieren«. Täglich ein oder zwei. Anfänglich fangen sie nur kleine Haifische, Butten und andere, solche hier gewöhnlichen Seetiere. Dann auch ein paar Schellfische, einige von der Vorhut des großen nahenden Heeres. Diese Erstlinge sind meistens klein, unansehnlich und nicht sehr schmackhaft und werden auf der Insel selber verzehrt.

Bleibt es immer stilles und gutes Wetter, so mehren sich die Schellfische sehr allmählich, denn das ganze Heer zieht sehr gemächlich heran. Tritt aber ein Sturm dazwischen, so scheint es, daß die ganze Masse in Bewegung gerät und plötzlich dem Land zugeführt wird. Denn dann, nach einem solchen Sturm, hängen eines Tages auf einmal alle Angeln der auf Probe Ausgesegelten mit zappelnden Schellfischen voll. Nun gerät bei ihrer Heimkehr die ganze Insel in Aufruhr: »Der Schellfisch ist da!« Und alles rüstet sich, ihm entgegenzuziehen. Die Schiffe, die kleinen »Slups«, und das Fischergerät hat man längst in Bereitschaft gehalten, und das wichtigste ist nun, den Köder, die besagten Würmer, schnell in gehöriger Quantität zu beschaffen. Dies ist die Sache der Insulanerinnen, die zum Würmergraben auf das Watt hinausgehen, während die Männer die Schiffe flottmachen.

Der Norderneyer Schellfischwurm ist etwa so lang und dick wie der kleine Finger der menschlichen Hand. Er lebt und wühlt beständig einen halben bis einen Fuß tief unter der Oberfläche im Sand. Er verschlingt auch den Sand, mit dem sein ganzer Körper oder großer Magen fast immer gefüllt ist. Nachdem er die verdaulichen pflanzlichen oder tierischen Substanzen, die in dem wäßrigen Sand verteilt sein mögen, sich einverleibt hat, gibt er die Steinchen wieder von sich. Da er selten oder nie ans Tageslicht kommt, müssen die Weiber nach ihm graben. Wenn sie sich dazu des gewöhnlichen Grabscheits bedienten, würden viele Würmer dabei zerschnitten, verstümmelt und zum Köder unbrauchbar werden. Sie haben daher einen Grabscheit erfunden, dessen Schneide in mehrere Zacken zerschnitten ist und der dem Dreizack des Neptuns gleicht. Die Würmer, die man mit diesem Eisen treffen sollte, werden dabei höchstens aufgespießt oder zwischen den Zacken eingeklemmt und bleiben also meistens unzerstückelt.

Da zuweilen wohl vierzig oder fünfzig Schiffe auf einmal auf den Fang ausgehen und jedes Schiff zu einer Fahrt im Durchschnitt 3000, die ganze Inselflotte also jedesmal wohl 150 000 Würmer braucht, und weil dazu die Würmer schnell zur bestimmten Stunde zur Stelle geschafft werden müssen, so muß das Geschäft recht flink vonstatten gehen. Und alle Weiber, erwachsene Töchter, Schwiegertöchter und Nichten der Fischer greifen dabei zu. Sie sind hoch aufgeschürzt, wie die Männer mit großen Wasserstiefeln versehen, und so, ihren Dreizack in der einen Hand, einen flachen Eimer zum Einsammeln der Würmer in der anderen, ziehen sie in kleinen Trupps zum Würmergraben. Die Arbeit drängt um so mehr, da die hunderttausend Würmer innerhalb der kurzen Dauer der niedrigsten Ebbe, wo das Watt von Wasser frei ist, herbeigeschafft sein müssen und da die bald zurückkehrende Flut das Graben unmöglich machen würde.

Recht interessant, aber nicht leicht zu beschreiben ist

das Fischgerät der Norderneyer oder, wie sie es nennen, ihr »Want«. Der Hauptsache nach besteht es aus einem starken und dicken Strang, an dem in gewissen Abständen dünne Angelschnüre befestigt sind. Die dicke Hauptschnur heißt »die Liene« (die Leine). Die Nebenschnüre mit den Angeln werden »Schnor« genannt.

Die Angelschnüre sind jeweils etwa zehn Klafter lang. Denn in solcher Meerestiefe wird meistens gefischt. Und da der Schellfisch fast immer hart am Grunde des Meeresbodens, wo er das beste Futter findet, schwimmt, muß er denn dort auch dem Wurm begegnen, der ihn ködern soll. Die Angeln müssen demnach auf den Boden herabhängen. Gewöhnlich befestigen sie die Angelschnüre an der »Liene« in Abständen von etwa einer Klafter. Ist die »Liene« aber noch neu und daher beim Eintauchen ins Wasser dem Zusammenschrumpfen unterworfen, machen sie die Abstände etwas größer. Die Fischer nehmen dies alles sehr genau und haben hölzerne Maßstäbe mit verschiedenen Einkerbungen, von denen sie bei der Adjustierung ihres Wants die »Liene« hingleiten lassen, um die jedesmal nötigen Abstände zu bestimmen.

Jede »Liene« hat eine Länge von ungefähr 80 Klafter und ist mit ebenso vielen Angelschnüren versehen. Vier solche »Lienen« mit ihren 80 Angeln machen zusammen das aus, was sie ein »Back« nennen. Jedes Schiff nimmt im Durchschnitt zehn Backs mit auf den Fang, die demnach zirka 3000 Angeln tragen. Die sorgfältigen Schiffer halten in ihren Hütten ihr »Want« immer in bester Ordnung. Jedes ihrer zahlreichen »Backs« hat seine Nummer, und sie kennen das Alter, den Zustand und die Leistungsfähigkeit jeder Nummer. Auch wird jedes Back für sich aufgerollt, an einen Haken gehängt und dabei seine zahlreichen Angelhaken, damit sie sich nicht verwirren, nebeneinander auf ein kleines Querholz gereiht.

In den Zwischenzeiten sind die Fischer immer mit

ihren Lienen und Backs, mit dem Reparieren des alten Wants und mit dem Anfertigen von neuem beschäftigt. Am meisten Mühe macht ihnen das Befestigen der dreitausend Angeln. Jede wird mit einem geteerten Schnürchen umwickelt und mit ihm so genau an die »Schnöre« geheftet, daß sie daran sitzt wie angeschmiedet. Endlich müssen sie auch »Bojen« in Bereitschaft halten. Es sind kleine kegelförmige und schwarzgefärbte Treibbaken aus leichtem Holz, die sie sehr geschickt zu verfertigen wissen. An der Hauptschnur befestigt, schwimmen diese Bojen auf der Oberfläche des Wassers und bezeichnen die Stelle, wo der Anfang der Liene ausgeworfen wurde, halten auch hier und da den ganzen Apparat über Wasser.

Die Angeln aus verzinntem Eisen beziehen die Norderneyer aus Bremen und Hamburg. Sie werden im Innern von Deutschland verfertigt. Man muß dieselben oft erneuern, da sie leicht stumpf werden. Mit frischen Angeln, neuen Lienen und noch nicht viel gebrauchtem Want fischt es sich am besten, nach dem alten Sprichwort, daß »neue Besen gut fegen«.

Da der Boden des Meeres an den deutschen Küsten überall eben, sandig und ohne Felsen ist, wird das Fischgerät hier nicht so leicht abgenutzt wie z. B. an den felsigen und zackigen Küsten von Schottland oder Norwegen. Doch tun hier mitunter die Schiffswracks dasselbe wie dort die Felsen. Solche alten, versenkten Schiffswracks stecken hier bei den Inseln überall auf dem Grund, und wenn die Fischerleinen sich an ihnen verwickeln, gehen oft ganze Backs mitsamt der daran hängenden Beute verloren oder werden doch stark beschädigt.

Zuweilen vertakeln sich die Lienen und Schnüre auch in irgendein großes Seeungetüm, auf das es dabei gar nicht abgesehen war. Und sie bringen dann mitunter notgedrungen große Rochen und andere Tiere an Land, die sie wider Willen fangen müssen, um ihr Want nicht zu verlieren. Vor ein paar Jahren geschah dies mit einem Haifisch von enormer Größe. Derselbe hatte sich derart in eine so große Menge von Schellfischangeln und Schnüren verwikkelt, daß er sich weder selbst daraus zu befreien vermochte, noch auch die Fischer ihn loswerden konnten, ohne ihre kostbaren Geräte preiszugeben. Sie mußten sich entschließen, ihn zu fangen. Er wurde daher allmählich mit den Schnüren und Leinen, in denen er steckte, in seichtes Wasser gezerrt, wo er sich nicht mehr so frei und heftig bewegen konnte. Als man ihn auf einer Ufersandbank hatte, mußte ein Pferd vorgespannt werden, das ihn völlig ans Land zog. Das Ungetüm, eine große Seltenheit in der Nordsee, wurde siebzehn Fuß lang befunden, und seine Leber allein wog vierzig Pfund. Leider war kein Naturforscher zugegen, der es im Namen der Wissenschaft oder für eins der deutschen Museen hätte in Empfang nehmen können.

Obwohl die Schellfische sich wie gesagt meistens bei stürmischem Wetter der Küste nähern, ist dieses Wetter selbst natürlich nicht zum Fang geeignet. Die günstige Zeit dagegen ist kurz nach dem Sturm. Dann beißen sie am eifrigsten. Und eine kleine Slup bringt dann mitunter bei einer Fahrt wohl 2000 Fische heim, die unter günstigen Umständen ihre paar hundert Taler wert sind. Zuweilen, wenn Wind und Wetter sehr günstig und Fische in Fülle da sind, segeln sie in einem Etmal (24 Stunden) wohl zweimal aus und halten so zwei Ernten an einem Tag. Ihre Fahrten gehen in der Regel nicht sehr weit in die See hinaus, meistens nur einige Meilen.

Gewöhnlich geht alles dabei ganz glücklich ab. Ja, die phlegmatischen Fischer wollen gar nichts von einer besonderen Gefährlichkeit ihres Gewerbes wissen. Nichtsdestoweniger aber erinnern sie sich dann doch wieder an einige besonders beklagenswerte Unglücksfälle, die sich einmal vor fünf, ein anderes Mal vor zehn oder zwanzig

Jahren ereignet hätten. So verloren bei einem plötzlich einsetzenden Sturm fast dreißig Frauen und Familien ihre Väter, Gatten und Ernährer auf einen Schlag.

Merkwürdig ist es dabei, daß unsere Insulaner, obwohl sie ihr halbes Leben fast wie ihre Fische in oder auf dem Wasser zubringen, sich doch so wenig auf die dem Menschen so natürliche und auch ziemlich leichte Kunst des Schwimmens verlegen. Ich habe nur wenige Norderneyer finden können, die diese Kunst geübt hätten. Ja, sie selbst versicherten mir, daß keiner bei ihnen das Schwimmen verstehe. Dies nütze doch zu nichts, fügten sie gleich hinzu: »Wenn es Gott nicht will, so hilft auch alles Schwimmen nichts.« Außerdem sei das Schwimmen eher schädlich. Denn wenn das Schiff auf hoher See umschlägt, hat der, der nicht schwimmen kann, einen desto schnelleren und leichteren Tod. Der gute Schwimmer dagegen quält sich noch lange vergebens.

Ich glaube, daß solche Ansichten und ebenso die Vernachlässigung der Schwimmkunst bei der ganzen Küstenbevölkerung ziemlich häufig sind. Unsere Seeleute sind in dieser Beziehung oft wahre Landratten. Vielleicht kommt es zum Teil daher, daß sie wie alle unsere Landeskinder und Bauern so wenig gewohnt sind, des Badens wegen ins Wasser zu gehen. Hätten sie das Bedürfnis und auch die Zeit zu baden, so würden sie wohl bald von selbst lauter gute Schwimmer werden.

Haben sie nun ihre Slups mit Fischen gefüllt, eilen sie zunächst zu ihrer Insel zurück, um das Fischgerät in Sicherheit zu bringen. Dies darf die Reise zum Fischmarkt nicht mitmachen, weil es unterdessen zu neuem Fang instand gesetzt werden muß. Die Weiber und Mädchen stehen schon an den Ufern, um es in Empfang zu nehmen und auf die Insel zu tragen. Es gehören dazu solche starken Personen, wie die Insulanerinnen es sind. Denn ein naß gewordenes Back mit allem Schlamm und den vielen Seegewächsen, die beim Fischen darin hängengeblieben sind, wiegt wohl seine 60 bis 70 Pfund. Drei solche Backs sind die für jede Trägerin bestimmte Ladung. Dabei haben sie oft weit über die Watten durchs Wasser und über die Dünen zu waten und zu schleppen.

Zuweilen verkaufen sie ihre Fische schon auf der Insel selbst an die Schottländer, die dort den Schellfisch räuchern, oder an Fischhändler, die aus der Ferne gekommen sind. Meistens aber machen sie sich nach der Ausschiffung ihres Wants und der überflüssigen Mannschaft alsbald selbst auf den Weg, um ihre Ware schnell auf den Markt zu bringen. Einige steuern westwärts zur Emsmündung, die meisten ostwärts zur Weser, Elbe, Jade und den holsteinischen Flüssen. Welcher Hafen gewählt werden soll, wird oft erst unterwegs bestimmt. Sie beobachten ihre Konkurrenten und die Wege, die diese einschlagen. Sieht einer viele in die Weser einbiegen, geht er seinerseits in die Elbe. Auch erkundigen sie sich auf der Reise nach dem Preis und der Nachfrage auf den verschiedenen Märkten und bestimmen danach ihr Ziel. Seitdem eine Eisenbahn bis zum Meer, ganz in ihre Nähe, vorgedrungen ist, ist Emden ein großer Schellfischplatz für das Innere von Deutschland geworden. Von da aus wird jetzt sogar Berlin zuweilen in kürzerer Zeit mit frischen Schellfischen versehen als die Seeplätze Hamburg und Bremen selbst. Denn die Schiffe brauchen bei widrigem Wind oft mehr Zeit, um in diese Häfen zu kommen, als die besagte Eisenbahn bei ihrem Transport bis Berlin nötig hat.

Mit den Eisenbahnen und überhaupt mit dem rascheren Tempo der Zeit ist nun auch ein ganz anderer Schwung, wie in alle menschlichen Geschäfte, so auch in den Norderneyer Fischfang gekommen. »Ach, lieber Gott«, sagte einer der jüngeren Norderneyer Fischer zu mir, indem er bedächtig seine Schnüre und Angeln an der Leine befestigte, »was würden unsere Alten die Augen

Fischerboote am Strand

aufreißen, wenn sie den Wandel der Dinge bei uns wahrnehmen könnten. Wenn sie sähen, wie wir uns heutzutage abarbeiten und sputen. Alles hat sich geändert, und wir müssen ganz anders daran als sie. Bei einem Wetter, wo sie sich noch lange besannen oder im Bett blieben, müssen wir schon hinaus auf die See. Und bei der Heimkehr geht es wie auf einem englischen Wettrennen zu. Einer trachtet, dem anderen den Rang abzulaufen. Nicht nur Flut- und Ebbezeit, Wind und Wetter müssen wir im Kopf haben, sondern auch noch die Abfahrtzeit der Eisenbahnzüge in Emden und Bremerhaven sowie in Glücksburg und Husum. Es handelt sich dabei um eine Stunde früher oder später, um den Gewinn zu mehren oder den Verlust zu meiden. Ja, die Alten würden über unser Raffinement erstaunen, und wir könnten einen von ihrem Schlag gar nicht mehr gebrauchen.«

In den Seeplätzen hat man Einrichtungen getroffen, um bei einer so schnell verderblichen Ware, wie frische Schellfische es sind, energische und förderliche Maßnahmen für den raschen Vertrieb zu treffen. Sowie die Norderneyer mit ihren kleinen, nach Seewasser duftenden Schiffen in Bremen, Hamburg oder Emden anlegen, läuft eine dazu angestellte und beeidigte Person in die Stadt und ruft an den Straßenecken die Ankunft der frischen Schellfische aus. Auch werden gedruckte Zettel mit dieser Nachricht in die Häuser der am meisten daran Interessierten geschickt, besonders zu den Kontoren der Handelshäuser, die sich bedeutende Partien der Ware zu sichern wünschen. Dieses ist noch ein Überrest einer uralten Sitte, der zufolge ehemals jede angekommene Ware von einem Ausrufer in den Straßen proklamiert wurde.

Das Handeln und Treiben, das schon frühmorgens an den Fischverkaufsplätzen der besagten Seestädte an Bord der Norderneyer Slups beginnt, gewährt ein eigentümliches Schauspiel, bei dem sich besonders die Köchinnen der Stadt hervortun, die mit ihren Kücheneimern unter dem Arm herankommen und, auf den mit Brettern verbundenen Schiffen von einem zum anderen kletternd, die Ware mit kritischen Blicken mustern und sich nach dem Preis erkundigen. Der Fischer nennt einen Preis, den jene »übertrieben hoch« finden und von dem sie möglichst viel herabzudingen versuchen. Der eigensinnige Insulaner schüttelt den Kopf, läßt aber doch endlich einiges auf den Fisch nach. Die Mädchen sind aber noch nicht damit zufrieden und handeln weiter. So stehen sie daher sechs oder acht an der Zahl eine Zeitlang nebeneinander, ihre Hände unter der Schürze, ihre noch leeren Eimer unter dem Arm, und starren durch die Schiffsluke in den Schiffsraum hinein, liebäugelnd mit den Fischen. Endlich, da der Fischer unbeweglich bleibt, vermehren sie die zuerst gebotene Summe und überreichen dem Fischer das Geld. Der Fischer nimmt es und fängt mit aller Gemütsruhe an zu zählen. Findet er die Summe zu niedrig, schüttelt er abermals den Kopf, wirft die Münzen wieder zusammen und gibt sie zurück. So geht es lange hin und her, bis endlich die Mädchen ungeduldig werden und Miene machen, ans Ufer oder zu einem anderen Schiff hinüberzugehen. Dann, im letzten Augenblick, fallen die entscheidenden Worte. Der Fischer läßt noch einiges nach. Die Mädchen müssen noch etwas zugeben, und man wird sich endlich einig.

Die Köchinnen gehen schließlich lachend nach Hause und erzählen dann ihrer Herrschaft die wunderlichsten Dinge von dem komischen Benehmen dieser eigensinnigen, steifen, phlegmatischen, bizarren und habgierigen Insulaner. Die Insulaner ihrerseits erzählen auch ihren Frauen die lustigsten Geschichten von den kleinen Kniffen und Pfiffen der Köchinnen.

XXVIII. Eine Schiffahrt zwischen den Nordseeinseln und Watten der Wesermündung nebst Bemerkungen über die Seetonnen und Baken der Weser

Wer sich keinen Dreimaster bauen lassen kann, der steigt doch wenigstens gern einmal in ein Kanal- oder Flußboot oder mietet sich, wie ich es im Herbst eines jüngst verflossenen Jahres tat, eine Norderneyer Schellfischbarke und bedingt sich aus, daß niemand außer ihm an Bord genommen wird. Damit fährt er dann nach seiner Laune zwischen den Inseln und auf den Watten der Nordsee.

Das Schiffchen, das ich auf diese Weise bekam, war für meine Zwecke gar nicht so übel eingerichtet. Es hatte eine kleine Kajüte mit einem Herd, auf dem der nie erkaltende Teewasserkessel zwitscherte. An den Seiten waren Kojen mit Strohsäcken zu unserem Nachtlager. Auf dem Deck war hinreichend Raum zum Spazieren. Wir hatten zwei reguläre Masten mit einem halben Dutzend Segeln. Auch ein Kompaß fehlte nicht. Doch steckte er in einem beweglichen Kasten, den meine Schiffer bald auf Deck stellten, bald, wenn es regnete oder schaukelte, unter Deck in Sicherheit brachten. Die Mannschaft bestand aus drei gesunden kräftigen Männern: dem Eigentümer oder Kapitän, seinem Schwiegersohn und einem jungen hübschen Burschen, der alle Verrichtungen des Stewards, des Kochs, des Schiffsjungen, des Untermatrosen und des Kellners auf sich nehmen mußte.

So klein unsere Gemeinde auch war, so waren doch Gesetz, Ordnung und Unterordnung darin. Kaum waren wir unter Segel gegangen, hatte mein Schiffer ganz die Würde und den Ernst eines Kommandeurs angenommen. Er war auch viel einsilbiger, schweigsamer und strammer, als er mir auf der Insel Norderney, wo ich seine Bekanntschaft gemacht hatte, erschienen war. Da ich nicht gleich die Ursache von der so auffälligen Veränderung in seinem Benehmen erkannte und in dem Glauben, daß ich etwas bei ihm versehen haben möchte, ihn darüber befragte, so deutete er mir mit ein paar Worten etwas an, woraus ich verstand, daß wir beiden jetzt auf einem anderen Element seien und daß er nun andere Pflichten habe und sowohl mir als auch seiner Schiffsmannschaft gegenüber eine andere Miene annehmen müsse. Kurz, ein Schiffer auf dem Festland und dann derselbe Schiffer in Amt und Würden an Bord seines Schiffes, das ist ein so großer Unterschied wie zwischen Festland und Wasser. Der Vizekapitän-Schwiegersohn folgte den Anordnungen seines das Regiment führenden Schwiegervaters sehr gefügig. Obwohl er doch in seinem ganzen Benehmen seinerseits wieder durchblicken ließ, wie sehr er über den jungen flotten Burschen erhaben war. Dieser mußte beständig nach der Pfeife der beiden anderen und dazu noch nach meiner Geige tanzen. Er beeilte sich mit einer bewundernswerten Promptheit, alle Winke zu verstehen und auszuführen.

Wir hatten anfänglich das schönste Wetter von der Welt und strichen mit einem leisen Westwind recht anmutig über die überfluteten Watten dahin. Dann und wann tauchte ein Seehund oder ein Delphin an der Oberfläche auf. Die Seehunde blieben in höchst respektvoller Ferne, doch konnten wir zuweilen deutlich ihren schwarzen Kopf im grünlichen Wasser erkennen und ihre Bewegungen beobachten. Obwohl neugierig, ist ein Seehund noch viel vorsichtiger. Wir konnten bemerken, wie er, uns ständig beobachtend, stets sorgfältig den Bewegungen unseres kleinen Schiffes auswich. Doch spürt er durch die Nase noch viel besser als durch die Augen. Wenn er auf einer Sandbank liegt, riecht er die Feinde weit eher, als er sie hört und sieht. Die Delphine sind viel weniger scheu.

Sie kamen, indem sie ihre regelmäßigen Purzelbäume schlugen, oft so nahe an unser Schiffchen heran, daß wir das Getöse ihres Atems und Wasserspritzens deutlich vernehmen konnten. Sie schienen sich dabei gar nicht um uns zu kümmern, indem sie wie Pilgrime einer hinter dem anderen herzogen und ihre gerade Straße geschäftig verfolgten, als ob sie ein wichtiges Ziel im Auge hätten.

Da das Wasser hier im Schutz der gegen das Meer vorliegenden Inselkette meistens ruhig und gefahrlos ist, stellt das Haff der Nordseewatten gewissermaßen einen natürlichen breiten Kanal dar, der von der Elbe zur Weser, von der Weser zur Ems und weiter nach Holland verläuft. Es ist eine sehr lebhafte Wasserstraße, auf der es fast ständig von kleinen Küstenfahrzeugen wimmelt. Wäre sie nicht da, läge gleich das hohe Meer vor der Küste des Festlandes, könnte manche Art lokalen Transports und Verkehrs hier gar nicht stattfinden. Die kleinen Fahrzeuge benutzen diese Art von Schiffahrt, die halb Seefahrt, halb Binnenschiffahrt ist, auf weiten Strecken von Amsterdam bis Hamburg. Sie segeln zwar immer im Salzwasser, aber soviel wie möglich längs der Küsten im Schutz der vorliegenden Inseln. Man hat zuzeiten auch schon ganz auf Fluß- und Binnenfahrt eingerichtete Schiffe über die Watten durch das Salzwasser aus einem Fluß in den anderen segeln lassen. Doch ist dieses nur in Notfällen geschehen, wenn z. B. auf dem einen Fluß ein großer Mangel an Schiffen oder ein großes Werk schnell zu besorgen war. Nie aber ist dieser natürliche Schiffahrtskanal zu einem großartigeren und gewichtigeren Unternehmen benutzt worden als einst von den Römern, die auf ihm kurz nach Christi Geburt unter Germanicus ihre Heere und Kriegsmaterialien zu einem Angriff auf Norddeutschland vom Rheinmund zur Ems und Weser transportierten.

Meine Schiffer erkannten immer schon aus großer Ferne, wenn ich noch nichts auf dem Wasser schwimmen

Wattfischer im Haff zwischen Elbe- und Wesermündung

sah als einen dunklen, ungestalteten, von Nebel umhüllten Körper, die Nationalität der Flagge, den Bestimmungshafen und meistens auch die Ladung des Schiffes, das auf uns zukam.

Manche dieser Fahrzeuge kamen uns so nahe, daß wir mit den Leuten reden und die Vorgänge an Bord erkennen konnten. Die Szenen auf dem Deck der holländischen Schiffe waren gewöhnlich die buntesten und ansprechendsten. Denn die Holländer haben immer ihre gesamte Familie an Bord. Da es ein schöner warmer Mittag war, befand sich bei ihnen jedesmal alles auf Deck. Zuweilen bemerkte ich, daß die Frau des Schiffers am Steuer stand und das Fahrzeug regierte. Und die Herren Väter lagen auf den zusammengerollten Tauen und ließen ihre kleinen Kinder um sich herum spielen.

Diese kleinen holländischen Watten- und Inselschiffer bilden eine ganz eigene Klasse von Menschen. Sie besitzen meistens kein Haus und keinen Hof, sondern nichts anderes als das äußerst bewegliche Grundstück ihres kleinen Fahrzeuges. Sie werden an Bord der Schiffe geboren, wachsen an Bord der Schiffe auf, heiraten auch von Schiff zu Schiff und segeln dann mit Weib und Kind das ganze Jahr hindurch von einem Nordseehafen zum anderen. Im Winter kommen sie auch nie unter Dach, sondern sehen zu, daß sie in Hamburg oder Amsterdam oder sonst in einem Hafen, in welchem sie eben einfrieren, ihr Schiff unterbringen. Sie treiben ihre Wirtschaft an Bord fort und fangen, wenn das Eis schmilzt, ihre Fahrt wieder an, die sie fortsetzen, bis ein Sturm sie, wie das nicht selten geschieht, mit Schiff, Weib und Kind an den Küsten von Jütland oder anderswo zugrunde gehen läßt.

Unter diesen Erlebnissen und mit der Beschauung dieses freundlichen Treibens auf den Watten beschäftigt, segelten wir an den Inseln Norderney, Baltrum und Langeoog recht gemütlich vorbei. Aber leider wechseln auf dem Meer die Szenen gar schnell. Unser sanfter Westwind hatte sich sehr bald völlig ausgeblasen, und der anfänglich zarte Schleier des Dünennebels hatte sich allmählich außerordentlich verdichtet. Als wir bei Langeoog anlangten, war die Luft schon so neblig, daß wir einen Büchsenschuß weit nichts mehr erkannten. Desto besser hörten wir das Getöse der Brandung von den benachbarten Inselstränden herüberbrüllen. Es klang mir ganz fremdartig und wunderlich entstellt, so daß ich wirklich anfangs nicht wußte, was es war. Meine Schiffer sagten, daß der Nebel den Lärm der Wogen außerordentlich erhöht und verändert. Fast noch mehr als für das Ohr entstellte der Nebel die Dinge für das Auge. Eine wilde Ente, die in einiger Entfernung auf den Wellen auf- und niederschaukelte, wurde, ehe sie als solche erkannt war, ein Gegenstand sehr verschiedener Vermutungen. Zuerst schrie der Schiffsjunge »Wrack in Sicht«. Dann meinte der Steuermann, es wäre nur eine Tonne oder ein Boot. Ich hielt es auch dafür. Endlich, da wir ganz nahe gekommen waren, erkannte der Kapitän, der mit seinem Urteil zurückgehalten hatte, das vom Nebel so gespenstisch vergrößerte Ding als eine kleine schwarze Ente.

Da der Wind, mit dem der dicke Nebel einsetzte, sich aus Westen nach Osten gedreht hatte und konträr geworden war, hielten meine Schiffer es für angemessen, das Watt zu verlassen und zwischen den Inseln durch in die hohe See hinauszustechen. Wir segelten, oder vielmehr wir horchten und tasteten uns zwischen den Inseln Langeoog und Spiekeroog durch. Die Sondierstange mußte immer arbeiten, um die schiffbare Tiefe herauszufinden. Auch lauschten wir zu beiden Seiten der Passage nach den Brandungen und hielten zwischen ihnen die Mitte. So laut, wie wir diese Inseln brüllen hörten, so wenig bekamen wir von ihnen zu sehen. Denn zu dem Nebel gesellte sich auch bald die Nacht und verschlang nun völlig das unterhaltende Treiben auf den Watten.

Auf welchen Wogen und Kreuz- und Querwegen wir in der Nacht gegen den Ostwind lavierend herumtaumelten, ist mir in der Dunkelheit verborgen geblieben. Am anderen Morgen endlich lag der breite Wesermund vor unseren Blicken. Der Wind hatte sich abermals von Osten nach Süden gedreht und blies nun geradewegs aus der Weser heraus uns entgegen. Diese Umstände gewährten mehrere Vorteile. Denn erstens hatte der Südwind den dichten Nebel weggeblasen, und alles, was die weite Fläche von Wasser und Sandbanken darbot, war im hellen Sonnenschein deutlich zu erkennen. Zweitens veranlaßte uns der widrige Wind zum ständigen Lavieren, was mir Gelegenheit verschaffte, die beiden Seiten des breiten Fahrwassers an vielen Punkten zu Gesicht zu bekommen und dabei die verschiedenen Einrichtungen zur Bezeichnung und Sicherung des Seeweges, die Leuchtschiffe, die Baken, die Feuertürme und Seetonnen eines so großen Flusses, wie es die Weser ist, ganz in der Nähe ins Auge zu fassen. Dazu kam noch, daß es gerade Ebbe war und daß daher einige der gefährlichen Sandbänke und Riffe der Wesermündung mit ihren langgestreckten öden Rücken aus dem Meer hervorragten, über die sonst bei Flutzeit der einförmige Spiegel des Wassers sich gleichmäßig hinwegzieht. Es ist unglaublich, wie unschuldig diese den Schiffen so verderblichen und von ihnen so gefürchteten Sande und Platen bei sonnigem Wetter aussehen. Ein bißchen weniger Wasser, ein schmaler Sandstreifen, der ein paar Fuß über dem Niveau hervorragt und sich lang hinzieht, das ist alles. Sie haben nichts von der malerisch schreckhaften Physiognomie, welche die Schluchten, Abgründe und Felsenschroffen in den Hochgebirgen besitzen, von denen man auf den ersten Blick begreift, daß sie dem Wanderer, der vor ihnen anlangt, mit Entsetzen erfüllen. Und doch ergreift es den Schiffer in Mark und Bein, wenn er eine dieser weichen, niedrigen, von Schlamm triefenden, aus lauter losen Sandkörnern bestehenden Bänke unverhofft dicht vor seinem Kiel gewahrt, als hätte er in einen gräßlichen Abgrund geblickt oder den Gesang der furchtbaren Sirenen vernommen.

Über alle Einrichtungen zur Sicherung der gefährlichen Aus- und Einfahrt zwischen diesen Weserbänken hat Bremen die Oberaufsicht. Diese Republik nahm schon seit undenklichen Zeiten die Polizei und das Wasserregiment auf der Weser »bis ans Meer« für sich in Anspruch, wie Hamburg dies auf der Elbe tat. Auch wurden jene Einrichtungen von frühen Zeiten her auf Kosten der Bremer Schiffer und Kaufleute ins Leben gerufen und unterhalten.

Die ältesten und auch die zahlreichsten unter ihnen sind die »Tonnen«. Ihre Existenz wird schon im 15. Jahrhundert erwähnt. Übrigens waren diese Tonnen in jenen alten Zeiten nicht für alle Fälle so zweckmäßig gestaltete Werke, wie sie es jetzt sind. Zuweilen waren es nur große Holzklötze oder Mastenstücke, die man mit Stricken an schwere Steine, an irgendeinen aus den Heiden herbeigeschleppten Granitblock gebunden hatte. Statt der Stricke hat man jetzt eiserne Ketten, und die Tonnen sind je nach den Zwecken, denen sie dienen sollen, je nach der Jahreszeit und den Erfordernissen der Lokalität, für die sie bestimmt sind, verschiedentlich konstruiert.

Die Etablierung und Überwachung jeder einzelnen dieser Weser- und Elbtonnen verursacht ziemlich viel Kopfzerbrechen und Mühe. In jeder steckt ein kleines Kapital, und jede hat in den über diese Angelegenheit in Bremen und Hamburg geführten Büchern ihre eigene Rubrik, unter der ihre fortlaufende Geschichte, die mit ihr vorgenommenen Veränderungen und die bei ihr stattgefundenen Ereignisse verzeichnet werden.

Im ganzen gibt es auf der Weser bis Vegesack genau 116 Tonnen. Je mächtiger von Vegesack abwärts der Strom wird, desto größer werden die Tonnen und desto stärker auch alles, was sonst noch bei ihnen zu ihrer Befestigung nötig ist. Sie sind in sechs Klassen verschiedener Größe geteilt, die den Abschnitten und Stufen der Mächtigkeit des Stroms entsprechen. Von Vegesack bis Brake liegt die erste oder kleinste Tonnenklasse, von da bis Bremerhaven die zweite. Andere Abschnitte machen der »Leuchtturm auf dem hohen Wege« und das »Leuchtschiff« in der Nähe des äußersten Wesermundes.

Die größte und berühmteste aller Wesertonnen schwimmt weit draußen im Meer, noch acht deutsche Meilen von Bremerhaven ins Salzwasser hinaus, bei dem ersten Anfang der Verengung der Meeresstraße durch die Platen und Sande oder da, wo die Seeschiffer das eigentliche schließliche Ende der Weser annehmen. Diese äußerste und vornehmste Tonne ist etwa 16 Fuß lang und heißt die »Schlüsseltonne«, weil sie auf dem aus dem Wasser hervorragenden Kopf mit einem vergoldeten großen Schlüssel aus Eisen, von der Gestalt des Schlüssels, den die Stadt Bremen im Wappen führt, geschmückt ist. Diese bei allen Schiffern berühmte Tonne bezeichnet zugleich das Ende der Bremer Herrschaft über die Gewässer.

Um sie noch mehr zu markieren und auffälliger zu machen, ist die Bremer Schlüsseltonne ferner mit einem hohen, aus eisernen Stangen bestehenden Korb geschmückt. Dieser Korb wird freilich zuweilen von den Wellen weggeschlagen. Aber dann vermissen ihn die Dampfschiffkapitäne sogleich mit Schmerzen, und der Bremer »Barsemeister«, der Aufseher der Tonnen, muß sich beeilen, den Korb in seiner althergebrachten Form wiederherzustellen. Denn auf dieser großen Wüste des Ozeans ist jedes geringste Kennzeichen, unter Umständen sogar ein Korb, ein wichtiger Anhaltspunkt, sich zurechtzufinden.

Die Wesertonnen bestehen aus schönen zwei Zoll dikken und durch eine Menge von eisernen Ringen und Verklammerungen zusammengehaltenen Bohlen vom besten Eichenholz, das aus dem Bückeburgischen und aus Westfalen auf dem Fluß herabkommt.

Die Engländer haben bei ihren Häfen und Flüssen in neuerer Zeit sehr große und kostspielige Tonnen, durchweg aus dicken Eisenplatten, gebaut. Allein diese entsprechen – wenigstens nach der in Bremen herrschenden Meinung – den Zuständen auf der Weser und Elbe nicht, wo man auf die Kälte und Eisbildung des Winters mehr Rücksicht zu nehmen hat als in England. Bei den eisernen Tonnen, die dem Wasser in ihrer Nähe schnell die Wärme entziehen, sollen sich – so behauptet man wenigstens auf der Weser – leicht große Eisflaken bilden, die dann, von den Wellen und Fluten geschaukelt und gehoben, die Tonne der Gefahr aussetzen, mitsamt ihren Ketten und Steinen, an denen sie hängen, herausgerissen und ins Meer hinausgeführt zu werden. Vielleicht aber verteidigt man in Bremen diese Ansicht nur deswegen, weil man dort die Kosten der Neuerung scheut.

In England befestigt man die Tonnen mit mächtigen Ankern auf dem Grund der Sandbänke. An unseren deutschen Flüssen liegen sie noch nach alter Weise an großen, in das Meer versenkten Quadersteinen. Es sind aber jetzt nicht mehr wie ehemals solche rohen Granitblöcke aus den Heiden, sondern Sandsteine aus den berühmten Steinbrüchen von Oberkirchen im Wesergebirge in der Nähe der Porta Westfalica, denen man eine eckige quadratische Form gegeben hat, damit sie nicht so leicht fortgeschleift werden können. Je nach der Größe der Tonnen und je nachdem diese weiter in die See hinaus oder in den Fluß hinauf liegen, sind auch die Steine von verschiedener Größe.

Die Steine sind durchbohrt, und durch das Loch geht ein darin verzapfter Bolzen der Kette, die den Stein mit der Tonne verbindet. Diese Ketten bestehen aus eckigen, länglichen, etwa einen Fuß langen Gliedern und sind aus dem besten schwedischen Eisen geschmiedet. Sie sind natürlich von verschiedener Länge, je nach der Tiefe, in der die Tonne liegen soll. Die Länge der Ketten beträgt immer bedeutend mehr als die senkrechte Tiefe der Meeresstelle, damit die Tonne ein wenig Spielraum hat und sich bei Ebbe und Flut und dem Wellenschlag frei um ihren Stein herumbewegen kann. Eine kurze Kette würde zu sehr angespannt sein und bald aufgerieben werden.

Die Seetonnen sind die größten Tänzer der Welt. Sie liegen nicht einen Augenblick ruhig, vielmehr hüpfen, springen, schaukeln und wiegen sie sich wie die Wassernixen Tag und Nacht das ganze Jahr hindurch in alle möglichen Richtungen und Windungen. Besonders arg werden sie beim Eisgang behandelt. Dann streifen die Eisschollen über sie weg, drücken sie nieder in die schäumende Flut, als wollten sie einen Riesen ersäufen. Kaum aber ist die Eisscholle vorüber, springt die farbige Riesentonne wieder aus den Wellen hervor, hüpft und tanzt und bäumt sich hoch auf, als wollte sie triumphieren, daß man sie nicht habe unterkriegen können, bis sie auf einmal mitten in ihren Evolutionen wieder einen Eisschollenstoß von der anderen Seite bekommt, der sie ganz aus der Fassung bringt und sie ihre Purzelbäume in den nassen Abgrund hinab wiederholen läßt.

Die Weise, wie die Tonnen mit ihren Ketten verbunden sind, ist auf eine weitere Erleichterung ihrer mannigfaltigen Bewegungen berechnet. Die Glieder sind nämlich nicht unmittelbar in die dicke eiserne Öse, die das untere Ende der Tonne darstellt, eingehakt. Vielmehr sind sie dort mit dieser Öse in beweglicher Weise verbunden. Ein dicker Bolzen dreht sich locker in einem eisernen Steigbügel, der oben an der Öse der Tonne befestigt ist, und ebenso in einem solchen Steigbügel, der die Kette trägt. Diese Art der Verbindung macht es möglich, daß der Tonnenkopf sich drehen kann, wie er will, und die Kette nicht gezwungen ist, diese Drehungen alle mitzumachen. Hätte man diese Vorrichtung nicht getroffen, würden so starke Reibungen in der Kette entstehen, daß der Tonnenkopf bald abgedreht oder die Kette zu schnell zerstört würde. Die Zerstörung der Ketten geht ohnedies schon rasch genug vor sich. Sie sind bereits nach zweijährigem Dienst so zerrieben und zerfressen, daß sie herausgenommen und durch andere ersetzt werden müssen.

Sieht man sich nun die Tonnen selber und ihre Gestaltung näher an, so kann man bemerken, daß es auf der Weser wie auf der Elbe und auf der Jade hauptsächlich zweierlei Tonnenformen gibt, erstens die sogenannten »Spitztonnen« und zweitens die »stumpfen Tonnen«. Die letzteren haben die Gestalt von Birnen mit einem flachen dicken Kopf, der frei aus dem Wasser hervorragt, während das dünne Ende der Birne an der Kette im Wasser steckt. Die Spitztonnen haben ungefähr die Form eines abgerundeten und überall geschlossenen Weberschiffchens. Auf der Weser gibt es nur einige wenige permanente Spitztonnen an besonderen Stellen. Die Schlüsseltonne ist z. B. eine Spitztonne. Bei weitem die Mehrzahl der Wesertonnen sind stumpfe, wenigstens im Sommer, Frühling und Herbst. Im Winter dagegen werden auf der Weser diese großen, dicken, stumpfen Tonnen ausgehängt und an ihre Stelle spitze gesetzt, die zugleich dünner und schmächtiger sind. Diese anders gestalteten und konstruierten Wintertonnen, »Eisbojer« genannt, passen besser für den Eisgang. Es setzt sich an ihnen weniger Eis an. Auch streifen sie das bei ihnen angesetzte Eis leichter ab.

Auf der Elbe sind die Spitztonnen häufiger. Sie bezeichnen dort die rechte Seite des Fahrwassers, während die stumpfen Tonnen die linke Seite bezeichnen. Auf der Weser wird dieser Unterschied zwischen links und rechts bloß durch die Farbe angedeutet. Alle Wesertonnen zur Linken sind schwarz, alle zur Rechten weiß angestrichen. Nur wenige Haupttonnen, die in ganz besonderen Lokalitäten liegen, sind feuerrot angestrichen. Auch die Weser-Schlüsseltonne war ehemals rot, seit 1855 hat sie ein schwarzes Gewand angezogen. Auch haben einige solche wichtigen Tonnen noch sonst besondere Abzeichen. So z. B. die »doppelte Adlertonne«, die »doppelte Kreuztonne«, die »Flügeltonne«. Von diesen ihren Abzeichen, Adler, Kreuz, Flügel usw., hat man in Bremen immer einen ziemlichen Vorrat. Sie sind aus Eisenblech geschmiedet und vergoldet, wie der schon von mir genannte »Schlüssel«. Eine besondere Gattung kleiner Tonnen sind die sogenannten »Wracktonnen«, die zur Warnung auf alten versenkten Schiffen befestigt werden.

Die Farben der Tonnen werden bald ruiniert, sowohl von den Wellen und dem Eis als auch von den Seevögeln und anderen Tieren. Es setzen sich ständig eine Menge graue Muscheln, Korallen und Seepflanzen an, die die Tonnen schnell dicht überziehen. Auch benutzen die Seevögel die Tonnen gern als Ruhepunkte. Sie weißen sie daher beständig mit ihren kalkigen Exkrementen an, und so kommt es, daß sehr bald die roten, weißen und schwarzen Tonnen alle mit derselben grauen und schmutzigen Farbe bedeckt waren. In ihren Panzer von Muscheln und Pflanzen gehüllt, sehen sie wie alte, lange im Meer versenkt gewesene Schiffswracktümer aus, sind mit langen Tangen und struppigen pflanzlichen Bärten bedeckt, und dazwischen lebt es und kriecht es von allerlei Gewürm, sechsfüßigen und hundertfüßigen – übelriechend und widerlich anzuschauen –, so daß einem dabei der Appetit zum Austernessen völlig vergeht.

Demzufolge müssen die Tonnen jährlich einmal ausgehakt und durch frisch angestrichene ersetzt werden. Die Wesertonnen werden nach Bremen geschafft und dort in dem sogenannten »Tonnenhof« mit eisernen Instrumenten abgekratzt und dann neu angemalt.

Trotz aller oben bezeichneten Vorschriftsmaßregeln werden jährlich in den wilden Stürmen und Eisgängen nicht wenige Tonnen von ihren Ketten gerissen und in die See getrieben. Doch erlangt man sie meistens wohl an irgendeinem Strand wieder. Manche findet man bei Helgoland. Viele treiben aus der Weser bis nach Jütland, und einige hat man von dem entlegenen Vorgebirge von Skagen zurückgeholt. Die Steine und die Ketten, die beim Abreißen der Tonnen auf den Boden sinken, sind dann meistens unwiederbringlich verloren. Jährlich werden auf diese Weise viele hundert Zentner Eisen und Steine in unseren Flüssen versenkt.

Die 116 Tonnen der Weser und ebenso die zirka 90 Elbtonnen haben jede, wenn nicht ihren eigenen Namen, doch ihre besondere Bezeichnung und Nummer. Die schwarzen Tonnen auf der linken Seite des Fahrwassers der Weser sind mit Buchstaben und die weißen der rechten Seite mit römischen Ziffern bezeichnet, und zwar so, daß die Schlüsseltonne an der Mündung dabei als Null angenommen wird und das Alphabet wie die Zahlen von da landeinwärts den Fluß hinauflaufen. Jede Tonne trägt ihre Bezeichnung mit deutlichen Zügen auf dem Rücken geschrieben, so daß ein im Nebel vorüberfahrender Schiffer, wenn er nur den Buchstaben in Sicht bringen kann, dann gleich weiß, bei welcher Station er sich befindet. Die Tonnen dienen demnach eigentlich einem doppelten Zweck, teils um Gefahren anzuzeigen, teils um dem Schiffer als Meilenzeiger zu dienen, die ihm angeben, wie weit er schon im Fluß hinaufgesegelt ist. Die Benennung der Tonnen ist aber begreiflicherweise auch sonst für die ganze Verwaltung und Ordnung des Tonnenwesens durchaus nötig.

Die Verwaltung und Inspektion des Tonnenwesens stehen auf der unteren Elbe unter der Leitung des Kommandeurs von Cuxhaven. Auf der Weser hat man dafür einen Beamten, der den Titel »Barsemeister« führt. Man setzt in dieses Amt gewöhnlich einen ehemaligen verdienten und erfahrenen Seekapitän. Nach dem, was ich bereits über die Tonnen und ihre Schicksale bemerkte, kann man sich denken, daß die Verpflichtungen und Geschäfte des Barsemeisteramtes keine leichten sind. Schon die Wahl der Stelle für die Fixierung einer Tonne hat ihre großen Schwierigkeiten. Meistens sind es lauter von alten Zeiten her angenommene Plätze. Doch müssen sie zuweilen, wenn die Sandbänke sich veränderten, verlegt werden. Darüber kann der Barsemeister allein nicht verfügen. Vielmehr finden dann über eine solche wichtige Maßnahme Beratungen mit der ihm vorgesetzten Oberdeputation von kundigen Männern statt. Wird eine solche Verlegung beschlossen, wird der Schifferstand durch das Organ der Presse in möglichst weiten Kreisen davon benachrichtigt.

Die Position jeder Tonne muß natürlich möglichst genau bestimmt werden, und dieses hat bei so kleinen Objekten und so kurzen Distanzen seine nicht geringen Schwierigkeiten. Der Elbkommandeur von Cuxhaven und der Barsemeister der Weser sind fast beständig bei ihren Sandbänken oder Flußmündungen beschäftigt, weil es dort stets etwas zu flicken und auszubessern gibt. Da diese Operationen oft mitten im Sturm und Wogengetümmel oder vielleicht bei schon eingesetztem Eisgang durchgeführt werden müssen, mögen die fremden Schiffer sich denken, daß sie ihr Tonnen- und Bakengeld bei unseren Flüssen nicht für nichts und wieder nichts bezahlen.

Indem wir, wie gesagt, bei beständig konträrem Südwind ganz langsam in die Weser hinaufrückten, gelangten wir allmählich in Gegenden hinauf, wo die Sande schon einige Fuß höher werden, wo sie zuweilen ganz trocken liegen und daher auch eine andere Art von Seezeichen ausführbar geworden ist. Die sogenannten »Baken« sind turmartige, aus dicken Eichenbalken konstruierte Gerüste, denen man eine Höhe von 50 und mehr Fuß gab. Wo es nötig war, befestigte man auch ihre Basis noch auf künstliche Weise. Man füllte in der Mitte der Sandbänke ein großes Loch mit großen Steinen, schloß diese Steinmassen in dicke Ketten ein, durch die sie Halt bekamen, und baute dann erst auf diesem Fundament die Bake.

Jede der Baken ist nach einem anderen Muster gebaut, und jede zeigt eine ganz eigentümliche Figur, so daß die Schiffer sie nicht leicht miteinander verwechseln können. Auch haben sie wie einige Tonnen ihre besonderen Abzeichen auf der Spitze. Die bedeutendste an der Weser macht mit ihrer großen Kugel auf der Spitze ungefähr die Figur eines Frauenzimmers im Reifrock und heißt daher die »Jungfernbake«. Die meisten dieser Baken sind schwarz angestrichen, denn das scheint die Farbe zu sein, die auf dem Meer und gegen den hellen Himmel am weitesten gesehen wird. In Bremen und Hamburg bewahrt man ge-

Bake auf der Scharhörner Sandbank

naue Zeichnungen und Pläne von der Bauart dieser Baken auf, damit man sie in derselben Form wiederherstellen kann, wenn etwa ein Sturm sie einmal zerstören sollte.

Die Baken können begreiflicherweise den Schiffern nur bei Tage dienen. In alten Zeiten aber hatte man auch »Feuerbaken«, d. h. aus Holz gebaute Gerüste, auf deren Gipfeln man in einem eisernen Korb mit Kienholz oder Kohlen ein flammendes Feuer unterhielt. An die Stelle dieser Feuerbaken sind in neuerer Zeit die soliden, eleganten, aus Stein gebauten, mit vielfach künstlich verstärktem Lampenlicht versehenen Leuchttürme getreten. Die Leuchttürme vermag man indes nur auf festem trocknem Land, auf Felsen oder auf hohen Bänken auszuführen. Da es jedoch den Schiffern sehr erwünscht ist, auch weiter draußen in dem großen Wattenlabyrinth noch eine Lampe angesteckt zu finden, so hat man »schwimmende Feuer« erfunden und hat noch weiter vom Land entfernt in den Sanden der Weser und Elbe einige Leuchtschiffe vor Anker gelegt. Diese Leuchtschiffe sind aber eine nicht immer zuverlässige Hilfe. Zur Zeit des Eisganges, der sie allzu sehr gefährdet, müssen sie eingezogen werden.

Übrigens bot sich bei dem schönen Wetter, das wir bei unserer Einfahrt in den Fluß genossen, außer den Tonnen und Baken noch so manches anziehende Schauspiel dar. Der günstige Südwind hatte viele Schiffe aus dem Hafen erlöst, und ein großer Dreimaster nach dem anderen zog mit geblähten Segeln an uns vorüber, um das hohe Meer zu gewinnen und dann seine weite Fahrt nach den transatlantischen Welten anzutreten. Dagegen eilten die Dampfboote vom Ozean her in den Fluß hinein, an deren Bord die Passagiere die hübscheste Sonntagstoilette gemacht hatten, um in dem vor Augen liegenden Hafen in gefälliger Weise an Land gehen zu können. Ich selbst lavierte ihnen mit meinen Norderneyern nach und langte so in der guten Stadt Bremen an.

Als gewandter Reiseschriftsteller läßt Kohl seine Leser nie über die geographische Lage eines geschilderten Ortes sowie die Bedeutung eines benutzten Begriffes im ungewissen. Heute mögen seine Erläuterungen recht umständlich erscheinen, widmet Kohl ihnen doch häufig mehrere Absätze innerhalb seiner Erzählung. Nur einige wenige Begriffe bzw. Namen, die Mitte des vorigen Jahrhunderts geläufig waren, könnten dem modernen Leser Schwierigkeiten bereiten. In alphabetischer Reihenfolge werden sie nachfolgend aufgeführt und stichwortartig erläutert.

Brockes, Barthold Heinrich (* 22. 9. 1680 Hamburg † 16. 1. 1747 ebd.) Übersetzer, Dichter, Komponist und großzügiger Förderer Telemanns. 1720 in den Hamburger Rat berufen, wurde er u. a. 1735 Amtmann zu Ritzebüttel. Sein »Irdisches Vergnügen in Gott« erschien in neun Bänden zwischen 1721 und 1746
Bruch Moor, Sumpfland
Bückeburg bis 1946 Hauptstadt des Fürstentums Schaumburg-Lippe
Clemenswerth das Jagdschloß des Kurfürsten Clemens August, Herzog von Bayern (* 17. 8. 1700 Brüssel † 6. 2. 1761 Ehrenbreitstein) in Sögel. Kam 1803 in den Besitz der Herzöge von Arenberg
Dobben losgerissene, schwimmende Moorlandstücke
Dryade griechische Baumnymphe
Fenn Sumpf-, Moorland
Fleet schiffbarer Kanal, zumeist innerhalb der Stadt
Geest hochgelegenes, trockenes Küstenland
Holschen niederdeutsch für »Holzschuhe«
Klafter altes Längenmaß
Komtur Verwalter in einem Ritterorden
Komturei Verwaltungsbereich und Sitz eines Komturs
Marsch fruchtbares Schwemmland längs der Flußtäler und der Küste, das bei Flut oft unter dem Meeresspiegel liegt und durch Deiche geschützt wird
Peristyl von Säulen umgebener Innenhof des altgriechischen Hauses

Siel Schleuse
Slup einmastiges Fischerei- oder Küstenfahrzeug (auch: Schlup)
Tenne gestampfter Platz in einer Scheune zum Dreschen des Getreides
Tumulus Hügelgrab
Warf von Menschenhand aufgeworfener, größerer Hügel, der die auf ihm errichtete Siedlung vor der Flut schützen soll (auch: Wurte)
Watt der bei Ebbe trockenlaufende Teil des Meeresbodens
Wilhelm von Bückeburg, eigentlich Friedrich Wilhelm Ernst Reichsgraf von Schaumburg-Lippe (* 9. 1. 1724 London † 10. 9. 1777 Bückeburg). Regierte seit 1748 in Schaumburg-Lippe. Wurde 1762 auf Wunsch König Georgs III. von England zum Generalissimus der Krone von Portugal berufen und vertrieb die Franzosen und Spanier aus Portugal
Zyklopisch in der Art eines Zyklopen, riesenhaft

BUCHT
Weser
Otzumer Balje
Norderney Seegat
CHE INSELN
Juist
Norderney
Langeoog
Spiekeroog
Wangeroog
Borkum
Scharhörn
Roter Sand
Knecht Sand
Der hohe Weg
Jade
Friedrichsschleuse
Norden
Berum
Esens
Harlinger Land
Jever
Marienhafe
Aurich
Wilhelmshaven
Heppens
Bant
OST FRIESLAND
Emden
Ost Grossefehn
Oldersum
Dollart
Hesel
Leer
Westerstede
Bunde
Weener
Winschoten
Rastede
Zwischenahn
Oldenburg
Ohmstede
Eversten
Osternburg
Elsfleth
Wüsting
Edewecht
Sater Land
Papenburg
Aschendf
OLDENBURG
Wardenburg
Delmenhorst
Ganderkesee
Onstwedde
Friesoythe
Huntlosen
Grossenkneten
Ahlhorn
Hümmling
Wildeshsn
Harpstedt
Cloppenburg
Sögel
Werlte
Haren
ZU
Arenberg
Emmen
Löningen
Twistringen
Meppen
Haselünne
Essen
Bakum
Vechta
Lohne
HANNOVER
Quakenbrück
Berge
Lingen
Fürstenau
Steinfeld
Diepholz
Freren
Damme
Bramsche
Vörden
Hunteburg
Lemförde
Schale
Hopsten
Emsbüren
Salzbergen
Bentheim
Rheine
Westerkappeln
Ibbenbüren
OSNABRÜCK
Ochtrup
Tecklenburg
Lengerich
Burgsteinfurt
Borghorst
Melle
Bünde
Lübbecke
Ahaus
Herford